현장 교사가 함께 집필한

디지털교육

김현진, 이영주, 김현영, 김성종, 류기혁, 이동국, 이은상

교육과학사

머리말

이 책은 디지털·AI 기술을 교육에 접목하고자 하는 예비교사와 일선교사의 교육 및 연수를 위해 집필되었다. 하지만 디지털·AI 기술을 교육에 도입하고 디지털·AI 역량을 함양시키고자 하는 모든 교육기관의 교수자와 학습자가 활용해도 손색이 없다. 디지털·AI 기술을 교육에 적용하기 위해 알아야 할 기초 지식에서부터 응용된 교수법과 사례까지 넓은 범위를 가지기에, 예비교사를 위한 교육에서부터 일선 교사를 위한 연수 및 대학원 수업에 이르기까지 수업의 목적에 맞게 각 장의 내용을 '맞춤형'으로 사용하기를 바란다.

이 책의 큰 특징은 박사학위를 가진 현직 교사들이 참여하여 집필하였다는 것이다. 그런 만큼 현장의 수업에서 사용해도 좋을 내용과 맥락을 제공하였다.

책의 내용은 교육부 고시(제2023-14호, 2023. 3. 29.)에 따른 [디지털교육](가칭) 교직소양 과목에 대한 기본 교수요목에 기초하여 디지털·AI 기술의 이해, 디지털·AI 기술의 윤리, 디지털·AI 기술 활용교육, 디지털·AI 기술 융합교육 영역에 초점을 두었다. [디지털교육] 교직 소양 과목은 2024학년도 입학자부터 교사 자격을 취득하기 위한 필수 과목으로, 학교마다 1~2학점을 개설하며, 주로 1~2학년 학생이 수강할 것으로 예상된다. 그러나 대학마다 예비교사의 디지털·AI 역량에 대한 준비도가 다를 수 있다. 예를 들어, 종합대학의 경우 SW 중심대학(소프트웨어 중심대학), 교육대학(사범대 초등교육과 포함)은 SWEET 국가사업을 하면서 이미 디지털 과목이 교양과 전공과목에서 개설되었기에, 기존 과목과의 관계를 고려하여 교육과정을 구성해야 할 것이다. 이러한 맥락에 따라 교수자는 이 책의 각 장의 내용을 전체 혹은 일부 활용하거나 재구성하면 된다.

각 장의 구성은 [주요 내용], [학습 목표], [기초 지식], [실습과 성찰], [참고문헌]으로 이루어졌다. [주요 내용]과 [학습 목표]를 통해 각 장의 내용 개요와 방향을 파악할 수 있다. 내용 대부분이 포함되는 [기초 지식]에서는 해당 주제의 개념과 에듀테크 및 수업 적용 사례가 소개된다. [실습과 성찰]에서는 배운 내용에 대해서 적용할 활동 예시를 제시하였다.

각 장의 구성은 제1장의 종합적인 역량을 제외하면, 디지털 · AI 기술의 이해(2장 및 모든 장의 기술 기초), 디지털 · AI 기술의 윤리(3장 및 모든 장의 윤리 기초), 디지털 · AI 기술 활용교육(4~8장), 디지털 · AI 기술 융합교육(9~12장)에 해당한다. 즉, 디지털 · AI 기술과 윤리는 디지털 · AI 활용과 융합교육에 기초역량으로 통합된다. 각 장의 요약은 다음과 같다.

[제1장 디지털 · AI 교육역량의 이해]에서는 디지털 · AI 교육역량표를 소개함으로써 자신의 디지털 · AI 교육역량의 현 상태를 진단하고 나의 역량 목표를 세울 수 있으며, 이후 책의 모든 장을 공부할 때마다 본인의 역량표를 보며 자신의 성장을 체크하고 관리할 수 있도록 하였다. 이를 위해서 먼저, 디지털 전환 및 디지털 전환 시대라는 용어와 정의를 통해 이전부터 있어 온 디지털 기술 활용의 시대와 어떻게 다르게 정의되는지 살펴보고 교육 분야의 디지털 전환에 대한 정의를 알아본다. 또한, 지금까지 다양하게 소개된 미디어 리터러시, AI 역량 등 유사한 역량들을 살펴봄으로써 디지털 · AI 교육역량이 어떻게 다르고 유사한지 이해한다.

[제2장 디지털 · AI 교육을 위한 주요 기술과 조건]에서는 교육의 디지털 전환에서 주목받고 있는 인공지능과 여러 주요 기술들을 살펴봄으로써 교육 분야에서의 활용 가능성과 효과를 예측해본다. 또한, 디지털 · AI 교육을 위해 고려해야 할 물리적, 인적, 문화적 조건과 각각의 확인 사항을 살펴봄으로써 학교의 디지털 · AI 환경 구축 계획을 수립해본다.

[제3장 디지털 · AI 교육을 위한 윤리]에서는 디지털 · AI 기술이 사회 각 분야에서 활용되고 있는 양상을 살펴보고, 교육적 활용 가능성을 이해한다. 한편, 디지털 · AI 기술이 갖는 한계와 부정적 영향을 살피고, 교육 분야에서 지켜야 할 디지털 · AI 윤리와 규범을 이해한다. 학습자로서 자신의 디지털 · AI 윤리를 점검해보고, 실제 교수학습 상황에서 실천해야 할 디지털 · AI 윤리 원칙과 전략을 수립해본다.

[제4장 상호작용 촉진 에듀테크 활용]에서는 디지털 학습환경에서 상호작용

을 촉진하기 위한 에듀테크 활용의 다양한 유형과 사례, 교수 전략을 학습한다. 교수-학습 목적에 따라 상호작용 촉진 에듀테크 유형을 창작 지원 도구, 평가 지원 도구, 온라인수업 지원 플랫폼으로 구분하여 각 유형별 에듀테크 도구를 어떻게 효과적으로 교수학습 활동에 활용할 수 있을지 우수 사례를 탐색한다. 상호작용 촉진을 위한 에듀테크 활용 수업자료 개발을 실습하여 설계 역량을 향상시킨다.

[제5장 메타버스 활용교육]에서는 메타버스의 개념을 알아보고 메타버스의 교육적 활용 방안을 탐색한다. 그리고 확장된 공간으로서 메타버스가 제공하는 교육적 효과를 알아보고, 동시에 메타버스의 안전과 윤리 이슈를 살펴봄으로써 메타버스 활용교육의 교수 설계 시 고려 사항을 이해한다. 이어 메타버스 활용을 촉진하기 위하여 교육부와 시도교육청의 주요 정책을 알아보고, 현장의 메타버스 활용교육을 착근하기 위한 방안을 탐색한다. 마지막으로 주요 메타버스 플랫폼을 체험해보고, 메타버스가 적용된 실제 교육 사례를 비판적으로 평가해 본다.

[제6장 AI 활용 맞춤형 교육]에서는 AI의 개념을 알아보고 맞춤형 교육에 활용되는 AI의 유형을 탐색한다. 그리고 맞춤형 교육에서 AI가 작동되는 원리를 탐색하고, 이 원리가 실제 적용된 공공 AI 서비스 사례를 살펴본다. 이어서 AI 활용 맞춤형 교육의 윤리적 이슈를 검토하고, 학교 현장의 교수 설계 시 고려 사항을 이해한다. 또, AI 활용 맞춤형 교육을 촉진하기 위하여 교육부와 시도교육청의 주요 정책을 알아보고, 현장의 AI 활용 맞춤형 교육이 착근하기 위한 방안을 탐색한다. 마지막으로 주요 맞춤형 교육을 위한 AI를 체험해보고, AI 활용 맞춤형 교육의 실제 사례를 비판적으로 평가해 본다.

[제7장 생성형 AI 활용교육]에서는 생성형 AI의 개념과 유형, 서비스, 교육적 활용에 대해 알아본다. 먼저 생성형 AI의 정의와 작동원리를 이해하고 생성형 AI의 유형(텍스트 · 이미지 · 오디오 · 동영상 생성형 AI)과 각 유형의 대표적인 서비스를 개괄적으로 탐색한다. 이와 함께 생성형 AI의 유형에 따른 교육적

관점에서의 활용 가능성과 윤리적 이슈를 살펴보고, 실제 교실 수업에서 생성형 AI를 어떻게 활용할 수 있는지 생성형 AI의 유형별 실습을 진행한다. 마지막으로 교과에서의 생성형 AI의 수업 활용 가능성과 제한점에 대해 스스로 고민해보는 시간을 갖는다.

[제8장 디지털 · AI 활용 수업설계]에서는 앞서 1~7장에서 살펴본 디지털 역량, 다양한 디지털 · AI 기술의 이해와 교육적 활용 방법을 토대로 실제 디지털 · AI 기술을 활용한 수업설계를 진행한다. 이를 위해 교육내용과 교수방법에 디지털 · AI 기술을 어떻게 통합해야 하는지 TPACK 프레임워크와 블룸의 신교육목표 분류체계를 중심으로 살펴본다. 이어서 ASSURE 모형을 통해 기술 활용 수업설계의 구성 요소와 설계 과정의 절차를 이해한다. 이후 시도교육청 및 한국교육학술정보원의 디지털 · AI 기술 활용 수업 실천 연구를 통해 수업설계와 실행의 실제 사례를 살펴보고 수업설계 원리를 탐색하여 디지털 · AI 기술 활용 수업을 설계한다.

[제9장 AI · 데이터 과학과 융합교육 1]에서는 AI · 데이터 융합교육 필요성 인식을 기반으로, 학습자 입장이 되어 AI · 데이터 및 데이터와 데이터 과학 기초 원리와 절차를 이해하고, 데이터 시각화, 정형 데이터와 예측 모델링 활용을 실습한 후, 윤리적 고려 사항을 토의 · 토론한다. AI · 데이터 융합교육 실습 주제는, 2022 개정 교육과정에서 강조하는 디지털 리터러시와 공동체 가치 함양, 환경 교육 필요성을 고려하여, AI · 데이터 기반 환경 프로젝트로 이뤄진다.

[제10장 AI · 데이터 과학과 융합교육 2]에서는 9장 실습 프로젝트와 연계하여 문제 정의에서 프로그램 구현까지를 실습한다. 구체적으로 데이터 과학 절차에 따라 비정형 데이터와 분류 모델링을 활용한 문제 정의에서 프로그램 구현까지를 실습하고 윤리적 고려 사항을 토의 · 토론한다. 마지막으로 선생님의 입장이 되어, AI · 데이터 융합교육 수업설계의 방법과 사례들을 살펴보며, 각 교과에서의 AI · 데이터 융합교육 수업 아이디어를 창안하고 성찰해본다.

[제11장 디지털 · AI 기술의 융합을 통한 창의적 문제해결 1]에서는 창의적 문제해결을 위한 방법론으로서 디자인씽킹에 대해 살펴보고, 일상생활에서 직면하는 복잡한 문제의 해결에 디지털 · AI 기술을 방법적으로 융합할 수 있도록 아날로그 세계와 디지털 세계를 연결하는 피지컬 컴퓨팅의 기초 지식을 습득한다. 피지컬 컴퓨팅 도구인 micro:bit를 블록코딩으로 제어할 수 있는 기초 능력을 익힌다.

[제12장 디지털 · AI 기술의 융합을 통한 창의적 문제해결 2]에서는 micro:bit 확장보드에서 활용 가능한 센서와 액추에이터의 종류에 대해 살펴보고, 센서를 통해 외부 세계의 정보를 지속적으로 수집할 수 있는 데이터 로깅의 방법을 익힌다. 11장에서 살펴본 디자인씽킹을 창의적 문제해결의 방법론으로 적용하고, 이에 디지털 · AI 기술을 융합하여 직면한 문제를 해결하는 방법을 구안해 본다. 이를 통해 디지털 · AI 기술 융합교육의 교육적 가치에 대해 논한다.

이 책은 디지털 · AI 기술을 이해하고, 교육에 활용하고 융합하기 위한 첫걸음이다. 이 책의 내용은 새로운 기술의 출현 및 책을 사용하는 교수자와 학습자의 피드백을 통해 지속하여 수정 개선할 것이다. 이를 통해 디지털 전환 시대에 교육을 위해 디지털 · AI 기술을 잘 사용하고 함께 성장하는 우리이기를 기대해 본다.

2024년 8월 17일

저자 일동

차 례

제 1 장 디지털 · AI 교육역량의 이해

주요 내용

- 디지털 전환 시대 기술과 사회의 이해
- 디지털 전환 시대 디지털 · AI 기술과 교육의 이해
- 디지털 · AI 교육역량 탐색
- 나의 디지털 · AI 교육역량 개발 목표 세우기

학습 목표

1. 디지털 전환 시대 기술 및 사회 변화를 이해한다.
2. 디지털 전환 시대 디지털 · AI 기술과 교육의 변화를 이해한다.
3. 디지털 · AI 교육역량에 대해 이해한다.
4. 나의 디지털 · AI 교육역량 개발 목표를 세운다.

기초지식

1.1 디지털 전환 시대 기술과 사회의 변화

최근 디지털 전환(Digital Transformation, DT 또는 DX) 시대라는 말을 많이 접한다. 디지털 전환의 의미는 무엇인가? 지금까지 디지털 사회에서 살고 있었던 것과 무엇이 다른가? 다르다면 무엇이 달라지고, 우리는 어떠한 삶을 살게 될까? 다양한 물음 속에 첫 장은 디지털 전환의 정의부터 시작한다. 이어 디지털 전환 시대 속에 살고 있는 나의 일상과 디지털·AI 역량에 대해 살펴본다.

1) 디지털 전환의 정의

디지털 전환의 용어는 디지털 트랜스포메이션, 디지털 혁신(digital innovation), 디지털 대전환, DT 혹은 DX 등으로도 사용되고 있다. 디지털 전환 용어의 시작은 2011년 MIT와 협력한 한 컨설팅 회사에서 "성과나 비즈니스 범위를 근본적으로 개선하기 위한 기술의 사용"이라고 설명하면서부터이다. 더 많은 문헌에서는 디지털화(digitalization)의 역사에서부터 뿌리를 두며, 발전된 기술과 문화적 변화로 설명하고 있다. 무엇보다 디지털 전환 시대가 주목받기 시작한 것은 2020년 전후 코로나19 감염병으로 인한 언택트 사회가 되면서이다. 감염병의 시기에 사람들은 디지털 기반 비대면 재택근무, 교육, 쇼핑을 통해 디지털 기반의 언택트 사회의 가능성을 실험하였다. 이와 함께 데이터 기반 클라우드 컴퓨팅, 인공지능(AI), 가상현실, 빅데이터, 사물인터넷(Internet of Things: IoT) 등 기술이 개발되면서 디지털 전환이 가능하게 되었다. 특히 디지털 기반의 사람들의 사용 발자취가 데이터로 수집, 누적되어 빅데이터가 됨에 따라 사람과 상황에 맞춤형 서비스가 가능하게 되었다. 인터넷 쇼핑몰의 맞춤형 아이템 추천, 유튜브의 맞춤형 콘텐츠 추천 등이 가능하였고, 맞춤형 지능적인 생산

시스템도 가능하게 되었다.

그렇다면, **디지털 전환의 정의**는 무엇인가? 정의를 이해함으로써 지금까지 디지털 기술을 활용했던 것과 무엇이 다르고 유사한지, 디지털 전환 시대의 기술과 교육을 어떻게 준비해야 하는지 알 수 있을 것이다. 디지털 전환의 정의는 〈표 1-1〉과 같이 다양한 주체에 의해 제시되었는데, 공통점이 많이 보인다.

〈표 1-1〉 디지털 전환의 정의

출처	정의
Capgemini사	성과나 비즈니스 범위를 근본적으로 개선하기 위한 기술의 사용
마이크로소프트사	디지털 전환은 기존의 비즈니스 프로세스, 체제, 모델을 디지털 기술로 변경하여 새로운 비즈니스 가치를 창출하는 전략적인 노력을 의미함. 이는 기업이나 조직이 디지털 기술을 통해 고객 경험을 개선하고, 생산성을 향상시키며, 혁신을 추진하여 경쟁력을 확보하는 것을 목표로 함
Linkedin	디지털 기술로 변화하는 비즈니스 및 시장 요구 사항을 충족하기 위해 새로운 비즈니스 프로세스, 문화, 역량, 비즈니스 모델 및 고객 경험을 창출하거나 기존 비즈니스를 가속화하는 프로세스
Gartner Glossary	디지털 혁신은 IT 현대화(예: 클라우드 컴퓨팅)부터 디지털 최적화, 새로운 디지털 비즈니스 모델의 발명까지 모든 것을 의미
위키백과	디지털 기술로 인해 발생하는 다양한 변화에 디지털 기반으로 기업의 전략, 조직, 프로세스, 문화, 커뮤니케이션, 시스템, 가치사슬, 비즈니스모델을 근본적으로 변화시키는 경영전략
한국정보통신기술협회, IT용어사전	디지털 기술을 사회 전반에 적용하여 전통적인 사회 구조를 혁신시키는 것. 일반적으로 기업에서 사물 인터넷(IoT), 클라우드 컴퓨팅, 인공지능(AI), 빅데이터 솔루션 등 정보통신기술(ICT)을 플랫폼으로 구축·활용하여 기존 전통적인 운영 방식과 서비스 등을 혁신하는 것

디지털 전환의 정의를 요약하면 디지털 기술을 보조적으로 활용하기보다는 디지털 기술로 인해서 기존 업무와 생활의 혁신적이고 근본적인 변화를 주는 것이라고 하겠다. 이를 통해 디지털 전환은 산업과 기업뿐만 아니라 사회 전반에서 인간의 삶에 변화를 가져온다. 이는 교육 분야에서의 변화와도 연결된다.

디지털 전환의 사례는 대부분 산업계에 있는 기업이 거론된다. 그중에서 아마존사의 웹 서비스(AWS)는 빅데이터 기반 클라우드 컴퓨팅이 어떻게 개인화된 쇼핑 경험을 가능하게 하는지, 서버, 데이터 저장소, 네트워킹, 컴퓨팅 자원이 클라우드를 통해 어떻게 상호 연결되는지, 그리고 고객이 자신의 검색 기록과 선호도에 기반한 상품 추천을 받는 모습을 나타낸다.

▶ 학습자원	아마존 쇼핑몰사의 디지털 전환 사례 강연

디지털 전환 시대의 기술의 특징은 무엇인가? 디지털 전환이 가능하게 하는 기술은 클라우드 컴퓨팅, 인공지능, 빅데이터, 가상현실, 메타버스, IoT(사물인터넷) 등 최신 디지털 기술을 이용한다는 것인데, 이러한 기술은 1) 데이터 기반의 지능적 맞춤형 서비스와 2) 실시간 그래픽을 지원하는 실감형 콘텐츠 구현과 상호작용 등을 가능하게 하며, 사람들의 사고와 활동을 지원하고, 새로운 방식으로 변화시키고 있다.

1.2 디지털 전환 시대의 교육

1) 디지털 기술 활용을 위한 교육정책의 역사

교육을 위한 디지털 전환의 역사는 언제부터인가? 일반적으로 정치·경제·사회 분야에서 최신 기술과 시의적 어젠다가 시작되고 난 후 교육 분야, 특히 공교육 분야에 도입이 된다. 디지털 전환의 경우도 마찬가지이며, 경제 분야에서 시작되어 아마존, 구글과 같은 기업에서 구체화된 사례가 나오면서 교육에 전파되었다.

디지털 전환의 의미 이전에 **디지털 기술이 학교교육에 도입된 역사**는 컴퓨터 및 인터넷 기술이 발달하면서이다. 우리나라에 디지털 기술이 학교교육에 본격적으로 도입된 것은 교육정보화 기본법 제6조에 근거하는데 1차 교육정보화계획이 발표된 1996년부터이다. 디지털 전환으로 교육에 변화를 시작한 계기는 코로나19 감염병과 함께 디지털 기반 미래교육의 실험실이 된 전국 원격수업이었다고 본다. 이후 국내 교육정책에서는 이미 '디지털 전환' 또는 '디지털 대전환'이라는 용어를 사용하고 있다. 최근 교육정책으로 「디지털 기반 교육혁신 방안」(교육부, 2023.2.24.)에서는 디지털 시대 교육의 대전환을 모두를 위한 맞춤 교육으로 설정하고, 이를 위해 AI 디지털교과서 개발, 교수학습모델 개발, 교사 역량 강화, 디지털 선도학교 운영을 포함하였다. 즉, 디지털 기반 교육혁신으로 기대되는 교육의 가장 큰 변화는 'AI 디지털교과서'가 개발되고 AI 기반 맞춤형 학습경로에 따라 교육내용과 다양한 민간의 에듀테크를 교육에 활용함으로써 맞춤형 교육을 실시하는 것이다. 맞춤형 교육의 중요성은 어제 오늘 나온 얘기가 아닌, 교육을 위한 이상적인 모습이다. 그러나 교사 한 명에 2~30명 내외 학생과 이를 실현하는 것은 거의 불가능한 것이었다. 이러한 불가능이 디지털 · AI기술을 통해 가능할 수 있다는 희망을 가진다. 즉, 학생별 개인 기기가 제공되고, AI 시스템이 학생별 관심과 수준에 맞는 수업 내용을 제공해 주며, AI 시스템이 선생님의 보조교사가 되어 피드백도 주고, 선생님은 AI 보조교사 덕분에 필요한 학생에게 좀 더 세심한 피드백과 가르침을 준다면 우리가 생각하는 맞춤형 교육에 좀 더 가까운 교실의 모습이 될 것이다.

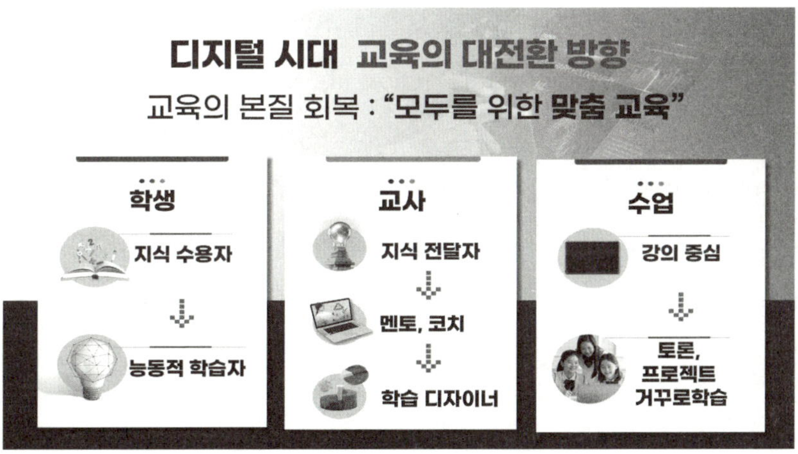

[그림 1-1] 디지털 기반 교육혁신 방안(교육부, 2023. 2. 24.)

디지털 전환의 의미가 기존의 업무와 생활에 혁신적이고 근본적인 변화를 주는 것처럼, 이러한 수업의 변화는 기존 교실수업, 더 나아가 교육과정, 교육체제, 공교육의 변화를 가져다줄 것이다. 기존의 학교 수업에서 사용하는 디지털 기술은 수업의 방법으로서 사용한 경우가 많다. 예를 들어, 선생님의 설명식 강의를 보조하는 동영상, 파워포인트 프레젠테이션 자료나 학생별 토론을 도와줄 패들렛과 같은 웹 기반 프로그램 등이다. 디지털 전환의 의미에서 디지털・AI기술을 사용한다는 것은 수업방법 이상의 맥락과 목적에서 통합되는 것이다. 즉, 교육과정, 수업, 평가에 이르기까지 디지털・AI기술을 통해 수업 장면과 교육목표도 달라질 것이다.

2) 교육 분야에서 디지털 전환의 정의와 특징

그렇다면, **교육 분야에서 디지털 전환의 정의**는 무엇인가? 앞서 살펴본 경제 분야의 디지털 전환의 정의와 일관되는데, 교육 분야에서 디지털 전환은 **교육 문제를 해결하고 더 나은 교육을 만들기 위해 디지털 기술을 수업방법 이상의 요소에 총체적으로 통합하는 것으로 디지털 기술을 통해 교육체제, 교육과정, 수업 및 평가의 내용과 방법에 혁신적으로 근본적인 변화를 주는 것**이라 하겠다. 다만, 주의할 점은 디지털 기술이 성공적 교육 문제해결과 혁신을 보장해 주지 않는다는 것이다. 디지털 혁신은 기술에 관한 것이 아니기 때문이다(Tabrizi et al., 2019). 성공적인 변화를 위해서는 교사, 학생, 학부모, 학교장, 정부 등 참여자의 지식과 변화에 대한 의지와 문화가 형성되어야 한다. 이를 위해 디지털 전환 시대의 교육에 대한 이해가 공유되어야 한다. 이전 정보화 시대와 대비되는 **디지털 전환 시대의 교육의 특징은** 〈표 1-2〉에 정리하였다.

〈표 1-2〉 정보화 시대 VS. 디지털 전환 시대 교육의 특징

	정보화 시대의 교육	디지털 전환 시대의 교육
기술의 특성	–멀티미디어 교수자료 콘텐츠 –다양한 앱과 도구 –온라인수업을 위한 학습관리시스템 –교사용 PC 혹은 제한된 학생 기기 보급	–맞춤형 학습과 실감형 가상현실 콘텐츠 –지능정보기술(AI 기술) –클라우드 기반 에듀테크 –1인 1기기(모바일) 디바이스
기술의 역할	기존 수업방법을 지원하는 의사소통 및 학습활동 지원	수업방법을 비롯한 교육체제, 교육과정, 수업과 평가, 교육행정 등 교육과 업무 전반에 통합되어 혁신과 변화를 지원
교육과정	–단일교과 중심 –학년별 교육과정	–단일교과, 디지털·AI기술 융합교과 –맞춤형 교육과정
수업	설명식 강의와 학습자 중심 수업	–AI 기반 맞춤형 학습경로에 따른 수업 –디지털·AI 기반 학습자 중심 수업
평가	–지필 기반 객관식 평가 –제한된 수행평가	–디지털·AI 기반 학습데이터로 맞춤 피드백 –디지털·AI 기반 맞춤 평가 –디지털·AI 기반 수행평가 채점 자동화
효과	디지털 활용 수업방법으로 멀티미디어 자료와 도구를 활용하여 흥미와 학습효과 촉진	AI 기반 수업혁신과 맞춤형 교육이 가능하며, 기존 효과에 더해서 디지털·AI 역량 제고, 교직업무 경감
한계	다양한 수업방법 중에 하나이기에 사용 필수보다는 선택이며, 효과는 사례에 따라 달라지거나 부분적임	수업 및 교직업무의 전통과 문화의 변화가 어렵기에 현시점에서 적용 범위와 효과에 한계가 있음

디지털 전환 시대 교육 분야 기술의 특징은 지식정보화 혹은 정보화 시대의 기술과 유사한 측면이 있으나, 가장 큰 차이는 빅데이터, 클라우드 기반 다양한 에듀테크와 AI라고 하겠다. 또한, 맞춤형 교육을 위해서 1인 1기기가 보급되는 것도 차이가 있다. 반면, 이전의 정보화 시대의 교육을 위한 디지털 기술은 주로 교사의 교수용 컴퓨터를 통해 강의를 도와줄 멀티미디어 자료 콘텐츠를 사용하였으며, 일부 학습자 중심 수업에서는 다양한 도구를 사용하였으나, 학생의 학습 데이터가 수집되지는 않았다. 학습 데이터는 원격수업용 학습관리시스템(LMS)에서만 수집되었기 때문에, 학생의 다양한 디지털 기반 활동은 수집 및 분석되지 않았다.

디지털 전환 시대의 교육에서 기술의 역할은 기존 수업방법에만 적용되는 것이 아니라 교육체제, 교육과정, 수업과 평가 등 전반에 통합되어 혁신과 변화를 주는 엔진이 된다. 물론, 기술 자체가 이러한 혁신과 변화를 주지는 않지만, 촉진하는 동력이 될 것이다.

디지털 전환 시대의 교육에서의 교육과정, 수업 및 평가는 지식정보화 시대에서의 이상적인 교육과도 일관된다. 학생별 수준과 관심에 따른 맞춤형 수업, 학생이 주도하고 역량을 함양하는 수업이다. AI 기술 덕분에 학생별 맞춤을 위한 자동화된 진단과 맞춤형 학습경로와 콘텐츠 제공이 가능하여 맞춤형 교육과정이 실현될 수 있게 되었다. 또한, 수행에 대한 채점 오류와 업무 부담으로 엄두가 나지 않았던 수행형 평가에 대한 자동 채점과 디지털 기반 학습과정 데이터가 수집, 분석되어 교사에게 학생별 리포트가 나오기 때문에, 학생별 맞춤 피드백을 주는 것이 가능하게 되었다.

[그림 1-2] 디지털 전환 시대의 교육의 모습(OpenAI, 2024)

디지털 전환 시대의 디지털 · AI 기술 활용의 효과는 세 가지 측면에서 볼 수 있다. 1) 디지털 · AI 기술을 활용한 수업을 통해 학생별 수준과 관심에 따른 맞춤형 수업과 실감형 콘텐츠 등으로 교육 혁신이 가능하다. 2) 디지털 · AI 역량을 융합한 일반 교과 수업을 진행함으로써 학생의 디지털 · AI 역량이 다양한 맥락에서 장기적으로 개발된다. 3) 교사의 수업준비 및 평가, 행정 업무에 있어서 AI 기반 수업자료 자동 제작과 수행평가 내용 자동 채점 등 교직업무의 경감을 준다. 이러한 효과가 지속되면서 궁극적으로 학교 수업 및 교직 업무의 근본적인 변화가 일어날 것이다.

반면, **디지털 전환 시대의 디지털 · AI 기술 활용의 한계**는 기존의 수업과 교직업무가 디지털 기반 혁신을 하기에는 많은 저항과 문화 지체가 예상된다는 점이다. 따라서 현시점에서는 강의식과 같은 기존 수업 방식과 매우 제한된 형태의 일부 맞춤형 수업을 병행하는 정도의 변화만을 볼 수 있을지 모른다.

1.3 디지털 · AI 기술과 교육: 활용교육 VS. 융합교육

디지털 · AI 기술 활용과 융합의 차이는 보는 관점에 따라 다르게 판단된다. 어떤 이는 디지털 · AI 기술 활용교육과 융합교육이 분명히 다르다고 하고, 다른 이는 구별되지 않는다고 한다. 여러분의 생각은 어떠한가? 이 둘의 관점은 맥락에 따라 모두 맞을 수 있다고 본다. 분명한 것은 일상에서와 교육에서의 맥락이 다르다는 것이다. 예를 들어, 일상에서 디지털 · AI 기술을 활용하는 경우, 우리는 인터넷쇼핑몰, 유튜브, 카톡 등의 다양한 디지털 기술을 활용하며 우리의 쇼핑, 여가, 소통의 방식을 변화시켰다. 기존 생활 행태가 변화되지 않고 디지털 기술이 활용되는 경우에 활용이고, 디지털 기술이 일상의 방식과 문화 등의 변화를 주었다면 융합이라고 말한다. 그러나 어떤 이는 모두 활용이라고 하고, 활용의 스펙트럼으로 이해한다.

우리는 일상보다는 교육의 맥락을 말하고 싶다. 디지털 · AI 기술 활용교육과 융합교육은 차이가 있는가와 없는가에 대한 관점은 여전히 논쟁이 되겠지만, 교육 정책과 수업의 의사결정에 도움을 줄 수 있는 명확한 구분을 하고자 한다. 디지털 · AI 기술 활용교육과 융합교육의 차이는 두 가지 측면에서 살펴볼 수 있다. 수업설계 맥락과 교직 업무 맥락이다. 교직 업무 맥락에서 디지털 · AI 기술 활용교육과 융합교육의 차이는 일상 맥락에서의 디지털·AI 기술 활용과 융합의 차이와 유사하다. 예를 들면 디지털·AI 기술로 수행평가 채점, 학생지도 등 기존 불가능하거나 힘들었던 업무의 문제가 해결되고 교직업무에 변화를 주었다면 디지털·AI 기술 융합으로 볼 수 있다. 그렇다면 우리가 이 책에서 초점을 두는 부분은 수업설계를 위한 디지털·AI 기술 활용교육과 융합교육은 어떠한 차이가 있는지 살펴보는 것이다. 다음은 두 가지 교육의 유형을 요약 정리하였다.

디지털 · AI 기술 활용교육	맞춤형 수업, 학습자 중심 수업, 스마트 수업 등 수업 혁신을 위해 디지털·AI 기술을 주로 수업 방법 수준에서 활용하는 교육
디지털 · AI 기술 융합교육	디지털·AI 역량을 증진하기 위해 일반교과 및 비교과 수업의 교육목표에 통합하여 재구조화하고, 결과적으로 수업내용과 방법, 평가에 통합하여 디지털·AI 역량을 다양한 교육과정 및 학습경험에서 개발하고 관리하고 디지털 전환 관점의 교과교육 역량도 함양하는 교육

수업설계를 위한 디지털·AI 기술 활용교육과 융합교육의 차이는 교사가 디지털·AI 기술 활용교육과 융합교육을 위한 수업으로 설계할 때 나타난다. 먼저, 교사가 디지털·AI 기술 활용교육으로 수업을 설계한다는 의미는 **디지털·AI 기술을 수업방법으로 사용**하는 것이다. 이는 역사적으로 디지털 기술이 교육 분야에 도입되었을 때 기대하였던 디지털 기술을 통한 수업혁신, 주로 수업방법의 혁신에 초점을 두는 것과 일관된다. 반면, 교사가 디지털·AI 기술 융합교육으로 수업을 설계한다는 의미는 **디지털·AI 기술을 교육목표에 통합함으로써 결국 수업내용과 방법 및 평가에도 통합**하여 교과내용과 함께 가르치는 것이다. 이를 통해 수업 중에 디지털·AI 기술 역량 중 무엇을 배우게 되었는지 역량을 관리할 수 있게 된다. 이런 경우 융합교과교육과 같이 일반교과의 성취기준에 디지털·AI 기술 역량이 통합되어 성취기준 재구조화가 이루어지게 된다. 또한, 디지털·AI 역량이 다양한 교과 및 비교과 교육과정에서 통합됨으로써, 디지털·AI 역량이 통합된 미래 교과역량도 함양될 것이다.

디지털·AI 기술 융합교육을 위한 수업설계를 하면 수업방법으로만 디지털 기술을 활용한 수업에서 발생하는 수고로움과 어려움을 가치 있는 활동으로 변화시킬 수 있다. 예를 들면, 어떤 초등학교 교사는 도시와 농촌 지역을 비교하는 수업을 위해 학생들에게 유튜브를 제작하는 프로젝트 수업을 진행하였다. 수업 중에 어떤 학생들은 우리가 굳이 동영상을 만들며 이 개념을 배울 필요가 있을까, 힘들다, 그냥 강의를 들으면 되지 않을까 하며, 실제 선생님에게 질문을 하였다는 사례이다. 이 사례에서 교사가 디지털 · AI 기술을 기존의 설명식 수업방법을 대체하는 수업방법으로서 활용하는 활용교육을 하였다면, 그 활동을 통해 얻어지는 비판적 사고력 등 핵심역량, 디지털 자료 검색 중 허위정보 거르기, 동영상 촬영 및 업로드 등 관련 기술의 비중 있는 경험의 가치는 역량으로서 관리되지 않은 것이다. 교사는 수업에서 디지털 · AI 기술을 수업방법의 대체수단으로만 활용하기보다는, 학습자 중심 수업에서 기술의 활용 주체가 학생이며, 활용의 시간 비중이 높고, 의미가 있다면 교육목표에 통합시켜 학생들에게 그 가치를 공유할 필요가 있다.

1.4 디지털 전환 관점에서의 디지털 · AI 역량

디지털 · AI 역량은 기존의 유사한 역량과 같은 의미일까? 그러기 위해서는 기존의 디지털 역량, AI 리터러시, 미디어 리터러시 등의 개념을 살펴볼 필요가 있다. 다양한 공동체와 전문분야에서 디지털 역량을 정의하고 역량의 구성요소를 제시하였는데, 여기에서 주요 내용들을 살펴봄으로써 디지털 · AI 역량의 명확한 개념을 파악하고자 한다. 디지털 · AI 역량과 관련된 개념 그리고 다양한 용어를 통해 이 분야의 전체적인 맥락을 파악하면, 향후 관련 정보를 볼 때에도 도움이 될 것이다. 이를 토대로 디지털 전환 관점에서의 디지털 · AI 역량을 정리하도록 하겠다.

디지털 역량과 디지털 · AI 역량의 용어는 호환해도 좋다. 디지털 · AI 역량은 디지털 역량과 AI 역량을 종합하여 사용된 것이다. 사실 디지털 역량 속에는 디지털 기술의 범위가 모두 포함되지만, AI 역량을 강조하기 위해 디지털 · AI 역량이라고 하였다. 그렇다고 AI 역량 모든 것이 디지털 · AI 역량 속에 1:1로 통합되지는 않으며 기존의 디지털 역량에 AI 기초소양 중심으로 통합되었다고 보면 된다. 즉, AI 엔지니어를 육성하기 위한 고급 역량보다는 생활인, 학습인, 직업인으로서 나의 삶과 업무 속에서 필요한 AI 역량에 초점을 둔다. 따라서 크게 디지털 역량으로 봐도 좋을 것이며 디지털 역량과 디지털·AI 역량은 함께 사용될 것이다. 그렇다면 AI 역량은 무엇인가?

1) AI 역량

AI 역량이란 AI 리터러시로도 표현되며, 여기에서는 AI 전문가가 아닌 일반인을 대상으로 적용되는 역량에 국한하여 본다. AI 리터러시란 "개인이 AI 기술을 비판적으로 평가하고 AI와 효과적으로 소통하고 협업하며 AI를 온라인, 가정 및 직장에서 도구로 사용할 수 있도록 하는 일련의 역량(Long & Magerko, 2020)"이다. 이는 다양한 맥락에서 적용될 수 있지만, Chiu와 동료들(2024)은 대부분의 AI 리터러시 정의가 기술 활용 관점에 초점을 두어 초중등 교육에는 적합하지 않을 수 있다고 하면서 학생의 자신감과 자기성찰적 사고방식을 추가하여 AI 역량을 정의하였다. 즉, 초중등학생을 위한 AI 리터러시란 "AI 기술이 어떻게 작동하고 사회에 영향을 미치는지 명확하게 설명하고 이를 윤리적이고 책임 있는 방식으로 사용하며 어떤 환경에서든 효과적으로 소통하고 협력할 수 있는 개인의 능력"이다. 초중등학생을 위한 AI 역량은 〈표 1-3〉과 같이 미국, 캐나다, 인도, 유네스코 등 각국에서 개발한 AI 교육역량 프레임워크나 교육과정을 통해서도 이해할 수 있다.

〈표 1-3〉 초중등학생용 AI 교육 내용 예시

국가	교육과정	내용 요소					
미국	AI4K12의 5 Big Ideas 가이드라인	지각		표현 및 추론	학습	자연스러운 상호작용	사회적 영향력
캐나다	Actua의 AI교육 가이드라인 (2020)	데이터	지각	표현 및 추론	학습	자연스러운 상호작용	사회적 영향력

국가	교육과정	내용 요소				
인도	CBSE의 AI 교육과정 (중등용)	문제파악 및 해결 창작	정보 근거 의사결정	책임 있는 시민의식	자기 성찰 및 가치 윤리	미래 직업기회 탐색

가장 많이 알려진 학교교육용 AI교육 가이드라인은 Touretzky와 동료들(2023)이 AI4K12 프로젝트로 2019년도에 제시한 5 Big Ideas인데, 지각, 표현 및 추론, 학습, 자연스러운 상호작용, 사회적 영향력으로 구성되어 있다. 캐나다의 Actua의 AI교육 가이드라인(2020)에서는 5 Big Idea에서 학습 안에 있던 데이터를 별도로 부각시켰다. 인도의 CBSE(중앙중등교육위원회)에서는 8학년 이상 인공지능 선택과목을 도입하였는데, 학습자의 사고방식과 스킬 함양을 목표로 하기 때문에 기술적 이해 이상의 시민의식, 성찰과 윤리, 미래 직업 탐색 등 전인적 AI 역량을 키우고자 함이 특징이다. 이러한 AI 역량은 디지털 · AI 역량을 구성하는 데에 통합되어 기존의 디지털 역량의 내용에 변화를 줄 것이다. 교사를 위한 AI 역량도 활발히 제시되었는데, 이동국, 이봉규, 이은상(2022)은 연구를 통해 인공지능 활용교육을 위한 교사 역량 모델을 행동지표 수준까지 제시하여 AI를 활용하는 이상적인 교직업무를 잘 표현하였다. 역량모델은 5개의 역량군, 15개의 역량 및 41개의 행동지표로 구성되었다. 〈표 1-4〉에서는 역량군과 역량만을 요약하였다.

〈표 1-4〉 인공지능 활용교육을 위한 교사 역량

역량군	역량
인공지능 활용교육 준비	1. 인공지능 이해 역량: 인공지능에 대한 기초적인 이해를 바탕으로 사회 및 교육적 영향을 설명할 수 있는 능력
	2. 인공지능 탐색 및 선정 역량: 신뢰할 수 있는 출처에서 인공지능을 탐색 및 선정하고 교육적 활용 방안을 모색할 수 있는 능력
	3. 인공지능 윤리성 평가 역량: 교수학습에서 발생할 수 있는 인공지능의 윤리적 문제를 진단하고, 안전한 활용 방안을 수립할 수 있는 능력
	4. 인공지능 교육환경 준비 역량: 인공지능을 활용할 수 있는 네트워크 환경, 하드웨어와 소프트웨어를 점검해 인공지능 교육환경을 준비할 수 있는 능력

역량군	역량
인공지능 활용교육 설계	5. 인공지능 활용을 위한 교육과정 재구성 역량: 인공지능 활용이 필요한 성취기준을 추출하고 학습효과와 상호작용을 높일 수 있도록 교육과정을 재구성할 수 있는 능력
	6. 인공지능 활용 개별화 학습 설계 역량: 인공지능을 활용해 학습자의 수준을 진단하고 개별화 학습을 설계하며 자기주도학습을 촉진할 수 있는 능력
	7. 인공지능 활용 실제적 학습 설계 역량: 인공지능을 활용해 문제를 해결하고 지식 구성을 촉진하는 실제적 학습을 설계할 수 있는 능력
	8. 인공지능 활용 데이터 기반 평가 설계 역량: 인공지능 활용 평가계획을 수립하고 평가 데이터의 내용과 방안을 설계할 수 있는 능력
인공지능 활용교육 실행	9. 인공지능 및 에듀테크 활용 역량: 학습자에게 인공지능 활용 방법을 안내하고, 교수학습 목적에 맞게 인공지능과 에듀테크를 적절히 활용할 수 있는 능력
	10. 인공지능 활용 학습 촉진 역량: 학습자에게 인공지능 활용 교수학습 과정을 안내하고, 학습과 상호작용을 촉진할 수 있는 적절한 전략을 적용할 수 있는 능력
	11. 인공지능 및 에듀테크 기술적 문제해결 역량: 교수학습에서 발생한 기술적 문제에 대한 대처방안을 안내하고, 적절하게 문제를 해결할 수 있는 능력
인공지능 활용교육 평가	12. 인공지능 활용 데이터 해석 역량: 인공지능에서 데이터의 의미를 이해하고, 인공지능이 제공하는 데이터를 해석해 학습자의 문제를 해결할 수 있는 능력
	13. 인공지능 활용 데이터 기반 피드백 역량: 인공지능의 진단 결과를 토대로 인지적·정서적 피드백을 제공하고, 학습자의 진로·진학 설계를 할 수 있는 능력
인공지능 활용교육 전문성 개발	14. 인공지능 활용교육 전문성 개발 역량: 인공 지능 활용교육에 필요한 지속적 전문성 개발 계획을 수립해 실행할 수 있는 능력
	15. 인공지능 활용교육 연구 역량: 인공지능 서비스와 콘텐츠에 대한 아이디어를 제시하고, 다양한 주체와 협업 및 의사소통하며 연구할 수 있는 능력

출처: 이동국, 이봉규, 이은상(2022). 인공지능(AI) 활용교육을 위한 교사 역량 및 연수 과제 도출. 교육정보미디어연구, 28(2), 415-444.에서 요약함

2) 디지털 리터러시

디지털 리터러시는 AI 역량이 도출되기 전부터 컴퓨터 리터러시 또는 컴퓨터 역량, ICT역량, 정보역량 또는 정보 리터러시, 디지털 리터러시, 디지털 소양, 디지털 역량 등 다양한 용어로 불리며 사용되었다. 디지털 리터러시는 직장, 일자리, 창업과 같은 목적을 갖고 디지털 기술을 활용하여 정보를 안전하고 적절하게 탐색(접근)하고, 관리하고, 이해하고, 통합하고, 소통하고, 평가하고, 창조할 수 있는 능력이다(UNESCO, 2018). 다양한 주체가 디지털 역량의 내용과 구성요소를 제시하였는데, 이 가운데 유럽연합(EU)에서 개발한 DigComp 시리즈가 가장 잘 알려져 있다. 가장 최근 업데이트된 DigComp 2.2(2022)는 〈표 1-5〉에 정리하였다. EU의 DigComp는 유럽 각국뿐만 아니라 유네스코의 디지털 리터러시 국제 프레임워크(DLGF, Digital Literacy Global Framework)에도 기반이 된 만큼 범용성이 있기 때문에, 참고하면 도움이 될 것이다. DigComp는 일차적으로 일반시민을 위해 개발한 것이기 때문에, 일상의 수행맥락에서 보편적으로 사용할 수 있다. 이에 기초하여 교육자를 위한 DigCompEdu도 개발하여 교사의 수행맥락에 맞는 역량을 소개하였다.

〈표 1-5〉 유럽연합(EU)의 시민을 위한 디지털 역량 프레임워크: DigComp 2.2

영역	역량	세부 내용
정보 및 데이터 리터러시	탐색, 검색 및 필터링	디지털 정보 및 데이터의 식별, 위치 파악, 검색, 저장, 조직, 분석, 관리하고 관련성과 목적을 평가하는 능력
	평가	
	관리	
의사소통 및 협업	상호작용	디지털 환경에서 의사소통하고, 온라인 도구를 통해 정보와 자원을 공유하며, 커뮤니티 및 네트워크에서 참여하고, 문화 간 인식을 갖고 디지털 시민권을 발휘하는 능력
	공유	
	시민권 행사	
	협업	
	네티켓	
	디지털 정체성 관리	

영역	역량	세부 내용
디지털 콘텐츠 창작	개발	디지털과 멀티미디어 콘텐츠를 창조하고 편집하며, 기존 디지털 콘텐츠를 통합 및 재가공하고, 프로그램하고 코딩하며, 지적 재산권과 라이선스를 적용하는 능력
	통합 및 재구성	
	저작권 및 라이선스	
	프로그래밍	
안전	기기	개인 보호와 웰빙, 데이터 보호, 디지털 신원 보호, 보안 조치, 안전하고 지속 가능한 사용 능력
	개인정보 및 프라이버시	
	건강 및 웰빙	
	환경	
문제해결	기술적 문제	기술적 문제를 해결하고, 디지털 요구를 식별하고 자원을 찾으며, 창의적으로 개념을 수립하고 디지털 솔루션을 만들며, 새로운 기술을 업데이트하고 자신과 다른 사람의 역량을 강화하는 능력
	요구사항 파악 및 대응	
	창의적인 디지털 기술 사용	
	디지털 역량 격차 파악	

출처: Vuorikari, R., Kluzer, S., & Punie, Y. (2022). DigComp 2.2: The Digital Competence Framework for Citizens - With new examples of knowledge, skills and attitudes

교사를 위한 디지털 리터러시는 다양한 주체에서 정의하였다. 이 중에서 EU의 DigCompEdu(2017)는 교사의 디지털 역량을 잘 종합하여 보여준다. 〈표 1-6〉의 내용을 보면, 교사의 교육업무에서 **디지털·AI 기술 활용 수업을 위해** '디지털 자원', '교수-학습, 평가', '학습자 강화'의 영역으로 구분하였고, **디지털·AI 융합수업을 위해** '학습자의 디지털 역량 촉진' 영역을 추가하여, 하위 역량에 학생의 디지털·AI 역량인 정보 및 미디어 리터러시, 디지털 의사소통과 협력, 디지털 콘텐츠 창작, 책임 있는 사용 등 구체적인 학생의 디지털 역량의 교육목표를 언급하였다. 또한, '전문적 참여'의 영역에서는 행정 및 업무 의사소통 등 교육지원업무 및 전문성 개발에 필요한 부분을 포함하였다.

〈표 1-6〉 EU의 교사 디지털 역량 프레임워크: DigCompEdu(2017)

영역	역량	세부 내용
전문적 참여	조직/기관 간 의사소통	교사의 효율적이고 적절한 기술 사용 및 동료, 학생, 학부모를 비롯한 다른 사람과의 의사소통 및 협력을 위한 디지털 학습 기회
	전문가들 간의 협력	
	반성적 실천	
	디지털 CPD	
디지털 자원	디지털 자원 선택	디지털교육 자원의 선택, 창작, 수정 및 관리, 개인 데이터에 대한 보호, 저작권법 준수 등
	디지털 자원 제작과 수정	
	디지털 자원 관리, 보호, 공유	
교수-학습	교수(teaching)	수업 실행에서의 디지털 기술의 사용 계획, 설계 및 조정
	안내	
	협력학습	
	자기조절학습	
평가	평가 전략	학생의 성과를 평가하기 위한 디지털 기술의 구체적인 사용
	증거 분석	
	피드백과 계획	
학습자 강화	접근성과 포괄성	학생의 필요를 충족하고 그들의 학습 여정을 적극적으로 개발할 수 있는 학습 활동 및 경험
	차별화와 개인화	
	학습자의 적극적인 참여	
학습자의 디지털 역량 촉진	정보 및 미디어 리터러시	학생의 디지털 역량 촉진을 통한 위험 관리 및 안전하고 책임 있는 디지털 기술의 사용 독려
	디지털 의사소통과 협력	
	디지털 콘텐츠 창작	
	책임 있는 사용	
	디지털 문제해결	

출처: Redecker, C. (2017). European framework for the digital competence of educators: DigCompEdu(Report No. JRC107466). Seville: Joint Research Centre.를 참고하여 KERIS (2022). 교사의 디지털교육 역량 프레임워크 및 역량 강화 전략. KERIS 디지털교육 동향에서 재구성

3) 미디어 리터러시

미디어 리터러시는 디지털·AI 역량과 매우 밀접한 역량이며 오랜 역사가 있으며 근래에는 '디지털 미디어 리터러시'라고 불리기도 한다. 일반적으로, 미디어 리터러시는 미디어를 통해 쏟아지는 정보와 문화에 대한 체계적 접근, 비판적 분석 및 평가의 활용, 의미 있는 콘텐츠의 구성과 공유를 통한 사회적 참여 등 융합적인 능력과 태도를 아우르는 개념이다(정현선 외, 2016). 미디어 리터러시는 컴퓨터 기반 디지털 기술에만 초점 두지 않으며, 오히려 종이 신문과 방송 등 아날로그적 미디어에서부터 현재 디지털 기반 방송과 SNS 등에 이르기까지 적용되는 개념이다. 아날로그 미디어를 제외한 디지털 미디어 리터러시는 기술의 활용과 윤리적 측면에 주로 초점을 두며, 컴퓨팅과 같은 기술의 이해에 대한 내용은 제한적인 게 특징이다. 언론 및 방송, 언어교육 등 다양한 주체가 미디어 리터러시 개념을 제시하지만, 공통적으로 의사소통, 비판적 사고, 지식정보 처리, 테크놀로지(미디어) 활용 능력이 포함된다(김현진 외, 2019).

결국 디지털·AI 역량이란 미디어 리터러시, 디지털 리터러시(역량), AI 역량의 부분들을 종합하였다고 볼 수 있다. 관련 역량을 **종합한 디지털 전환 시대 디지털·AI 역량이란 기업(생산, 경영), 교육, 일상의 맥락에서 발생되는 문제 및 비효율적인 일에 대해서 디지털·AI 기술을 안전하고, 효과적으로 사용하여 문제를 해결하여 더 나은 결과를 가져오고, 더 나아가서 해당 분야의 업무와 생활을 혁신적으로 변화시킬 수 있는 우수한 수행자의 특성**을 말한다.

지금까지 관련된 AI 리터러시, 디지털 리터러시, 미디어 리터러시 등을 알아보고, 디지털·AI 기술 역량을 일반시민 및 학생, 교사를 대상으로 살펴봄으로써, 디지털·AI 역량에 대한 전반적인 소개를 하였다. UNESCO에서는 다양한 역량 프레임워크를 한 사이트에 정리하여, 편리하게 접근 가능하게 하였으니, 다양한 디지털·AI 역량을 탐색하는 데에 도움이 될 것이다.

▶ 학습자원	다양한 디지털 · AI 역량 프레임워크 탐색

1.5 디지털 전환 시대 학생의 디지털 · AI 교육역량

교사의 디지털 · AI 역량과 학생의 디지털 · AI 역량의 관계는 어떠한가? 결론부터 말한다면 교사의 디지털 · AI 역량을 알기 위해서는 먼저, 학생의 디지털 · AI 역량을 알아야 한다. 왜냐하면 우수한 학생의 특성을 나타내는 학생의 디지털 · AI 역량은 교육의 목표이자 내용으로 교사의 디지털 · AI 활용 또는 융합수업을 위한 기초자료가 되고, 이것은 교사의 교육역량이 되기 때문이다. 학생의 디지털 · AI 역량은 일반적인 디지털 · AI 역량과 매우 유사하다. 다만, 일반적인 디지털 · AI 역량과 학생 및 교사의 수행맥락은 다르기 때문에 완전히 일치하지는 않는다. 마찬가지로 우수한 시민이자 학습자로서 교사의 디지털 · AI 역량은 일반적인 시민 및 학생과 유사하지만, 교사만이 수행하고 있는 교직업무(예: 수업설계, 생활지도 등)에 따라 고유한 역량이 필요하다. [그림 1-3]은 일반, 학생과 교사의 디지털 · AI 역량의 관계를 나타낸 것이다. 정리하면, 교사로서 디지털 · AI 역량을 갖춘다는 것은 결국 일반시민과 학생의 디지털 · AI 역량의 상당히 공통된 부분과 함께 교직업무의 고유한 수행맥락에서 필요한 디지털 · AI 역량을 갖춘다는 것이다.

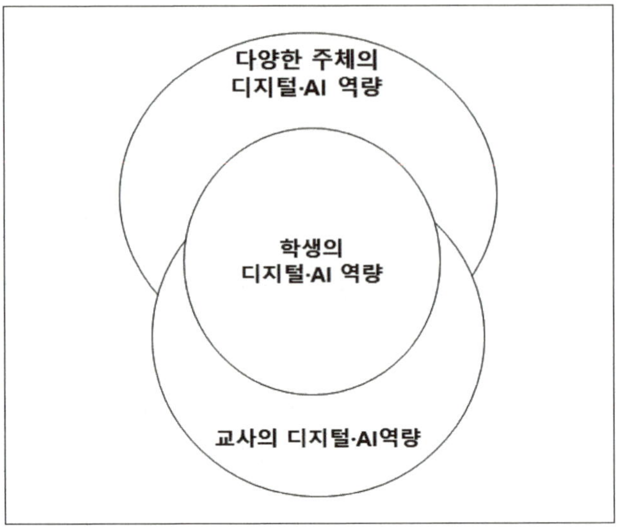

[그림 1-3] 일반, 학생, 교사의 디지털 · AI 역량의 내용적 관계

학생의 디지털 · AI 역량은 수행맥락 측면에서 학습과 학습 이외 일상생활에 적용되는 역량이다. EU의 DigComp 2.2와 우리나라 정부에서 학생에게 실시하는 디지털 리터러시(김수환 외, 2023; 김진숙 외, 2023) 프레임워크 및 AI 리터러시를 종합하여 디지털 전환 시대 학생의 디지털 · AI 역량을 종합하면 〈표 1-7〉과 같다.

〈표 1-7〉 디지털 전환 시대 학생의 디지털 · AI 역량 프레임워크

영역	정의 및 하위 요소
1. 디지털 · AI 기술 이해	정의: 디지털 · AI 기술을 자신의 이용 목적에 따라 활용하기 위해 기기, 도구, 콘텐츠 및 서비스를 효율적으로 다룰 수 있는 능력
	1.1 디지털 기기 및 네트워크 원리에 대해 이해한다.
	1.2 도구, 콘텐츠, 플랫폼 등 소프트웨어의 종류별 기능과 원리를 안다.
	1.3 SNS, OTT, 쇼핑, 금융 등 웹서비스의 특징과 주의점을 안다.
	1.4 메타버스, VR/AR 플랫폼 등 최신 기술을 이해한다.
	1.5 인공지능 원리를 이해하며 인공지능 도구를 적절하게 활용한다.

영역	정의 및 하위 요소
2. 디지털 · AI 정보와 데이터 활용	정의: 필요한 디지털 · AI의 정보와 데이터를 검색하고, 비판적으로 분석 · 평가하며 체계적으로 관리할 수 있는 역량
	2.1 디지털 · AI의 정보와 데이터를 목적에 맞게 탐색 및 수집한다.
	2.2 디지털 · AI의 정보와 데이터를 신뢰성과 적합성을 바탕으로 비판적으로 평가하고 활용한다.
	2.3 디지털 · AI의 정보와 데이터를 체계적으로 저장하고 분류한다.
3. 디지털 · AI 기반 의사소통과 문제해결	정의: 디지털 · AI 기술을 활용하여 사람들과 소통하고 정보와 데이터를 공유하며 협력한다.
	3.1 디지털 환경에서 개인이나 공동체와 원활하게 소통한다.
	3.2 디지털 환경에서 공동의 목적을 달성하기 위해 다른 사람과 협업한다.
4. 디지털 · AI 자원 창출	정의: 디지털 · AI 콘텐츠를 목적과 상황에 맞게 생산하고, 컴퓨팅 사고 기반으로 디지털 · AI 자원을 활용하여 일상생활의 문제를 해결하는 역량
	4.1 창의적 사고를 활용하여 목적과 상황에 맞는 디지털 · AI 콘텐츠를 수정하거나 창작한다.
	4.2 컴퓨팅 사고를 활용하여 문제해결을 위한 디지털 · AI 프로그램(알고리즘, 소프트웨어 APP 등)을 수정하거나 창조한다.
5. 디지털 · AI 안전과 웰빙	정의: 디지털 · AI 기기 및 서비스를 안전하고 건강하게 사용할 수 있는 역량
	5.1 디지털 환경에서 나와 타인을 보호하며, 디지털 기기와 서비스를 안전하고 책임감 있게 활용한다.
	5.2 디지털 · AI 기기 및 서비스의 활용이 개인과 사회에 미치는 심리적, 신체적 영향에 대한 명확한 인식을 통해 건강하게 사용한다.

출처: 김수환 외(2023)의 디지털 리터러시를 기초로 Vuorikari 외(2022)를 추가하여 변형함

1.6 디지털 전환 시대 교사와 예비교사의 디지털 · AI 역량

교사의 디지털 · AI 역량은 교육업무와 교육지원업무의 수행맥락으로 나누어 볼 수 있다. 먼저, 교육업무에 적용되는 교사의 디지털 · AI 역량은 무엇을 교육(교육목표와 내용), 어떻게 교육(수업방법과 평가)하는가 및 생활지도의 수행맥락에 적용된다. 교육지원업무에 적용되는 교사의 디지털 · AI 역량은 수업설계 및 교육 외의 행정업무의 수행맥락에 적용된다. 즉, 이를 통해 교사는 '학생을 디지털 인재로 길러낼 수 있는

역량'과 '디지털교육 체계로 변화된 교실에서의 전문성'을 추구한다(한국교육정보미디어학회, 한국정보교육학회, 2023). 교육업무와 교육지원업무의 수행맥락에 따른 디지털·AI 역량의 정의는 다음과 같다.

교육업무를 위한 디지털 · AI 역량	디지털·AI 기술을 활용하여 혁신적인 수업과 효과적인 생활지도를 수행하고, 학생의 디지털·AI 역량을 증진하고자 다양한 수업 맥락에서 융합하는 역량
교육지원업무를 위한 디지털 · AI 역량	디지털·AI 기술을 활용하여 교육활동을 위해 필요한 수업설계 및 행정업무를 자동화, 효율화할 수 있는 능력

예비교사의 디지털·AI 역량은 교사의 디지털·AI 역량과 같은 경우가 많다. 왜냐하면 예비교사의 교육목표는 결국 현직 교사의 지식과 업무를 배우는 것에 초점을 두고 있기 때문이다. 그러나 예비교사는 교양, 교직, 교과내용학과 교과교육학과 비교과교육과정을 통해 배우며 성장하는 대학생이자 미래의 교사이다. 디지털·AI 역량은 예비교사에게 현재 대학생으로서 학점과 성공적인 학업을 위해서, 미래 교사로서 혁신적인 수업과 교직업무를 준비하기 위한 핵심역량이 된다. 이러한 이중적인 정체성과 수행맥락 속에서 예비교사의 디지털·AI 역량은 이해되어야 한다. 다만, 이 교재에서는 후자인 미래 교사로서 디지털·AI 교육역량에 초점을 둘 것이다. 학습자/일반시민으로서 디지털·AI 역량은 교사의 기초 역량으로 통합하여 다룬다.

미래교사로서 예비교사의 디지털·AI 역량은 여러 가지 영역으로 정리될 수 있지만, 우리나라 교육부가 제시한 교직소양 필수 교과목인 [디지털교육(가칭)]의 교수요목에 기초하여 영역을 구별하면 현재의 배움과 미래의 업무 실천이 일관되어 도움이 된다. 우리나라 교육부(2023.3.29.)는 「유치원 및 초등·중등·특수학교 등의 교사자격 취득을 위한 세부 기준」이 일부 개정됨에 따라 [디지털교육(가칭)]이라는 교직소양 필수 교과목을 개설하고, 2024학년도 입학자부터 적용하도록 하였다. 이와 함께 교육내용에 AI를 포함하도록 하고 디지털·AI의 이해, 디지털·AI의 윤리, 디지털·AI 활용교육, 디지털·AI 융합교육 등 네 가지 영역의 기본교수요목을 명시하였는데, 이는 교육목표로서 (예비)교사의 디지털·AI 역량의 기초가 된다.

[디지털교육] 기본교수요목(교육부, 2023.3.29.)

교사로서 디지털 특성을 이해할 수 있도록 '디지털의 이해', '디지털 교과 융합교육', '디지털 활용교육', '디지털 윤리'를 학습하여 교과목 및 교육방법에 활용할 수 있도록 한다.

따라서 **교사의 디지털 · AI 교육역량의 하위 영역은 디지털 · AI의 이해, 디지털 · AI의 윤리, 디지털 · AI 활용교육, 디지털 · AI 융합교육으로 구성된다.** 디지털 · AI 이해와 디지털 · AI 윤리는 학생, 일반시민, 교사 등 어떠한 수행맥락에도 필요한 기초 역량에 해당된다. 반면 디지털 · AI 활용교육과 디지털 · AI 융합교육은 교직업무 중에서 교육업무에 해당되는 역량이다. 네 가지 하위 역량 영역 이외에도 교직업무에 필요한 수행맥락(예: 생활지도, 교육지원업무 중 행정업무 등)이 있는데 여기에서는 이 중 일부가 통합되었다. [그림 1-4]는 네 가지 하위 영역 간의 관계를 보여준다.

[그림 1-4] 교사의 디지털 · AI 교육역량의 하위 역량 간의 관계

이러한 관점에서 선행연구와 문헌을 통해 〈표 1-8〉에 (예비)교사의 디지털 · AI 교육 역량 프레임워크를 정리하였다. 즉, 대학생/일반시민의 역량보다는 교사에게 요구되는 교육업무라는 수행맥락에 초점을 맞춘 교육역량이다. 이 역량 프레임워크는 선행연구(김수환 외, 2023; 김진숙 외, 2023; 서정희 외, 2023; 이동국 외, 2022; Redecker,

2017)를 통해 도출된 초안이기 때문에, 전문가 및 현장을 통해 지속해서 수정될 것이다.

교사의 디지털·AI 기술 이해와 활용 역량은 디지털·AI 기술에 대한 기본적인 지식과 스킬을 갖추고 이것이 직접 연계된 교육 업무에 적용된다. 즉, 교사는 디지털·AI 기기, 네트워크, 소프트웨어 및 서비스 등에 대한 지식과 스킬을 토대로 교육 환경을 준비하고, 기술적인 문제를 해결하며, 업무상 발생하는 의사소통과 수업설계에 이를 활용할 수 있어야 한다. 또한, 교사는 수업자료 개발 등 수업설계를 위해서 디지털·AI 기술을 활용하여 수업준비를 수월하게 하고 더 효과적인 수업을 설계할 수 있다. 예를 들어, 교사는 ChatGPT를 활용하여 활동지나 그래픽 자료 제작을 함으로써 시간이 절약될 뿐만 아니라 효과적인 수업자료를 제작하였다.

〈표 1-8〉 디지털 전환 관점에서 교사의 디지털·AI 교육역량

영역	역량	세부 내용
디지털·AI 기술 이해와 활용	정의: 디지털·AI 기기, 네트워크, 소프트웨어 및 서비스 등을 알고 교육업무에 활용한다.	
	교육 환경 준비	교육 목적과 주어진 인프라 환경을 파악하여 적합한 기기와 소프트웨어를 선택하고, 자리 배치 등 교육 환경을 조성한다.
	기술 문제해결	자주 발생되는 기술적인 문제는 직접 해결하고, 기술 문제에 따라 적합한 해결책을 찾는다.
	디지털·AI 기반 의사소통	학생, 동료, 학부모 및 제3자와의 의사소통에 디지털·AI 기술을 효과적으로 활용한다.
	디지털·AI 활용 수업설계	디지털·AI 콘텐츠나 서비스 등을 활용하여 수업 준비 시간을 경감하고, 효과적인 수업계획과 자료를 개발한다.
디지털·AI 기술 윤리	정의: 디지털·AI 기술을 사용 시 안전과 보안을 지키며 교육업무에 활용한다.	
	디지털 자원 활용	저작권이나 라이선스를 지키며 디지털·AI 콘텐츠나 서비스를 사용하고 제작한다.
	디지털·AI 보안 인식	디지털·AI 기술을 사용 시 개인정보를 보호하고, 해킹, 사이버 범죄에 노출되지 않도록 한다.
디지털·AI 활용교육	정의: 일반(비)교과 교육을 효과적으로 실행하기 위해 디지털·AI 기술을 수업 및 평가에서 적합하게 활용한다.	
	디지털·AI 기반 협력 수업	효과적인 상호작용 촉진을 위해 적합한 디지털·AI 기술을 활용한다.

영역	역량	세부 내용
	디지털 · AI 기반 맞춤형 수업	맞춤형 학습에서 학생별 피드백을 주고, 학생 데이터를 분석 및 처치하기 위해 적합한 디지털 · AI 기반 플랫폼을 선택하고 효과적인 수업을 실행한다.
	AI 디지털교과서 활용	AI 디지털교과서의 개발 취지를 이해하고 수업시간에 적합하게 활용한다.
	실감형 콘텐츠 활용	메타버스, 가상현실(VR, AR, XR 등) 콘텐츠를 적합한 교육 맥락에서 효과적으로 활용한다.
	생성형 AI 활용	생성형 AI 도구를 글쓰기, 데이터 등 다양한 수업의 맥락에서 효과적으로 활용한다.
	디지털 · AI 기반 평가	지필 및 수행평가를 효율적이고 타당하게 실시하기 위해, 디지털 · AI 기술을 활용한다.
디지털 · AI 융합교육	정의: 학생의 디지털 · AI 역량을 일반(비)교과 교육의 교육목표, 내용, 방법, 평가 수준에서 통합하여 디지털 · AI 역량을 관리한다.	
	성취기준 재구조화	학생의 디지털 · AI 역량을 일반교과의 성취기준에 통합하여 융합수업에 적합하도록 재구조화한다.
	빅데이터 활용 융합수업	학생이 빅데이터의 수집, 분류 및 관리, 분석 및 해석, 시각적 표현 등의 디지털 · AI 역량을 함양하도록 수업한다.
	AI 융합수업	학생이 피지컬 컴퓨팅, AI 플랫폼 등을 활용하여 AI에 대한 지식과 원리를 이해할 수 있도록 수업한다.
전문성 개발	정의: 교사로서 디지털 · AI 역량을 통해 수업 및 업무 전문성을 향상하기 위해 공식적, 비공식적으로 전문성 개발 활동을 습관화한다.	
	디지털 · AI 역량 지속 개발	교육, 학습공동체, 정책 및 학술 세미나 등에 참여하여 디지털 · AI 역량을 지속적으로 개발한다.
	성찰과 개선	자신의 일상과 수업을 돌아보며 교훈을 통해 공식, 비공식적으로 개선 활동을 한다.

교사의 디지털 · AI 기술 윤리 역량은 디지털 · AI 기술을 사용 시 안전과 보안 등 디지털 윤리와 법규를 이해하고 실천하는 것이다. 일반시민과 학생으로서 지켜야 하는 디지털 · AI 기술 윤리와 함께 교사의 경우 수업자료를 활용하거나 제작할 때 윤리적인 문제가 많이 발생하기에 저작권이나 라이선스를 지키며 디지털 · AI 콘텐츠와 서비스를 사용하고 제작해야 할 것이다. 또한, 클라우드 컴퓨팅 기반의 다양한 콘텐츠와 플랫폼에서 학생 개인정보가 유출되지 않도록 각별히 주의하고, 해킹이나 스미싱

과 같은 사이버 범죄에 노출되지 않도록 보안에 대한 인식을 해야 한다.

교사의 디지털·AI 활용교육역량은 교사가 효과적이고 혁신적인 일반교과 및 비교과 수업을 위해서 디지털·AI 기술을 수업의 전반에 적합하게 활용하는 역량이다. 디지털·AI 기술의 교육적 효과는 교사의 설명식 강의의 보조 자료로 동영상, 프레젠테이션 자료를 통한 판서 시간 경감과 명확한 지식 전달에만 국한되지 않는다. 오히려 학습자 중심 수업활동 시 학생의 수행을 도와서 좀 더 빠르면서도 배움의 질을 높이는 것이다. 즉, 협력 수업을 하는 경우 모둠별 토론을 구글 문서와 같이 클라우드 플랫폼에 작성하여 서로의 생각을 공유하고, 기록에 남기는 데 기여할 수 있다. AI의 등장으로 기존에 하기 어려웠던 맞춤형 수업도 가능하게 되었다. AI 기반 플랫폼에서 학생별 진단과 함께 개별화된 학습경로가 추천되기에 기존에 한 명의 교사로서는 불가능한 맞춤형 수업이 가능하게 되었다. 또한, 우리나라의 경우 AI 디지털교과서가 보급되어 다양한 수업활동을 지원하며, 가상현실, 메타버스와 같이 실감형 콘텐츠 기술이 보급됨에 따라 적합한 상황에서 이러한 콘텐츠를 활용하는 것이 필요할 것이다. 최근에는 ChatGPT와 같이 생성형 AI가 개발됨에 따라 이전과 다른 혁신적인 수업활동이 가능하게 되었다. 평가에 있어서도 최근 수행평가의 중요성이 높아짐에 따라 평가 타당성 문제와 교사의 평가 채점 업무 부담의 가중이 문제가 되고 있다. 디지털·AI 기반 수행 활동은 학생 수행의 흔적을 기록하기에 수행평가의 타당성을 담보하고, 디지털 자료가 자동 분석 및 표현의 기능을 활용하여 수행평가 업무 경감에 도움을 줄 수 있다. 교사가 디지털·AI 기술을 수업과 평가에 활용할 수 있는 영역은 매우 포괄적이어서 이 부분을 지속적으로 발굴하고 개선해 나갈 필요가 있다.

교사의 디지털·AI 융합교육역량은 학생의 디지털·AI 역량을 일반 교과 및 비교과 교육에 통합하여 학생의 디지털·AI 역량을 공식적으로 함양하는 역량이다. 융합수업이니만큼, 학생이 길러야 할 디지털·AI 역량은 교육목표, 내용, 방법, 평가 수준에서 공식적으로 통합시켜야 한다. 특히, 일반 교과 수업의 성취기준에 디지털·AI 역량을 통합하여 재구조화하는 역량은 중요하다. 왜냐하면, 성취기준에 명시되어야 평가되고, 이를 위해 수업활동이 의미 있게 구성되며, 궁극적으로 디지털·AI 역량이 개발되었는지 관리되기 때문이다. 한 번의 수업에서 모든 디지털·AI 역량이 개발될 수 없기 때문에, 특정 역량을 선택하여 교과에 통합시켜야 한다. 학생의 디지털·AI 역량은 앞서 〈표 1-7〉에서 제시한 '디지털·AI 기술 이해', '디지털·AI 정보와 데이터 활용', '디지털·AI 기반 의사소통과 문제해결', '디지털·AI 자원 창출', '디지털·AI 안전과 웰빙'이다. 이 중에서 특히 '디지털·AI 정보와 데이터 활용'은 향후에도 중요해지기에 다양한 교과에서 빅데이터를 활용하는 융합수업이 많이 이루어져야 할 것이다. 또한, AI의 원리와 기본적인 지식을 갖추기 위해 피지컬 컴퓨팅, AI 플랫폼을 활용하여 일반교과 수업에 통합한 AI 융합수업을 진행할 수 있다.

교사의 전문성 개발 역량은 교사의 디지털·AI 역량과 디지털·AI 역량과 관련된 수업 및 업무 전문성을 향상시키기 위해 공식적, 비공식적으로 자기를 관리하고 전문성을 개발하는 습관을 갖추는 역량이다. 가장 일반적인 전문성 개발의 형태는 교사 연수/교육인데, 이 외에도 온/오프라인 교사 학습공동체 참여, 학술대회, 정책 세미나를 통해 최근 흐름과 정책에 대한 이해를 가질 필요가 있다. 무엇보다, 업무를 실천하는 중에 지속적으로 성찰하며 개선 활동을 하려는 습관이 중요하기에, 자신의 일상과 수업 등 업무 활동을 돌아보며 반성하고 교훈에 기초하여, 개선 활동을 할 필요가 있다.

실습과 성찰

1. (대)학생 디지털 · AI 역량: 나의 일상 돌아보기

일반시민과 학생으로서 나의 디지털 · AI 역량을 살펴보자. 나는 여가, 업무 및 공부 중에 얼마나 디지털 · AI 기술을 적절하게 활용하고 있는가? 아래 〈표 1-9〉의 학생용 디지털 · 기술 역량을 이용하여 진단하여 보자.

1) O, △, X 중 어떤 표시가 가장 많은가? 어떤 부분이 잘 실천되고 부족한가?
2) 전반적으로 일반시민이자 학생으로서 나의 디지털 · AI 역량을 어떻게 평가하는가?
3) 이 평가를 기초하여 얻은 교훈과 향후 계획을 공유해보자.

〈표 1-9〉 학생용 디지털 · 기술 역량 체크: ○=잘 실천 △=조금 실천 X=실천 안 함

영역	정의 및 하위 요소	체크
1. 디지털 · AI 기술 이해	정의: 디지털 · AI 기술을 자신의 이용 목적에 따라 활용하기 위해 기기, 도구, 콘텐츠 및 서비스를 효율적으로 다룰 수 있는 능력	
	1.1 디지털 기기 및 네트워크 원리에 대해 이해한다.	
	1.2 도구, 콘텐츠, 플랫폼 등 소프트웨어의 종류별 기능과 원리를 안다.	
	1.3 SNS, OTT, 쇼핑, 금융 등 웹서비스의 특징과 주의점을 안다.	
	1.4 메타버스, VR/AR 플랫폼 등 최신 기술을 이해한다.	
	1.5 인공지능 원리를 이해하며 인공지능 도구를 적절하게 활용한다.	
2. 디지털 · AI 정보와 데이터 활용	정의: 필요한 디지털 · AI의 정보와 데이터를 검색하고, 비판적으로 분석 · 평가하며 체계적으로 관리할 수 있는 역량	
	2.1 디지털 · AI의 정보와 데이터를 목적에 맞게 탐색 및 수집한다.	
	2.2 디지털 · AI의 정보와 데이터를 신뢰성과 적합성을 바탕으로 비판적으로 평가하고 활용한다.	
	2.3 디지털 · AI의 정보와 데이터를 체계적으로 저장하고 분류한다.	

영역	정의 및 하위 요소	체크
3. 디지털 · AI 기반 의사소통과 문제해결	정의: 디지털 · AI 기술을 활용하여 사람들과 소통하고 정보와 데이터를 공유하며 협력한다.	
	3.1 디지털 환경에서 개인이나 공동체와 원활하게 소통한다.	
	3.2 디지털 환경에서 공동의 목적을 달성하기 위해 다른 사람과 협업한다.	
4. 디지털 · AI 자원 창출	정의: 디지털 · AI 콘텐츠를 목적과 상황에 맞게 생산하고, 컴퓨팅 사고 기반으로 디지털 · AI 자원을 활용하여 일상생활의 문제를 해결하는 역량	
	4.1 창의적 사고를 활용하여 목적과 상황에 맞는 디지털 · AI 콘텐츠를 수정하거나 창작한다.	
	4.2 컴퓨팅 사고를 활용하여 문제해결을 위한 디지털 · AI 프로그램(알고리즘, 소프트웨어 APP 등)을 수정하거나 창조한다.	
5. 디지털 · AI 안전과 웰빙	정의: 디지털 · AI 기기 및 서비스를 안전하고 건강하게 사용할 수 있는 역량	
	5.1 디지털 환경에서 나와 타인을 보호하며, 디지털 기기와 서비스를 안전하고 책임감 있게 활용한다.	
	5.2 디지털 · AI 기기 및 서비스의 활용이 개인과 사회에 미치는 심리적, 신체적 영향에 대한 명확한 인식을 통해 건강하게 사용한다.	

2. 교사의 디지털 · AI 교육역량: 개발 목표 세우기

교사와 예비교사로서 나의 디지털 · AI 교육역량을 살펴보자. 미래의 교사로서 나는 현재 어떠한 수행능력을 가지고 있는가? 모든 사람의 역량 개발 목표는 자신의 수준과 관심에 따라 다르다. 디지털 AI에 대한 관심이 높고, 더 많이 활용하고 싶다면 개발에 대한 기대와 노력은 더 클 것이다. 그렇지 않다면 문턱만 넘자고 비유된 문턱역량 수준으로 체크할 것이다. 다음 〈표 1-10〉의 교사의 디지털 · AI 교육역량을 이용하여 진단하여 보자.

1) O, △, X 중 어떤 표시가 가장 많은가? 어떤 부분을 잘 알고 모르는가?
2) 전반적으로 (예비)교사로서 나의 디지털 · AI 역량을 어떻게 평가하는가?
3) 이 평가를 기초하여 얻은 교훈과 이번 학기 나의 학습계획을 공유해보자.

〈표 1-10〉 교사의 디지털 · AI 교육역량　　체크: ○=잘 알고 있음 △=조금 앎 X=모름

영역	역량	세부 내용	체크
디지털 · AI 기술 이해와 활용	정의: 디지털 · AI 기기, 네트워크, 소프트웨어 및 서비스 등을 알고 교육업무에 활용한다.		
	교육 환경 준비	교육 목적과 주어진 인프라 환경을 파악하여 적합한 기기와 소프트웨어를 선택하고, 자리 배치 등 교육 환경을 조성한다.	
	기술 문제해결	자주 발생되는 기술적인 문제는 직접 해결하고, 기술 문제에 따라 적합한 해결책을 찾는다.	
	디지털 · AI 기반 의사소통	학생, 동료, 학부모 및 제3자와의 의사소통에 디지털 · AI 기술을 효과적으로 활용한다.	
	디지털 · AI 활용 수업설계	디지털 · AI 콘텐츠나 서비스 등을 활용하여 수업 준비 시간을 경감하고, 효과적인 수업계획과 자료를 개발한다.	
디지털 · AI 기술 윤리	정의: 디지털 · AI 기술 사용 시 안전과 보안을 지키며 교육업무에 활용한다.		
	디지털 자원 활용	저작권이나 라이선스를 지키며 디지털 · AI 콘텐츠나 서비스를 사용하고 제작한다.	
	디지털 · AI 보안 인식	디지털 · AI 기술 사용 시 개인정보를 보호하고, 해킹, 사이버 범죄에 노출되지 않도록 한다.	
디지털 · AI 활용교육	정의: 일반(비)교과 교육을 효과적으로 실행하기 위해 디지털 · AI 기술을 수업 및 평가에서 적합하게 활용한다.		
	디지털 · AI 기반 협력 수업	효과적인 상호작용 촉진을 위해 적합한 디지털 · AI 기술을 활용한다.	
	디지털 · AI 기반 맞춤형 수업	맞춤형 학습에서 학생별 피드백을 주고, 학생 데이터를 분석 및 처치하기 위해 적합한 디지털 · AI 기반 플랫폼을 선택하고 효과적인 수업을 실행한다.	
	AI 디지털교과서 활용	AI 디지털교과서의 개발 취지를 이해하고 수업시간에 적합하게 활용한다.	
	실감형 콘텐츠 활용	메타버스, 가상현실(VR, AR, XR 등) 콘텐츠를 적합한 교육맥락에서 효과적으로 활용한다.	
	생성형 AI 활용	생성형 AI 도구를 글쓰기, 데이터 등 다양한 수업의 맥락에서 효과적으로 활용한다.	
	디지털 · AI 기반 평가	지필 및 수행평가를 효율적이고 타당하게 실시하기 위해, 디지털 · AI 기술을 활용한다.	

<table>
<tr><th>영역</th><th>역량</th><th>세부 내용</th><th>체크</th></tr>
<tr><td rowspan="4">디지털 · AI 융합교육</td><td colspan="3">정의: 학생의 디지털·AI 역량을 일반(비)교과 교육의 교육목표, 내용, 방법, 평가 수준에서 통합하여 디지털·AI 역량을 관리한다.</td></tr>
<tr><td>성취기준 재구조화</td><td>학생의 디지털·AI 역량을 일반교과의 성취기준에 통합하여 융합수업에 적합하도록 재구조화한다.</td><td></td></tr>
<tr><td>빅데이터 활용 융합수업</td><td>학생이 빅데이터의 수집, 분류 및 관리, 분석 및 해석, 시각적 표현 등의 디지털·AI 역량을 함양하도록 수업한다.</td><td></td></tr>
<tr><td>AI 융합수업</td><td>학생이 피지컬 컴퓨팅, AI 플랫폼 등을 활용하여 AI에 대한 지식과 원리를 이해할 수 있도록 수업한다.</td><td></td></tr>
<tr><td rowspan="3">전문성 개발</td><td colspan="3">정의: 교사로서 디지털·AI 역량을 통해 수업 및 업무 전문성을 향상하기 위해 공식적, 비공식적으로 전문성 개발 활동을 습관화한다.</td></tr>
<tr><td>디지털·AI 역량 지속 개발</td><td>교육, 학습공동체, 정책 및 학술 세미나 등에 참여하여 디지털·AI 역량을 지속적으로 개발한다.</td><td></td></tr>
<tr><td>성찰과 개선</td><td>자신의 일상과 수업을 돌아보며 교훈을 통해 공식, 비공식적으로 개선 활동을 한다.</td><td></td></tr>
</table>

참고문헌

교육부 (2023). **디지털 기반 교육혁신 방안. 교육부 보도자료**(2023. 2. 24.).

교육부 (2023.3.29.). 「유치원 및 초등・중등・특수학교 등의 교사자격 취득을 위한 세부기준」 **교육부 고시 제2023-14호.**

김수환, 이현숙, 김한성, 박주연, 최미애, 한나라 (2023). **2023년 초 · 중학생 디지털 리터러시 수행형 평가도구 개선 및 수준 측정 연구**. 연구보고 KR 2023-13. 한국교육학술정보원.

김진숙, 김묘은, 박일준, 배현순, 이지은, 임동신, 임지영, 홍선주 (2023). **교육과정 연계 디지털 리터러시 교육 가이드라인 개발 연구**. 연구보고 CR 2023-1. 한국교육학술정보원.

김현진, 김현영, 김은영, 최미애 (2019). **민주시민육성을 위한 미디어 리터러시 교육 방안 연구**. 한국교육학술정보원.

서정희, 허희옥, 임규연, 이현우, 임경희, 박세영, 공현아, 권미영 (2023). **예비 현직 교원의 AI 디지털 역량 측정도구 개발**. 연구자료 KR 2023-08. 한국교육학술정보원.

위키백과 (2024. 4. 17.) **디지털 트랜스포메이션.**
https://ko.wikipedia.org/wiki/%EB%94%94%EC%A7%80%ED%84%B8_%ED%8A%B8%EB%9E%9C%EC%8A%A4%ED%8F%AC%EB%A9%94%EC%9D%B4%EC%85%98

이동국, 이봉규, 이은상 (2022). 인공지능(AI) 활용교육을 위한 교사 역량 및 연수 과제 도출. **교육정보미디어연구, 28**(2), 415-444.

한국교육정보미디어학회, 한국정보교육학회 (2023). 교직소양 ‘디지털교육(인공지능 교육 포함)’의 실천 방안. 미출판.

한국교육학술정보원 (2022). **교사의 디지털교육 역량 프레임워크 및 역량 강화 전략. KERIS 디지털교육 동향**. 심층호 제8호.

한국정보통신기술협회 (2017.4.21.). 디지털 전환. **IT용어사전.**
https://terms.naver.com/entry.naver?docId=3596818&cid=42346&categoryId=42346

Actua. (2020). *ACTUA'S ARTIFICIAL INTELLIGENCE (AI) EDUCATION HANDBOOK.*

Anglin, G., Vaez, H., & Cunningham, K. (2004). Visual presentations and learning: The role of static and animated graphics. In D. H. Jonassen (Ed.), *Handbook of Research on Educational Communications and Technology* (pp. 865-916). Mahwah, N.J.: L. Erlbaum Associates.

Chiu, T. K., Ahmad, Z., Ismailov, M., & Sanusi, I. T. (2024). What are artificial intelligence literacy and competency? A comprehensive framework to support them. *Computers and Education Open, 6,* 100171.

Gartner (2024, May 6.). Digital transformation. Gartner glossary.
https://www.gartner.com/en/information-technology/glossary/digital-transformation

Long, D., & Magerko, B. (2020, April). What is AI literacy? Competencies and design considerations. In *Proceedings of the 2020 CHI conference on human factors in computing systems* (pp. 1-16).

McCarthy, A. M., Maor, D., McConney, A., & Cavanaugh, C. (2023). Digital transformation in education: Critical components for leaders of system change. *Social sciences & humanities open, 8*(1), 100479.

Redecker, C. (2017). *European framework for the digital competence of educators: DigCompEdu (No. JRC107466).* Joint Research Centre (Seville site).

Touretzky, D., Gardner-McCune, C., & Seehorn, D. (2023). Machine learning and the five big ideas in AI. *International Journal of Artificial Intelligence in Education, 33*(2), 233-266.

UNESCO (2018). *A global framework of reference on digital literacy skills for indicator 4.4.2.* UNESCO Institute for Statistics, Information Paper No. 51.

Veldink, A. (2020, December 29). The origin and meaning of Digital Transformation. LinkedIn. https://www.linkedin.com/pulse/origin-meaning-digital-transformation-anneke-veldink/

Vuorikari, R., Kluzer, S., & Punie, Y. (2022). *DigComp 2.2: The Digital Competence Framework for Citizens - With new examples of knowledge, skills and attitudes.* EUR 31006 EN, Publications Office of the European Union, Luxembourg, 2022, ISBN 978-92-76-48882-8, doi:10.2760/115376, JRC128415.

제 2 장 디지털 · AI 교육을 위한 기술과 조건

주요 내용

- 디지털 · AI 교육을 위한 주요 기술
  - 인공지능, 메타버스, 블록체인, 사물인터넷, 클라우드 컴퓨팅
- 디지털 · AI 기술 적용을 위한 조건
  - 물리적 조건, 인적 조건, 문화적 조건

학습 목표

1. 디지털 · AI 교육에 활용할 수 있는 주요 기술을 설명할 수 있다.
2. 디지털 · AI 기술을 교육에 적용하기 위한 조건을 설명할 수 있다.
3. 교육자로서 디지털 · AI 기술을 교육에 적용하기 위한 계획을 수립할 수 있다.

기초지식

2.1 디지털 · AI 교육을 위한 주요 기술

앞 장에서 디지털 전환은 '디지털 기술로 인해서 기존 업무와 생활의 혁신적이고 근본적인 변화를 주는 것'이라고 정의하였다. 디지털 전환은 기존의 아날로그 자료를 디지털 기술을 활용하여 데이터화하는 것(Digitization), 디지털 기술을 기존의 업무 과정, 일하는 방식에 적용하여 새로운 변화를 가져오는 것(Digitalization)을 넘어 디지털 기술의 발달로 인해 사회 각 분야의 생산 및 서비스 방식, 비즈니스 모델 등이 재편되는 것(Digital Transformation)이다. 디지털 전환 시대에 각광받는 기술들은 인공지능, 빅데이터, 사이버보안, 5G · 6G, 사물인터넷, 메타버스, 클라우드, 블록체인 등이 있다. 이러한 기술들은 독립적으로 개발 및 활용되는 것이 아니라 상호 관련성이 높다. 예를 들어, 인공지능 기술은 빅데이터, 5G · 6G, 사물인터넷 등의 기술과 접목하여 실제 생활에 상용화할 수 있는 제품 생산으로 나타나고, 관련 비즈니스를 창출하기도 한다.

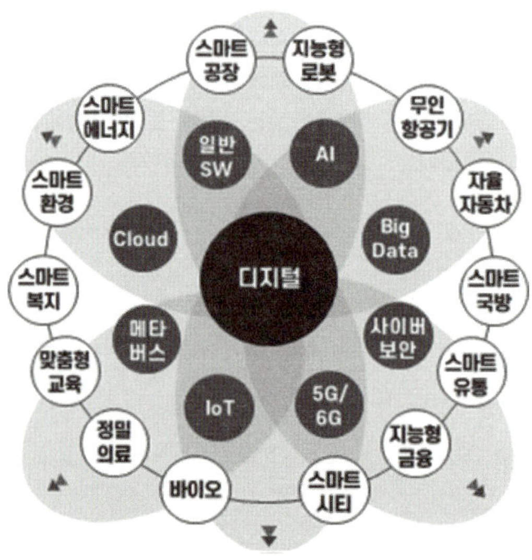

[그림 2-1] 디지털 신기술과 신산업(관계부처 합동, 2022. p. 5)

디지털 기술들이 발전하고 있는 가운데, 교육 분야에서도 디지털 기술의 활용 가능성에 대한 기대가 높아지고 있다. 교육 분야의 디지털 전환의 대표적인 기술로는 인공지능, 메타버스, 블록체인, 사물인터넷, 클라우드 컴퓨팅 등이 있다. 이번 장에서는 인공지능 기술에 초점을 맞춰 디지털 · AI 교육에 적용 가능한 디지털 기술들을 살펴보고자 한다.

1) 인공지능

인공지능은 교육 분야에서 가장 주목받고 있는 디지털 기술이다. 인공지능은 인간의 지적 능력을 컴퓨터로 구현하는 디지털 기술로서 상황을 인지하고, 이성적 · 논리적으로 판단 · 행동하며, 감성적 · 창의적인 기능을 수행하는 능력까지 포함한다. 인공지능은 머신러닝, 딥러닝, 생성형 AI 등을 포괄하는 개념이다. 그 개념적 차이는 인공지능의 발전과정을 통해 살펴본다.

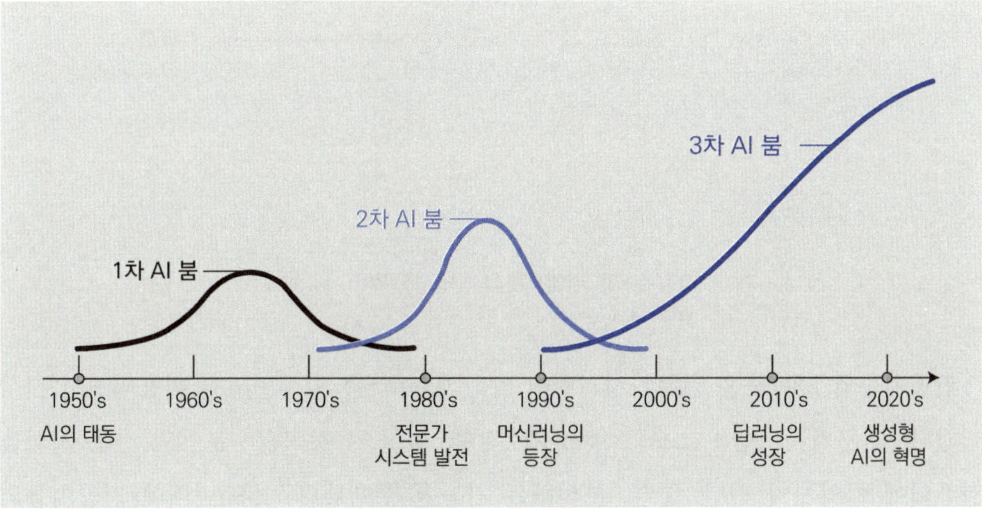

[그림 2-2] 시대별 인공지능 발전 과정(김지현, 2024)

인공지능 기술의 발전은 1차 AI붐, 2차 AI붐, 3차 AI붐으로 구분한다. **인공지능의 1차 붐**은 1950년 영국의 수학자 앨런 튜링의 '계산 기계와 지능(Computing Machinery and Intelligence)'이란 논문으로 거슬러 올라간다. 논문에서 앨런 튜링은 기계가 생각할 수 있는지를 테스트하는 방법, 지능적 기계의 개발 가능성, 학습하는 기계 등에 대해 기술했다. 1956년에는 인공지능이라는 개념을 세상에 알리게 된 다트머스 회의가 열렸고, 이 회의에서 기계가 인간처럼 학습할 수 있는지에 대해 토론했다. 그 이후, 인공지능의 1차 황금기가 시작되었다. 1957년 프랑크 로젠블랫은 퍼셉트론(Perceptron) 모델을 통해 컴퓨터가 패턴을 인식하고 학습할 수 있다는 것을 실증적으로 보여줬다. 퍼셉트론은 신경세포인 뉴런과 유사한 구조로 다수의 입력으로부터 하나의 결과를 내보내는 방식이었는데 이후 인공신경망과 딥러닝의 기원이 되었다.

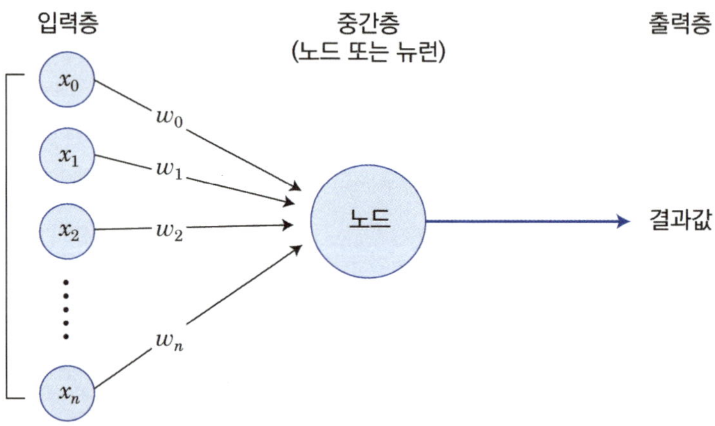

[그림 2-3] 퍼셉트론의 구조(IT 위키, n.d.)

인공지능의 2차 붐은 전문가시스템이 발전하고, 다층 퍼셉트론이 활용되면서 시작되었다. 전문가시스템(Expert System)은 의학, 법률, 유통 등의 분야의 전문 지식을 컴퓨터에 기억시켜 진단, 분류, 분석하는 기능을 수행했다. 1980년대에 인공지능의 2차 붐을 이끌었던 전문가시스템은 인간이 설정한 규칙에만 의존했기 때문에 컴퓨터 성능의 한계와 투자 대비 효율이 낮다는 한계가 있었다.

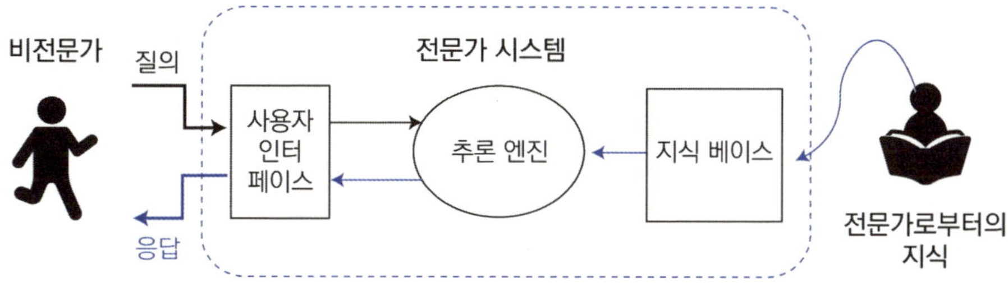

[그림 2-4] 전문가시스템의 구조(AI for School, n.d.)

인공지능의 3차 붐은 1990년대 이후 데이터 수집, 머신러닝, 딥러닝의 개발, 컴퓨터 비전, 자연어 처리 기술이 등장한 것과 관계된다. 인터넷을 통해 대량의 데이터를 수집할 수 있게 되면서 인공지능은 인간이 찾지 못하는 규칙을 머신러닝을 통해 스스로 학습할 수 있게 되었다. 한편, 제프리 힌튼 교수가 딥러닝 알고리즘을 발표하면서 인공지능에 대한 관심은 더욱 뜨거워졌다. 딥러닝은 인간의 뇌를 모방한 신경망 네트워크로, 작은 특징에서 복잡한 특징으로 단계적으로 학습하여 이미지 인식의 정확도를 향상시켰다. 딥러닝 기술의 성장은 그래픽처리장치(GPU)를 비롯한 컴퓨터 시스템의 발전과 데이터의 증가에 기인한다. 그래픽처리장치는 기존의 중앙처리장치(CPU)와 비교할 때, 유사하고 반복적인 연산을 병렬로 처리하여 속도가 빠르다. 한편, 2000년 이후 스마트폰과 사물인터넷(Internet of Things, IoT)이 발전하면서 빅데이터 수집이 용이해졌다. 빅데이터를 학습한 딥러닝 알고리즘은 더욱 정교하게 구축될 수 있게 된 것이다. 딥러닝의 기술은 현재 더욱 발전하여 다양한 분야에서 활용되고 있다. 2022년 말에는 초거대 인공지능 언어 모델을 사용한 생성형 AI가 발전하면서 인공지능의 붐을 이끌고 있다. 딥러닝이 기존의 데이터를 학습해서 정보를 분류, 분석, 예측했던 방식이었다면 생성형 AI는 자연어 처리 모델이나 이미지 생성 모델 등을 활용해 다양한 형식의 콘텐츠를 생성한다는 것이 특징이다. 현재, 사용되고 있는 인공지능의 주요 기술들을 정리하면 〈표 2-1〉과 같다.

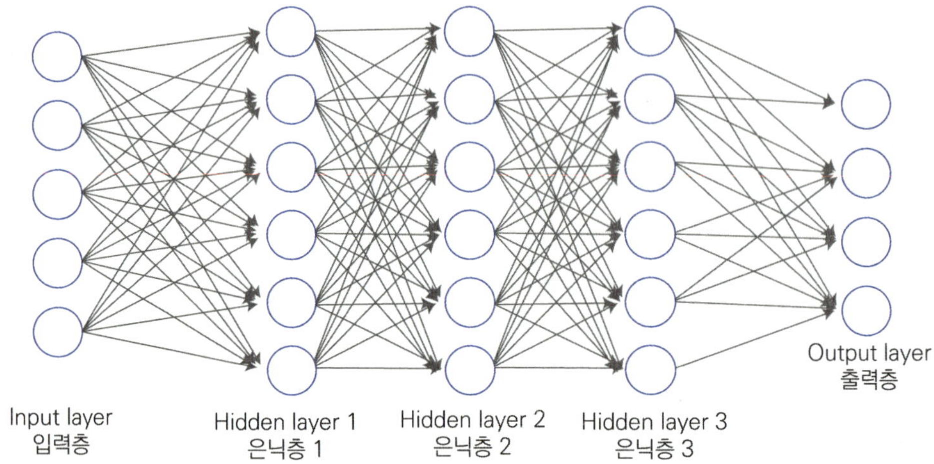

[그림 2-5] 딥러닝의 구조(AI for School, n.d.)

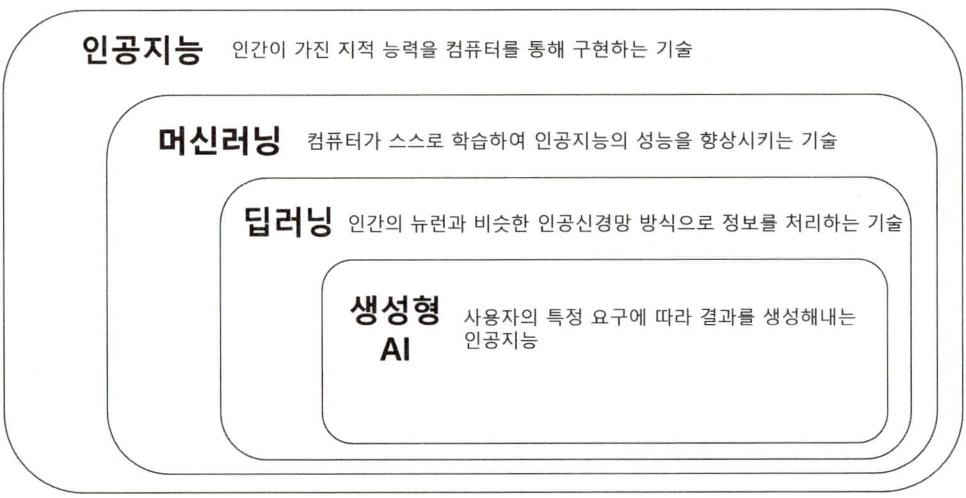

[그림 2-6] 인공지능의 개념과 주요 기술 간의 관계

〈표 2-1〉 인공지능의 주요 기술과 특징

주요 기술	특징
머신러닝	• 특정 작업을 수행하도록 프로그래밍하는 대신, 경험을 통해 자동으로 배우고 개선하는 인공지능 애플리케이션
관계형 지능 기반 지식 추론	• 정보에 대한 가정과 전제로부터 결론을 이끌어 내거나 도출해 낼 수 있으며 개별적 정보를 이해하는 단계를 넘어 정보 간에 복잡한 관계를 파악해 표현하는 기술
컴퓨터 비전	• 컴퓨터에 시각을 부여해 이미지를 분석함으로써 유용한 정보를 생성하는 기술 • 이미지나 영상 등 시각 정보로부터 객체를 인식하고 감정이나 상황 등을 이해하는 기술
자연어 처리 (NLP)	• 인간의 언어를 컴퓨터가 알 수 있게 만드는 기술 • 음성 및 텍스트로 입력되는 자연어를 이해하고 지식화하는 기술
생성적 적대 신경망 (GAN)	• 두 신경망이 서로 경쟁하면서 학습하는 구조 • 한 신경망은 실제 데이터와 구분하기 어려운 새로운 데이터를 생성하고 다른 신경망은 이를 실제 데이터와 비교하여 판별 • 이미지 생성 및 변환 등 다양한 응용 분야에서 활발하게 사용

인공지능의 종류는 그 목적과 기술의 발전 정도에 따라 보통 약AI, 강AI, 초AI로 구분한다. 약AI(Weak AI)는 주어진 조건 아래서만 인간의 지능을 기계적으로 일부 모방해 구현하는 기술이다. 약AI는 특정 주제의 분야에서 주어진 일을 인간의 의도에 따라 수행하는 인공지능으로, 많은 양의 데이터를 컴퓨터에 학습시켜 인간이 직접 프로그래밍하지 않아도 인공지능이 스스로 특정 문제를 해결하는 것을 목적으로 한다. 예를 들면, 알파고, 애플시리, IBM왓슨, 자율주행자동차 등이 약AI에 속한다. 현재 상용화되어 있는 인공지능은 대부분 약AI에 속한다고 볼 수 있다. 한편, 강AI(Strong AI)는 인간을 온전히 모방해서 구현한 기술로, 사람처럼 사고하고 문제를 해결하는 인공지능이다. 즉, 강AI는 인간과 동일한 수준의 지성을 구현하고자 한 것이기 때문에 컴퓨터 공학적 측면뿐만 아니라 철학적 논의와 합의가 필요한 분야이기도 하다. 따라서, 강AI는 영화나 소설에 등장하는 AI로봇과 같이 상상의 영역에 존재하고 있으나 챗GPT로 대표되는 생성형 AI의 발전이 계속되면서 강AI의 실현 가능성에 대한 관심이 더욱 뜨거워지고 있다. 마지막으로, 초AI(Artificial Super Intelligence)는 모든 면에

서 인간의 능력을 초월하여 자가 발전하는 인공지능이다. 인류가 해결하지 못하는 고차원적 문제를 해결하는 로봇이 대표적인 초AI이다. 미래학자 레이 커즈와일은 자신의 저서 '특이점이 온다'에서 인공지능의 발전속도가 언젠가는 모든 인류의 지성을 합한 것보다 뛰어난 인공지능을 만들어 낼 수 있을 것이라고 예측하기도 했다. 그러나 초AI가 변화시킬 세상에 대한 기대와 우려가 공존하고 있으며 현재로서 인공지능이 인간을 넘어선다는 것은 논쟁의 영역이자 연구가 필요한 분야이다.

〈표 2-2〉 인공지능의 종류에 따른 특징

← 약인공지능(약AI)		강인공지능(강AI) →
「논리적 사고」 • 계산 모델을 통해 지각, 추론, 행동 같은 정신적 능력을 갖춘 시스템	생각	「인간과 같은 사고」 • 인간과 유사한 사고 및 의사결정을 내릴 수 있는 시스템
「논리적 행동」 • 계산 모델을 통해 지능적 행동을 하는 에이전트 시스템	행동	「인간과 같은 행동」 • 인간의 지능을 필요로 하는 어떤 행동을 기계가 따라 할 수 있는 시스템
• 알파고, 애플시리, IBM왓슨, 자율주행 자동차 등	사례	• AI 로봇(비서 로봇, 공장 로봇 등) • 인류가 해결 못 하는 고차원적 문제해결 로봇

교육 분야에 활용되는 인공지능 기술은 현재 제한된 분야에서 약AI 수준으로 활용되고 있다. 주로 인간에 의해 전처리된 정형 데이터로 기계 학습이 이루어져 데이터의 유형 및 처리 수준에 따라 산출물의 질이 달라지거나 상이한 결과를 도출한다. 그러나 미래에는 교육 분야에서도 인간과 비슷한 수준의 지능을 갖고, 자동화된 판단을 하게 될 것이란 예측이 나오고 있다. 초광대역 통신망을 활용하여 정형·비정형 데이터를 수집하고, 이 데이터를 바탕으로 학습하게 되면 교육 분야에서의 인공지능 활용 가능성이 높아질 것이다.

〈표 2-3〉 교육 분야의 AI 기술

구분	현재	미래
범위	• 제한적 적용	• 보편적 적용
AI 기술	• 약 인공지능 • 머신러닝, 딥러닝 • 규칙 기반 AI와 IRT 등 기존 방식 혼용 • 일부 지식추론, 영상 및 음성 인식	• 약 또는 강 인공지능 • 딥러닝 보편화 및 AI 진화 • 인간과 비슷한 수준의 시각지능, 음성지능, 언어지능, 행동지능 구현
데이터	• 정형 〉 비정형 데이터 • 사람이 학습데이터를 수집하고 전처리하여 기계에 제공	• 비정형 〉 정형 데이터 • 기계가 스스로 학습 데이터 수집
콘텐츠 유형	• 디지털 콘텐츠와 지식 중심	• 온 · 오프라인 콘텐츠와 총체적 경험
인터페이스	• 클라우드 기반 플랫폼 • PC, 모바일 기반 중심 • AI 스피커, 챗봇, 일부 로봇	• 클라우드 기반 플랫폼 • PC, 모바일 기반 • AI 스피커, 챗봇, 지능형 로봇, 웨어러블 기기 등

출처: 김현진 외 (2020). AI 시대 대비 국가수준 교육과정 운영 지원 방안 연구. p. 183.

2) 메타버스, 블록체인, 사물인터넷, 클라우드 컴퓨팅

그 밖의 디지털 · AI 교육에 활용될 주요 디지털 기술로서 메타버스, 블록체인, 사물인터넷, 클라우드 컴퓨팅을 살펴보자. 우선, **메타버스**(Metaverse)는 현실을 초월하여 만들어낸 세계이자 현실과 가상이 혼재된 세계라는 의미이다. 일반적으로 가상과 현실이 상호작용을 하며 다양한 사회 · 경제 · 문화 활동이 벌어지는 세상이다. 메타버스는 〈표 2-4〉와 같이 아바타, 연속성, 상호운용성, 실재감, 동시성, 투명성 등의 특성을 갖는다(임철일 외, 2022). 메타버스는 활용 목적에 따라 게임형, SNS, VR 미팅형 메타버스로 구분된다(황요한, 2021). 게임형 메타버스는 웹 또는 애플리케이션 기반의 게임 · 오락 목적의 메타버스로 게더타운, 젭, 로블록스, 마인크래프트 등이 그 예이다. SNS 기반형 메타버스는 웹 또는 애플리케이션을 기반으로 하는 사회적 교류 목적의 메타버스로 제페토, 이프랜드, 스타라인, 세컨드라이프 등이 포함된다. 마지막으로 VR 미팅형 메타버스는 VR을 지원하는 HMD를 기반으로 하는 미팅 목적의 메타버스로 스페이셜(Spatial), 호라이즌 워크룸, 미팅VR, 모질라 허브 등이 포함된다.

〈표 2-4〉 메타버스의 특성

특징	설명
아바타	현실세계의 자아가 확장된 형태로서 메타버스에서는 아바타에 의해 사회적 상호작용이 가능함
연속성	메타버스 내에서 발생하는 경험은 단절되지 않고, 연속적으로 이어짐
상호운용성	메타버스의 데이터 및 정보는 현실세계와 서로 연동되어 한 환경에서 실행한 결과가 다른 환경에서 반영됨
실재감	메타버스 내에서 물리적 접촉은 없지만, 사회적·공간적 실재감을 느낄 수 있음. 현실세계 속 공간의 개념을 동일하게 적용하여 공간적 실재감을 더하고, 아바타가 현실세계의 인물을 대변하여 사회적 실재감을 체감할 수 있음
동시성	여러 명의 사용자가 동시간대에 서로 다른 다양한 경험이 가능함
투명성	메타버스 내에서 일어난 활동 데이터는 실시간 기록되고 공유되므로 투명성을 보장함

블록체인은 데이터를 중앙서버에 저장하지 않고, 네트워크 참여자가 데이터를 함께 기록·관리하는 분산형 데이터 활용 기술이다. 중앙 서버에 거래 기록을 보관하지 않고 거래에 참여하는 모든 네트워크 사용자에게 원장을 보내주며, 거래 때마다 네트워크 참여자들이 데이터를 공유하고 이를 대조해서 데이터 위·변조를 할 수 없도록 되어 있다. 블록체인의 1세대는 2008년 나카모토 사토시가 'Bitcoin: A Peer-to-Peer Electronic Cash System)'이라는 논문을 발표하면서 비트코인을 대중화한 것이 대표적인 사례이다. 그 후, 신뢰 기반의 암호화폐 시스템이 개발되면서 블록체인 2세대가 시작되었다. 이 시기에는 이더리움 블록체인이 개발되어 각종 공과금 납부, 부동산 계약 등과 같은 현실 세계의 계약과 결제 과정이 지능화·자동화될 수 있으리라는 가능성을 확인했다. 예를 들어, 블록체인 시스템이 설치된 냉장고에 생수가 떨어지면 자동으로 주문과 결제를 실행함으로써 배송을 받을 수 있게 되는 것이다. 미래에 블록체인 3세대가 실현되면 인간의 활동과 관련하여 모든 산업에 블록체인 기술이 적용될 것이다. 블록체인 3세대에서는 전자 신분증, 전자정부 등과 같이 모든 사회 구성원이 연결된 시스템을 통해 동시적으로 감시하고, 완벽한 보안이 실현되리라는 기대를 모으고 있다.

〈표 2-5〉 블록체인의 발전 양상

구분	1세대	2세대	3세대
시기	2009~2014년	2015~현재	미래
주요 특징	• 경제적 가치 구현 • 암호화폐 시스템 • 자산으로 인식	• 스마트 계약 • 분산 애플리케이션 • 블록체인의 다양한 활용 가능성 제시	• 사회 전반에 블록체인 활용 • 블록체인 간 상호 운용 • 사물인터넷 지원
한계점	• 낮은 확장성 • 느린 처리속도	• 의사결정 방식의 문제 • 데이터 증명방식 • 트랜잭션 용량 제한	
대표사례	비트코인	이더리움	다양한 블록체인 플랫폼

출처: 황정훈, 이달우 (2019). 블록체인 기술의 교육적 활용을 위한 시론적 연구. p. 748.

사물인터넷(Internet of Things)은 사물에 센서를 부착하여 실시간으로 데이터를 인터넷으로 주고받는 기술을 말한다. 기존의 인터넷이 컴퓨터나 휴대폰에 연결되어 구성되었던 것과는 달리, 사물인터넷은 책상, 자동차, 가방 등 세상에 존재하는 모든 사물이 연결되어 구성된 인터넷을 말한다. 사물인터넷은 유형의 사물과 주위 환경으로부터 정보 수집하는 센싱기술, 사물이 인터넷에 연결되도록 지원하는 유무선 통신 및 네트워크 인프라 기술, 대량의 데이터 등 사물인터넷에 대한 해킹이나 정보유출 방지를 위한 보안 기술이 핵심적인 요소이다. 현재, 사물인터넷은 스마트홈뿐만 아니라 도난방지지갑, 상황인지알람 등에 적용되어 일상생활에서 사용되고 있다.

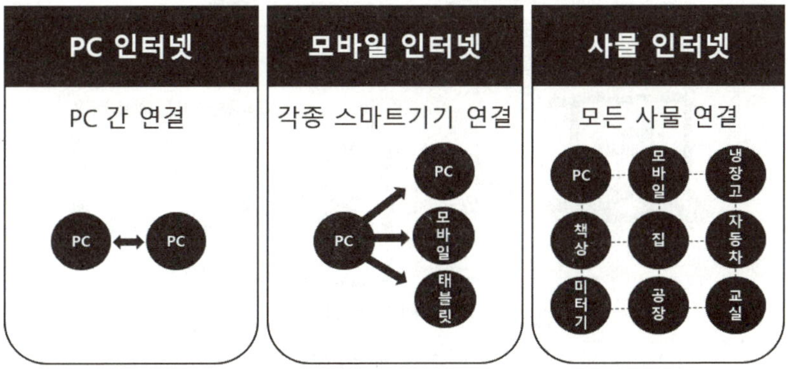

[그림 2-7] 사물인터넷 시대의 사물 간 연결

클라우드 컴퓨팅은 인터넷을 통해 원격으로 컴퓨팅 자원 및 서비스를 제공하는 컴퓨팅 기술이다. 클라우드 컴퓨팅은 인터넷 서버를 사용자(혹은 기업)가 보유하는 것이 아니라 클라우드를 이용하는 방식이다. 클라우드를 활용하면 자체적으로 서버와 같은 인프라를 구매, 설치, 관리하는 데 드는 비용이 절감되고, 보다 쉽고 빠르게 소프트웨어를 사용할 수 있다. 클라우드 컴퓨팅은 인프라 기반 서비스(IaaS), 플랫폼 기반 서비스(PaaS), 소프트웨어 기반 서비스(SaaS)로 구분된다. 인프라 기반 서비스는 가상화된 기본 인프라 자원(서버, 스토리지, 네트워크 등)을 제공하는 서비스이다. 플랫폼 기반 서비스는 인프라 기반 서비스 위에 애플리케이션 개발, 배포, 운영을 지원하는 플랫폼을 제공한다. 소프트웨어 기반 서비스는 클라우드상에서 소프트웨어 애플리케이션을 제공한다. 사용자는 인터넷을 통해 소프트웨어에 접속하고 사용할 수 있고, 소프트웨어의 설치, 업데이트, 유지·보수 등을 할 필요가 없다.

[그림 2-8] 클라우드 컴퓨팅 개념도(국립중앙과학관, n.d.)

2.2 디지털 · AI 교육을 위한 조건

앞에서 살펴본 디지털 기술들을 교육에 활용하기 위해서는 제도적, 물리적, 인적, 문화적 조건 등이 확보되어야 한다. 디지털 기술을 교육에 도입했다고 할지라도 다양한 조건들이 확보되지 못할 경우, 디지털 기술의 교육적 효과가 나타나지 않거나 오히려 교육에 방해요인이 될 수 있다. 우선, 제도적으로는 국가·지방자치단체 수준에서 디지털·AI 관련 정책이나 교육과정 등을 들 수 있다. 우리나라는 디지털교육 인재 양성 종합방안(관계부처 합동, 2022), 디지털 기반 교육혁신 방안(교육부, 2023) 등을 수립하여 디지털·AI 교육을 위한 기반을 확충하고, 교육 현장을 지원하고 있다. 또한, 국가 수준 교육과정을 개정하여 디지털·AI 관련 내용을 교육과정 총론과 교과교육과정에 반영하였다. 이 장에서는 물리적 조건과 인적·문화적 조건에 초점을 맞춰 살펴보기로 하자.

1) 물리적 조건

디지털 · AI 교육을 위한 물리적 조건은 무선 네트워크, 하드웨어, 소프트웨어로 구분하여 살펴볼 수 있다.

무선 네트워크는 인터넷 기반 애플리케이션을 사용하는 환경에서 필수적인 조건이 된다. 학생들에게 교육용 디바이스가 주어지더라도 무선 네트워크가 제대로 작동하지 않을 경우, 적용할 수 있는 교수학습은 제한된다. 또한, 수업 중 무선 네트워크가 지연되거나 끊김 현상이 발생할 경우, 학생들의 집중력이 감소하여 학습효과가 감소할 수 있다. 우리나라는 디지털 전환을 준비하며 국가적으로 기가급 무선 네트워크를 구축하고 있지만, 교육자는 수업을 하기 전에 원하는 속도와 품질의 무선 네트워크를 사용할 수 있는지에 대해 사전 확인을 해야 한다. 학교로 공급되는 무선 네트워크 속도가 높더라도, 무선공유기가 노후화되거나 무선공유기 간 채널 간섭 현상이 있을 경우, 실제 사용할 수 있는 무선 네트워크 속도는 느려질 수 있다. 따라서, 디지털·AI 교육을 실시하고자 하는 교육자는 다음과 같이 학교 혹은 교실의 무선 네트워크 구축 및 이용 상황을 살펴봐야 한다.

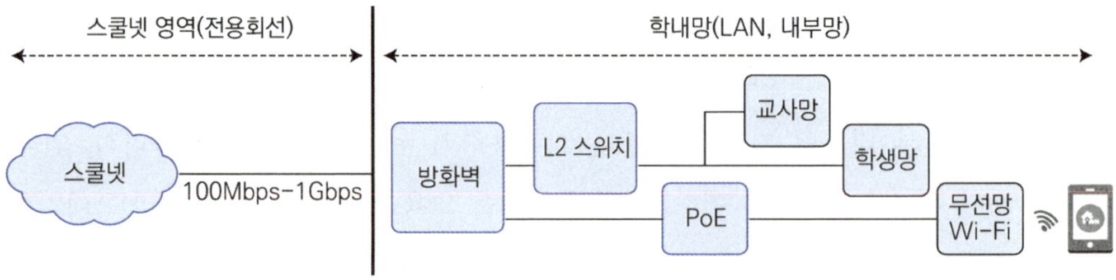

[그림 2-9] 학교 스쿨넷 구조(박채영, 2023.12.29.)

순	체크포인트	확인
1	무선네트워크는 설치되어 있는가?	
2	수업에서 교사와 학생들이 무선네트워크를 끊김 없이 이용 가능한가?	
3	무선네트워크의 속도는 어느 정도이며 사용하고 있는 공유기는 몇 대의 디바이스까지 원활한 속도를 보장하는가?	
4	무선네트워크의 속도를 저해하는 요소는 무엇인가? (예, 날씨, 교실위치, 사용 프로그램 등)	
5	수업에 활용하고자 하는 프로그램을 학교의 무선네트워크를 통해 원활하게 설치·이용할 수 있는가?	
6	수업 중 무선네트워크에 이상이 있을 경우에 대한 대안이 있는가? (예, 대처 방법 혹은 신속히 지원받을 수 있는 인력 등)	

하드웨어는 학생들이 사용할 수 있는 스마트폰, 노트북, 태블릿, HMD 등의 디바이스가 대표적이다. 하드웨어는 학습에서 활용하는 맥락에 따라 개인형과 공유형으로 구분하기도 한다(임철일 외, 2023). 개인형 기기는 학습자 개인이 직접 소유한 기기를 의미하고, 공유형 기기는 사용자들이 공용으로 활용하는 기기이다. 예를 들어, 3D 프린터, AI스피커, HMD(Head Mounted Device), AR글래스 등이 공유형 기기에 해당한다. 하드웨어는 개별 학생들의 학령기 또는 학습 목적과 수준에 적합한 기기를 선택해야 한다. 학교급 및 학년에 따라 학생들이 사용할 수 있는 교육용 디바이스는 다를 수 있다. 만약, 디지털 기반의 복잡하고 심층적인 학습을 하고자 한다면, 보다 높은 사양의 디지털 기기를 준비해야 한다.

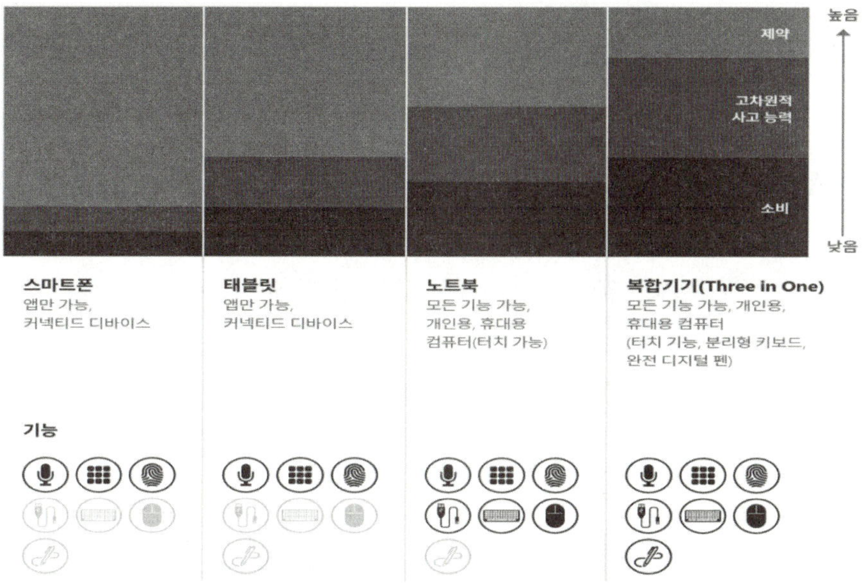

[그림 2-10] 심층학습과 기기별 기능(Microsoft, 2018. p. 85)

다음으로 고려해야 할 것은 **디바이스의 운영체제**이다. 교육용 디바이스의 운영체제는 개발사에 따라 다양한데, 마이크로소프트사의 Windows, 구글사의 Chrome, 네이버사의 Whale, 안드로이드, 애플사의 iOS가 대표적이다. Windows는 가장 일반적인 운영체제로 우리나라에서는 데스크톱, 노트북에서 흔히 사용되고 있다. 학생들이 쉽게 적응 및 이용할 수 있고, 데스크톱이나 노트북 등에서도 호환 가능한 활동을 할 수 있다는 장점이 있다. 일반적으로 교육용 디바이스에 설치되는 Windows는 Microsoft365 플랫폼을 이용할 수 있기 때문에 학생들이 워드, 파워포인트, 엑셀뿐만 아니라 MS Teams를 통해 커뮤니티 구성, 과제 작성 · 관리 · 평가 등을 할 수 있다. Chrome은 구글사에서 제공하는 드라이브 등의 애플리케이션에 특화된 운영체제이다. Chrome 운영체제는 구글 워크스페이스라는 플랫폼을 제공한다. 학생들은 구글 워크스페이스를 통해 구글이 제공하는 다양한 디지털 도구를 활용할 수 있고, 교사는 교육환경을 관리하고 온라인상에서 맞춤 설정과 공동 작업이 가능한 수업을 설계할 수 있다. 특히, 구글 클래스룸은 학습을 관리하는 효율적인 도구로서 교사는 온라인 학급을 구축하고 수업 및 평가활동을 진행할 수 있다. iOS는 애플사의 소프트웨어뿐만 아니라 웹상의 애플리케이션 등을 이용할 수 있다. 특히, 교육용으로는 iOS에서 개발한 교실앱을 제공한다. iOS의 교실앱을 사용하면 수업 시간 중 학생들의 기기 제어와 모니터링, 화면 공유 등을 할 수 있다. 안드로이드는 앱 기반 소프트웨어를 사용할 수 있는 운영체제이다. 터치 기반의 직관적인 구조로 되어 있기 때문에 저연령층의 학생들도 쉽게 사용할 수 있다. Whale은 네이버사가 개발한 운영체제로서 웨일스페이스 플랫폼을 제공한다. 웨일 스페이스는 웨일 클래스(학습관리시스템), 웨일온(화상수업솔루션), 네이버Works(협업도구) 등의 교육용 도구뿐만 아니라 자체적인 디바이스 관리 및 수업관리 프로그램을 제공한다.

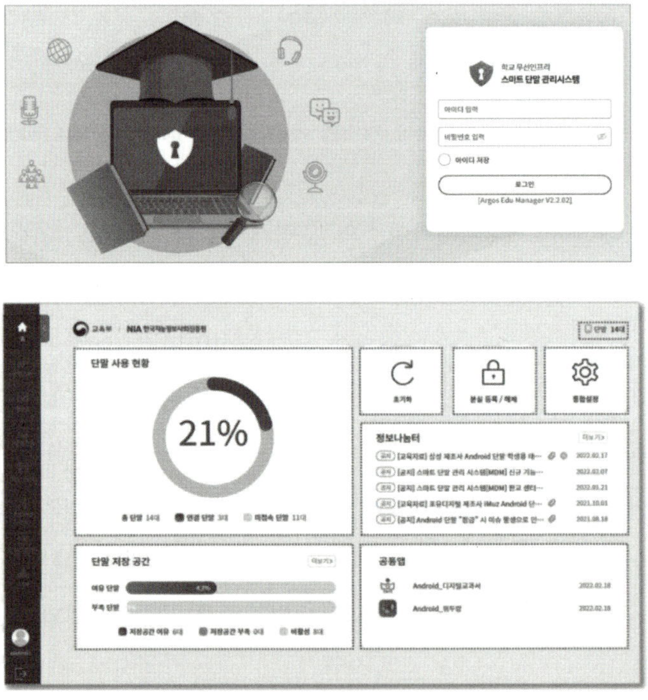

[그림 2-11] 기기 관리 프로그램 Arogos 화면 구성(서울시교육청, 2023. pp. 48-49)

교육용 디바이스는 교수·학습용으로 사용되기 때문에 학생들의 디바이스 사용을 관리할 수 있는 **기기 및 수업 관리 프로그램**이 추가적으로 필요하다. 기기 관리 프로그램(Mobile Device Management)은 기기 사용 현황, 기기별 저장 공간 확인, 초기화,

잠금 해제, 애플리케이션 일괄 설치 등을 통해 쉽게 디바이스를 관리할 수 있게 한다. 기기 및 수업 관리 프로그램은 운영체제에서 자체적으로 각각의 프로그램을 제공하는 경우도 있지만 별도의 프로그램을 구입해야 하는 경우도 있다.

운영체제의 경우, 버전과 가격이 높을수록 성능이 좋다. 그러나 교육용 디바이스는 예산 범위 내에서 결정해야 하기 때문에 활용 목적, 학생들의 수준, 지속 가능한 유지 · 관리 등의 요건을 고려해야 한다. 교육용 디바이스와 운영체제는 연계되어 있고, 일반적으로 선택의 범위가 넓지 않다. 만약 학교 단위로 구입한다면 운영체제와 교육용 디바이스를 쉽게 바꿀 수 없기 때문에 신중한 검토와 선택이 필요하다. 〈표 2-6〉은 운영체제별 특징을 비교한 것이다.

〈표 2-6〉 적합성 요소별 설명

<table>
<tr><th>구분</th><th>안드로이드</th><th>iOS</th><th>윈도우</th><th>크롬</th><th>웨일</th></tr>
<tr><td>OS</td><td colspan="2">버전이 높을수록 좋음</td><td>Windows11 이상 추천</td><td colspan="2">클라우드 기반이므로 업데이트 가능</td></tr>
<tr><td>CPU</td><td>코어와 주파수 정보는 크게 의미 없음</td><td>버전이 높을수록 좋음</td><td colspan="3">교육용으로는 멀티코어가 사용되지 않으므로 코어 개수보다는 주파수가 높을수록 좋음</td></tr>
<tr><td>디스플레이</td><td colspan="2">• 10인치 이상이 일반적임
• 클수록 휴대성이 떨어지므로 14인치 이상이 필요한 경우, 다른 기기(운영체제)를 고려할 필요 있음</td><td>14인치 이상을 구입해야 노트북 구입에 의미가 있음</td><td colspan="2">13인치 수준에서 기기 성능이 우수한 것을 추천</td></tr>
<tr><td>RAM</td><td colspan="2">최소 스펙 이상이면 크게 문제 없음</td><td colspan="3">2개 이상의 창을 띄우고 문서를 작성한다면 4GB인 경우 끊길 수 있으므로 8GB 이상을 권장함</td></tr>
<tr><td>저장공간</td><td colspan="5">• 초등 고학년부터 디지털교과서 사용을 위해서는 64GB 이상이 필요함
• 윈도우/크롬/웨일의 경우, SSD 형식이 유의미하게 빠름</td></tr>
<tr><td>기타사항</td><td colspan="2">• 필름, 케이스, 펜을 포함하는지 확인 필요함</td><td>• 타 OS에 비해 디바이스가 무거운 편임
• 패드 구입 시 펜이 포함되는지 확인해야 함
• 패드 구입 시, 본체와 키보드가 잘 연결되는지 확인해야 함</td><td>• 구입 시 기기관리 프로그램(CEU) 포함 여부를 확인해야 함
• 구입 시 펜이 포함되는지 확인해야 함</td><td></td></tr>
</table>

출처: 한국교육학술정보원(2023)의 내용을 재구성하였음

한편, **하드웨어를 구입 및 관리하는 방식**은 개인적 측면과 기관적 측면으로 살펴볼 수 있다. 우선 개인적 측면으로는 BYOD방식이 대표적인 사례이다. BYOD(Bring Your Own Device)는 학생이 자신의 기기를 교육에 활용하는 방식이다. BYOD는 학생이 가정과 학교에서 모두 동일한 기기를 활용하기 때문에 학습과정과 결과를 누적할 수 있다는 장점이 있다. BYOD는 교육용 디바이스를 확보하는 데 필요한 비용을 절감하고, 학생에게 익숙한 디바이스를 활용하므로 디지털 리터러시 향상에 긍정적인 영향을 미칠 수 있다. 그러나 BYOD는 심리적・기술적 불평등, 보안 및 파손, 운영체제 간의 상이함 등의 제약조건이 있다. 한편, 기관적 측면에서는 학교나 교육청이 교육용 디바이스 등의 하드웨어를 구입하고 관리하는 방식이다. 최근, 대부분의 시・도교육청에서는 디지털 기반 교육 정책을 마련하고, 교육용 디바이스를 구입하여 학생들에게 배부하고 있다. 이때, 교육용 디바이스를 대여방식으로 운영하여 학교가 직접 관리할 수도 있고, 입학 후 디바이스를 지급하여 학생들이 직접 디바이스를 관리하게 할 수도 있다. 일례로, 서울시교육청의 스마트기기 휴대학습 '디벗'의 경우, 2022년부터 교육용 디바이스를 1인 1기기로 활용할 수 있도록 지원하고 있다. 학생들은 입학 이후 자신의 교육용 디바이스를 받아 학교와 가정에서 활용한다. 학생들이 전학을 가거나 졸업을 하게 되면 교육용 디바이스를 반납한다. 교육용 디바이스를 선정 및 활용하기 전에 살펴봐야 할 체크포인트는 다음과 같다.

순	체크포인트	확인
1	수업에 사용하고자 하는 교육용 디바이스는 무엇이며 자신이 속한 기관에 마련되어 있는가?	
2	교육용 디바이스의 운영체제는 무엇인가?	
3	교육용 디바이스의 관리 주체는 누구인가?	
4	교육용 디바이스의 전원을 어떻게 공급하는가? 수업 중 전원이 부족한 학생들을 어떻게 지원할 것인가?	
5	교육용 디바이스를 분실하거나 파손한 학생들에 대한 대응 및 지원 방안이 있는가?	
6	교육용 디바이스를 사용 및 관리하는 규칙이 마련되어 있는가?	
7	교육용 디바이스는 학생들의 접속 및 사용 등을 통제할 수 있는가?	

소프트웨어는 지식 또는 정보의 저장장치 혹은 하드웨어와 함께 활용 가능한 모든 자원이 포함될 수 있다(임철일 외, 2023). 대부분의 소프트웨어는 교육용 플랫폼, 애플리케이션 등을 의미하며 인터넷 또는 클라우드 기반으로 운영된다. 소프트웨어를 구분하는 방식은 연구자마다 다양하다. 임철일 등(2023)은 기술적 분류체계에 따라 소프트웨어를 인공지능 기술, 온라인 기술과 학습 플랫폼, 소프트웨어 개발 프로그램, 디지털 콘텐츠로 구분하였다. 인공지능 기술에는 인공지능 챗봇, 인공지능 튜터링 시스템, 인공지능 기반 평가 시스템, 인공지능 기반 학습활동 도구가 포함된다. 온라인 교수학습 활동 지원 플랫폼은 온라인에서 교수학습 활동을 지원하는 도구를 말한다. 소프트웨어 개발 프로그램은 교수학습용 프로그램·도구·콘텐츠 등을 개발하는 도구를 말하며 코딩 프로그램, 인공지능 프로그램, 빅데이터 분석 프로그램 등이 이에 속한다. 마지막으로 디지털 콘텐츠에는 비디오 콘텐츠, 디지털교과서, 교육용 게임 콘텐츠 등이 속한다.

〈표 2-7〉 소프트웨어의 유형

유형		사례
인공지능 기술	챗봇	Peng Talk, Google Assistant, Ada, Ellie, Freud Bot
	인공지능 기반 학습 도구	Auto draw, teachable machine
	인공지능 교수 지원 도구	Jill Watson(Georgia Tech), SNU Genie(Seoul National University)
	인공지능 튜터링 시스템	Knock-knock! Math Expedition, Aleks, Mathia
	인공지능 기반 평가 도구	WriteToLearn, OpenEssayist
온라인 교수학습 플랫폼	원격 교육 도구	zoom, meet
	협력 학습 도구	Google Docs, Padlet, Mentimeter, OK Maps
	학습 관리 시스템	Canvas, Moodle, Google Classroom
	메타버스 플랫폼	Cospaces, Aurasma, Minecraft, Roblox, ZEPETO
	온라인 퀴즈 도구	Kahoot, Socrative, Cliker
소프트웨어 개발 프로그램	코딩 프로그램	(Block-based Coding) Entry, Scratch
	인공지능 프로그램	Keras programming, Python, Tensorflow
	빅데이터 분석 프로그램	Textom, Edu Big data

유형		사례
디지털 콘텐츠	비디오 콘텐츠	Youtube, MOOC
	디지털교과서	Edunet digital textbooks
	교육용 게임 콘텐츠	hodoo English, Word Force

출처: 임철일 외 (2023). 교원 양성기관의 에듀테크 활용 실태 분석 및 에듀테크 분류 체계. p. 84.

한편, 러닝스파크(2024)에서는 매년 대한민국 에듀테크 마켓맵을 통해 디지털 기술의 유형과 종류를 제시하고 있다. 에듀테크 마켓맵은 현직 교사들이 사용 중인 에듀테크를 조사 및 분석하여 사용 빈도가 높은 소프트웨어들을 소개하고 있다. 마켓맵에 등장하는 소프트웨어 유형 중 가장 인기가 많은 카테고리는 콘텐츠 저작도구, 콘텐츠, SW/AI/STEM 순이었는데, 대체로 교수학습과정을 지원하는 소프트웨어들이 가장 많이 활용되었다고 볼 수 있다(러닝스파크, 2024). 현직 교사들이 사용하고 있는 소프트웨어 중 대부분은 무료이나 추가적인 프리미엄 기능을 사용하려면 비용을 지불해야 하는 경우도 있다. 대한민국 에듀테크 마켓맵에서는 정부 및 지자체 단위 디지털 전환 정책의 영향으로 인공지능 관련 소프트웨어들이 많이 소개되었다. 또한, 교육목적으로 개발된 소프트웨어뿐만 아니라 일상적으로 대중화된 서비스들도 교사들의 수업에서 많이 활용되고 있다.

〈표 2-8〉 2024 대한민국 에듀테크 마켓맵에 나타난 AI · 디지털 기술

분류	대표 제품
SW/AI/STEAM	뤼튼(wrtn) AutoDraw 엔트리 Quick, Draw! Teachable Machine micro:bit CLOVA X Minecraft Education Google Doodles Scratch code.org Tinkercad AI for Oceans
학습관리시스템	다했니 구글 클래스룸 네이버 밴드 EBS온라인클래스, 클래스팅 e학습터 위두랑 CANVAS
수업지원도구	padlet 띵커벨 자작자작 파파고 구글트렌드 네이버 스마트렌즈 네이버 데이터랩 에듀넷 알지오매스 데스모스
메타버스	젭(ZEP) 제페토(ZEPETO) 코스페이시스(COSPACES) 게더타운(Gather Town) 쿼버(Quiver) 위캔버스 홀로매직 이프랜드

분류	대표 제품
콘텐츠 저작 도구	ChatGPT Canva Miri canvas 구글 슬라이드 · 시트 · 독스 노션 클로바더빙 파워포인트 크롬 뮤직 랩 MS365 키네마스터 투닝 한글 블로(VLLO) Goodnotes Bing BOOK CREATOR 원노트 애플 넘버스 Leonardo.AI 미드저니 어도비 포토샵
생활지도 도구	열품타 포커스팡 피어나다 아이알리미
퀴즈/평가/피드백	다했어요! 구글 폼 Kahoot! 클래스팅 AI Mentimeter 퀴즈엔 클래스카드 일일수학 퀴즐렛 매일수학 두클래스 워크북 단추
진로 지도 도구	커리어넷 서울진로진학정보센터 리로스쿨 어디가 플랜-e 오늘도 YEEP
화상수업 도구	줌(ZOOM) 네이버 웨일 구글 미트 마이크로소프트 팀즈 웨일 온 Loom
행정지원도구	아이스크림 몰 하이 클래스 e알리미 쿨메신저 구글 킵 클로바 노트 셀파몰 SSEM 이지에듀 GetGPT

출처: 러닝스파크(2024)의 내용을 일부 발췌 정리

▶ 학습자원	2024 대한민국 에듀테크 마켓맵(러닝스파크) * 로그인 후 이용 가능

소프트웨어는 디지털 · AI 활용교육의 양상에 따라 상호작용 촉진 도구, 맞춤형 수업지원 도구, AI 디지털교과서, 실감형 콘텐츠, 생성형 AI, 디지털 · AI 기반 평가 도구 등으로 구분할 수 있다. 디지털 · AI 활용교육에 활용되는 소프트웨어들의 특성과 사례들은 본 교재의 4장부터 7장에서 더욱 자세히 살펴볼 것이다. 소프트웨어를 선정하거나 구입하기 전에 살펴봐야 할 몇 가지 체크포인트는 다음과 같다.

순	체크포인트	확인
1	사용하고자 하는 소프트웨어는 무엇이며 자신이 속한 기관에 마련되어 있는가?	
2	소프트웨어는 학생들이 쉽게 접근할 수 있는가? 사용 연령의 제한은 없는가?	
3	소프트웨어는 학생들이 쉽게 사용할 수 있는가?	
4	소프트웨어 사용 시 학생들에게 유해한 요소는 없는가?	
5	소프트웨어는 교실 무선 네트워크 사용 속도로 이용 가능한가?	
6	학생들의 소프트웨어 이용을 교사가 통제 및 관리할 수 있는가?	
7	소프트웨어는 학생들의 개인정보를 보호하는가?	

2) 인적 · 문화적 조건

디지털 · AI 교육을 위한 그 밖의 조건으로 **인적 · 문화적 조건**을 들 수 있다. 디지털 · AI 교육은 단순히 새로운 디지털 기술이 교실에 도입되는 것이 아니다. 디지털 · AI 교육을 실행하거나 지원하는 사람들이 양성되어야 하고, 디지털 기술을 도입하는 과정에서 구성원들의 합리적인 선택을 돕고, 바람직한 활용을 촉진하는 시스템이 마련되어야 한다. 인적 조건으로는 교(직)원의 디지털 · AI 역량과 전담인력 확보를 들 수 있다. 교(직)원의 디지털 · AI 역량은 기술에 대한 이해와 활용 역량, 기술 윤리, 활용 · 융합교육역량, 전문성 개발 역량 등을 포함한다. 특히, 디지털 · AI 관련 업무를 맡고 있는 부서 혹은 팀원들이라면 디지털 · AI에 대한 학교 구성원들의 요구와 학교 안팎의 정보를 수집하여 효과적인 정책(계획)을 수립할 수 있는 역량이 필요하다. 개인의 역량 확보뿐만 아니라 디지털 · AI 교육을 지원하는 전문인력 확보가 필요하다. 전문인력은 디지털 · AI 기술 선정, 환경구축, 유지 · 관리, 학생 및 교직원 교육, 연구 및 확산 등의 전문성을 갖춘 사람을 말한다. 국내 · 외 디지털 전환에 앞서 있는 교육청이나 학교에서는 이러한 전문인력을 확보하고 있다. 일부 시 · 도교육청에서는 교육지원청 단위에서 테크센터를 운영하여 학교로 전문인력을 파견하고 있다. 이처럼, 디지털 · AI 교육의 활성화와 기반 조성을 위해서는 전문성 있는 인력이 확보되어야 할 것이다.

〈표 2-9〉 디지털교육을 위한 전문인력의 역할

연구자	전문인력의 역할
임철일, 김현진, 송해덕 (2018)	• 테크놀로지 활용 계획 · 운영, 문제해결 컨설팅 수행 및 지원 • 학습 분석 수행 및 교사 · 학습자 대상 피드백 환류 • 교과 교사의 역량 기반 창의 융합 및 창의융합수업설계 및 현장 연구 지원
박균열 외(2016)	• 세부적인 ICT활용교육 프로그램의 실행과 추진(별도의 부서 편성)
김현진 외(2017)	• 교사전문성 및 학습자 맞춤형 교육환경 지원
Gawron(2016)	• 교육 및 교육과정을 이해함으로써 이해관계자를 효과적으로 지원하는 인력
Tondeur et al.(2008)	• ICT의 학교 및 수업 통합과 프로세스 마련
Rodríguez-Miranda et al.(2014)	• 디지털 콘텐츠를 교육 과정에 통합하기 위한 교사의 요구에 기술적인 대응 • ICT 구현 도입 초기에 전체 학교 커뮤니티가 사용할 수 있는 기반 마련
Lai et al.(2004)	• ICT의 교육적 사용에 대한 단기 및 장기 계획 수립 • 교사가 커리큘럼 자료와 수업 계획을 개발 지원, 교사를 위한 전문성 개발 제공 • 하드웨어 및 소프트웨어, 자원 예산 관리 • ICT 프로그램 및 전문 학습 평가

출처: 한국교육학술정보원 (2020). 미래교육을 위한 에듀테크 활성화 방안. p. 96.

문화적 조건으로는 디지털 기술 활용과 관련된 구성원들의 합의와 실천이 뒷받침되어야 한다. 디지털 기기는 긍정적인 학습효과를 만들어낼 수 있는 기회이기도 하지만 잘못 사용될 경우 여러 가지 부작용을 낳을 수 있는 방해요인이기도 하다. 또한, 새로운 디지털 기기를 수업에 활용한다는 것은 학습환경을 변화시키는 일이기 때문에 기존의 행동방식이나 사고방식에 익숙한 구성원들에게는 반감을 갖게 하거나 기존의 학습환경을 유지하려는 저항에 부딪히기도 한다. 디지털 · AI 교육은 구성원들이 기술을 올바르게 사용하고자 하는 문화적 기반 위에서 효과적으로 이뤄질 수 있다. 디지털 기기를 도입하기에 앞서 구성원들 간의 민주적인 합의의 과정이 필요하다. 예를 들어, 학교 혹은 학급 단위에서 올바르게 디지털 기기를 사용하기 위한 토론을 하고, 규칙을 수립하는 과정이 필요할 수 있다. 디지털 · AI 기술을 도입하기 전에 살펴봐야 할 인적 · 문화적 조건의 체크포인트는 다음과 같다.

순	체크포인트	확인
1	디지털·AI 기술을 도입-활용-관리할 수 있는 역량이 확보되었는가?	
2	디지털·AI 기술의 도입-활용-관리를 지원하는 인력이 확보되었는가?	
3	디지털·AI 기술 도입을 통해 도달하고자 하는 비전이 공유되었는가?	
4	디지털·AI 기술에 대한 구성원(학생·학부모·교직원)들의 인식은 어떠한가?	
5	디지털·AI 기술을 바람직하게 활용하기 위한 합의 혹은 규칙이 마련되어 있는가?	

〈1단계〉 의견 수렴

• 학생, 교사, 학부모 등 각 주체별 의견 수렴

학생	교원	학부모
「디벗」 취지 바르게 알기(홍보물, 동영상 활용)		
▼	▼	▼
학급별 의견 수렴 (자치, 수업시간 등) ▼ 대의원회의	담임교사, 교과교사 등 의견 수렴	가정통신문 및 온라인 설문지를 통한 학부모 의견 수렴

⇩

〈2단계〉 시안 마련

• 주체별로 수렴된 의견을 통해 시안 마련
 - 주체별로 대표자를 선정해 상호 의견 교류 및 협의
 - 협의회에서 대두한 쟁점에 대한 각 주체별 추가 의견 수렴
 - 쟁점에 대한 협의 확정

⇩

〈3단계〉 규칙 제정 및 안내

• 「디벗」 활용 규칙 제정 및 안내
 - 시안을 바탕으로 「디벗」 활용 규칙 제정
 - 제정된 규칙을 선포하고, 학교 게시판, 홈페이지, 가정통신문 등을 통해 안내

⇩

〈4단계〉 운영 및 환류

• 「디벗」 활용 규칙 운영 및 환류
 - 학급 및 학년 단위로 제정된 「디벗」 활용 규칙 운영
 - 학기말 혹은 학년말 평가회를 통한 개선

[그림 2-12] 서울시교육청 스마트기기 휴대학습 '디벗' 활용 규칙 제정 절차
(서울시교육청, 2022. p. 13)

우리 학교 스마트기기 휴대 학습 「디벗」 활용 규칙

■ 학생의 약속

① 「디벗」을 내 물건처럼 소중히 다룬다.
② 교육적 목적이 아닌 프로그램/앱을 내려받지 않는다.
③ 시간을 정해놓고 「디벗」을 사용한다.
④ 가족과 교사와 「디벗」 활용 규칙을 정한다.
⑤ 잘 모르는 인터넷 링크, 파일은 클릭하지 않고 바로 삭제한다.
⑥ 장시간 활용할 상황일 경우 휴식을 취하면서 사용한다.

■ 교사의 약속

① 학생과 학교에서의 「디벗」 활용 규칙을 정한다.
② 다양한 교육 콘텐츠의 활용으로 「디벗」의 교육적 활용을 높인다.
③ 건강을 위해 바른 사용 자세를 습관화해준다.
④ 「디벗」의 부품이 파손되지 않도록 주의한다.
⑤ 학생들의 디지털 격차가 발생하지 않도록 노력한다.
⑥ 학생의 긍정적 성장을 위해 학부모와 함께 소통한다.

■ 학부모의 약속

① 자녀와 가정에서의 「디벗」 활용 규칙을 정한다.
② 자녀의 학습적 「디벗」 활용을 격려한다.
③ 건강을 위해 바른 사용 자세를 습관화해준다.
④ 장시간 사용하였을 경우 잠시 쉴 수 있도록 한다.
⑤ 「디벗」 부품 및 액세서리가 파손되지 않도록 주의한다.

[그림 2-13] 서울시교육청 스마트기기 휴대학습 ‘디벗’ 활용 규칙 예시안(서울시교육청, 2022. p. 18)

실습과 성찰

1. 디지털 · AI 기술이 변화시킬 학교교육의 모습을 상상하기

이 장에서 학습한 인공지능, 메타버스, 사물인터넷, 블록체인, 클라우드 컴퓨팅 등은 학교교육에 어떤 가능성이 있는가? 이러한 디지털 · AI 기술들이 더욱 발전하여 복합적으로 도입될 경우, 학교교육은 어떤 변화가 예측되는지 사회적 상상을 표현해 보자.

1) 이 장에서 학습한 디지털 · AI 기술을 두 가지 이상 선택한다.
2) 선택한 디지털 · AI 기술이 변화시킬 일상적인 학교교육의 모습을 상상해보고, 글 또는 그림으로 표현한다.
3) 일상적인 학교교육의 모습 속에는 긍정적 요소와 부정적 요소를 한 가지 이상 포함한다.

선택한 디지털 기술	주요 내용	
	긍정적 요소	• •
	부정적 요소	• •
	일상적인 모습 (종합)	

2. 학교의 디지털 · AI 계획 수립하기

당신은 디지털 · AI 기술 도입으로 교실 환경을 새롭게 구축하고자 한다. 이 장에서 학습한 내용을 참고하여 학교의 디지털 · AI 환경 구축을 위한 계획서(개요)를 작성해 보자.

1) 계획서에는 '목적', '세부계획: 물리적 · 인적 · 문화적 조건 마련', '예산계획', '기대효과' 등이 포함되어야 한다.
2) 자신이 수립한 계획서를 동료들과 비교한 후 보완해보자.

<table>
<tr><th colspan="2">목차</th><th>내용</th></tr>
<tr><td colspan="2">목적</td><td>•
•
•</td></tr>
<tr><td rowspan="3">세부계획</td><td>물리적 조건
(환경)</td><td>• 하드웨어

• 소프트웨어

• 관리 방안</td></tr>
<tr><td>인적 조건</td><td>• 사전에 확보해야 할 역량(학생 및 교사)

• 지원인력 활용 계획(교내외)</td></tr>
<tr><td>문화적 조건</td><td>•</td></tr>
<tr><td rowspan="2">예산 계획
(1년 기준)</td><td>소요예산</td><td></td></tr>
<tr><td>산출근거</td><td>•
•</td></tr>
<tr><td colspan="2">기대효과</td><td>•
•</td></tr>
</table>

참고문헌

관계부처 합동 (2019). **인공지능 국가전략.**

관계부처 합동 (2022). **디지털 인재양성 종합방안.**

교육부 (2023). **디지털 기반 교육혁신 방안.**

국립중앙과학관 (n.d.). **사물인터넷 - 클라우드 서비스. 네이버 지식백과.** https://terms.naver.com/entry.naver?docId=3386842&cid=58369&categoryId=58369

김지현 (2024. 03. 15.). **[All Around AI 1편] AI의 시작과 발전 과정, 미래 전망**. SKHynix 뉴스룸. https://news.skhynix.co.kr/post/all-around-ai-1

김현진, 김은영, 이은상, 계보경, 이은환 (2017). **미래학교 설립 운영 모델 개발 연구**. 한국교육학술정보원.

김현진, 박정호, 홍선주, 박연정, 이항섭, 이인숙 (2020). **AI 시대 대비 국가수준 교육과정 운영 지원 방안 연구**. 교육부.

러닝스파크 (2024). **2024 대한민국 에듀테크 마켓맵.**

박균열, 김순남, 손찬희, 조진일, 황준성, 류성창, 엄준용, 최윤호, 홍서진 (2016). **ICT 기반의 미래형 창조학교 설립방안 연구**. 한국교육개발원.

박채영 (2023. 12. 29.). **학교 무선 통신망 사업을 소개합니다!**. 한국지능정보사회진흥원. https://www.nia.or.kr/site/nia_kor/ex/bbs/View.do?cbIdx=99938&bcIdx=26206&parentSeq=26206

서울특별시교육청 (2022). **디벗과 함께, 학교자치 2.0.**

서울특별시교육청 (2023). **2023 스마트기기 휴대학습 '디벗' 기기 관리 매뉴얼.**

임철일, 김현진, 송해덕 (2018). **4차 산업혁명시대에 적합한 미래교육 프레임워크와 미래학교 연구.** 대통령직속4차산업혁명위원회.

임철일, 한송이, 김은지, 권미영 (2022). **메타버스의 교육적 활용을 위한 가이드라인 연구**. 한국교육학술정보원.

임철일, 한옥결, 채지윤, 이진연, 이다연 (2023). 교원 양성기관의 에듀테크 활용 실태 분석 및 에듀테크 분류 체계. **컴퓨터교육학회 논문지, 26**(4), 77-87.

한국교육학술정보원 (2020). **미래교육을 위한 에듀테크 활성화 방안.**

한국교육학술정보원 (2023). **공교육 에듀테크 도입 가이드라인 개발 연구.**

한국지능정보사회진흥원 (2023.12.29.). **학교 무선 통신망 사업을 소개합니다**. Retrieved from https://www.nia.or.kr/site/nia_kor/ex/bbs/View.do?cbIdx=99938&bcIdx=26206&parentSeq=26206

황요한 (2021). 메타버스(Metaverse)로의 초대, 새로운 교육공간의 필요성과 미래교육에 관한 고찰. **언어연구, 37**(3), 377-389.

황정훈, 이달우 (2019). 블록체인 기술의 교육적 활용을 위한 시론적 연구. **교육문화연구, 25**(2), 745-764.

AI4SCHOOL (n.d.). **인공신경망과 딥러닝에 대해 알아봅시다**. Retrieved from http://ai4school.org/?page_id=2464

Gawron, H. (2016.02.25.). *8 Skills to Look for in a Director of Technology*. Retrieved from https://www.edutopia.org/blog/8-skills-look-director-technology-heather-wolpert-gawron

IT 위키 (n.d.). **퍼셉트론**. Retrieved from https://itwiki.kr/w/%ED%8D%BC%EC%85%89%ED%8A%B8%EB%A1%A0

Lai, K. W., & Pratt, K. (2004). Information and Communication Technology (ICT) in Secondary Schools: The Role of the Computer Coordinator. *British Journal of Educational Technology, 35*(4), 461-475.

Microsoft (2018). *Transforming Education*. National Library of Australia Cataloguing-in-Publication data.

Rodríguez-Miranda, F. P. Pozuelos-Estrada, F. J., & León-Jariego, J. C. (2014). The role of ICT coordinator. Priority and time dedicated to professional functions. *Computers & Education, 72*(1), 262-270.

Tondeur, J., Keer, H., Braak, V. J., & Valcke, M. (2008). ICT integration in the classroom: Challenging the potential of a school policy. *Computers & Education, 51*(2008), 212-223.

제 3 장 디지털 · AI 교육을 위한 윤리

주요 내용

- 디지털 · AI 기술의 분야별 활용 가능성
- 디지털 · AI 기술의 한계와 부정적 영향
- 디지털 · AI 윤리 원칙과 요소
- 디지털교육 규범

학습 목표

1. 디지털 · AI 기술의 분야별 활용 가능성을 이해한다.
2. 디지털 · AI 기술의 부정적 영향과 한계를 이해한다.
3. 디지털 · AI 윤리 원칙과 요소를 이해한다.
4. 디지털교육 과정에서 지켜야 할 규범을 이해한다.
5. 교육자로서 디지털 · AI 윤리 원칙과 실천 전략을 세운다.

기초지식

3.1 디지털 · AI 기술의 활용과 효과

디지털 · AI 기술이 발전하면서 사회의 각 영역에서의 디지털 전환이 빠르게 이루어지고 있다. 디지털 · AI 기술은 사회 각 분야의 비효율성 · 비합리성을 개선함으로써 인간의 삶이 실질적으로 나아지도록 돕고 있다. 사회 각 분야에서 변화하고 있는 디지털 · AI 활용 모습은 교육 분야의 디지털 · AI 활용 가능성을 예측 및 실행하는 데 도움을 줄 수 있다.

1) 의료 및 헬스케어 분야

의료 및 헬스케어 분야에서는 환자의 상태를 파악하고, 치료법을 개발하는 것 등의 다양한 영역에서 디지털 · AI를 도입하고 있다. 의료 분야에서의 인공지능 도입은 의사나 의료 종사자가 더욱 정확한 진단과 치료 계획을 제공하고, 병원이나 헬스케어 관련 기관이 의료 자원을 더욱 효과적으로 분배하는 데 도움을 줄 것이다. 이는 궁극적으로 의료 서비스 이용자들의 치료와 건강 개선으로 이어질 것으로 기대되고 있다.

2) 금융 분야

금융 분야에 도입된 디지털 · AI 기술 중 가장 대표적인 것은 인공지능 챗봇이다. 대부분의 금융사들은 인공지능 챗봇을 개발하여 모바일을 통해 인공지능이 인간 상담원의 역할을 대체하고 있다. 금융 분야에서의 챗봇 활용이 활성화된 배경으로는 금융 서비스에 대한 문의가 다른 분야에 비해 정형화되어 있다는 것을 들 수 있다. 그 밖에도 금융 분야에서의 디지털 · AI 기술은 금융 업무에서 발생하는 이상 거래, 은행 사기 및 보이스피싱 등을 분석하는 툴로 활용되고 있다. 인공지능 분석을 통해 고객 이탈을 예측하거나 예방하기도 하고, 최적화된 마케팅 서비스를 제공해서 고객을 확보하기도 한다. 예를 들면, 인공지능을 활용해 고객의 실제 행동과 필요에 따라 보험 적용 범위와 요율을 실시간 조정하고, 차량 내 텔레매틱스(Telematics)와 애플리케이션을 분석해서 운전자 보험료를 책정하기도 한다. 이와 같이 금융 기업들은 인공지능을 활용해 사용자 맞춤화된 보험을 제공하거나 신용리스크를 분석하고 있다.

3) 법률 분야

법률 분야에서의 디지털 · AI 기술 중 대표적인 사례는 재판 관련 자료를 요약하고, 판례를 분석하여 판결을 예측하는 것이다. 인공지능은 변호사의 법률서비스뿐만 아니라 판사의 판결에도 활용되고 있다. 2013년 미국 위스콘신주 법원에서는 인공지능을 통해 작성된 보고서를 참고하여 판결한 바 있다. 여기서 사용된 인공지능 콤파스(COMPAS)는 총격사건 관련 피의자의 폭력 위험과 재범 가능성에 대해 평가했고, 검사는 이를 인용하여 중형을 구형하였는데, 최종적으로 대법원은 인공지능 콤파스의 보고서의 가치를 인정하였다. 물론, 법률 분야에서의 인공지능 활용은 데이터 편향성과 관련하여 여전히 논란이 되고 있다. 이 부분에 대해서는 인공지능의 한계를 다루면서 학습해 보기로 하자.

4) 도시 개발 분야

도시 개발 분야에서는 도시 개발 및 운영을 위해 필요한 자원과 인프라를 관리하는 데 인공지능을 활용하고 있다. 인공지능 센서 네트워크(sensor network)와 카메라 피드(camera feed)를 활용하여 도시에 설치된 자원의 실제 사용 수준을 모니터링하고, 데이터 분석을 통해 새로운 계획을 수립하거나 각종 자원의 유지 · 보수에 활용한다. 우리나라의 일부 지방자치단체에서는 통신 · 교통 데이터를 활용해 통근 · 통학 등의 생활인구를 추정하고, 기반 시설 설치 계획을 수립한다. 또한, 신용카드,

고속도로 통행량 등을 분석해 관광 인구를 추정하고, 인구 감소를 극복하는 데 활용하고 있다.

이와 같이, 사회 각 분야에서는 디지털·AI 기술 도입은 이용자와 공급자 측면에서 다음과 같은 특징으로 요약될 수 있다. 우선, 디지털·AI 기술을 활용해 개인별 맞춤형 서비스를 제공하고 있다. 의료, 금융, 법률, 도시 분야 등에서는 데이터 수집 및 분석을 통해 이용자에게 최적의 서비스를 추천 및 제공하는 데 활용하고 있다. 이는 궁극적으로 서비스 이용자들의 삶의 질을 높이는 것을 목표로 한다. 다음으로, 각 분야의 생산 자원과 비용을 절감하는 데 디지털·AI 기술을 활용하고 있다. 단순 반복적인 일을 디지털·AI 기술로 대체함으로써 인건비를 절감한다. 또한, 데이터를 수집·분석·정리하는 데 소요되는 시간과 비용을 줄임으로써 인간이 전문적인 업무에 집중하도록 하고 있다.

5) 교육 분야

그렇다면, **교육 분야에서 디지털·AI 기술의 활용 가능성과 예상되는 효과**는 무엇인가? 디지털·AI 기술은 다른 분야와 유사하게 교육서비스 공급 측면(학교 및 교사)과 수요 측면(학생 및 학부모)에서 활용 가능성과 그 효과가 나타난다. 앞 장에서 살펴본 바와 같이, 교육 분야에서의 디지털·AI 기술은 학생 맞춤형 수업지원, 흥미 유발, 학업성취도 향상, 교사의 교수학습 지원 및 행정업무 경감 등의 효과가 나타날 것으로 예상하고 있다(한국교육학술정보원, 2023).

첫째, 학생 맞춤형 수업지원에 대해, 교사들 중 약 75%가 인공지능 기반 에듀테크가 수업 개선에 도움을 준다고 평가했다. 학부모들 중 약 72%는 디지털·AI 기술이 자녀의 학습에 도움을 주는 정도에 긍정적으로 평가했으며, 약 64%는 자녀의 성취수준 파악에 도움을 주었다고 평가했다. 학생들 중 69%는 디지털·AI 기술 활용이 자신의 반복 학습에 도움을 준다고 평가했다.

둘째, 디지털·AI 기술은 학생들의 흥미를 유발하는 데 효과가 있다. 새로운 테크놀로지가 교육에 적용될 때, 학생들은 신기술이 갖는 새로움에 집중하고, 학습에 참여하는 신기 효과(novelty effects)가 나타난다. 디지털 · AI 기술이 교수학습에 활용되면 일시적으로 나타났던 신기효과는 시간이 지나면서 줄여주는 반면, 학생의 자기효능감, 학습 흥미 유발, 지속적인 학습 동기 등으로 이어질 수 있다.

셋째, 학생들의 학업성취도 향상으로 이어질 수 있다. 디지털 · AI 기술 기반 활용 연구에서 초 · 중등 수학 · 과학 · 영어 등의 교과에서 디지털 · AI 기술의 활용은 학생들의 학업 성취도와 긍정적인 상관관계가 있는 것으로 나타났다(안영은 외, 2021). 학교급, 교과별, 지역 및 학생들의 수준에 따라 향상된 성취 정도, 성취 정도의 지속 여부 등에 영향을 미치는 공통요소들은 수업내용의 기억력 강화, 학생들의 협업능력 강화, 문제 상황에서 가설 만들기, 과제 완수를 위한 교사와의 상호작용, 동료 학생들과의 원활한 소통 등에서 유의미한 결과를 보여주었다. 현재, 디지털 · AI 기술은 교과별로 반복학습이 필요한 수업내용, 협업이 요구되는 학습활동, 원활한 상호작용이 필요한 수업활동에 긍정적인 효과가 나타날 것으로 기대할 수 있다. 향후, 디지털 · AI가 더욱 발전한다면 학업성취의 더욱 다양한 측면에서 효과가 나타날 것이다.

넷째, 교사의 교수학습을 지원하고 행정업무를 경감할 것이다. 교육 장면에서 학교는 다양한 정보를 수집하고, 생산하게 된다. 이러한 정보를 보다 효과적으로 분석 · 종합 · 정리한다면 교사가 수행하고 있는 업무의 효과성을 높일 것이다. 예를 들어, 빅데이터를 기반으로 하는 진로 상담, 선택 과목 추천, 학생 맞춤형 교육과정 설계, 문제은행 서비스, 시험 채점 서비스, 학생 포트폴리오 생성 · 분석 · 공유 서비스, 학교생활기록부 작성 지원 등은 디지털 · AI 기술의 도움을 통해 교사가 교육의 본질적인 부분에 집중할 수 있도록 할 것이다(주정흔 외, 2022).

3.2 디지털 · AI 기술 활용의 부정적 영향

디지털 · AI 기술은 우리 사회에 많은 이점을 가져다줄 것으로 기대되고 있으나, 어떻게 사용하느냐에 따라 인간에게 풍요가 아닌 해악을 끼칠 수 있다. 현재, 디지털 ·

AI 기술 발전의 이면에는 사이버범죄, 허위 정보 유포, 디지털 격차, 사회적 차별 등의 문제가 나타나고 있다.

1) 사이버 범죄

사이버범죄는 '사이버 공간에서 행해지는 모든 범죄적 현상 혹은 사이버 공간에서 범해지는 일체의 범죄 행위'이다(조기영, 2020). 사이버범죄는 크게 세 가지로 구분될 수 있다. 첫째, 정보통신망 침해 범죄는 계정도용, 단순침입, 자료유출, 자료훼손 등의 해킹과 DDos 등의 서비스 거부 공격, 악성프로그램 전달 및 유포 등이 포함된다. 둘째, 정보통신망 이용 범죄에는 인터넷 사기, 피싱, 파밍, 스미싱 등의 사이버 금융 범죄, 개인 및 위치 정보 침해, 사이버 저작권 침해, 스팸 메일 등이 포함된다. 셋째, 불법 콘텐츠 범죄에는 사이버 음란물, 사이버 도박, 사이버 명예훼손 및 모욕, 사이버 스토킹 등이 포함된다. 특히, 청소년의 사이버 범죄는 해마다 증가하고 있는 추세이다(방송통신위원회, 한국지능정보사회진흥원, 2022). 디지털·AI 기술이 발전할수록 사이버 폭력과 관련한 사이버 범죄도 고도화될 수 있으므로 청소년 대상의 예방교육이 더욱 중요해지고 있다.

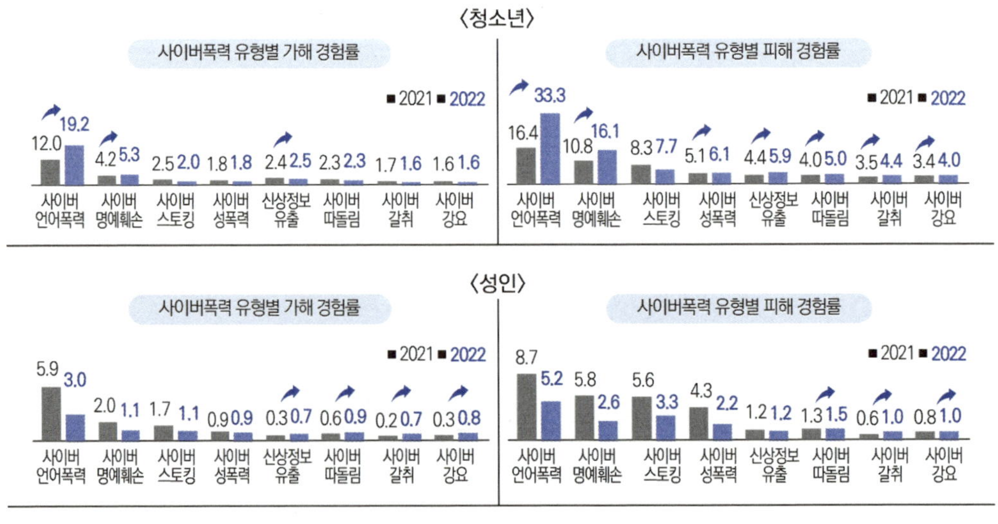

[그림 3-1] 청소년 · 성인의 사이버폭력 유형별 경험률(단위: %)
(방송통신위원회, 한국지능정보사회진흥원, 2022. p. 2)

2) 허위정보 및 가짜뉴스

디지털 · AI 기술 사용의 이면에는 **허위정보 및 가짜뉴스**가 범람하는 현상이 나타나고 있다. 인터넷을 통한 정보 수집은 디지털 기기 활용의 기본적인 모습이다. 그러나, 인터넷 공간에서는 진위 여부가 확인되지 않은 정보가 공유되고 있어 허위 정보나 가짜뉴스에 대한 우려가 존재한다(한국언론진흥재단, 2023). 특히, 소셜미디어는 정보의 생산 및 확산속도가 빠른 만큼 청소년을 비롯한 젊은 세대는 다른 세대에 비해 허위 정보 및 가짜뉴스에 더욱 노출되어 있다. 최근, ChatGPT, Gemini 등의 생성형 인공지능 사용자가 늘면서 인공지능이 자체적으로 만들어 내는 허위 정보에 대한 우려도 높아지고 있다. 인공지능이 새로운 정보를 생성하면서 실제와 다르거나 왜곡된 정보를 제공하는데, 이러한 현상을 할루시네이션(Hallucination)이라고 한다. 생성형 인공지능은 훈련 데이터에 기반하여 패턴을 파악하고, 정보를 생성하기 때문에 이러한 할루시네이션이 발생할 수 있다. 따라서, 디지털 · AI 기술을 통해 수집한 정보의 진위 여부를 비판적으로 분석할 수 있는 역량이 더욱 중요해지고 있다.

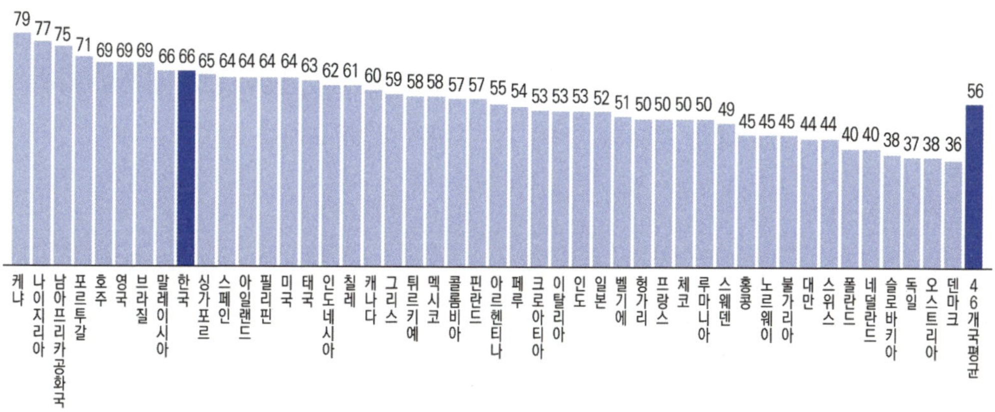

[그림 3-2] 인터넷 허위정보에 대한 우려(단위: %)
(한국언론진흥재단, 2023. p. 14)

3) 데이터 편향과 사회적 차별

디지털·AI 기술은 **데이터 편향으로 인해 사회적 차별**을 낳을 수 있다. 인공지능은 데이터를 기반으로 만들어지기 때문에 어떤 데이터를 수집·분석했는지가 매우 중요하다. 편향성을 가진 데이터를 사용하여 학습한 인공지능은 편향된 결과를 출력하여 사회적 차별로 이어질 수 있다. 데이터 편향이 나타나는 대표적인 모습으로는 데이터가 실제 세계의 다양성을 반영하지 못하거나 특정 그룹을 누락시키는 것이다. 이때, 인간의 선입견이 데이터에 반영되기도 한다. 한편, 데이터가 아닌 인공지능의 딥러닝 알고리즘의 데이터 처리 과정을 완벽하게 설명할 수 없기 때문에 의도치 않은 편향(unintended bias)이 나타나기도 한다. 반면, 인간이 악의적인 목적을 가지고 편향(intended bias)을 만들어 내는 경우도 있다. 데이터 편향과 관련한 사회적 차별의 일례로, 글로벌 기업 아마존의 인공지능 채용 프로그램을 들 수 있다. 아마존은 인공지능 채용 프로그램을 시뮬레이션하는 과정에서 남성 지원자가 여성보다 더 높은 점수를 받는 편향을 발견했다. 그 원인은 해당 인공지능이 아마존에서 높은 성과를 보인 직원들의 데이터를 수집했는데, 아마존의 IT 개발직군은 남자 직원이 여성보다 더 많은 수를 차지하고 있었던 것이다. 이처럼, 인공지능을 통해 생성된 산출물에는 데이터 편향성으로 인한 오류 가능성이 내재되어 있다. 따라서, 인공지능을 활용할 경우에는 데이터 편향성에 대한 검토와 주의 깊은 활용이 필요하다.

[그림 3-3] 인공지능의 편향성(네이버 커넥트재단, n.d.)

4) 디지털 격차

디지털·AI 기술이 발전하면서 **디지털 격차**에 대한 우려가 높아지고 있다. 디지털 격차는 기회격차(Opportunity Gap), 활용격차(Utilization Gap), 수용격차(Reception Gap)로 나타난다. 기회격차는 도구, 기술적 접근의 가능 여부와 관련한 것으로, 디지털 하드웨어와 소프트웨어를 소유하거나 활용할 수 있는 비용을 감당할 수 없는 사람들은 정보화의 기회와 혜택을 누릴 수 없게 된다. 활용 격차는 디지털 기술 내 기능의 활용 여부와 관련한 것으로, 디지털 기술 활용 역량의 차이가 소득 혹은 수익으로 연결될 수 있다. 수용 격차는 디지털 기술의 결과적 혜택과 관련한 것으로, 첨단 디지털 기기나 애플리케이션 사용자들이 정보 콘텐츠를 잘 받아들일 수 있는지에 따라 삶의 질이 달라질 수 있다. 수용능력은 유의미한 인간관계나 체험을 통한 문화적 역량의 축적이 필요하다. 청소년들이 디지털·AI 기술의 활용 기회가 높더라도 수용능력이 높지 않다면 디지털·AI 기술의 활용이 삶의 질 향상으로 연결되지 않을 수 있다.

최근에는 인공지능 활용이 많아지면서 디지털 격차를 운영격차(Operation Gap), 선정격차(Curation Gap), 증강격차(Augmentation Gap)로 구분하기도 한다(김문조, 2020). 운영격차는 인공지능을 매뉴얼대로 따라 하는 사람과 인공지능의 원리를 토대로 기기를 운영하는 사람 간에 격차가 발생한다는 것이다. 선정격차는 인공지능 시대에 정보가 폭증하게 되면서 정보를 효과적으로 선별하는 사람과 그렇지 않은 사람 간에 격차가 발생한다는 것이다. 마지막으로 증강격차는 인공지능을 활용해 자신의 정신적 능력을 증강할 수 있는 사람과 그렇지 못한 사람 간에 격차가 발생할 수 있다는 것이다. 이러한 디지털 격차들은 사회·경제적 격차로 이어질 수 있으므로 국가적으로 청소년 세대뿐만 아니라 전 세대에 걸쳐 디지털·AI 관련 교육을 실시해야 한다.

3.3 디지털 · AI 윤리 원칙과 기준

디지털・AI 기술의 부정적 영향을 최소화하고, 그 이점을 최대화하기 위해서는 디지털・AI의 윤리적 활용이 전제되어야 한다. 디지털・AI 기술의 세부적인 특성에 따라 필요한 윤리 원칙과 기준의 내용이 달라질 수 있다. 또한, 디지털・AI 관련 윤리는 디지털 리터러시, 인공지능 리터러시의 하위요소로 제시되기도 한다. 연구 문헌에 따라 다양한 구분이 있으나 이 장에서는 디지털 리터러시의 윤리적 요소와 인공지능 윤리에 초점을 맞춰서 살펴보고자 한다.

1) 디지털 리터러시에서의 윤리적 요소

〈표 3-1〉 디지털 리터러시에 나타난 윤리적 요소

연구	윤리적 요소	하위 요소
디지털 리터러시 교육과정 프레임워크 (김수환 외, 2017)	디지털 의식・태도	생명존중 의식 / 디지털 준법 정신 / 디지털 예절
DigComp 2.1 (Carretero et al., 2017)	소통과 협업	네티켓 / 디지털 신원 관리
	보안	기기 보호 / 개인 데이터 및 사생활 보호 / 건강과 웰빙 보호 / 환경 보호
디지털 리터러시의 7요소 (JISC, 2014)	경력과 신원 관리	디지털 평판 및 온라인 신원을 관리하기
수업에 필요한 8가지 디지털 소양 (TeachHUB.com, 2019)	온라인 정보 평가	온라인 정보의 신뢰성과 정확성 판단 능력
	디지털 시민	사이버 불링 / 온라인 자료 합법성 / 온라인 구매 / 디지털 발자취, 개인정보 및 안전
디지털 리터러시 수행형 평가 프레임워크 (계보경 외, 2022)	디지털 안전과 건강	디지털 기기 및 서비스를 안전하고 건강하게 사용할 수 있는 역량
디지털 리터러시 교육 가이드라인 개발 연구 (김진숙 외, 2023)	디지털 윤리와 정보보호	디지털 자기 관리 / 디지털 인간관계 관리
		디지털 준법의 이해와 실천 / 개인정보와 저작물의 보호

디지털 리터러시의 윤리적 요소에 해당하는 것은 〈표 3-1〉과 같다. 연구문헌에 따라 세부 요소의 내용은 차이가 있다. 연구 문헌에 나타난 내용요소들을 종합해보면 디지털 리터러시의 윤리적 측면은 안전한 사용과 사회적 책임으로 요약될 수 있다. 안전한 사용은 사용자 자신이 자기 정체성을 지키며 디지털 정보와 기기를 주도적으로 통제하고 관리하는 것이다. 이를 위해서는 디지털 공간에서 생성되는 수많은 정보와 주장들의 진위 여부를 합리적으로 해석하고 판단해야 한다. 또한, 인터넷 공간에서의 스팸, 보이스피싱 등의 위험으로부터 안전을 유지할 수 있어야 한다. 뿐만 아니라 디지털 기술이 개인과 사회에 미치는 영향을 이해하고, 윤리적으로 사용하겠다는 신념을 확고히 해야 한다. 다음으로 사회적 책임은 디지털 기술을 사용함에 있어 준법의식을 갖고 타인과 공동체의 권리를 보호하는 것이다. 사용자들은 정보의 무단 복사, 유출과 변질 등을 하지 않아야 하고, 타인의 저작권을 보호해야 한다. 또한, 디지털 공간 안에서도 타인의 관점과 정서를 이해하고, 배려하려는 노력이 필요하다. 디지털 기술은 개인적 측면으로서의 안전한 활용과 사회적 측면으로서의 사회적 책임이 동시에 발현될 때, 개인과 사회 발전의 원동력이 될 수 있다.

2) 국내 · 외 연구 및 정책에 나타난 인공지능 윤리

인공지능 윤리는 인공지능 기반 사회 도래에 따라 강조되고 있다. 인공지능 윤리는 인공지능 관련 이해관계자들이 준수해야 하는 보편적 사회규범이다(이우권, 2020). 인공지능 윤리가 강조되고 있는 이유는 인공지능에 대한 긍정적인 이익과 기대의 이면에 〈표 3-2〉와 같이 부작용에 대한 우려가 높기 때문이다. 실제, 2021년 인공지능 챗봇 이루다는 성소수자 혐오 발언, 성적인 대화 등으로 인해 서비스를 중단한 바 있고, MIT에서는 반사회적 · 반인륜적 데이터로 훈련된 부정 · 편향된 인공지능 '사이코패스AI'를 공개한 바 있다. 또한, 유명인사들의 얼굴과 목소리를 합성하여 유포하여 정치적 · 경제적으로 부당한 이익을 취하는 사례들도 늘고 있다. 이와 관련하여 마이크로소프트사의 빌 게이츠는 인공지능이 인간을 대신해 많은 일을 하겠지만, 미래에는 심각한 걱정거리가 될 수 있다고 말한 바 있다.

〈표 3-2〉 인공지능 윤리 주요 이슈와 발생 가능한 부정적 결과

인공지능 윤리문제	주요 이슈	부정적 결과
편향성과 부정확성	• 인공지능이 학습하는 데이터들이 완전무결하지 않음 • 개발자 성향에 의해 편향된 알고리즘이 만들어질 수 있음	• 특정 집단 대상 혐오 발언 • 성·인종에 따른 편향된 의사결정 • 고위험 정치적 의사결정, 잘못된 법률, 건강 관련 조언
오류와 불안전성	• 인공지능의 행동과 결과를 인간이 알 수 없는 경우가 발생(Blackbox AI) • 생성형 인공지능 모델이 실제와 다른 답변을 함(환각현상)	• 예측 불가, 통제 불가한 상황 발생 • 검증되지 않은 결과물의 공유로 개인·조직의 잘못된 결정을 유도
악용과 표절	• 생성적 적대신경망 기술을 활용한 딥페이크, 딥보이스	• 가짜영상, 가짜뉴스 생성 • 피싱 이메일 및 말투 도용 • 악의적 챗봇 개발, 사이버 범죄
데이터 유출과 해킹	• 플러그인, 확장 프로그램, API취약 • 고지와 동의 없는 개인정보 수집 • 인공지능 학습용, 성능향상용 데이터 사용(인공지능 스피커에 의한 음성데이터, 대화 속 개인 및 민감정보 수집 등)	• 보안 위협 증가, API 키 탈취, 해킹, 기술의 유출 • 프라이버시권, 초상권 침해 • 개인행동의 감시와 통제
딜레마와 책임	• 자율주행자동차 사고원인에 대한 책임 문제, 배상문제, 긴급상황 시 의사결정의 딜레마 발생 • 치명적 자율형 살상무기 시스템(킬러로봇) 개발과 반대 입장의 대치	• 사회문화적 가치의 차이로 합의가 어려움, 책임소재의 불명확성 • 무고한 사람들의 희생, 해킹 위험, 범죄, 테러, 대량 학살 등

출처: 박연정 외(2023). 인공지능의 교육적 활용을 위한 윤리 지침 개발. p. 1516.

따라서, 인공지능을 도입·개발·활용하고자 하는 나라들은 인공지능 윤리에 대해 관심을 갖고, 사회·국가적인 원칙과 기준을 마련해 왔다. 뿐만 아니라 OECD, UNESCO를 비롯한 국제기구에서도 인공지능 윤리 원칙을 제시하고, 회원국들의 합의와 이행을 이끌어 내기도 했다. 해외의 인공지능 윤리 원칙들은 연구자, 연구기관, 국가마다 도출한 윤리원칙의 초점에 다소 차이가 있다. 그러나 윤리원칙의 기저에는 인간 존엄성이 인공지능 시스템 개발 및 활용 등의 전 영역에 필수적이며 인공지능 기술 혁신이 그 사회의 핵심 가치를 훼손하지 않는 방식으로 이루어져야 함을 강조하고 있다(박연정 외, 2023).

〈표 3-3〉 유네스코 인공지능 윤리 권고

가치	• 인권, 근본적 자유와 인간 존엄성 존중, 보호와 증진 • 환경 및 생태계의 번영 • 다양성 및 포용성 보장 • 평화롭고 정의로우며 상호연결된 사회 구축	
원칙	• 비례의 원칙 및 무해성 • 안전 및 보안 • 공정성 및 반차별성 • 지속가능성 • 프라이버시 및 데이터 보호의 권리	• 인간의 감독 및 결정 • 투명성 및 설명가능성 • 책임 및 의무 • 의식 및 리터러시 • 다자적이고 조정 가능한 거버넌스 및 협력

출처: UNESCO (2021). Recommendation on the Ethics of Artificial Intelligence. 재구성

우리나라도 세계적인 움직임에 발맞춰 **인공지능 윤리기준**을 마련하였다(과학기술정보통신부, 2020). 인공지능 윤리기준은 인간성을 위한 인공지능(AI for Humanity)을 위하여 3대 기본 원칙과 10대 핵심 요건을 제시하고 있다. 우선 3대 기본원칙은 ① 인간 존엄성 원칙, ② 사회의 공공선 원칙, ③ 기술의 합목적 원칙이다. 다음으로 10대 핵심요건은 ① 인권보장, ② 프라이버시 보호, ③ 다양성 존중, ④ 침해금지, ⑤ 공공성, ⑥ 연대성, ⑦ 데이터 관리, ⑧ 책임성, ⑨ 안전성, ⑩ 투명성이다. 이 요건들은 기본원칙을 실현할 수 있는 세부 요건으로 인공지능 전체 생명 주기에 걸쳐 충족되어야 한다.

〈표 3-4〉 우리나라 인공지능 윤리기준

구분	내용	설명
기본원칙	인간의 존엄성	• 인간은 신체와 이성이 있는 생명체로 인공지능을 포함하여 인간을 위해 개발된 기계제품과는 교환 불가능한 가치가 있다. • 인공지능은 인간의 생명은 물론 정신적 및 신체적 건강에 해가 되지 않는 범위에서 개발 및 활용되어야 한다. • 인공지능 개발 및 활용은 안전성과 견고성을 갖추어 인간에게 해가 되지 않도록 해야 한다.
	사회의 공공선	• 공동체로서 사회는 가능한 한 많은 사람의 안녕과 행복이라는 가치를 추구한다. • 인공지능은 지능정보사회에서 소외되기 쉬운 사회적 약자와 취약 계층의 접근성을 보장하도록 개발 및 활용되어야 한다.

구분	내용	설명
		• 공익 증진을 위한 인공지능 개발 및 활용은 사회적, 국가적, 나아가 글로벌 관점에서 인류의 보편적 복지를 향상시킬 수 있어야 한다.
	기술의 합목적성	• 인공지능 기술은 인류의 삶에 필요한 도구라는 목적과 의도에 부합되게 개발 및 활용되어야 하며 그 과정도 윤리적이어야 한다. • 인류의 삶과 번영을 위한 인공지능 개발 및 활용을 장려하여 진흥해야 한다.
핵심요건	인권보장	• 인공지능의 개발과 활용은 모든 인간에게 동등하게 부여된 권리를 존중하고, 다양한 민주적 가치와 국제 인권법 등에 명시된 권리를 보장하여야 한다. • 인공지능의 개발과 활용은 인간의 권리와 자유를 침해해서는 안 된다.
	프라이버시	• 인공지능을 개발하고 활용하는 전 과정에서 개인의 프라이버시를 보호해야 한다. • 인공지능 전 생애주기에 걸쳐 개인정보의 오용을 최소화하도록 노력해야 한다.
	다양성 존중	• 인공지능 개발 및 활용 전 단계에서 사용자의 다양성과 대표성을 반영해야 하며, 성별 · 연령 · 장애 · 지역 · 인종 · 종교 · 국가 등 개인 특성에 따른 편향과 차별을 최소화하고, 상용화된 인공지능은 모든 사람에게 공정하게 적용되어야 한다. • 사회적 약자 및 취약 계층의 인공지능 기술 및 서비스에 대한 접근성을 보장하고, 인공지능이 주는 혜택은 특정 집단이 아닌 모든 사람에게 골고루 분배되도록 노력해야 한다.
	침해금지	• 인공지능을 인간에게 직간접적인 해를 입히는 목적으로 활용해서는 안 된다. • 인공지능이 야기할 수 있는 위험과 부정적 결과에 대응 방안을 마련하도록 노력해야 한다.
	공공성	• 인공지능은 개인적 행복 추구뿐만 아니라 사회적 공공성 증진과 인류의 공동 이익을 위해 활용해야 한다. • 인공지능은 긍정적 사회변화를 이끄는 방향으로 활용되어야 한다. • 인공지능의 순기능을 극대화하고 역기능을 최소화하기 위한 교육을 다방면으로 시행하여야 한다.
	데이터 관리	• 다양한 집단 간의 관계 연대성을 유지하고, 미래세대를 충분히 배려하여 인공지능을 활용해야 한다. • 인공지능 전 주기에 걸쳐 다양한 주체들의 공정한 참여 기회를 보장하여야 한다. • 윤리적 인공지능의 개발 및 활용에 국제사회가 협력하도록 노력해야 한다.

구분	내용	설명
	책임성	• 인공지능 개발 및 활용과정에서 책임주체를 설정함으로써 발생할 수 있는 피해를 최소화하도록 노력해야 한다. • 인공지능 설계 및 개발자, 서비스 제공자, 사용자 간의 책임소재를 명확히 해야 한다.
	안전성	• 인공지능 개발 및 활용 전 과정에 걸쳐 잠재적 위험을 방지하고 안전을 보장할 수 있도록 노력해야 한다. • 인공지능 활용 과정에서 명백한 오류 또는 침해가 발생할 때 사용자가 그 작동을 제어할 수 있는 기능을 갖추도록 노력해야 한다.
	투명성	• 사회적 신뢰 형성을 위해 타 원칙과의 상충관계를 고려하여 인공지능 활용 상황에 적합한 수준의 투명성과 설명 가능성을 높이려는 노력을 기울여야 한다. • 인공지능 기반 제품이나 서비스를 제공할 때 인공지능의 활용 내용과 활용 과정에서 발생할 수 있는 위험 등의 유의사항을 사전에 고지해야 한다.

출처: 과학기술정보통신부 (2020). 국가 인공지능 윤리기준. 재구성

▶ 학습자원	인공지능 윤리 기준

3) 교육 분야에서의 인공지능 윤리

위의 인공지능 윤리기준은 인공지능 기술의 개발부터 활용에 이르는 전 단계의 모든 사회구성원에게 적용되기 때문에 교육 현장에 바로 적용하기에는 제한적일 수 있다. 교육 분야는 교원과 학생이 인공지능의 이용자이면서 개발자가 될 수 있다. 또한, 인공지능이 미래세대인 학생들에게 인지적 · 정서적으로 영향을 미칠 수 있다는 측면에서 더욱 엄격한 규범이 필요할 수 있다. 이와 관련하여 서울시교육청(2021)은 '인공지능의 공공성 확보를 위한 현장 가이드라인'을 보급하였고, 교육부(2022)는 '교육 분야 인공지능 윤리 원칙'을 발표한 바 있다. 이는 인공지능이 교육현장에서 안전하게 학습자의 성장을 지원할 수 있도록 사회적 담론을 형성하고 교육 참여자들의 자율규

제를 촉진하기 위한 목적이라고 할 수 있다.

'**교육 분야 인공지능 윤리 원칙**'의 대원칙은 사람의 성장을 지원하는 인공지능이다. 교육 분야 인공지능은 사람의 전 생애에 걸쳐 전인적 성장을 최고 가치로 삼으며 인격을 존중하고 개성을 중시하여 사람의 능력이 효과적으로 발휘될 수 있도록 해야 한다. 교육 분야에 활용되는 인공지능은 인간다움과 미래다움이 공존하는 교육을 실현하는 데 도움이 되어야 한다.

〈표 3-5〉 교육 분야 인공지능 윤리 원칙

세부원칙	내용	사례
1. 인간의 잠재성을 이끌어낸다.	교육 분야 인공지능은 인간 존엄성에 대한 존중을 바탕으로 인간 성장의 잠재성을 이끌어 낼 수 있도록 제공되어야 한다.	**학업중단 학생 예측 시스템** 학생들의 출결정보, 성적 등을 활용하여 학업중단 가능성을 예측하는 시스템이 개발될 경우 학업중단 위험도를 고정된 점수, 백분율보다는 저위험/중간위험/고위험 등의 수준으로 교사에게 고지하여 학생의 개선 가능성을 존중하여야 하고, 당사자가 해당 예측에 대해 거부하거나 개입할 수 있는 권리를 보장받아야 함
2. 학습자의 주도성과 다양성을 보장한다.	교육 분야 인공지능은 학습자의 자기주도성을 신장하는 범위에서 활용되고, 학습자의 개성과 다양성을 존중해야 한다.	**다문화학생을 위한 AI 번역** 다문화가정이 증가함에 따라 학교에서 제공되는 한글 공지를 제대로 이해하기 어려운 다문화가정 학부모를 위해 학부모 맞춤형 번역을 제공하는 자연어처리 인공지능기술을 적용할 수 있음
3. 교수자의 전문성을 존중한다.	교육 분야 인공지능은 교수자의 전문성이 존중되고, 교수자가 가진 전문성이 효과적으로 발휘될 수 있도록 개발·활용되어야 한다.	**교육당사자의 의사결정 보조** 학습자의 진로 탐색, 교수학습 모델 개발 등 자동화된 의사결정의 결과물은 교사 등 교육당사자의 의사결정을 보조하는 데 활용되어야 하며, 인공지능 시스템은 업무의 사회적 영향을 평가하고 진단할 수 있도록 개발되어야 함
4. 교육당사자 간의 관계를 공고히 유지한다.	교육 분야 인공지능은 일련의 교수학습활동 과정에서 교육에 참여하는 사람들 간의 긍정적 관계 형성을 도울 수 있게 제공되어야 한다.	**미국 공군사관학교 스터디그룹 알고리즘 사례('13)** 머신러닝 알고리즘이 과거의 데이터로부터 성적이 높은 학생과 낮은 학생이 스터디그룹을 형성할 때 성과가 좋음을 학습함. 이에 따라 1학년 생도의 스터디그룹을 알고리즘으로 조직하는 실험이 진행되었으나, 알고리즘에 대한 정보가 공개되자 결과적으로 점수가 높은 생도와 낮은 생도 간 파벌이 생

세부원칙	내용	사례
		기고 성적이 낮은 학생이 더욱 뒤처짐. → 집단을 최적화하는 알고리즘의 전략이 오히려 집단의 협력을 도모하는 가치를 완전히 훼손한 사례
5. 교육의 기회균등과 공정성을 보장한다.	교육 분야 인공지능은 모든 사회구성원이 지역·경제적 배경 등의 조건에 상관없이 교육의 기회를 공정하게 보장받을 수 있도록 제공되어야 한다.	**미국 아마존社의 채용시스템 사례**('18) 아마존社는 인공지능채용시스템 활용을 위해 10년간 회사가 받은 이력서와 내부자료를 이용해 머신러닝하였으나, 대부분 남성만을 추천하는 등 편견과 차별을 그대로 재현하여 해당 시스템의 사용을 폐기함
6. 교육공동체의 연대와 협력을 강화한다.	교육 분야 인공지능은 그 활용에 있어 민·관·학·연의 협력을 지향하고, 지속 가능한 교육생태계를 구축할 수 있도록 제공되어야 한다.	**교육부 에듀테크 소프트랩 사례**('21) 교육부의 에듀테크 소프트랩 사업은 교육현장과 에듀테크 기업을 연결하여 에듀테크에 대한 교육 현장의 이해를 높이고, 기업의 현장 맞춤형 교육서비스 제공과 서비스의 효과성 향상을 목표로 함
7. 사회 공공성 증진에 기여한다.	교육 분야 인공지능은 학습자가 민주시민으로서 필요한 자질을 갖추고 개인의 행복과 사회의 공익 추구에 긍정적인 영향을 미치도록 적용되어야 한다.	**NAVER 손글씨 제작 캠페인**('19) 네이버 클로바(AI플랫폼)가 공익서비스인 해피빈과 연계하여 희귀난치병 환우의 손글씨를 AI로 구현하는 "꽃길, 함께 걸어요" 캠페인 진행함. 이는 '함께걸어요체'(글꼴)의 제작과 희귀난치병 환우에 대한 6천명이 넘는 사람들의 기부로 이어짐
8. 교육당사자의 안전을 보장한다.	교육 분야 인공지능은 일련의 교수·학습 과정에서 나타날 수 있는 잠재적 위험을 방지하고 안전을 보장하는 방향으로 구현되어야 하며, 인공지능의 활용에 있어 책임주체가 명확히 설정되어야 한다.	**스캐터랩社의 인공지능 챗봇 '이루다' 사례**('21) 챗봇 '이루다'는 데이터 구축·학습 과정에서 성소수자·장애인 등에 대한 편견을 학습하고, 혐오발언과 성적인 대화 등으로 출시 1달여 만에 서비스 중단
9. 데이터 처리의 투명성을 보장하고 설명 가능해야 한다.	교육 분야 인공지능은 데이터의 수집·정제·선택 등의 과정이 투명해야 하고, 알고리즘과 데이터의 처리과정이 교육당사자가 이해할 수 있는 언어로 설명 가능해야 한다.	**노스포인트社의 COMPAS 알고리즘 공개 거부 사례**('17) 인공지능 기반 범죄 예측 프로그램인 COMPAS를 이용하여 위스콘신주의 법원이 피고인의 보호관찰 요청을 기각하고 징역 6년 선고, 변호인이 항소 준비하면서 COMPAS의 위험 점수에 대한 설명을 요구했으나, 노스포인트社는 작동기제를 지적 재산으로 취급하여 공개 거부
10. 데이터를 합목적적으로 활용하고	교육 분야 인공지능의 개발 및 활용을 위해 수집되는 데이터는 활용 목적에 적합한	**네덜란드 복지혜택 부정수급 및 세금사기 단속 사례**('20) 네덜란드 정부는 복지혜택 부정수급 등을 단속하

세부원칙	내용	사례
프라이버시를 보호한다.	정도로 수집되고, 교육목적에 부합하도록 활용되어야 하며, 데이터의 처리 과정에서 교육 당사자의 개인정보 등 사적 영역을 보호해야 한다.	기 위해 위험탐지시스템(SyRi)을 개발·활용했으나, 중앙정부 및 지자체 데이터를 활용한 사생활권 침해, 인공지능 알고리즘·데이터에 대한 투명성 부족 문제를 지적한 법원 판결로 해당 시스템 활용을 철회하였음

출처: 교육부(2022). 교육 분야 인공지능 윤리 원칙. 재구성

▶ 학습자원	교육 분야 인공지능 윤리 원칙

4) 교수자를 위한 인공지능 윤리

교육 분야에서의 생성형 AI 활용이 많아지고 있는 상황에서 인공지능 교수자, 학습자 등이 지켜야 할 인공지능 윤리가 더욱 중요해지고 있다. 박연정 등(2023)은 인공지능의 교육적 활용을 위한 윤리적 고려요소로서 투명성(투명성, 설명가능성, 의사소통, 정보공개), 정의와 공정(공정함, 일관성, 포용성, 다양성, 접근성, 가역성), 비악의성(비악의성, 보안, 보호, 무결성), 책임(개인정보 보호, 책임, 법적 책임, 정직한 행동, 신뢰성), 자유와 자율(자유, 자율, 동의, 권한부여), 공존(지속가능성, 공익, 평화, 존엄, 연대)을 제시한 바 있다. 특히, 교수자의 인공지능 윤리 의식은 학습자에게 많은 영향을 미칠 수 있다. 교수자가 최신화된 인공지능 기술을 활용하여 수업을 설계하고, 실행한다 하더라도 인공지능 윤리가 뒷받침되지 않는다면, 윤리적 이슈로부터 자유롭지 못할 것이다. 또한, 교사의 인공지능 활용이 오히려 학생들의 인공지능 윤리의식 함양에 부정적인 영향을 미칠 수 있다. 청소년기의 학습자들은 자신의 인격뿐만 아니라 사고방식과 생활방식을 형성해 가는 단계에 있다. 교육을 통해 인공지능 윤리를 내면화하고 일상생활 속에서 실천할 때, 인공지능 활용은 인간의 삶을 더욱 풍요롭게 바꿀 수 있다. 따라서 교수자는 〈표 3-6〉과 같이 인공지능 활용에 앞서 관련한 윤리 지침을 살펴보고, 자신의 수업 전반에 반영하려는 노력을 해야 한다.

〈표 3-6〉 교수자를 위한 인공지능 활용 윤리지침

구분	내용	설명
투명성	투명성	교수자는 인공지능이 생성한 교육적 산출물의 긍정적, 부정적 결과를 교육대상자에게 분명히 밝혀야 한다.
	설명가능성	교수자는 교수학습과정에 어떤 인공지능 기술과 방법이 활용되었는지 설명할 수 있어야 한다.
	의사소통	교수자는 워크숍이나 토론회, 포럼 등을 통해 인공지능의 교육적 활용 관련 장단점을 교육기관의 구성원들과 논의할 수 있어야 한다.
	정보공개	교수자는 인공지능이 접근할 수 있는 데이터 출처를 밝히고, 다양한 형태(자료집이나 가이드북)로 테크놀로지에 의해 활용된 데이터 소스와 알고리즘에 대한 정보를 교육기관 내·외부에 공개해야 한다.
정의와 공정	공정함	교수자는 인공지능이 어떤 데이터를 학습하느냐에 따라 사회, 문화, 역사적 편견을 드러낼 수 있고, 이로 인한 잠재적 해악을 가져올 수 있음을 알고, 특별한 주의를 기울여야 한다.
	일관성	교수자는 인공지능에 의한 산출물이 정확하고 일관성 있는지 확인하여야 한다.
	포용성	교수자는 인공지능이 성별, 인종, 사회적 배경 등 학습자 특성에 따라 공정하지 못한 처치를 하지 않도록 주의하고, 가급적 참여 학생 전체를 포용하는 방향으로 활용한다.
	다양성	교수자는 학습자의 다양한 의견을 촉진하고 요구를 충족하는 방향으로 인공지능을 활용하여야 한다.
	접근성	교수자는 인공지능을 활용한 교육이 모든 학습자들에게 제공될 수 있도록 접근권을 보장하여야 한다.
	가역성	교수자는 인공지능의 결정과 산출물이 교육적으로 문제가 있다고 판단했을 때, 언제든지 사용을 중단하고 이전 상태로 되돌릴 수 있어야 한다.
비악의성	비악의성	교수자는 인공지능이 학습자에게 악영향을 주는 방향으로 활용되는 것을 방지해야 한다.
	보안	교수자는 학습자의 민감정보가 유출될 가능성이 있는지 점검하고, 기술적 안전성이 확보된 인공지능 도구를 사용하는 등 정보보안과 안전에 각별한 주의를 기울여야 한다.
	보호	교수자는 인공지능을 교육적으로 활용함에 따른 부정적 결과를 사전에 철저히 평가하여 미연에 방지하고, 인공지능 시스템이 신뢰롭고 안전한 상태를 유지하기 위한 조치를 행해야 한다.
	무결성	교수자는 인공지능 시스템이 학교 체제의 유지를 위협하거나, 활용 중단이 학습자에게 물리적, 정신적 부작용을 일으키지 않도록 유의

구분	내용	설명
		해야 한다.
책임	개인정보 보호	교수자는 학습자 및 교수학습과정에서 생성된 개인정보가 공개되거나 권한이 부여되지 않은 상태에서 접근되지 않도록 해야 한다.
	책임	교수자는 인공지능 기반 교육프로그램을 활용 시 발생하는 문제에 대해서 사용자로서의 책무를 준수한다.
	법적 책임	교수자는 인공지능이 내재된 교육프로그램의 활용과정에서 발생하는 문제에 대하여 교수자에게 부과된 법적 책임을 준수한다.
자유와 자율	자유	교수자는 인공지능 기술을 학습자를 감시하거나 통제하는 방식으로 활용해서는 안 된다.
	자율	교수자는 인공지능이 제시하는 판단의 결과를 참고할 뿐 의사결정에 있어서 자율성을 가지고 인공지능을 통제할 수 있어야 한다.
	동의	교수자는 인공지능을 교육적으로 활용할 때 수집·활용되는 개인정보 등에 대하여 반드시 정보제공자로부터 사전동의를 받아야 한다.
공존	지속가능성	교수자는 인공지능을 활용한 교육의 과정과 결과가 지속 가능한 세계(자원효율성 증진, 지속가능 에너지 사용의 고양, 다양성 증진)를 만드는 데 기여할 수 있어야 한다.
	공익	교수자는 교육환경의 개선과 교수·학습의 효과성, 효율성을 증진하는 방향으로 인공지능을 활용하고, 사적인 이익을 위해 사용해서는 안 된다.
	평화	교수자는 인공지능의 활용이 교육 환경 및 교수학습 상황에서 발생하는 갈등을 해결하는 데 기여하도록 하여야 한다.
	존엄	교수자는 인공지능을 활용하여 인간의 가치를 고양해야 한다.
	연대	교수자는 인공지능 활용 시 민주적 가치가 훼손되지 않도록 하며, 그것의 교육적 활용과 문제점 등을 다른 교사와 공유·협력하고, 교육기관 내·외부 구성원과 결속 및 연대를 강화하며, 전 지구적 문제를 협력적으로 해결하는 데 기여해야 한다.

출처: 박연정 외(2023). 인공지능의 교육적 활용을 위한 윤리 지침 개발. p. 1543.

3.4 디지털교육 규범

교육 분야의 디지털 전환이 빠르게 진행되고 있다. 환경적으로는 1인 1 디바이스, 무선네트워크가 구축되고 있고, AI 디지털교과서와 같은 인공지능 플랫폼이 본격적으로 도입 및 활용되고 있다. 교실에서는 생성형 AI 도구들이 교수·학습의 일부 혹은 전체 활동에서 활용되고 있다. 학습자들을 가르치는 교수자뿐만 아니라 교육 관련 기업 및 개발자들이 디지털·AI 제품들을 개발하고 있다. 수년 후, 교실의 모습은 디지털·AI의 영향 아래 많은 변화가 일어날 것이다. 그러나, 앞서 살펴본 바와 같이 교육의 디지털 전환 과정에서 디지털·AI 윤리가 지켜지지 않는다면 교육의 본질적인 기능이 축소될 수 있다. 디지털교육 과정에서 오히려 개인정보가 유출되고, 교육격차가 심화될 수 있다. 또한, 디지털·AI 윤리가 지켜지지 않는 상황에서의 디지털교육은 학습자들의 성장과 안전을 위협할 수 있다. 그렇다면, 디지털교육 과정에서 지켜야 할 규범은 무엇일까?

우리나라는 기존의 인공지능 윤리 원칙(교육부, 2022)을 디지털교육 체제 전반으로 확장하고, 교육 분야의 특성을 반영하여 **디지털교육 규범(교육부, 2024)**을 수립하였다. 디지털교육 규범은 교육 분야에서 안전하고 효율적으로 활용될 수 있도록 교육당사자와 관계자들이 준수해야 할 자율적인 규범체계이다. 디지털교육 규범에 따르면, 인간과 디지털이 공존하는 디지털 심화 시대로 접어들면서 교육의 내용과 방식에도 변화가 필요하며, 그 변화는 인간의 성장과 발전을 지원하고 사회 공동체의 기반을 마련하는 교육의 본질에 근거해야 한다. 교육에서 디지털기술은 교육의 본질을 구현하는 데 기여함과 동시에 안전하고 책임 있게 활용되어야 한다. 디지털 전환에 따른 교육 제도, 문화, 거버넌스의 변화 또한 교육의 본질적 가치에 부합하는 방향으로 이루어져야 한다.

〈표 3-7〉 디지털교육 규범

장		주요 내용
제1장	총칙	디지털교육의 정의, 적용 영역, 적용 대상
제2장	교수자와 학습자의 자유와 권리 보장	모든 인간의 잠재력 실현, 교수자의 전문성 존중, 학습자의 주도성 존중, 디지털 시대의 역량 함양, 전 생애 디지털교육 지원, 디지털 리터러시 교육
제3장	디지털교육의 공공성 확보와 격차 완화	디지털 접근의 보장, 디지털 교육 격차 완화, 디지털교육 기술의 공공성 확보, 교육데이터의 공익적 활용

장		주요 내용
제4장	디지털교육의 안전성과 신뢰 확보	안전한 디지털 교육 환경 조성, 디지털 위험 예방, 연령대에 맞는 디지털 기술 활용, 디지털교육의 신뢰 확보, 디지털 프라이버시 보호, 학습데이터의 안전한 활용
제5장	교육과 디지털 기술의 결합을 통한 혁신 촉진	교수자의 교육 혁신 역량 강화 지원, 디지털 친화적 교육제도, 디지털교육 기술의 혁신 촉진, 교육과 디지털 기술의 상생
제6장	인류의 연대 강화	교수자-학습자 간 연대 강화, 세계 시민 양성, 국가 간 디지털 교육 격차 완화, 보편적 규범 형성 촉진

출처: 교육부(2024). 디지털교육 규범. 재구성

디지털교육 규범은 디지털 · AI 기술이 교육의 본질을 실현하는 방향으로 활용되어야 한다는 것을 강조하고 있다. 교수자는 교수 · 학습을 설계하고 실행하기 전에 디지털 · AI 기술이 학습자의 잠재력을 실현하는지, 안전성이 확보되는지, 교육격차를 심화시키지 않는지 등을 확인해야 할 것이다. 교수자는 교수 · 학습을 실행하고 평가하는 과정에서도 학습자가 디지털교육 규범을 지켰는지 점검하고, 학습자들이 일상생활에서도 안전하고, 건전한 디지털 · AI 기술을 활용하도록 촉진해야 한다. 한편, 교육정책을 수립하는 관계자들은 디지털 · AI 기술이 교육의 본질적인 기능을 실현할 수 있도록 제도를 정비하거나 마련해야 한다. 또한, 디지털 · AI 기술을 개발하고 판매하는 기업들이 디지털교육 규범을 준수하고, 교육 분야 관계자들과 활발하게 협력할 수 있는 교육생태계를 조성해야 할 것이다.

실습과 성찰

1. 학습자로서 디지털 · AI 활용 윤리 성찰하기

인공지능을 활용하는 과정에서 학습자로서 인공지능 활용 윤리를 얼마나 지키고 있는가? 자신의 인공지능 활용 윤리 준수 정도를 체크해보자.

1) O, △, X 중 어떤 표시가 가장 많은가?
2) 체크리스트 결과를 바탕으로 자신의 인공지능 활용 윤리에 대해 성찰 및 평가해보자.
3) 이 평가를 기초하여 자신이 보완해야 할 점을 생각해보고, 동료들과 공유해보자.

체크: ○=매우 잘 실천, △=조금 실천, X=실천 안 함, ☆=아직 경험 없음

구분	내용	질문	체크
투명성	투명성	학습에서 인공지능을 활용하였는지 여부를 밝히고 있는가?	
	설명가능성	학습과정에 어떤 목적으로 인공지능 기술과 방법이 활용되었는지 설명할 수 있는가?	
	의사소통	인공지능을 활용하여 생성한 과제와 학습 산출물·결과물에 어떤 인공지능 기술을 이용하였는지를 명시하고, 해당 기술에 따른 인공지능을 활용하였음을 분명히 밝히고 그 결과에 결함이나 오류가 존재할 수 있음을 표기하고 있는가?	
	정보공개	인공지능을 활용할 때 사용한 프롬프트, 출력 결과, 채택기준을 기록하고 필요시 그 정보를 교사와 동료학습자에게 공개할 수 있는가?	
정의와 공정	공정함	인공지능을 활용하여 생성한 학습의 결과물이 사회, 문화, 역사적으로 편견을 조장하는 오류나 부정확함을 갖지 않고 있는가?	
	일관성	인공지능을 활용하여 생성한 학습의 결과물이 양질의 정보에 기반하는지 확인하고, 정보 출처를 재검토하여 정확도를 보장하고 있는가?	
	포용성	인공지능을 활용하여 생성한 학습의 결과물이 성별이나 연령, 소속, 지역, 종교, 인종 등의 이유로 차별을 조장하지 않는지 경계하고 포용적인 사회를 만드는 데 기여하고 있는가?	
	다양성	인공지능을 활용하여 표현되는 타인의 다양한 의견을 존중하고 있는가?	
	접근성	학교 및 교육기관에서 제공하는 인공지능 기반의 플랫폼과 서비스, 생성 도구들에 접근하는 데 어려움이 없는가?	

구분	내용	질문	체크
	가역성	인공지능을 활용하여 학습할 때 문제가 발생하면, 사용자의 본인 의사에 따라 사용을 중단하거나 이전 단계로 돌아가 다시 시작할 수 있는가?	
비악의성	비악의성	자신과 타인에게 해를 끼치지 않는 선에서 인공지능을 활용하고 있는가?	
	보안	인공지능을 활용하여 학습할 때 보안 사항을 준수하고 위험한 상황에 노출되지 않도록 주의하고 있는가?	
	보호	인공지능으로 인해 부정적 결과가 발생할 수 있음을 경계하고 인공지능으로 인해 안전에 위협을 받을 경우 도움을 받을 수 있는 방법을 알고 실행할 수 있는가?	
	무결성	인공지능에 과몰입, 과의존하지 않으며 인공지능 시스템 활용 중단으로 인한 물리적, 정신적 부작용이 일어나지 않도록 경계하고 있는가?	
책임	개인정보 보호	인공지능을 활용하여 학습할 때 자신과 타인의 개인정보와 사생활을 보호하고 있는가?	
	책임	인공지능을 활용하여 만든 학습 결과에 대한 책임을 지며, 학습 결과물 공유 시 저작권 관련 정보를 함께 제시하고 있는가?	
	법적 책임	인공지능 활용에 대한 학습윤리, 교칙과 지적 재산권, 법적 책임에 대해 학습하고 이를 준수하고 있는가?	
	정직한 행동	부정한 행동을 하는 데 인공지능을 활용하지 않으며, 의도 여부와 상관없이 잘못된 결과가 발생할 경우, 이를 정직하게 공개하고 있는가?	
자유와 자율	자유	인공지능 기술을 활용하여 타인의 자유를 침해하지 않고 있는가?	
	자율	인공지능 활용 여부에 대하여 자율성을 행사할 수 있어야 하고, 인공지능에 대한 통제권을 갖고 있는가?	
	동의	인공지능을 활용하여 학습하거나 과제를 수행하는 과정에서 수집・활용하는 개인정보 등에 대하여 반드시 정보제공자로부터 사전동의를 받고 있는가?	
공존	지속가능성	인공지능을 활용하여 산출한 학습의 결과가 지속 가능한 세계(자원 효율성 증진, 지속가능 에너지 사용의 고양, 다양성 증진)를 만드는 데 기여하고 있는가?	
	공익	자신과 공동체의 성장에 기여하는 방향으로 인공지능을 활용하고 있는가?	
	존엄	자신과 타인의 실존적 가치를 고양하고 증진하는 방향으로 인공지능을 활용하고 있는가?	
	연대	민주시민으로서의 가치를 준수하고 사회구성원 간의 연대와 관계성을 강화하고 전 지구적 협력을 증진하는 방향으로 인공지능을 활용하고 있는가?	

※ 참고: 위의 체크리스트는 박연정 외(2023)의 연구를 재구성함.

2. 교육자로서 디지털 · AI 윤리 원칙 세우기

우리는 디지털 · AI 윤리에 대해 살펴보았다. 국내외 정책과 연구뿐만 아니라 교육 분야의 인공지능 윤리 원칙 등을 참고로, 당신이 맡게 될 학급 혹은 수업에서 학생들이 지녀야 할 디지털 · AI 윤리 원칙을 세워보자.

1) 디지털 · AI 윤리의 대원칙(1개)과 세부 원칙(5개 내외)은 무엇인가?
2) 각각의 원칙을 자신의 학급 혹은 수업에서 어떻게 실행할 것인가?
3) 동료들의 윤리원칙 및 실천전략의 공통점과 차이점은 무엇인가? 자신이 보완해야 할 내용은 무엇인가?

구분	내용	실천전략
대원칙		
세부 원칙		

참고문헌

계보경, 김혜숙, 차현진, 김현진, 한나라, 문범섭 (2022). **수행형 기반 디지털 리터러시 평가도구 개발 연구**. 한국교육학술정보원.

과학기술정보통신부 (2020). **국가 인공지능 윤리기준**.

교육부 (2022). **교육분야 인공지능 윤리 원칙**.

교육부 (2024). **디지털교육 규범**.

김문조 (2020). AI 시대의 디지털 격차. **지역사회학, 21**(1), 59-88.

김수환, 김주훈, 김해영, 이운지, 박일준, 김묘은, 이은환, 계보경, 김진숙 (2017). **디지털 리터러시의 교육과정 적용 방안 연구**. 한국교육학술정보원.

김진숙, 김묘은, 박일준, 배현순, 이지은, 임동신, 임지영, 홍선주 (2023). **교육과정 연계 디지털 리터러시 교육 가이드라인 개발 연구**. 한국교육학술정보원.

네이버 커넥트재단 (n.d.). **[이해하기] 데이터편향성. 소프트웨어야놀자.** https://www.playsw.or.kr/artificial/textbook/detail/38

박연정, 정종원, 노석준, 이은배 (2023). 인공지능의 교육적 활용을 위한 윤리 지침 개발. **교육공학연구, 39**(4), 1509-1564.

방송통신위원회, 한국지능정보사회진흥원 (2022). **2022년 사이버폭력 실태조사(국가승인통계)**.

서울시교육청 (2021). **인공지능 공공성 확보를 위한 현장 가이드라인**.

안영은, 이유리, 남인혜, 주정흔 (2021). **에듀테크를 활용한 학습자 중심 맞춤형 교육의 효과분석: AI 기반 학습분석 활용을 중심으로**. 서울특별시교육청 교육연구정보원.

이우권 (2020). 인공지능의 윤리적 사용을 위한 정책대안에 관한 연구. **한국정책논집, 20**(1), 1-15.

조기영 (2020). 사이버범죄의 현황과 대책. **동북아법연구, 13**(3), 441-466.

주정흔, 김보경, 김아람, 임유진, 임세범 (2022). **개별 맞춤형 인공지능(AI) 활용교육의 가능성과 과제: ‘AI 튜터 마중물학교’ 운영 사례를 중심으로**. 서울특별시교육청 교육연구정보원.

한국언론진흥재단 (2023). **디지털뉴스리포트 2023 한국**.

Carretero, S., Vuorikari, R., & Punie, Y. (2017). *DigComp 2.1: The Digital Competence Framework for Citizens with eight proficiency levels and examples of use*. Publications Office of the European Union.

JISC (2014). *Developing digital literacies.* Retrieved from https://www.jisc.ac.uk/full-guide/developing-digital-literacies

TeachHUB.com (2019). *Technology in the Classroom: What is Digital Literacy?* Retrieved from https://www.teachhub.com/technology-classroom-what-digital-literacy

UNESCO (2021). *Recommendation on the Ethics of Artificial Intelligence*. Retrieved from https://www.unesco.org/en/articles/recommendation-ethics-artificial-intelligence

참고자료

디지털 심화 시대의 교육이 지향하는 가치와 원칙에 대한 선언

- 디지털 교육 규범 -

전 문

디지털 기술은 인간의 삶과 사회 전반을 근본적으로 변화시키고 있다. 인간과 디지털이 공존하는 디지털 심화 시대로 접어들면서 교육의 내용과 방식에도 변화가 필요하며, 그 변화는 인간의 성장과 발전을 지원하고 사회 공동체의 기반을 마련하는 교육의 본질에 근거해야 한다.

교육에서 디지털 기술은 교육의 본질을 구현하는 데 기여함과 동시에 안전하고 책임 있게 활용되어야 한다. 디지털 전환에 따른 교육 제도, 문화, 거버넌스의 변화 또한 교육의 본질적 가치에 부합하는 방향으로 이루어져야 한다. 이에 디지털 심화 시대의 교육이 지향하는 가치와 원칙을 다음과 같이 선언하고 디지털 교육에 참여하는 모든 구성원이 함께 준수해 나가고자 한다.

본 문

제1장 총칙

제1조 (정의) 디지털 심화 시대의 교육(이하 "디지털 교육"이라 한다)은 학습자가 디지털 시대에 필요한 역량을 갖출 수 있도록 교육의 내용과 방식이 변화하고, 그 과정에서 디지털 기술이 효과적으로 활용되는 교육을 의미한다.

제2조 (적용 영역) 본 선언은 유아교육부터 평생교육에 걸친 교육의 전 분야에서 이루어지는 교수·학습, 교육 행정, 정책 수립 및 디지털 교육 기술 개발 등의 제반 활동에 적용한다.

제3조 (적용 대상) 본 선언은 교수자, 학습자, 보호자, 교육 기관, 국가 및 지자체, 민간 기업(기술 개발자), 관련 기관·단체 등을 포함하는 모든 교육 당사자와 관계자에게 적용한다.

제2장 교수자와 학습자의 자유와 권리 보장

디지털 교육은 인간의 존엄성에 대한 존중에 기반하여야 하며, 국민 누구나 전 생애에 걸쳐 디지털 교육에 참여하고 능력과 적성에 따라 교육받을 권리를 보장받아야 한다.

제4조 (모든 인간의 잠재력 실현) 디지털 교육을 통해 학습자 개인의 특성에 맞는 맞춤 교육을 제공함으로써, 모든 사람이 자신의 잠재력을 실현할 수 있도록 하여야 한다.

제5조 (교수자의 전문성 존중) 교수자는 디지털 기술과 콘텐츠를 자유롭게 활용하여 교육 활동을 수행할 수 있으며, 이 과정에서 교수자의 전문성과 교육 활동의 다양성이 존중받아야 한다.

제6조 (학습자의 주도성 존중) 학습자는 디지털 교육에 주도적으로 참여하여 학습할 수 있어야 하며, 디지털 교육 기술은 학습자의 주도성을 보장하는 방향으로 개발 · 활용되어야 한다.

제7조 (디지털 시대의 역량 함양) 디지털 교육의 내용과 방식은 디지털 시대에 필요한 역량을 키울 수 있는 방향으로 설계되고 운영되어야 한다.

제8조 (전 생애 디지털 교육 지원) 모든 사람이 전 생애에 걸쳐 디지털 시대에 필요한 역량을 향상시킬 수 있도록 누구나 쉽게 디지털 교육에 참여할 수 있는 환경이 마련되어야 한다.

제9조 (디지털 리터러시 교육) 디지털 교육에 참여하는 모든 사람이 디지털 기술을 책임감 있고 생산적으로 활용할 수 있도록, 디지털 시대의 기반을 이루는 가치, 지식, 기술, 태도, 윤리 등에 대한 디지털 리터러시 교육 기회가 제공되어야 한다.

제3장 디지털 교육의 공공성 확보와 격차 완화

디지털 교육은 개인적 · 사회적인 격차를 완화하는 데 기여해야 하며, 디지털 교육 기술의 개발 · 활용은 사회 공공성 증진에 기여해야 한다.

제10조 (디지털 접근의 보장) 모든 교수자와 학습자는 안정적인 디지털 인프라 환경에서 다양한 디지털 교육 서비스에 차별 없이 접근하여 이용할 수 있어야 한다.

제11조 (디지털 교육 격차 완화) 국가는 디지털 교육의 격차를 해소하고, 언어, 장애, 연령, 지역, 계층에 관계 없이 모든 학습자가 적절한 디지털 교육을 받을 수 있도록 노력하여야 한다.

제12조 (디지털 교육 기술의 공공성 확보) 디지털 교육 기술은 편향되지 않게, 그리고 사회 공동체 전체의 이익에 기여하는 방향으로 개발·활용되어야 한다.

제13조 (교육 데이터의 공익적 활용) 국가가 보유한 공교육 데이터의 개방은 촉진되어야 하며, 국가는 누구에게나 공정한 데이터 활용 기회를 보장하되, 공익에 기여하는 방향으로 데이터가 활용될 수 있도록 필요한 조치를 하여야 한다.

제4장 디지털 교육의 안전성과 신뢰 확보

모든 교수자와 학습자는 안전하고 신뢰할 수 있는 디지털 교육 환경에서 활동할 수 있어야 한다.

제14조 (안전한 디지털 교육 환경 조성) 디지털 교육에서 디지털 기술·콘텐츠가 유해하게 활용되지 않아야 하며, 학습자는 디지털 환경에서 발생하는 폭력, 범죄, 차별 등으로부터 보호되어야 한다.

제15조 (디지털 위험 예방) 디지털 교육 환경에서 발생 가능한 위험은 사전에 예방·관리되어야 하며, 위험 발생 시 신속하게 대응할 수 있는 체계가 마련되어야 한다.

제16조 (연령대에 맞는 디지털 기술 활용) 디지털 기술은 학습자의 연령과 발달 단계에 맞게 적정한 방식으로 활용되어야 한다.

제17조 (디지털 교육의 신뢰 확보) 디지털 교육 환경에서 신뢰할 수 있는 콘텐츠와 정보가 제공되어야 하며, 교수자와 학습자는 이를 올바르게 해석하고 비판적으로 활용할 수 있어야 한다.

제18조 (디지털 프라이버시 보호) 디지털 교육 환경에서 모든 개인의 프라이버시는 불법적인 식별과 추적으로부터 보호되어야 하며, 교수자와 학습자는 자신의 개인정보에 대해 접근하고 통제할 수 있어야 한다. 특히, 아동·청소년의 경우 개인정보 처리에 대해 명확하게 인지할 수 있도록 알려야 한다.

제19조 (학습 데이터의 안전한 활용) 학습자의 학습 데이터는 교육의 질을 높이기 위한 목적으로만 수집되어야 하며, 이 때 학습자의 개인정보가 목적에 필요한 범위에서 최소한으로 수집되고 안전하게 관리될 수 있는 체계가 마련되어야 한다.

제5장 교육과 디지털 기술의 결합을 통한 혁신 촉진

디지털 기술은 창의적이고 융합적인 교육 활동에 도움이 되어야 하며, 교육과 디지털 기술이 서로 상생하며 발전할 수 있는 토대가 마련되어야 한다.

제20조 (교수자의 교육 혁신 역량 강화 지원) 교수자가 디지털 기술을 활용한 교육 혁신 역량을 강화할 수 있도록 지원하는 체계가 마련되어야 한다.

제21조 (디지털 친화적 교육 제도) 디지털 기술을 활용한 교육 혁신이 촉진될 수 있는 교육 제도와 환경이 조성되어야 하며, 이를 위해 불합리한 규제는 개선되어야 한다.

제22조 (디지털 교육 기술의 혁신) 민간은 교육 현장의 수요에 맞는 다양한 디지털 교육 기술을 개발하여 교육 혁신에 기여할 수 있도록 노력하여야 한다.

제23조 (교육과 디지털 기술의 상생) 교육과 디지털 기술이 상생하며 발전할 수 있도록 교수자와 학습자, 민간, 정부가 긴밀하게 교류·협력할 수 있는 거버넌스가 조성되어야 한다.

제6장 인류의 연대 강화

디지털 교육은 디지털 환경에서 책임 있게 행동하고 다양한 구성원과 협력·소통하는 디지털 시민을 양성함으로써 사회적 연대를 강화하고, 국가 간의 교육 격차를 완화하는 데 기여해야 한다.

제24조 (교수자-학습자 간 연대 강화) 디지털 기술은 교수자와 학습자, 학습자와 학습자 간의 소통과 협력을 강화하는 방향으로 활용되어야 하며, 디지털 교육 환경에서 교수자와 학습자는 서로 존중하여야 한다.

제25조 (세계 시민 양성) 디지털 교육은 학습자가 국제사회의 구성원으로 성장할 수 있는 기회를 제공하여, 인류 공동의 문제를 함께 해결해 나가는 데 기여하여야 한다.

제26조 (국가 간 디지털 교육 격차 완화) 국가는 디지털 교육 체제가 국제사회로 확산되어 국가 간 교육 격차가 완화될 수 있도록 국제 협력·교류를 확대하여야 한다.

제27조 (보편적 규범 형성 촉진) 국가는 디지털 교육이 인류의 번영과 발전에 기여할 수 있도록, 디지털 교육의 가치와 원칙을 국제사회와 공유하여 보편적 규범 체계가 형성될 수 있도록 노력하여야 한다.

제4장

상호작용 촉진을 위한 에듀테크 활용교육

주요 내용

- 디지털 전환 시대의 에듀테크 활용교육의 의미
- 디지털 학습환경에서 상호작용의 중요성과 상호작용 유형
- 교수-학습 목적에 따른 상호작용 촉진 에듀테크 유형:
  ① 창작지원 도구, ② 평가지원 도구, ③ 온라인수업지원 플랫폼
- 상호작용 촉진을 위한 에듀테크 활용교육 실습

학습 목표

1. 디지털 전환 시대의 에듀테크 활용교육을 이해한다.
2. 디지털 학습환경에서 상호작용의 중요성과 다양한 상호작용 유형을 이해한다.
3. 교수-학습 목적에 따라 상호작용 촉진을 위한 에듀테크 유형을 분류하고 활용 사례 및 전략을 탐색한다.
4. 상호작용 촉진을 위한 에듀테크 활용교육을 실습한다.

기초지식

4.1 디지털 전환 시대의 에듀테크 활용교육

디지털 전환(Digital Transformation) 시대에 교육(education)과 기술(technology)의 결합은 시대적 흐름이다. 에듀테크는 기존의 기술을 교육의 보조 수단으로 보는 관점을 넘어 교수 효율성을 높이고, 개인 맞춤형 학습을 통한 교육의 질적 향상을 높이는 핵심 도구로서 새로운 교육 패러다임을 주도하고 있다.

에듀테크((Edutech, 혹은 Edtech) 활용교육이란 무엇인가? 에듀테크 활용교육이란 에듀테크를 활용하여 이루어지는 교수·학습·평가, 교육 행정 및 정책 수립 등의 활동을 말한다(에듀테크 진흥방안, 2023). 에듀테크 활용교육은 교수-학습뿐만 아니라 교육 기관의 운영을 지원하기 위한 전반적 기술 활용을 통해 교육의 효과성을 높이는 것을 의미한다. 이는 디지털 기술을 활용하여 개별화 교육, 교원의 업무 경감, 학교 구성원 간 소통 강화 등 다양한 교육 활동에 적용할 수 있다.

한국교육정보학술원(KERIS, 2022)에서 실시한 학교 현장에서의 에듀테크 활용 설문 조사 결과에 따르면, 77.5%(1,639명)의 교사들이 에듀테크를 활용해 본 경험이 있다고 응답하였다. 학교급별로 초등학교 교사가 81.1%(907명), 중학교 교사 76.2%(428명), 고등학교 교사 70%(304명)가 에듀테크 활용 경험이 있다고 조사되어 초등 교사가 중·고등학교 교사보다 활용 경험이 높은 것으로 나타났다.

학교 현장에서 교사들이 사용하는 에듀테크 활용 영역은 교과 수업, 학생 지원, 행정 업무로 나눠볼 수 있다. 첫째, 교과 수업의 경우, 교사들은 원격 수업을 위한 콘텐츠 제작, 협업 도구, 평가 피드백 도구, 학습 이력 관리 등으로 활용하고 있다. 둘째, 학생 지원의 경우, 학습자의 생활 계획, 진로 상담, 학습 도구로 활용하였다. 셋째, 행정 업무 지원을 위해서는 학생 안전 관리, 학부모 상담 관리, 교무 행정 업무로 활용하였다. 학교 현장교사들에게 사용도가 높은 에듀테크 제품은 〈표 4-1〉과 같다.

전반적으로 교육용으로 특화된 에듀테크 제품보다는 SNS(Social Network Service) 도구나 원격 수업 플랫폼 등 범용적 제품이 많이 사용되는 경향을 보였고, 한 에듀테크 제품에 다양한 기능을 포함하고 있어 사용자가 어떤 목적으로 사용하고자 하는가에 따라 중복적으로 사용이 가능한 특징이 있다.

〈표 4-1〉 학교 현장에서 초 · 중등교사들이 많이 사용하는 에듀테크

구분		에듀테크 도구 Top 5				
교과 수업 (방과후, 돌봄 교실 포함)	원격 수업 도구	Zoom	Google	YouTube	Google Meet	카카오톡
	수업자료(콘텐츠 등) 제작/공유	e학습터	디지털교과서	인디스쿨	아이스크림	EBS강의
	콘텐츠 제작 도구	미리캔버스	MS OFFICE	파워포인트	한글	Google Docs
	과제 제시 및 평가 피드백 도구	클래스카드	Google Classroom	패들렛 (Padlet)	AI펭톡	클래스팅
	협업 도구	띵커벨	패들렛(Padlet)	Google Docs	Google Classroom	Google
	학습 이력 관리	네이버웨일	e학습터	Google Classroom	칸아카데미	리로스쿨
학생 지원	학습관리 (생활계획, 학습계획 관리)	e학습터	Google Classroom	클래스팅	위두랑	Microsoft Teams
	학습도구(마인드맵, 온라인 노트)	마인드마이스터	패들렛(Padlet)	마인드맵	멘티미터	EdrawMind
	진로/상담	마플	카카오톡	Google Classroom	리로스쿨	커리어넷
학교/학급 관리	학생 안전 관리(건강, 환경)	키즈콜	자가진단앱	Google Classroom	하이클래스	네이버밴드
	학부모 상담 관리	클래스팅	에듀넷	네이버밴드	아이엠스쿨	하이클래스
	교무 행정 업무(학급관리, 생활기록부작성 등)	네이버밴드	클래스팅	클래스123	카카오톡	하이클래스

출처: 한국교육학술정보원 (2022a: 16). 미래교육혁신을 위한 에듀테크 활용 우수사례집

교사들이 인식하는 에듀테크 활용의 장점으로 교수 활동에 편의성을 높이고, 학습 활동의 효과성을 높이며, 학생들의 수업 참여 동기 유발에 유용하며 교사의 평가 및 피드백 활동에 용이하다고 언급하였다. 기타 의견으로는 손쉬운 접근, 즉시성, 소통이 용이함이 제시되었다. 한편, 교사들이 인식하는 에듀테크의 단점으로 별도의 준비 시간이 마련되어야 한다, 서비스 이용이 유료 결제 등으로 어렵다, 디지털 학습 인프라가 부족하다, 콘텐츠 활용 방법에 익숙지 않다는 의견이 제시되었다. 기타 의견으로는 에듀테크 기기 호환이 어렵다, 에듀테크 트렌드가 자주 변화되어 무용지물이 되는 경우가 많다 등이 제시되었다.

〈표 4-2〉 학교 현장 교사들이 인식하는 에듀테크의 장점

구분		사례수	비율(%)
전체 교사들이 인식한 에듀테크의 장점	교수활동에 편의 제고	1,297	29.5
	학습활동의 효과성 제고	1,071	24.3
	학생들의 수업 참여 동기 유발	798	18.1
	교사의 평가 및 피드백 활동에 용이	766	17.4
	행정업무 경감	230	5.2
	교원의 ICT 역량 강화	217	4.9
	기타	24	0.5

출처: 한국교육학술정보원 (2022c: 27). 학교 현장의 에듀테크 활용 및 수요 분석

〈표 4-3〉 학교 현장 교사들이 인식하는 에듀테크의 단점

구분		사례수	비율(%)
전체 교사들이 인식한 에듀테크의 단점	별도의 준비시간을 마련해야 함	903	25.2
	서비스 이용의 어려움(가입, 유료 결제 등)	805	22.4
	부족한 디지털학습인프라	762	21.2
	콘텐츠 활용방법에 익숙지 않음	723	20.2
	부족한 콘텐츠 품질	245	6.8
	없음	98	2.7
	기타	52	1.4

출처: 한국교육학술정보원 (2022c: 28). 학교 현장의 에듀테크 활용 및 수요 분석

▶ 학습자원	학교 현장의 에듀테크 활용 및 수요 분석-에듀테크 설문 조사 결과를 중심으로

4.2 디지털 학습환경에서 상호작용의 중요성과 상호작용 유형

교수-학습에서 상호작용은 둘 이상의 행위자 사이에 일어나는 상보적인 행위들로 구성되는 과정이다. 다시 말해 한 사람의 행위가 다른 사람의 행위에 영향을 주고, 이 영향이 또 다른 영향을 일으키고 총체적인 상황 속에서 학습자와 교수자, 학습자와 학습자, 학습자와 학습환경 간에 일어나는 모든 활동을 가리킨다(한국교육공학회, 2005). **디지털 학습환경에서 상호작용은** 학습자의 학습 활동에 적극적인 참여와 활발한 인지 작용을 유도, 촉진하는 쌍방향적 의사소통이라 할 수 있다(최은진, 최명숙, 2016).

디지털 학습환경에서 상호작용은 학습의 인지적, 정서적 측면에 영향을 준다. 교수자와 학습자의 상호작용 경험이 밀접하고, 긍정적일수록 학습자의 발달과 학업 성취에 긍정적 영향을 미친다(김진모, 손규태, 이은표, 정지용, 장한별, 이화진, 2020). 학습자 간 의견 교환, 친밀감 형성 등 다양한 상호작용의 기회를 제공하면 학습자 학업 만족도가 증진된다(한동욱, 강민채, 2014). 학습자 간 상호작용이 활발할수록 학습 동기를 높이고, 동료 상호작용을 통해 자신의 생각을 명료화하고, 상대를 설득하는 과정에서 통찰력과 사고력이 높아질 수 있다(강인애, 1999). 학습자 간 상호작용은 학습 몰입, 사회적 실재감, 학습 만족도에 긍정적 영향을 미친다(장재홍, 박인우, 2017; 한금주, 2011; Sher, 2009).

원격 수업 환경에서 상호작용은 대면 수업 환경과 비교하여 표정 전달, 제스처 사용 등이 제한적이기 때문에 충분한 의사소통이 이루어지기 어려운 한계가 있다. 온라인 콘텐츠 중심 원격 수업의 경우, 상호작용 부족으로 학습자의 학습 집중도가 약해지고, 학습자 간의 학습 격차가 발생하는 문제를 야기하였다. 그러나 온라인 학습에서 상호작용은 시간적, 공간적 제약을 넘어 보다 평등하고 분산된 상호작용이 가능하고, 모든 상호작용이 기록되고 비용 효과적인 장점이 있다(송해덕, 김규식, 2010).

상호작용 유형은 상호작용이 발생하는 시간에 따라 ① 동시적 상호작용(synchronous interaction)과 ② 비동시적 상호작용(asynchronous interaction)으로 구분할 수 있다. 동시적 상호작용은 실시간 발생하는 상호작용으로 화상회의, SNS 채팅 등 다양한 디지털 기기를 사용하여 같은 시간대에 동시에 상호작용한다. 비동시적 상호작용은 이메일, 블로그, 게시판 등을 이용한 상호작용으로 시공간의 한계에 구애받지 않고 비동시적으로 발생한다.

온라인수업, 이러닝 상호작용 유형으로 Moore(1989, 1993)는 상호작용의 주체에 따라 ① 교수자와 학습자 상호작용, ② 학습자와 학습자 상호작용, ③ 학습자와 학습 내용(콘텐츠) 상호작용으로 구분하였다. 추가적으로 Hillman과 동료들은 학습자와 인터페이스[1](시스템) 상호작용으로 이러닝 환경에서 학습자가 학습 콘텐츠에 접근하고 조작할 때 발생하는 상호작용을 포함하였다(Hillman et al., 1994). 또한 임정훈(1999)과 Hirumi(2002)는 학습자 내적 상호작용을 추가적으로 제안하였다. 학습자 내적 상호작용이란 온라인수업 환경에서 학습자가 학습 수행과 학습 내용 이해에 관해 스스로 점검, 성찰하면서 자기 자신과 지속적으로 상호작용하는 것을 의미한다.

온라인수업 상호작용 유형에 따른 상호작용 활성화를 위한 교수 전략은 〈표 4-4〉와 같다.

〈표 4-4〉 상호작용 활성화 교수 전략

이러닝 상호작용 유형	상호작용 활성화 교수 전략
교수자와 학습자 상호작용	• 학습자 질문에 대한 교수자의 즉각적, 구체적, 개별적 피드백 제공(김인숙, 유숙영, 변현정, 서윤경, 2020) • 학습자 활동 및 학습 결과물에 대한 교수자의 모니터링 및 피드백 제공(이의길, 2006; 임철일, 김민지, 박주현, 배유진, 염지윤, 2021)

1) 인터페이스(interface)는 서로 다른 두 개 이상의 독립된 컴퓨터 시스템 구성 요소 간에 정보를 교환하는 공유 경계(shared boundary)를 의미한다. 컴퓨터와 인간의 통신이 가능하도록 하는 매개체로 키보드, 마우스, 리모컨 등이 있다.

이러닝 상호작용 유형	상호작용 활성화 교수 전략
학습자와 학습자 상호작용	• 학습자 간 토론 활동(박일우, 2011; Kauffman, 2015) • 학습자 간 과제 공유 및 상호 피드백 제시(이의길, 2006; Johnson & Aragon, 2003) • 학습자 간 팀 프로젝트 및 모둠 협동학습(이연화, 2013)
학습자와 학습내용(콘텐츠) 상호작용	• 퀴즈, 게임을 통한 학습 이해도 및 몰입 향상(이의길, 2006; 이연화, 2013) • 실제적 과제나 학습 자료 제시(이의길, 2006; Johnson & Aragon, 2003)
학습자 내적 상호작용	• 학습 경험에 대한 성찰 일지 작성(임정훈, 2007; Johnson & Aragon, 2003) • 학습 점검표 또는 학습 포트폴리오 작성(임정훈, 신진주, 김미화, 2022; 홍효정, 2018)

최근 이러닝 콘텐츠 유형이 1인 교수 강의형에서 벗어나 대담형, 토크 콘서트형 등 교수자와 학습자 간의 대화를 제시하는 대화형 콘텐츠가 각광을 받고 있다. 대화형 이러닝 콘텐츠의 학습 효과는 간접적, 대리적 상호작용에 기반한 것으로 밴듀라의 관찰 학습(Bandura, 1977), 사회적 인지이론(Social cognitive theory, Rosenthal & Zimmerman, 1978)에 이론적 근거가 있다(이영주, 2018). 대리적 상호작용(vicarious interaction)이란 직접적으로 참여하는 대신 두 명의 다른 학습자들 간에 혹은 다른 학생과 교수자 간 직접적인 상호작용을 적극적으로 관찰, 동화하는 인지과정을 의미한다(Sutton, 2001).

4.3 교수-학습 목적에 따른 상호작용 촉진 에듀테크 유형: ① 창작지원 도구, ② 평가지원 도구, ③ 온라인수업지원 플랫폼

1) 창작지원 에듀테크 도구

창작지원 에듀테크 도구는 학습자가 자신의 아이디어를 텍스트, 동영상, 그래픽, 맵 등 시각적으로 표현하고, 학습 활동에서 생산한 산출물, 학습 자료를 창의적으로 표현하고 다른 학습자들과 협력하여 개발하거나 개발물을 공유할 수 있도록 지원한다. 창작지원 에듀테크 도구의 대표적인 예로 패들렛(Padlet), 플립그리드(FlipGrid), 망고보드(Mangoboard), 캔바(Canva), 마인드마이스터(MindMeister), 엑스마인드(Xmind), 깃마인드(GitMind) 등이 있다.

창작지원 에듀테크 도구는 학생들이 학습 내용과 본인의 생각을 구조화하고, 다양한 표상으로 표현하여 학습자의 창의적 사고와 문제해결능력을 강화시킬 수 있다. 프로젝트 학습, 문제중심학습, 탐구학습 등 학습자 참여형 수업에서 학습자의 발산적 사고력을 증진하는 데 활용할 수 있다. 다음은 창작지원 에듀테크 도구의 대표적인 기능과 수업 활용 사례를 제시하였다.

① 패들렛(Padlet)의 주요 기능 및 수업 활용 사례

[그림 4-1] Padlet 웹사이트 화면 캡처(출처: https://padlet.com/)

패들렛(Padlet)은 벽지 모양의 메모지를 붙이는 방식으로 다양한 형태의 틀에 텍스트를 입력하거나 이미지를 삽입하여 자신의 생각이나 의견을 기록하고 학습 자료를 공유할 수 있는 온라인 게시판, 온라인 포트폴리오의 기능을 지니고 있다. 패들렛은 여러 종류(담벼락, 스트림, 타임라인, 그리드, 캔버스, 지도, 셸프)의 양식이 있어 사용하고자 하는 목적에 맞는 것을 선택할 수 있다.

〈표 4-5〉 패들렛 게시판 종류

게시판 양식	기능 설명과 수업 활용 예시	게시판 화면
담벼락	벽돌 형식의 레이아웃으로 콘텐츠를 담는다. 예) 자유롭게 글을 쓰며 친구들과 생각을 공유함.	
스트림	콘텐츠를 읽기 쉬운 하향식 피드백 형태로 자연스레 흐르게 배치한다. 예) 순서를 확인하거나 한 가지 문제에 대한 학생들의 생각을 적어나갈 때 사용함.	
타임라인	가로선을 따라 내용을 배치한다. 예) 학생들과 역사 연표 만들기 활동에 사용함.	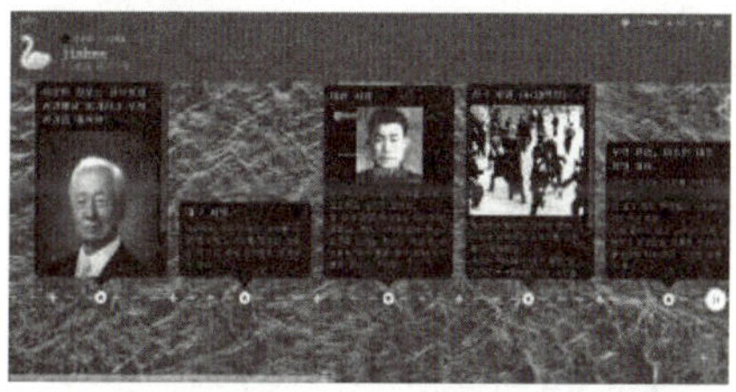
그리드	콘텐츠를 박스에 줄지어 배치한다. 예) 답글에 정답을 달아 많이 맞히는 활동에 사용함.	
캔버스	콘텐츠를 마음대로 흩거나 그룹화하거나 연결한다. 예) 게시물끼리 화살표 연결이 가능하여 생각그물이나 찬반 토론, OX 퀴즈 등에 사용함.	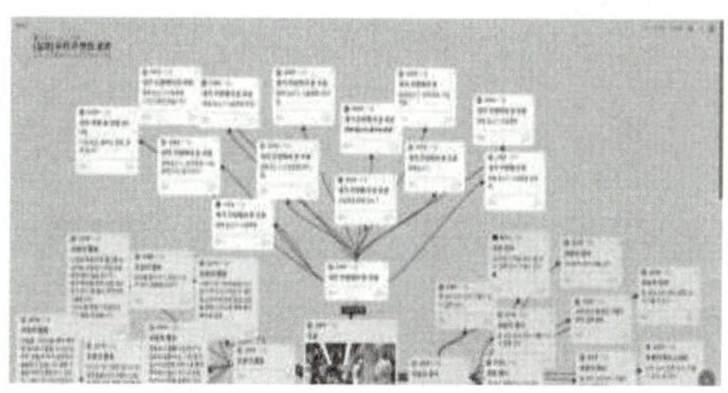

게시판 양식	기능 설명과 수업 활용 예시	게시판 화면
지도	지도상의 지점에 콘텐츠를 추가한다. 예) 지도에 위치를 정할 수 있음. 각 나라의 위치를 찾거나 각 나라를 소개하는 자료를 찾아 정리할 때 사용함.	
셸프	일련의 컬럼으로 콘텐츠를 쌓아 배치한다. 예) 주제나 활동, 학생별로 칼럼을 정리할 때 사용함.	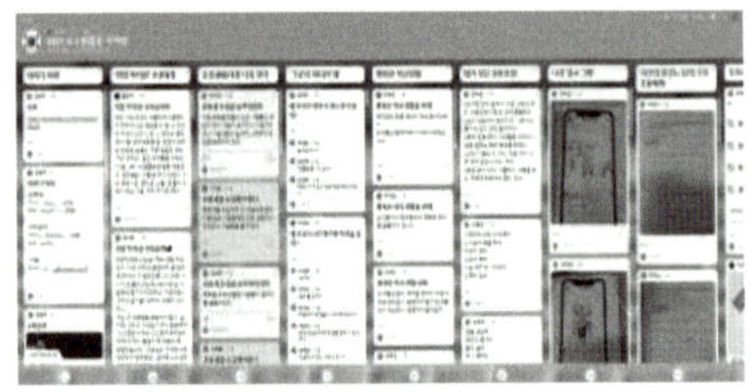

출처: 한국교육학술정보원 (2022a: 36). 미래교육혁신을 위한 에듀테크 활용 우수사례집

패들렛 수업 활용 예시

- 대상: 초등학교 6학년 / 과목: 미술
- 수업 주제 및 목표: 즐거운 상상 / 상상의 세계 표현하기
- 도구 활용 방법: 창작 작품 공유 및 피드백
  - ① https://padlet.com/ 접속 및 회원가입
  - ② 오른쪽 상단 'Padlet 만들기' 선택
  - ③ 패들렛 양식(담벼락, 캔버스, 그리드 등)을 선택
  - ④ 패들렛 링크 공유
- 수업 활용 전략: 교사는 학생들에게 자아를 표현한 그리기 작품을 패들렛에 제출하도록 하였다. 학생들은 자신이 만든 회화 작품을 사진이나 그림으로 패들렛에 업로드, 동료 학생들과 작품을 감상하고 피드백을 주고받았다. 피드백으로 댓글을 달거나, 평가 지표를 별 숫자로 표시할 수 있고, 익명으로 상호 피드백을 주고받을 수 있다. 회화 작품에 대한 다양한 피드백을 교류하여 작품을 분석하고 감상하는 역량이 증진될 수 있다.

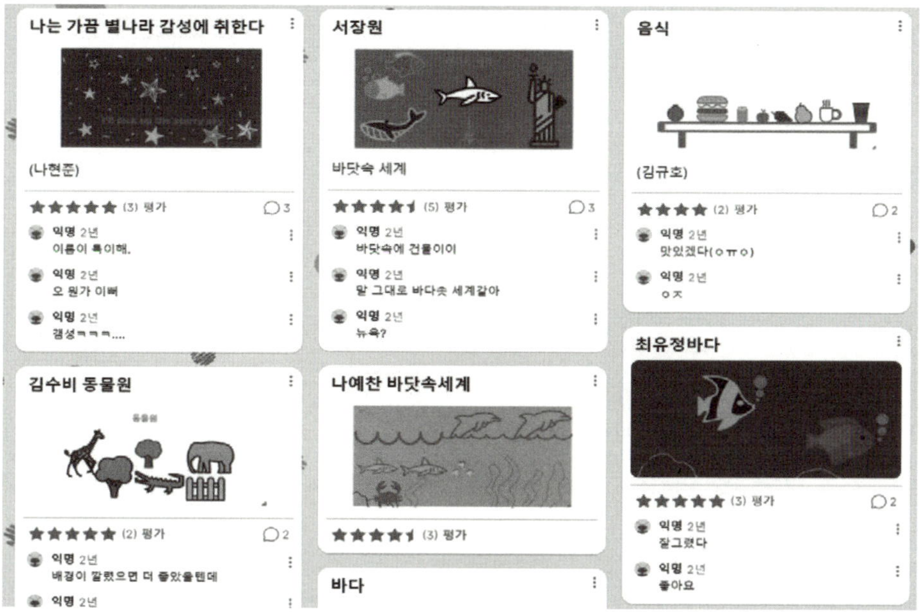

[그림 4-2] 패들렛을 활용한 미술 수업(KERIS, 2023, p. 257)

▶ 학습자원	한국교육학술정보원(2023). 에듀테크 수업 활용 가이드북. 2023년 개정판.

② 캔바(Canva)의 주요 기능 및 수업 활용 사례

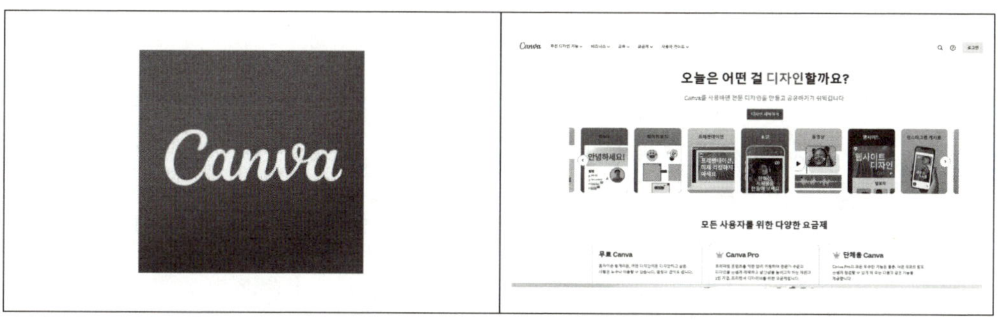

[그림 4-3] Canva 웹사이트 화면 캡처(https://www.canva.com/)

캔바(Canva)는 시각 콘텐츠를 만들기 위해 사용되는 그래픽 디자인 도구이다. 학생들은 Canva로 모둠별 프로젝트, 동영상, 포스터 등 다양한 형식의 과제를 협업하여 제작할 수 있다. 캔바는 프레젠테이션 제작부터 카드뉴스, 포스터, 안내문, 사진 콜라주 등의 디자인 툴을 활용하여 다양한 콘텐츠 제작으로 수업에 활용할 수 있다. 다양한 템플릿과 디자인 요소가 제공되어 학습자 참여도를 높일 수 있고, 한 공간에서 피드백 제공이 가능하다.

캔바 수업 활용 예시

- 대상: 초등학교 4학년 / 과목: 국어
- 수업 주제 및 목표: 의견이 드러나게 글을 써요. / 환경과 관련하여 자신의 의견을 제시하는 카드뉴스를 만들 수 있다.
- 도구 활용 방법: 카드뉴스 만들기
  ① https://www.canva.com/ 접속 및 회원가입
  ② 오른쪽 상단의 '디자인 만들기' 버튼 클릭
  ③ 유형(프레젠테이션, 포스터, 전단지 등) 선택
  ④ '공유' 선택
- 수업 활용 전략: 교사는 카드 뉴스를 만드는 방법을 제공한다. 학생은 환경 그림책 「고래를 삼킨 바다쓰레기」를 읽고, 캔바를 이용하여 카드 뉴스를 만든다. 친구들의 카드 뉴스를 읽고 댓글을 남기고, 좋아요를 누르면서 피드백을 공유한다. 학습자 간 의사소통 역량이 증진될 수 있다.

[그림 4-4] 환경 관련 카드뉴스 만들기(경기도교육청, 2023, p. 101)

▶ 학습자원	경기도교육청(2023). 에듀, 테크를 만나다: 에듀테크 활용교육 이해자료

③ 마인드마이스터(MindMeister)의 주요 기능 및 수업 활용 사례

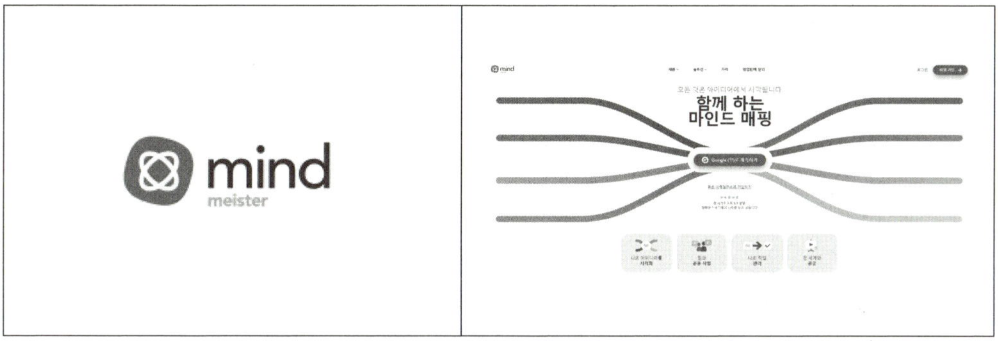

[그림 4-5] MindMeister 웹사이트 화면 캡처(https://www.mindmeister.com/)

주제를 정해 마인드맵을 만들고, 초대를 통해 동시 접속하여 마인드맵과 브레인스토밍을 진행할 수 있다. "템플릿" 기능을 사용하면 레이아웃, 비즈니스, 교육, 생활 등 목적에 따른 기본적인 마인드맵 템플릿이 제공되어, 간단한 편집만으로 마인드맵을 손쉽게 제작 가능하다. "공개" 기능을 통해 다른 사람들이 게시한 마인드맵을 복사, 편집할 수 있으며, "초대" 기능을 통해 공유 링크를 활용하여 모둠으로 마인드맵 제작을 협력적으로 할 수 있다.

마인드마이스터 수업 활용 예시

- 대상: 초등학교 / 과목: 국어
- 수업 주제 및 목표: 속담을 활용해요 / 다양한 상황에 쓰이는 속담 조사하기
- 도구 활용 방법: 마인드맵 작성
  ① https://www.mindmeister.com/ 접속 및 회원가입
  ② 새 마인드맵

③ 기본 틀 작성

④ 마인드맵 링크 공유

- 수업 활용 전략: 교사가 모둠별 '주제'를 제공하면, 학생들은 다양한 상황에 쓰이는 속담의 뜻을 조사한 후, 마인드맵을 활용하여 학습내용을 확장할 수 있다. 학생들은 모둠별로 속담의 뜻을 마인드맵으로 표현하고 발표하면서 의사소통 역량이 증진될 수 있을 것이다. 관용 표현의 뜻을 알고 속담이 사용되는 상황도 이해할 수 있을 것이다.

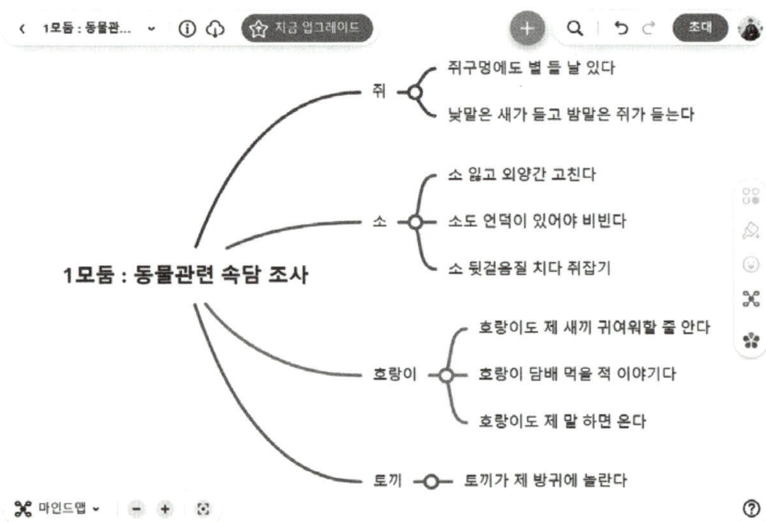

[그림 4-6] 다양한 상황에 쓰이는 속담 조사하기(KERIS, 2022b, p. 141)

▶ 학습자원	한국교육학술정보원(2023). 에듀테크 수업활용 가이드북.

2) 평가지원 에듀테크 도구

평가지원 에듀테크 도구는 학습자의 학습 내용 이해도를 측정하고, 평가하는 것을 지원하는 에듀테크 도구들이다. 문항을 객관식, 단답형, OX형, 주관식 등 다양한 형태로 제작 가능하여 학습자의 적극적 참여와 상호작용을 촉진할 수 있다. 또한 실시간으로 투표, 응답, 토론을 유도하여 학생들의 의견을 빠르게 수집하고 학습 상황을 신속히 파악할 수 있다.

평가지원 도구는 전시 학습의 선수 학습 수준을 확인하는 진단용 평가에서 활용할 수 있고, 수업 목표 달성도를 확인하는 형성 평가 단계에서도 활용할 수 있다. 특히 게임형 형태는 경쟁 요소와 보상 체계를 사용하여 학습 동기를 높이고, 수업 참여도와 학습 몰입도를 향상시킬 수 있다.

대표적인 에듀테크 도구로는 카훗(Kahoot), 멘티미터(Mentimeter), 소크라티브(Socrative), 퀴즐렛(Quizlet), 퀴즈앤(QuizN), 클래스카드(Classcard) 등이 있다. 다음은 평가지원 에듀테크 도구의 대표적인 기능과 수업 활용 사례를 제시하였다.

① 카훗 수업 활용 예시

[그림 4-7] Kahoot 웹사이트 화면 캡처(https://kahoot.it/)

카훗(Kahoot)은 교사와 학생이 퀴즈 게임 형태로 실시간으로 질문과 답변을 표시할 수 있는 에듀테크 도구로서 학생의 흥미 유발, 아이스브레이킹 동기 유발, 간단한 설문 조사, 의견 수집이 가능하다. 다지선다형 문제, 참·거짓 선택하기, 문장의 순서 맞추기, 단답형 쓰기 등의 유형으로 제작할 수 있다. 교사는 퀴즈를 제작할 때 시간제한(5초~4분까지)을 설정할 수 있고 정답을 입력한 시간에 따라 득점이 다르게 계산될 수 있다. 학습자에게 정답 이해도뿐만 아니라 신속도도 요구하고 있다. 교사는 시간제한 외에도 문제 배점, 이미지 공개 여부를 조절하여 퀴즈의 난이도를 조절할 수 있다. 무료로 로그인이나 설치 없이 이용이 가능하다.

카훗은 객관식 문항을 색깔, 도형으로도 구별할 수 있기 때문에 저학년, 특수아도 직관적으로 쉽게 답변할 수 있다는 장점이 있다. 하지만, 카훗은 게임화 특성으로 학생들이 경쟁에 더 집중하게 될 수 있다. 퀴즈의 시간 제약으로 인해 이해보다는 속도가 우선시될 수 있으며, 일부 학생은 빨리 답해야 한다는 압박감을 느낄 수도 있다는 점을 고려할 필요가 있다.

〈표 4-6〉 카훗 질문 유형

질문 유형		기능	비고
지식 테스트	Quiz	최대 6개의 객관식 문항 제작 예) 정답과 오답이 포함된 객관식 문항 질문	무료
	True or false	참과 거짓 답변할 수 있는 문항 제작 예) O, X 질문	무료
	Type Answer	답변(최대 20자)을 입력할 수 있는 문항 제작 예) 콘텐츠를 얼마나 잘 기억하는지 질문	유료
	Puzzle	올바른 순서로 정렬되어야 하는 답변이 포함된 문항 제작 예) 역사적 사건의 순서를 지정하는 질문	유료
	Quiz+Audio	텍스트 문자열을 큰 소리로 읽어 주는 문항 제작 예) 외국어 학습, 짧은 대화를 듣고 질문	유료
	Slider	자신의 답변을 눈금에 표시할 수 있는 문항 제작 예) 값, 연도, 숫자에 대한 질문	유료
	Pin answer	답변을 이미지의 위치에 표시할 수 있는 문항 제작 예) 위치와 이미지에 표시된 모든 것에 대한 질문	유료
의견 수집	Poll	설문조사를 위한 문항 제작 예) 옳고 그름이 없는 질문	유료
	Word cloud	모든 참가자에게 발언권을 주는 문항 제작 예) 의견을 시각화할 수 있고, 인기 답변은 더 큰 글꼴 표시	유료
	Brainstorm	자연스럽게 제시된 아이디어(최대 3개) 목록 제작 예) 아이디어를 수집하고, 논의할 수 있는 질문	유료

- 대상: 초등학교 6학년 / 과목: 사회
- 수업 주제 및 목표: 우리 지역문제가 무엇인지 알아보기
- 도구 활용 방법: 퀴즈 제공
  ① https://kahoot.com/ 접속 및 회원가입
  ② 오른쪽 상단의 '만들기' 버튼 클릭
  ③ 질문 유형(선택형, 진실 혹은 거짓 등), 시간제한, 답변 옵션 선택 → 저장
  ④ 라이브 진행(대화형 수업), 전달(과제) 선택
- 수업 활용 전략: 학생은 우리 지역의 문제를 조사한 후 내용을 발표하고 공유한다. 교사는 학생이 조사한 내용을 바탕으로 '코로나19' 이후 우리 지역에서 어떠한 변화가 있었는지 '퀴즈 대회'를 열어서 우리 지역 문제가 무엇인지 정리해 본다. 카훗을 활용한 퀴즈 활동으로 민주 시민 역량과 문제해결 역량이 증진될 수 있다.

[그림 4-8] 카훗(Kahoot)을 활용한 사회 수업(KERIS, 2022b, p. 193)

▶ 학습자원	한국교육학술정보원(2023). 에듀테크 수업활용 가이드북.

② 멘티미터 수업 활용 예시

[그림 4-9] Mentimeter 웹사이트 화면 캡처(https://www.mentimeter.com/)

멘티미터(MentiMeter)는 대화형 프레젠테이션 및 투표 에듀테크 도구로서 참여자들의 다양한 의견과 생각을 온라인에서 실시간으로 공유할 수 있으며 설문 조사에 실시간으로 참여하여 통계를 확인할 수 있다. 질문 형태로는 실시간 투표, 퀴즈, 워드 클라우드, Q&A 세션 등의 다양한 유형으로 지원하고, 응답 결과를 시각화하여 제공한다. 패들렛처럼 다른 사람의 의견을 실시간으로 보면서 입력하는 형태가 아니라, 학생들은 다른 사람의 의견을 보지 못한 채 빈 화면에 여러 단어들을 입력하는 것이 특징이다.

멘티미터는 질문을 던지고 화면에 학생들의 키워드가 생생하게 나타나는 것을 볼 수 있는 '워드 클라우드' 생성이 가장 큰 장점이다. 무료로 사용하는 경우 최대 5개의 퀴즈 슬라이드로 수업의 도입이나 결과를 보여주는 용도로 활용하면 좋다. 학생의 경우에는 별도의 회원가입이 필요 없지만, https://www.menti.com을 이용해야 한다. 익명성을 바탕으로 학생들의 생각을 제출하기 때문에, 부적절한 용어나 글을 올리지 않도록 교사의 사전 지도가 필요하다.

〈표 4-7〉 멘티미터 질문 유형

질문 유형	기능
Word Cloud	학생들이 응답으로 단어를 제출해야 하는 문항 제작 예) 처음 떠오른 생각을 제출하도록 요청
Multiple Choice	하나 또는 여러 개의 정답을 가질 수 있는 문항 제작 예) 정답과 오답이 포함된 객관식 문항 질문
Open Ended	단순한 질문이 아닌 질문을 제기하거나 생각을 공유 예) 학생들의 개방형 질문 가능
Ranking	학생들이 항목의 순위를 매겨야 하는 질문 예) 역사적 사건의 중요도를 지정하는 질문

- 대상: 고등학교 1학년 / 과목: 수학
- 수업 주제 및 목표: 함수와 그래프 / 함수의 개념을 이해하고, 그 그래프를 이해한다.
- 도구 활용 방법: 워드 클라우드
  ① https://www.mentimeter.com/ 접속 및 회원가입
  ② '+New Menti' 버튼 선택
  ③ 질문 유형(Word cloud, Poll, Open ended 등) 선택
  ④ Share(링크 및 QR 코드) 전달
- 수업 활용 전략: 수업 도입부에 학생은 '함수' 하면 떠오르는 단어 3개를 생각한 후 멘티미터를 통해 제출한다. 교사는 학생들이 생각한 단어들을 종합하여 함수의 개념을 정리해 볼 수 있다.

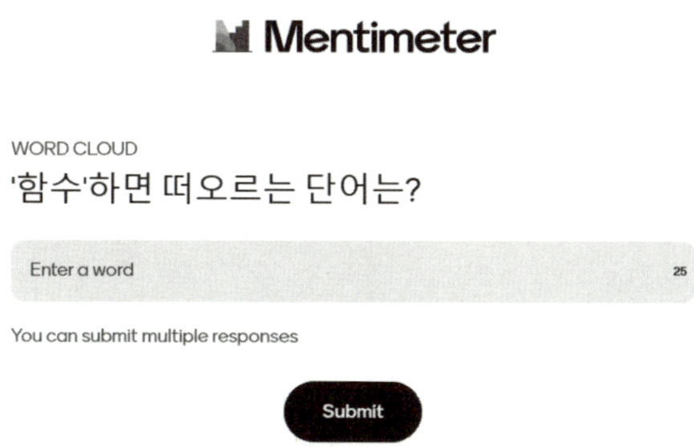

[그림 4-10] 멘티미터(Mentimeter)를 활용한 수학 수업(경기도교육청, 2023, p. 813)

▶ 학습자원	경기도교육청(2023). 에듀, 테크를 만나다: 에듀테크 활용교육 이해자료

3) 온라인수업지원 플랫폼 에듀테크

온라인수업지원 플랫폼 에듀테크는 교수-학습 자료 공유, 화상 회의, 채팅 기능을 포함한 실시간 및 비실시간 원격 수업을 지원한다. 교사는 강의 자료, 강의 노트, 과제 지침 등을 플랫폼에 업로드하고 학생들은 언제든지 접근하여 필요한 자료를 다운로드하거나 온라인에서 확인할 수 있다. 실시간 화상 회의 기능을 이용하여 교사와 학생들이 온라인으로 대면 수업을 진행, 학생들은 질문 응답 및 소그룹 토론에 참여할 수 있다. 채팅 기능은 교사와 학생들이 실시간으로 메시지를 주고받을 수 있어 소통할 수 있다. 대표적인 온라인수업지원 플랫폼으로는 줌(Zoom), 구글 클래스룸(Google Classroom), 팀즈(Teams) 등이 있다. 다음은 온라인수업지원 플랫폼 에듀테크의 대표적인 기능과 수업 활용 사례를 제시하였다.

① 구글 클래스룸(Google Classroom)의 주요 기능 및 수업 활용 사례

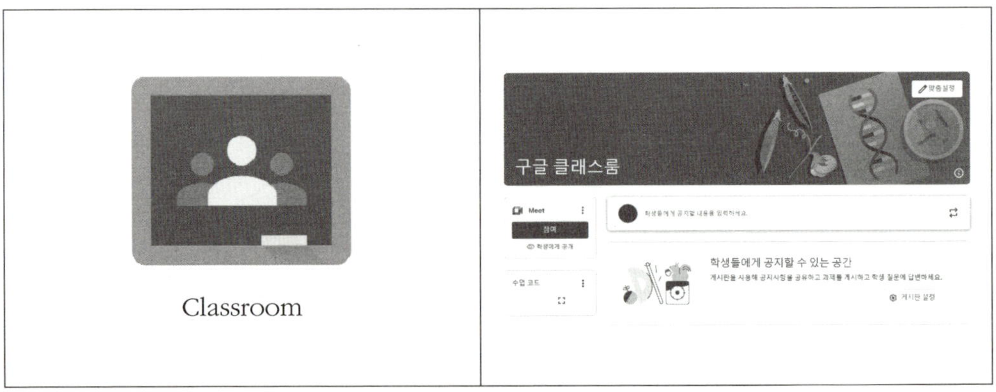

[그림 4-11] Google Classroom 웹사이트 화면 캡처(https://classroom.google.com/)

구글 클래스룸은 구글에서 제공하는 무료 온라인수업지원 플랫폼으로 교사는 수업 자료와 과제를 학생들과 공유할 수 있다. 또한 교사와 다른 학생들과 소통하며 학습 관리가 가능하다. 구글 계정을 사용하여 로그인(학교 배부 계정 또는 개인 계정) 한 후 사용이 가능하다. 학생은 수업코드(수업링크, 이메일 초대)를 입력하고 수업에 '참여하기'를 눌러 수업에 참여한다. 교사는 출석관리, 학습관리, 제출 과제, 성적 등 체계적인 학생 관리가 가능하다. 구글 Meet 화상수업은 '라이브 스트리밍(Live streaming)'의 링크를 통해 원격 화상 수업을 할 수 있으며, 마이크, 카메라, 시각효과, 발표하기 등 화상 회의 환경 설정을 할 수 있다. 협업이 가능한 구글 드라이브에서는 다양한 종류의 문서를 생산 및 저장을 할 수 있다.

구글 클래스룸 수업 활용 예시

- 대상: 초등학교 6학년 / 과목: 국어
- 수업 주제 및 목표: 이야기를 간추려요 / 이야기를 읽고 요약할 수 있다.
- 도구 활용 방법: 구글 프레젠테이션, 설문지
  ① https://classroom.google.com/ 접속 및 회원가입
  ② '온라인 학급 개설' 및 학생 초대(수업링크, 이메일)
  ③ 수업 메뉴 - 수업 만들기
  ④ 과제 제시 및 평가 관리
- 수업 활용 전략: 학생은 구글 클래스룸에 탑재된 수업 영상을 통해 내용을 학습하고, 구글 슬라이드 및 구글 설문지로 과제를 협업하여 해결한다. 교사는 제출된 과제를 확인하고, 피드백을 준다.

[그림 4-12] 구글 클래스룸을 활용한 국어 수업(KERIS, 2023, p. 321)

② EBS 온라인 클래스의 주요 기능 및 수업 활용 사례

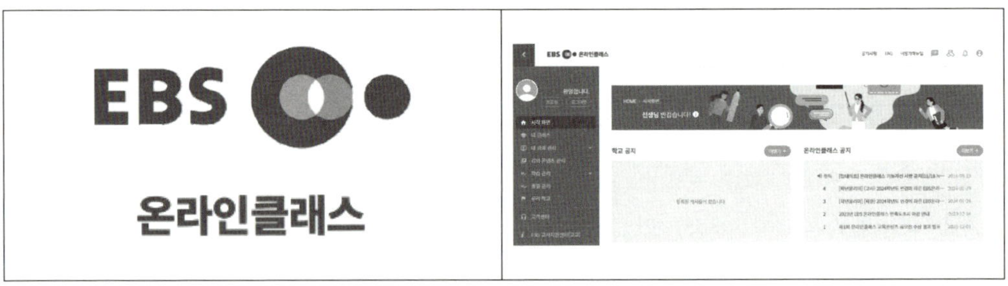

[그림 4-13] EBS 온라인 클래스 웹사이트 화면 캡처(https://ebsoc.co.kr/)

EBS 온라인 클래스는 별도의 프로그램 설치 없이 사용할 수 있으며, 학생들에게 다양한 학습콘텐츠(EBS 및 기관 콘텐츠 등)가 제공된다. 일반 강좌와 화상 수업으로 기능이 구분되어 구조화돼있고 학습자는 학습 스케줄, 학습 진도율을 확인할 수 있다. 화상수업 서비스로 화상 종례, 온클라이브, 화상 강의 등을 지원한다. 담임 교사뿐만 아니라 부담임지정 기능이 있어 함께 수업 운영이 가능하며 출석관리, 학습관리 등 체계적인 학생 관리가 가능하다.

EBS 온라인 클래스 수업 활용 예시

- 대상: 고등학교 1학년 / 과목: 국어
- 수업 주제 및 목표: 고전소설 / 소설(최척전) 이해하기
- 도구 활용 방법: EBS 콘텐츠, 온클라이브
  - ① https://www.ebsoc.co.kr/ 접속 및 회원가입
  - ② '온라인 학급 개설' 및 학생 초대(수업링크, 이메일)
  - ③ 강좌 관리에서 강좌 추가
  - ④ 화상 수업 등록 후 화상 수업
- 수업 활용 전략: 학생은 EBS 온라인 클래스에서 제시되어 있는 학습 콘텐츠를 이용하여 소설의 내용을 설명하고 이해 정도를 게시판에 작성한다. 교사는 학생들의 이해도 확인 및 질의응답을 하며 수업을 진행하고, 온클라이브를 이용하여 즉각적으로 피드백한다.

[그림 4-14] EBS 온라인클래스를 활용한 국어 수업(KERIS, 2023, p. 227)

③ e학습터의 주요 기능 및 수업 활용 사례

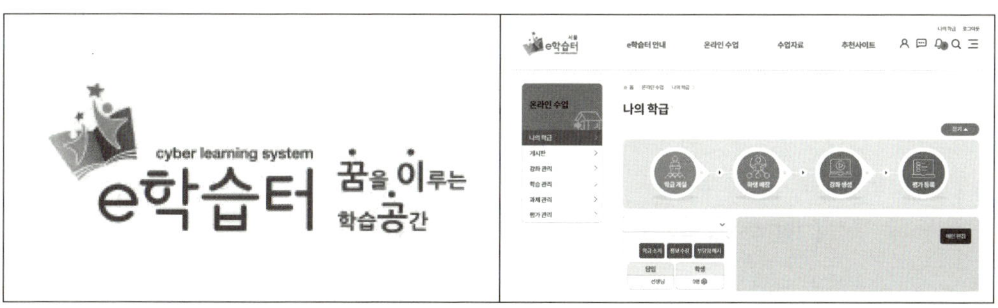

[그림 4-15] e학습터 웹사이트 화면 캡처(https://cls.edunet.net/)

e학습터는 17개 시, 도 교육청이 공동 운영하는 학습관리시스템, 교육서비스 플랫폼이다. 다양한 온라인 학습 콘텐츠를 제공하고 화상 실시간 수업도 가능하다.

e학습터 수업 활용 예시

- 대상: 초등학교 6학년 / 과목: 과학
- 수업 주제 및 목표: 지구와 달의 운동 / 움직이는 지구와 달 움직임 관찰하기
- 도구 활용 방법: e학습터 콘텐츠, 게시판 활용
  - ① https://cls.edunet.net/ 접속 및 회원가입
  - ② '온라인 학급 개설' 및 학생 초대
  - ③ 강좌 관리에서 강좌 추가
  - ④ 화상 수업 등록 후 화상 수업
- 수업 활용 전략: 학생은 e학습터 내의 학습 콘텐츠를 보면서, '지구와 달의 운동카드'를 뜯어 움직이는 지구와 달 사진책을 만든다. 그리고 사진책으로 알게 된 지구와 달의 움직임을 게시판에 올린 글을 보고, 교사는 피드백을 준다.

[그림 4-16] e학습터를 활용한 과학 수업(KERIS, 2023, p. 231)

실습과 성찰

1. 상호작용 촉진을 위한 에듀테크 활용 및 수업자료 개발 실습

창작지원, 평가지원, 온라인수업지원 플랫폼의 교수-학습 목적에 따른 에듀테크 유형을 1~2개를 선택하여 학습 대상, 수업 목표에 적절한 상호작용 촉진 에듀테크 활용 교수 전략을 구상해 보자.

• 교과목	
• 학습자 대상	
• 수업 차시 목표	
• 에듀테크 유형 및 도구	
• 상호작용 촉진을 위한 에듀테크 활용 수업 전략	

상호작용 촉진을 위해 선택한 에듀테크 도구를 활용할 수 있는 교수-학습 자료 개발을 실습해 보자. 다음은 교수-학습 자료 개발물의 예시이다.

- 대상: 고등학교 1학년 / 과목: 과학
- 수업 주제: 생태계와 환경
- 수업 목표: 엘니뇨, 사막화 등과 같은 현상이 지구 환경과 인간 생활에 미치는 영향을 분석하고, 이와 관련된 문제를 해결하기 위한 다양한 노력을 찾아 토론할 수 있다.

<table>
<tr><td>멘티미터</td><td>지구온난화 현상과 기후변화를 탐구하는 수업에서, 멘티미터의 Word Cloud를 이용하여 학생들의 의견을 실시간으로 모을 수 있도록 하였다. 자신의 의견이 즉시 반영되어 시각화되므로 학생들의 흥미를 높이고 참여를 유도할 수 있을 것이다.
예) 지구온난화로 인한 현상 조사 및 시각화, 지구온난화의 원인 조사 및 시각화</td></tr>
<tr><td>구글
프레젠테이션</td><td>기후변화 현상인 엘니뇨와 사막화 현상을 분석하는 수업에서, 구글 프레젠테이션을 사용하고, 모둠별로 협업하여 발표 자료를 제작할 수 있다. 학생들은 조사한 내용을 자유롭게 공유하면서 의사소통이 가능하다. 또한 발표 도중에도 자료를 수정과 보완이 가능하고 자동 저장되므로 평가에도 유용하고 학생들이 보다 에듀테크를 통해 공유와 협업에 대한 편리성을 느낄 수 있도록 할 수 있다.
예) 기후변화 '엘니뇨' 탐구, 기후변화 '사막화' 현상 탐구</td></tr>
<tr><td>미리캔버스</td><td>미리캔버스를 이용하여 카드뉴스 등의 형태로 제작한다. 제작은 개인별로 할 것을 유도하며, 카드 뉴스에 실태, 실천 방안이 반드시 포함되도록 하며 극복 방안은 개인별, 기업적, 국가적 실천방안을 나누도록 강조한다.
예) 기후변화 극복 카드 뉴스 제작

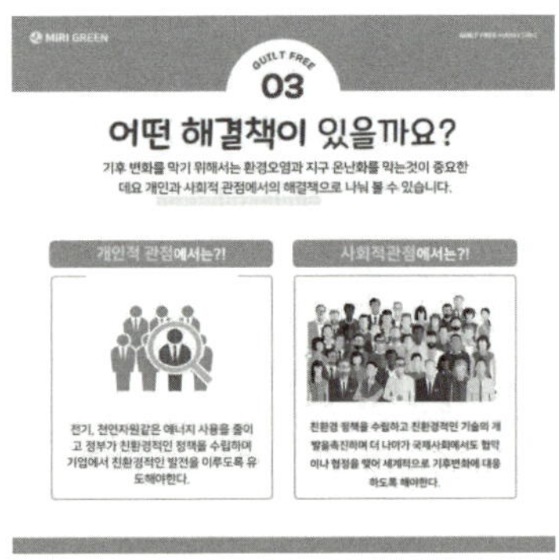

</td></tr>
<tr><td>구글
설문지</td><td>구글 설문지를 활용하여 학생들의 발표를 평가한다. 이때, 동료 평가를 시행하여 보다 객관적인 평가를 진행할 수 있도록 한다.</td></tr>
</table>

▶ 학습자원	경기도교육청(2023). 에듀, 테크를 만나다: 에듀테크 활용교육 이해자료

참고문헌

강인애 (1999). **구성주의와 웹기반 교육**. 서울: 교육과학사.

경기도교육청 (2023). 에듀, 테크를 만나다: 에듀테크 활용교육 이해자료. 경기도교육청.

김인숙, 유숙영, 변현정, 서윤경 (2020). 비대면 실시간 수업에서 교수적 디지털 상상력을 통한 상호작용 경험 분석. **교육공학연구, 36**(S), 873-904.

김진모, 손규태, 이은표, 정지용, 장한별, 이화진 (2020). 대학 온라인 실시간 전공수업에서 교수자-학습자 상호작용, 학습자-학습자 상호작용이 학습성과에 미치는 영향. **농업교육과 인적자원개발, 52**(3), 25-48.

송해덕, 김규식 (2010). 비동시적 온라인 학습의 상호작용 평가를 위한 통합적 평가준거 개발 및 적용. **역량개발학습연구(구 한국HRD연구), 5**(3), 19-37.

이연화 (2013). 대학 교양영어수업에서의 블렌디드 러닝 활용방안: 프로젝트학습을 중심으로. **외국학연구, 25**, 35-59.

이영주 (2018). 이러닝 환경에서 대리적 상호작용 교수 설계 원리 및 전략에 대한 이론적 탐색. **평생학습사회, 14**(4), 29-50.

이의길 (2006). 온라인교육에 대한 교수자 인식 및 수업전략. **교육정보미디어연구, 12**(1), 87-105.

임정훈 (1999). 상호작용 관점에서 조망해 본 웹 기반 교육의 이론적 기저. **교육공학연구, 15**(3), 29-54.

임정훈 (2007). 대학 Blended Learning 환경에서 온라인-오프라인 혼합방식 및 성찰활동이 자기조절학습과 학업성취에 미치는 효과. **교육정보미디어연구, 13**(4), 49-76.

임정훈, 신진주, 김미화 (2022). 대학 온라인수업에서 교수자가 인식하는 상호작용 전략의 중요도와 활용도 분석. **교육공학연구, 38**(2), 409-440.

임철일, 김민지, 박주현, 배유진, 염지윤 (2021). 대학에서의 실시간 비대면 수업 유형별 수업설계 전략에 관한 사례연구. **교육공학연구, 37**(2), 459-488.

장재홍, 박인우 (2017). SNS 활용 수업에서 학습자 상호작용, 학습몰입, 학습만족도, 인지된 학습성과 간의 구조 관계 분석. **교육문제연구, 30**(3), 1-26.

최은진, 최명숙 (2016). 이러닝 환경에서의 상호작용이 학습효과에 미치는 영향에 관한 메타분석. **교육공학연구, 32**(1), 139-164.

한국교육공학회 (2005). **교육공학 용어사전**. 서울: 교육과학사.

한국교육학술정보원 (2022a). 미래교육혁신을 위한 에듀테크 활용 우수사례집. 한국교육학술정보원.

한국교육학술정보원 (2022b). 에듀테크 수업활용 가이드북. 한국교육학술정보원.

한국교육학술정보원 (2022c). 학교 현장의 에듀테크 활용 및 수요 분석. 한국교육학술정보원.

한국교육학술정보원 (2023). 에듀테크 수업활용 가이드북. 2023년 개정판. 한국교육학술정보원.

한동욱, 강민채 (2014). SNS를 활용한 학습에서 학습자간 상호작용, 사회적 실재감, 학업만족도, 학업성취도의 차이에 대한 탐색적 연구. **한국콘텐츠학회논문지, 14**(12), 494-503.

홍효정 (2018). 대학생활 설계 학습포트폴리오 개발 경험의 효과와 의미 분석. **학습자중심교과교육연구, 18**(11), 853-874.

Bandura, A. (1977). *Social learning theory*. Englewood Cliffs, NJ: Prentice Hall.

Hillman, D. C., Willis, D. J., & Gunawardena, C. N. (1994). Learner-interface interaction in distance education: An extension of contemporary models and strategies for practitioners. *American Journal of Distance Education, 8*(2), 30-42.

Hirumi, A. (2002). A framework for analyzing, designing, and sequencing planned elearning interactions. *The Quarterly Review of Distance Education, 3*(20), 141-160.

Johnson, S. D., & Aragon, S. R. (2003). An instructional strategy framework for online learning environments. *New Directions for Adult and Continuing Education, 2003*(100), 31-43.

Kauffman, H. (2015). A review of predictive factors of student success in and satisfaction with online learning. *Research in Learning Technology, 23*. http://doi.org/10.3402/rlt.v23.26507

Moore, M. G. (1989). Editorial: Three types of interaction. *American Journal of Distance Education, 3*(2), 1-7. Retrieved from http://aris.teluq.uquebec.ca/portals/598/t3_moore1989.pdf

Moore, M. G. (1993). *Three types of interaction: New Perspectives*. New York: Routledge.

Rosenthal, T. L., & Zimmerman, B. J. (1978). *Social Learning and Cognition*. New York: Academic Press.

Sher, A. (2009). Assessing the relationship of student-instructor and student-student interaction to student learning and satisfaction in web-based online learning environment. *Journal of Interactive Online Learning, 8*(2), 102-120.

Sutton, L. A. (2001). The principle of vicarious interaction in Computer-Mediated Communications. *International Journal of Educational Telecommunications, 7*(3), 223-242.

[참고사이트]

Canva (n.d.). *Canva* [웹사이트]. https://www.canva.com/

Canva (n.d.). *Canva* [웹사이트]. 환경 관련 카드뉴스 만들기. https://www.canva.com/design/DAFkyXv5Jh8/AYoBjyc2pgnQrTGMWDSShw/edit

EBS 온라인 클래스 (n.d.). *EBS 온라인 클래스* [웹사이트]. https://ebsoc.co.kr/

Kahoot (n.d.). *Kahoot* [웹사이트]. https://kahoot.it/

Mentimeter (n.d.). *Mentimeter* [웹사이트]. https://www.mentimeter.com/

MindMeister (n.d.). *MindMeister* [웹사이트]. https://www.mindmeister.com/

Padlet (n.d.). *Padlet* [웹사이트]. https://padlet.com/

제 5 장 메타버스 활용교육

주요 내용

- 메타버스의 개념
- 메타버스의 교육적 활용과 효과
- 메타버스 활용교육을 위한 정책
- 메타버스 체험

학습 목표

1. 메타버스의 교육적 활용 가능성을 탐색할 수 있다.
2. 메타버스의 교육적 활용 방안을 설명할 수 있다.
3. 메타버스의 주요 기능을 조작할 수 있다.
4. 확장된 경험 측면에서 메타버스 활용교육을 분석할 수 있다.

기초지식

5.1 메타버스의 개념

미래를 다룬 영화를 보면 안경과 같은 HMD(Head Mounted Display)를 착용하고 가상의 사물을 조작하거나 가상의 세계를 탐험하는 모습을 자주 볼 수 있다. 현실과 가상의 세계를 넘나들며 새로운 경험과 가치를 만들어 가는 모습을 보게 된다. 대표적으로 2018년 개봉한 영화 '레디 플레이어 원(Ready Player One)'에서 주인공은 HMD를 착용하고 황폐화된 지구를 배경으로 하는 가상의 게임에 참여하여 다른 사람들과 소통하고 경쟁한다. 이때 희미해진 현실과 가상의 경계에서 일어날 수 있는 다양한 에피소드가 소개되고 있다. 기술의 발전에 따라 교육에 있어서도 가상과 현실을 넘나드는 확장된 학습이 이루어질 것으로 예상된다.

1) 메타버스의 정의

메타버스의 정의는 무엇인가? 메타버스(Metaverse)는 초월과 가상을 의미하는 메타(Meta)와 세계와 우주를 의미하는 유니버스(Universe)의 합성어로, 1992년 미국의 SF 소설 '스노 크래시(Snow Crash)'에서 처음 용어가 등장하였다. 이 소설에서 메타버스는 아바타를 활용한 경제활동이 가능한 가상공간으로 제시된다. 메타버스의 정의는 몇몇 단체와 연구자들에 의해 다양하게 정의되고 있다. 그중 미국 미래학협회(Acceleration Studies Foundation; ASF)는 2006년 메타버스 로드맵을 발표하면서 메타버스의 개념을 "가상적으로 확장된 물리적 현실과 물리적으로 영구화된 가상공간의 융합"이라고 제시하였다(ASF, 2006). 그리고 계보경 외(2021)는 델파이 연구를 통해 메타버스를 "현실과 융합된 가상의 공간에서, 사용자들이 아바타를 통해 상호작용하고, 사회・경제적 가치를 생산・소비하며 자신의 삶을 확장하는 또 다른 세상"이라고 제시하였다.

〈표 5-1〉 메타버스의 정의

출처	정의
ASF(2006)	가상적으로 확장된 물리적 현실과 물리적으로 영구화된 가상공간의 융합
계보경 외(2021)	현실과 융합된 가상의 공간에서, 사용자들이 아바타를 통해 상호작용하고, 사회·경제적 가치를 생산·소비하며 자신의 삶을 확장하는 또 다른 세상
김상균(2020)	스마트폰, 인터넷 등 다양한 디지털 미디어를 통해 표현되는 새로운 세상, 디지털 지구
이승환(2021)	가상과 현실이 상호작용하며 공진화하고 그 속에서 사회, 경제, 문화 활동이 이루어지면서 가치를 창출하는 세상
한국정보통신기술협회(2024)	현실에서 가능한 사회, 경제, 교육, 문화, 과학 기술 활동을 아바타(avatar)를 통하여 할 수 있도록 지원하는 가상의 3차원 공간 플랫폼

2) 메타버스의 유형

메타버스의 유형은 무엇인가? 미국 ASF(2006)에서는 메타버스의 유형을 2개의 축을 기준으로 구분하여 제시하였다. 하나의 축은 내부(Intimate)와 외부(External)이며 또 다른 축은 증강(Augmentation)과 시뮬레이션(Simulation)이다. 첫 번째 축은 사용자가 가상의 시스템 안에서 자신을 대신하는 아바타를 통해 대행 활동을 하는 내부(Intimate) 기술과 사용자를 둘러싼 실제 세계를 관리하는 외부(External) 기술을 포함한다. 두 번째 축은 현실 상황을 기반으로 새로운 환경과 상호작용할 수 있는 시뮬레이션(Simulation)과 기존의 물리적 환경에 새로운 시스템을 적용하는 증강(Augmentation) 기술을 포함한다. 이에 따라 구분된 4개의 메타버스 유형은 증강현실(Augmented Reality), 라이프로깅(Lifelogging), 거울세계(Mirror Worlds), 가상세계(Virtual Worlds)가 있다.

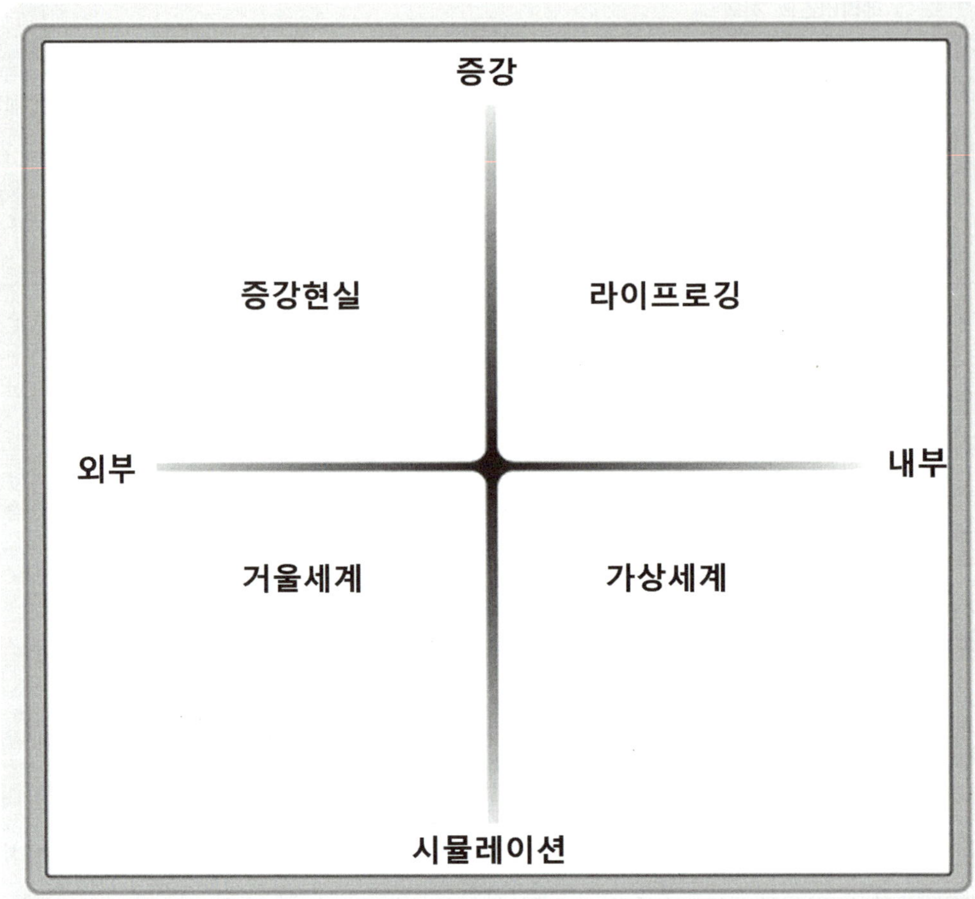

[그림 5-1] 메타버스의 유형(ASF, 2006, p. 5)

▶ 학습자원	ASF(2006)의 메타버스 로드맵

증강현실(Augmented Reality)은 외부(External)의 세계에 증강(Augmentation) 기술을 적용한 형태로 일상생활 속에서 네트워크 기반의 정보를 외부에 있는 물리적 세계로 확장하는 것을 의미한다(ASF, 2006). 증강현실은 GPS와 무선 인터넷 기술을 기반으로 사용자의 위치와 정보를 연계하는 형태나 QR 코드와 같은 특정 마커를 카메

라로 인식하여 마커에 지정된 정보를 제공해주는 형태 등으로 구분할 수 있다(계보경 외, 2021). GPS와 무선 인터넷 기술을 활용한 증강현실 사례로 포켓몬 Go 게임과 AR 내비게이션 등이 있다. 포켓몬 GO 게임은 사용자의 현실 공간 위치에 따라 모바일 기기에 출현하는 가상의 포켓몬을 포획하고 대전, 강화, 교환 등을 하는 게임이다. AR 내비게이션은 화면에서 실제 도로 영상을 제시하고, 그 위에 교통 신호, 화살표 등의 정보를 제공하여 길을 안내하는 시스템이다. 특정 마커를 인식하여 작동하는 증강현실 사례로 박물관의 AR 색칠놀이, AR 보드게임 등이 있다. AR 색칠놀이는 인쇄된 종이(마커)에 색연필 등으로 자유롭게 색을 입히면, 해당 색채를 덧씌운 입체적인 콘텐츠를 제공한다. AR 보드게임은 보드 판, 카드, 주사위 등이 마커 역할을 하여 디지털 기기를 활용하여 추가적인 정보와 게임 요소를 이용할 수 있다. 증강현실은 가상현실과 달리 별도의 고가 기기 없이 스마트 기기만 있으면 쉽게 접근할 수 있고 사이버 멀미와 같은 부작용도 적은 편이다.

[그림 5-2] 포켓몬 GO 게임(Panda Security, 2016.06.22.)

[그림 5-3] 워터랜드 보드게임(HRD Sharp, n.d.)

라이프로깅(Lifelogging)은 삶을 뜻하는 Life와 기록을 뜻하는 Logging의 합성어로, 내부(Internal)의 세계에 증강(Augmentation) 기술을 적용한 것으로 사물과 사람에 대한 일상의 경험과 정보를 기록하고 저장, 그리고 배포하는 유형에 해당한다. 일상의 정보를 기록함으로써 과거와 현재 상태의 정보를 확인하고, 다른 사람과의 공유도 가능하다. 최근 스마트폰과 스마트워치의 대중화로 개인의 일상이 쉽게 기록되고 있다. 스마트폰의 GPS의 기능을 이용하면 시간대별 사용자의 위치가 기록되고, 사진이나 동영상 등을 촬영하면 위치 정보와 함께 저장된다. 이를 SNS와 연동하면 자신의 일상을 다른 사람에게 쉽게 공유할 수 있다. 나이키 런클럽은 라이프로깅과 스포츠 분야가 결합된 대표적인 사례이다. 스마트폰, 운동화, 스마트워치를 통해 달린 거리, 속도, 경로 등을 기록하고, 사용자가 뛴 거리에 따라 레벨을 부여하여 다른 사람과 순위 경쟁을 할 수 있다. 도전, 경쟁, 성취, 보상, 관계의 게이미피케이션 요소를 부여함으로써 사용자의 적극적인 참여를 끌어내고 있다. 이러한 현실의 모습을 그대로 가상으로 끌어들이고 다른 사람과 연결함으로써 새로운 가치를 창출하고 있다. 한편, 멀티모달 센서, 데이터 마이닝과 같이 라이프로깅을 용이하게 해주는 기술이 적용될 경우 해당 서비스에 참여하는 참여자의 수는 더욱 늘어날 것이다(정혜균, 김현석, 2022).

[그림 5-4] 나이키 런클럽(Nike, n.d.)

거울세계(Mirror Worlds)는 외부(External) 세계를 시뮬레이션(Simulation)한 유형으로 실제 세계의 모습을 가상세계에 효율적으로 확장한 것을 의미한다. 거울세계에는 현실세계를 기반으로 공간 구성, 정보 제공 등이 이루어진다. 거울세계에 센서, GPS, 모델링 도구들이 결합되어 사용자가 새로운 정보를 추가하거나 가공할 수 있다. 거울 세계의 대표적인 사례로 구글어스, 에어비앤비 등의 서비스가 있다. 구글어스는 전 세계의 위성 이미지, 지도, 지형 및 3D 건물 정보를 제공하는 위성 영상 지도 서비스이다. 원하는 위치를 선택하거나 입력하면 해당 장소로 이동하여 길거리와 건물 등을 둘러볼 수 있다. 그리고 사용자가 지도에 도형과 선을 그리거나 사진 동영상 등을 삽입하여 풍부한 상황 정보를 추가할 수 있다. 에어비앤비는 자신의 방이나 집을 다른 사람에게 임대할 수 있는 숙박 공유 서비스이다. 에어비앤비는 풍부한 이미지, 동영상 등으로 개인이 거주하는 공간을 거울세계 메타버스로 옮겨두었다. 에어비앤비가 자체적으로 보유한 호텔이나 리조트가 없지만, 개인과 개인을 연결함으로써 거울세계에 거대한 숙박 공간을 만들 수 있었다.

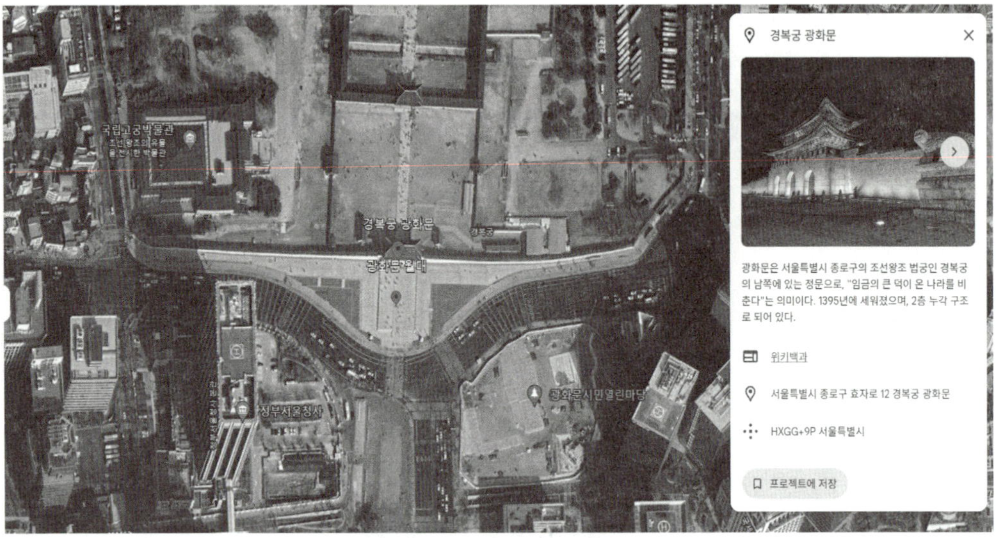

[그림 5-5] 구글어스(Google, n.d.)

가상세계(Virtual Worlds)는 내재적(Intimate) 세계를 시뮬레이션(Simulation)한 유형으로 디지털 데이터로 구축된 가상세계에서 온전한 활동을 하는 것을 의미한다. 가상세계에서는 HMD(Head Mounted Display)를 착용한 뒤 사용자 시선이나 동작에 따라 다양한 활동을 하거나 별도의 하드웨어 없이 2D, 3D 컴퓨터 그래픽으로 가상의 환경을 구축한 뒤 사용자가 경험을 수행하는 방식이 있다. 코로나19를 겪으면서 재택근무를 하면서 회의를 하거나 원격수업을 하는 공간으로 가상세계가 많은 주목을 받았다. 가상세계의 대표적인 사례로 로블록스, 제페토 등이 있다. 로블록스는 레고 블록처럼 생긴 자신의 아바타를 이용하여 가상세계에서 다양한 창작물을 만들 수 있는 게임 기반 가상세계이다. 로블록스는 레이싱, 롤플레잉, 시뮬레이션 등 다양한 가상체험을 가능케 하는데, 사용자가 프로그래밍을 통해 직접 게임을 만들고 다른 사용자가 이를 이용할 수 있다. 사용자가 게임을 하면서 다양한 커뮤니티에 참여하고, 가상화폐인 로벅스(Robux)를 이용하여 게임이나 아바타 등 자신이 제작한 창작물을 거래할 수 있는 경제활동을 지원한다. 제페토는 가상 세계에서 3D 아바타를 통해 다른 사람과 소통할 수 있는 플랫폼이다. 사용자는 옷, 액세서리, 헤어 스타일 등을 통해 맞춤형 아바타를 제작할 수 있고, 아바타를 통해 가상세계를 탐험하고 다른 사용자와 소통할 수 있다. 또, 사용자는 자신의 가상공간을 설계하고 사진을 찍거나 비디오를 만들어 공유할 수 있다.

[그림 5-6] 로블록스(Google, n.d.)

메타버스의 4가지 유형은 각기 독립적으로 발전하다가 최근 경계를 넘나들며 융합적으로 변화하고 있다. 가장 대표적인 사례는 최근 애플(Apple)에서 출시한 비전 프로(Vision Pro)이다. 비전 프로는 VR과 AR을 모두 지원하는 혼합현실(Mixed Reality) HMD이다. 사용자는 VR 기능을 활용하여 가상 세계를 탐험하거나 가상의 사회활동에 참여할 수 있고, AR 기능을 활용하여 실제 환경에 가상의 요소를 추가하여 새로운 정보를 얻거나 실제와 연동된 상호작용을 할 수 있다. 그리고 비전프로의 센서와 이미지 처리 능력을 바탕으로 실제 세계의 객체를 디지털 트윈(Digital twin)으로 변환하여 거울세계를 만들 수 있다. 또, 라이프로깅을 통해 이러한 일상생활 속의 사용자 경험을 기록하고 그 데이터를 바탕으로 개인화된 맞춤형 서비스를 제공할 수 있다.

[그림 5-7] 애플의 비전프로(Apple, 2023. 06. 05.)

▶ 학습자원	애플의 비전프로 데모 영상

5.2 메타버스의 교육적 활용

3D기술과 인터넷 속도의 발달로 다양한 메타버스로의 접근이 쉬워지고 있다. 최근 3D 컴퓨팅 기술과 초고속 통신망의 발달로 교육 현장에서는 메타버스 중에서도 가상 세계와 VR, AR 등을 교육에 접목하려는 다양한 시도가 이루어지고 있다. 이러한 시도는 마인크래프트, 로블록스, 게더타운 등 다양한 메타버스 플랫폼을 활용하여 교과 교육, 특수 교육, 직업 훈련 등 여러 형태로 이루어지고 있다.

• 마인크래프트

마인크래프트(Minecraft)는 3D 가상세계에서 정육면체 형태의 블록과 도구를 이용하여 건축물 등을 구성하여 자신만의 세계를 창조하는 샌드박스 형태의 게임이다. 정해진 퀘스트를 해결하는 기존의 게임 방식을 벗어나 특정 목표에 따른 해결 방식을 스스로 선택하고 창조할 수 있다는 측면에서 높은 자유도를 지닌다(박정호, 2021). 이러한 특징을 이용하여 마인크래프트는 무엇인가를 창조하는 교육 활동에 활용된다. 엄태건과 홍기천(2018)은 초등학교 5학년을 대상으로 국어 교과에 마인크래프트를 활용하였다. 이 수업에서는 1차시에 교사가 읽어주는 〈아기 돼지 삼 형제〉를 듣고, 모둠을 나누어 이야기의 첫째, 둘째, 셋째 돼지 형제가 되었다고 가정하여 문제점을 공유해 보고, 2차시에 각자 어떻게 집을 지을 것인지 스케치하며 구상해 본 후, 3차시에 마인크래프트를 통해 작품 속 인물이 되어 집을 만들어 보는 활동을 실시하며, 4차시에 상호 피드백을 실시하였다. 이 수업을 통해 학생들은 등장인물의 행동이나 감정을 보다 깊이 있게 이해할 수 있었고, 이야기를 재구성하여 새로운 작품을 만드는 등 학생들의 참여와 흥미, 관심도가 높아졌다.

• 로블록스

로블록스(Roblox)는 3D 가상세계에서 자신의 아바타와 가상공간을 창조하는 플랫폼이다. 가상세계에서 다른 사용자와 함께 다양한 공간을 건설하거나 여러 활동을 함께 체험할 수 있고 개인 간 소통 및 경제 거래도 가능하다. 그리고 사용자가 도형, 가구, 나무, 몬스터, 군인 등의 객체를 배치해 맵을 만들고, 루아(Lua) 프로그래밍 언어를 사용하여 코드를 완성하면, 다양한 환경에서의 테스트를 거친 후, 바로 로블록스 클라우드에 게시되어 전 세계인이 함께 즐길 수 있다(이병권, 2021). 전병걸(2023)은 초등학교 6학년 학생을 대상으로 실과, 사회, 수학, 미술 등의 교과에서 로블록스를 활용하였다. 이 중 미술과 실과의 융합수업에서는 로블록스 미술관 제작과 견학이라는 주제로 메타버스 공간에서 진행된 공연, 전시 알아보기, 좋아하는 미술작품을 로블록스에 전시하기, 관람객에게 설명하는 도슨트 직업 체험하기, 도슨트 NPC 제작하고 가상공간 게시하기의 순으로 수업을 진행하였다. 이 수업을 통해 학생들은 학습 몰입,

진로지향도, 메타버스에 대한 이해도가 높아지는 학습효과를 얻을 수 있었다.

• 게더타운

게더타운(Gather.Town)은 2D 아바타를 이용하여 화상회의와 온라인 협업을 진행할 수 있는 온라인 커뮤니케이션 플랫폼이다. 다양한 오브젝트를 활용하여 공간 맵을 구성할 수 있고, 화상과 음성 대화가 가능하다. 게더타운은 업무용 가상 사무실의 용도로 출발하였지만, 코로나19 이후 온라인 학습 플랫폼으로 널리 활용되고 있다. 윤현철(2022)은 고등학교 2학년 학생을 대상으로 수학교과에 게더타운을 활용하였다. 게더타운으로 미적분 교실을 만들어 미적분학의 역사, 데스모스로 배우는 미적분, EBS MATH 영상실, 미적분 활용 소개 등의 공간을 만들어 학생들이 다양한 관점에서 체험하면서 미적분의 개념을 익힐 수 있게 하였다. 그리고 수학 방탈출 게임을 단원 마무리에 적용하여 수업 시간에 배운 내용과 관련된 수학 문제를 풀어 미션을 해결하게 하였다. 이 수업을 통해 학생들은 게임 방식의 방탈출 게임이 수학 문제를 더 풀어보고 싶게 하고, 수업이 매우 효율적으로 이루어졌다는 응답을 하였다.

• 오큘러스 고

오큘러스 고(Oculus Go)는 독립형 VR 헤드셋으로, PC나 스마트폰 없이도 작동한다. 내장된 디스플레이와 프로세서를 통해 간편하게 VR 콘텐츠를 즐길 수 있다. 다른 오큘러스 제품에 비해 가격이 저렴하고 별도의 PC가 필요 없어 학교 교육에 많이 활용되고 있다. 김대권과 이동국(2021)은 초등학교 3학년을 대상으로 진로 교육에 오큘러스 GO를 활용하였다. 활용된 콘텐츠는 두코젠에서 개발한 진로 콘텐츠로 스마트 헬스케어 & 바이오, 스마트 시티, 스마트 팩토리 분야의 다양한 현재와 미래의 직업을 체험할 수 있는 내용으로 구성되어 있다. 1~2차시에는 VR 콘텐츠를 활용하기 위한 안전 및 소양 교육을 실시하고, 3~4차시에는 디지털 페인팅 예술가 직업 체험을 하였고, 5~6차시에는 화성에서 다친 응급 환자를 치료하는 로봇을 조작하는 체험을 하였고, 7~8차시에는 화성을 탐사하는 활동을 수행하였다. 이 수업을 통해 학생들은 진로인식에 대하여 자기 이해와 진로 태도가 향상되었고, 학생들의 높은 관심과 흥미가 확인되었다.

5.3 메타버스의 교육적 효과

학교 현장에서 메타버스의 활용은 학습 경험의 확장, 학습의 몰입, 학습 흥미와 동기 유발, 협력과 상호작용 촉진, 맞춤형 교육 제공 측면에서 교육적 이점이 있다. 교실에서 주로 활용되는 가상세계, AR/VR 기반의 메타버스 활용교육의 효과는 다음과 같다.

• 학습 경험의 확장

메타버스는 생각하는 무엇이든 구현할 수 있다. 공간, 물건, 캐릭터, 행위 등을 메타버스에 손쉽게 표현할 수 있고, 여기에 다양한 교수 전략을 더하여 교육적 의미를 담을 수 있다. 현실에서는 고비용, 고위험 등의 이유로 관찰하거나 체험하기 힘든 내용을 메타버스를 통해 경험할 수 있다. 예를 들어 역사 수업에서 다른 나라의 고대 문명을 체험하거나, 과학 수업에 가상 실험실에서 실험을 수행할 수 있다. 그리고 다양한 시뮬레이션을 통해 학생들이 복잡한 개념을 쉽게 이해할 수 있다. 또, 장애를 가진 학생들이 자신의 신체적 한계를 극복하여 다양한 경험을 할 수 있다. 이처럼 메타버스의 활용은 기존 교실이라는 공간을 확장하여 학생들에게 풍부한 학습 경험을 제공할 수 있다.

• 학습의 몰입

메타버스는 고해상도의 3D 그래픽, 인터랙티브 요소, 청각적 요소를 제공하여 높은 실재감을 제공한다. 이러한 실재감은 학생들의 주의 집중과 몰입을 높이는 데 매우 효과적이다. 학생들은 마치 실제로 그 공간에 있는 것처럼 느끼고 주변을 탐색하고 다양한 상호작용을 할 수 있다. 시각적, 청각적, 촉각적 자극을 포함한 학습 경험은 학생들의 기억에 더 오래 남을 수 있어 학습 효과를 향상시킨다. 특히 VR 기술의 발전은 높은 실재감을 가진 교육 콘텐츠를 개발할 수 있어 교육적 활용 가능성을 높이고 있다.

• 학습 흥미와 동기 유발

메타버스는 교사에게는 교수 도구로 여겨지지만, 학생에게는 놀이와 게임의 공간이 될 수 있다(이동국, 변숙자, 2022). 메타버스의 가상세계와 가상현실 기술은 학생들이 게임을 통해 일상에서 접하고 있어, 매우 친숙하여 조작에 어려움이 없고 다양한 흥미 요소를 제공하고 있다. 특히 학생들은 어릴 때부터 마인크래프트, 로블록스 등의 게임을 하거나, 원격수업을 통해 다양한 가상 세계 플랫폼을 활용한 경험을 갖고 있다. 또한, 메타버스는 풍부한 시각적 요소, 다양한 상호작용을 제공하고 있어 학생들의 호기심과 탐구심을 촉발할 수 있다. 그리고 메타버스에서 제공하는 퀘스트, 스토리텔링, 보상과 경쟁 체계는 학생들에게 보다 흥미를 제공할 수 있다. 높은 학습 흥미와 동기 유발은 학습에 몰입하여 지속적인 참여를 유도하는 원동력이 된다.

• 맞춤형 교육 제공

메타버스는 학습자에게 맞춤형 학습환경을 제공하여 개별적인 학습 요구와 속도에 맞춘 교육을 제공할 수 있다. 학생들은 자신이 원하는 시간과 장소에서 메타버스에 접속하여 필요한 콘텐츠를 살펴보거나 반복 연습할 수 있다. 여기서 메타버스가 제공하는 아바타 및 객체와 상호작용함으로써 학습에 대한 코칭이나 피드백을 받을 수 있다. 교사가 실시간으로 접속하지 않아도 다양한 교수 자료를 미리 탑재하거나 NPC 등에 교수 전략을 설정함으로써 학생의 학습을 도울 수 있다. 최근에는 메타버스에 AI가 결합되고 있다. AI 기반의 학습 분석을 통해 학생들의 학습 데이터를 실시간으로 수집하고 분석할 수 있다. 이를 통해 학습 성향, 진도, 강점 및 약점을 파악하여 개별적인 학습 계획을 수립할 수 있다(계보경 외, 2023). 이러한 측면에서 메타버스 활용교육은 학생 개개인의 학습 요구를 충족시키고, 학습 경험을 개인화하여 효율적인 학습을 가능하게 한다.

5.4 메타버스 활용교육의 안전/윤리적 이슈

1) 윤리적 이슈

메타버스 활용교육의 윤리적 이슈는 무엇인가? 메타버스는 현실을 확장하고, 현실과 가상의 경계를 모호하게 하여 현실과 유사하거나 그 이상의 윤리적 이슈가 발생할 수 있다.

- 개인정보 보안

메타버스는 실시간으로 사용자의 많은 정보를 다루기 때문에 개인정보 관련 문제가 발생할 수 있다. 학생이 작성하는 글, 사진, 동영상뿐만 아니라 가상 세계에서의 시선, 움직임, 대화, 다른 사용자와의 상호작용 등 다양한 데이터가 실시간으로 수집되고 어디론가 전송된다. 그리고 HMD, 스마트워치 등과 결합되면 맥박, 뇌파, 심박수 등 생체 인식 정보까지 유통될 수 있다. 이러한 멀티모달 데이터가 결합되면 사용자의 성향, 선호도 및 개인적 특성을 구체적으로 파악할 수 있어 다른 목적으로 유통될 경우 개인정보를 심각하게 침해하게 된다. 특히 제3자에게 데이터가 유통될 경우 상업적이거나 불법적인 목적으로 활용될 수 있어 개인정보의 수집, 전송, 저장에 많은 주의를 기울여야 한다.

- 교육 기회의 불평등

메타버스 활용 과정에서 교육 기회의 불평등이 발생할 수 있다. 일부 메타버스 서비스는 고성능, 고비용의 콘텐츠와 디바이스를 요구한다. 경제적, 문화적 배경에 따라 메타버스가 제공하는 풍부한 교육적 경험에 모든 학생이 평등하게 접근할 수 있는 것은 아니다. 기술 접근성의 차이는 교육격차를 유발할 수 있다. 모든 학생에게 동등한 학습 기회를 제공하기 위해서는 보편적인 설계를 기반으로 저비용으로 누구나 쉽게 접근하여 활용할 수 있는 콘텐츠와 서비스의 개발이 요구된다.

• 사이버 범죄 노출

메타버스에서의 익명성은 사이버 범죄를 유발할 수 있다. 메타버스에서의 익명성은 자유로운 활동과 표현을 촉진하는 장점이 있지만, 동시에 사이버 범죄를 유발하는 원인이 된다. 서로 얼굴을 마주하지 않고 정체를 모르는 상황에서 자신의 불법적인 행위에 대해 가책감과 부담감이 경감될 수 있다. 이 때문에 메타버스에 괴롭힘, 따돌림, 증오, 폭언 등의 다양한 문제가 발생하고 있다. 특히 음담패설, 성희롱 등 성적인 폭력도 증가하고 있다. 아바타를 통해 성적인 표현을 하거나 채팅과 음성 대화를 통해 성적인 발언, 음란물을 전송하는 등의 문제가 발생할 수 있다. 메타버스의 상호작용 형태가 매우 다양하기 때문에 교사가 실시간으로 모니터링하는 것이 쉽지 않다. 시스템적으로 특정 단어, 행위, 기능 등의 제한을 두어 사용자의 특정 활동을 방지해야 하고, 주기적인 사이버 범죄 예방 교육이 요구된다.

• 지식재산권 분쟁

메타버스에서 발생하는 창조와 공유활동에서 지식재산권에 대한 분쟁이 발생할 수 있다. 메타버스에서는 학생들이 다양한 콘텐츠를 연계하고 변형하여 활용할 수 있다. 이 과정에서 음악, 이미지, 소프트웨어 등 저작권으로 보호받는 자료를 무단으로 사용하거나 변형하여 공유할 경우 저작권 침해 문제가 발생할 수 있다. 또, 현실의 지식재산을 디지털 트윈으로 구현하는 과정에서 권리 침해 가능성이 문제될 수 있다(정원준, 2021). 예를 들어 유명한 건축물을 가상공간에 배치하고자 할 때, 대상물에 대해 일일이 이용 허락을 받는 것은 현실적으로 어렵다. 그리고 메타버스에서 제작한 창작물의 소유권에 대해서도 현재 논란이 있다. 이용자가 메타버스 플랫폼에서 창작품이나 게임을 개발하더라도 그 소유권은 메타버스 플랫폼이 가지는 경우가 있다. 사용자들이 메타버스에서 지식재산권을 침해하지 않고, 자신이 창작한 저작물에 대해 권리를 확보할 수 있도록 지식재산에 대한 교육이 요구된다.

2) 안전 이슈

메타버스 활용교육의 안전 이슈는 무엇인가? 사용자가 메타버스를 활용하는 과정에서 다양한 기기를 사용하고 스크린에 오랜 시간 노출됨으로써 정신적/신체적 불편함을 경험할 수 있다.

• 사이버 멀미 유발

메타버스를 활용하는 과정에서 스크린 타임이 길어져 눈의 피로, 두통, 멀미 등의 문제가 발생할 수 있다. VR을 활용하는 과정에서 학생들이 HMD를 통해 스크린을 매우 짧은 거리에서 보게 된다. 이 과정에서 사용자가 눈에 피로감을 느끼거나(이상혁 외, 2020), 기기에서 발생하는 열로 인해 눈에 열상을 입을 수도 있다. 또, VR을 활용하는 과정에서 매스꺼움 증상과 방향 감각 상실 증상이 유발되고, AR을 활용하는 과정에서 안구 운동 불편감을 느끼기도 한다(오지영 외, 2023). 특히, 학습자들은 아직 신체적으로 미성숙하기 때문에 메타버스 콘텐츠를 활용하기 전에 교사가 신체적 상태를 고려하여 적용할 필요가 있다. 한국교육학술정보원에서는 수업 전 VR을 활용하는 데 있어 사전 자가 진단할 것을 제안하고 있다(계보경 외, 2019).

〈표 5-2〉 VR 자가진단 체크리스트

항목	점검 결과	
	예	아니오
오늘 아래와 같은 증상이 있나요? ※ 소화장애, 스트레스, 불안, 감기, 독감, 두통, 편두통, 귓병, 눈병, 피부병 등		
현재 복용하고 있는 약물이 있습니까?		
과거에 발작이나 경련, 의식 상실 등과 관련된 증상을 겪은 적이 있습니까?		
심장박동기, 보청기, 제세동기 등 의료기기를 사용하고 있습니까?		

출처: 계보경 외(2019). 교육 분야 가상현실(VR) 이용자 안전 가이드라인. p. 31.

• 가상과 현실의 부조화

메타버스에 대한 과몰입은 사용자의 정체성을 혼란하게 하고 가상과 현실의 부조화를 초래할 수 있다. 메타버스는 현실보다 다양하고 강렬한 자극과 흥미 요소를 제공하기 때문에, 특히 학생들이 이러한 환경에 깊이 빠져들게 되면, 현실 세계에서의 일상적인 경험이 상대적으로 불만족스럽게 느껴질 수 있다. 이는 현실 도피적인 태도를 갖게 하여, 현실 세계의 문제에 대처하는 능력을 약화시킬 위험이 있다. 또한, 메타버스 내에서 아바타를 통해 다양한 자아를 경험하게 될 경우, 이러한 가상의 자아들과 현실의 자신 사이에서 자아 정체성의 혼란을 겪을 수 있다. 특히 현실에서 자신에 대한 이해가 충분하지 않은 상황에서, 어느 자아가 진정한 자신인지 혼란을 느낄 수 있다. 이러한 정체성의 혼란은 자기 불일치에서 오는 부정적 감정을 증가시켜 안녕감을 갖지 못하게 할 수 있어 주의가 필요하다(허지은, 남지은, 2023).

• 근골격계 이상

메타버스의 장시간 활용은 근골격계의 문제를 유발할 수 있다. 스마트폰, HMD 등을 부적절한 자세에서 오랜 시간 동안 사용함으로써 목, 어깨, 등 부위에 자극을 주고, 성장기의 잘못된 자세가 습관화되어 장기적인 건강 문제로 이어질 수 있다. 또, 다수의 기기들이 성인 사이즈로 개발되어 청소년들에게 크기, 무게 측면에서 부적절하여 더 많은 신체적 부담을 줄 수 있다. 기기 사용 전이나 후에 적절한 체조, 마사지 등을 하여 근골격근계의 손상을 예방할 필요가 있다(계보경 외, 2019).

〈표 5-3〉 VR 활용교육을 위한 체크리스트

<table>
<tr><th colspan="2" rowspan="2">구분</th><th rowspan="2">항목</th><th colspan="2">점검결과</th></tr>
<tr><th>예</th><th>아니오</th></tr>
<tr><td rowspan="4">이용
전</td><td rowspan="4">기기 정보
및 상태</td><td>VR기기(HMD, 컨트롤러 등)의 이용연령, 착용방법, 조작방식을 확인하였는가?</td><td></td><td></td></tr>
<tr><td>콘텐츠와 기기의 버전 정보를 확인하였는가?</td><td></td><td></td></tr>
<tr><td>VR 기기의 크기가 대상 이용자에게 적절한가?</td><td></td><td></td></tr>
<tr><td>대상인원에 맞게 VR 기기가 확보되었는가?</td><td></td><td></td></tr>
</table>

구분		항목	점검결과	
			예	아니오
		VR 기기가 정상적으로 작동하는가?		
		VR 기기가 충분히 충전되었는가?		
	활용 공간	동작범위(앉는 방식, 서는 방식)에 따른 공간이 충분히 확보되었는가?		
		이용자들이 활동하는 공간의 장애물을 모두 제거하였는가?		
	위생 점검	VR 위생 마스크나 소독제를 준비하였는가?		
		VR 기기를 청결한 상태로 준비하였는가?		
	콘텐츠 선정	대상의 연령에 맞는 콘텐츠인가?		
		보유하고 있는 VR 기기에서 콘텐츠를 실행할 수 있는가?		
		성취기준이나 교육목표에 적합한 콘텐츠인가?		
	건강 상태	이용자의 건강상태에 대해 자가진단을 실시하였는가?		
		이용자의 교육 참여 동의서를 받았는가?		
		이용자의 건강 상태에 따라 이용 여부를 결정하였는가? –사용금지 이용자: –요관찰 이용자:		
이용 중	건강 및 인지 상태	건강에 이상 증세를 보이는 학습자가 있는가?		
		가상과 현실에 대해 혼란스러워하는 이용자가 있는가?		
	이용 상태	이용자가 콘텐츠의 핵심내용을 학습하는가?		
		이용시간과 휴식 시간을 준수하여 사용하였는가?		
	기기 상태	VR 기기가 이상 없이 작동하는가?		
		무선 네트워크가 원활히 작동하는가?		
이용 후	건강 및 인지 상태	이용자의 건강 및 인지 상태에 대해 자가진단을 실시하였는가?		
		건강에 이상 증세를 보이는 이용자가 있는가?		
	기기 상태	파손되거나 작동하지 않는 VR 기기가 있는가?		
		VR 기기의 본체나 패드가 오염되었는가?		

출처: 계보경 외(2019). 교육 분야 가상현실(VR) 이용자 안전 가이드라인. p. 46.

▶ 학습자원	한국교육학술정보원의 교육 분야 가상현실(VR) 이용자 안전 가이드라인

5.5 메타버스 활용교육을 위한 정책

메타버스 활용교육 정책은 어떻게 이루어지는가? 메타버스가 학습자에게 확장된 학습 경험을 제공함에 따라 시도교육청에서는 다양한 정책적 시도를 하고 있다.

• 정부 주도 메타버스 플랫폼 구축

새로운 학습 경험을 제공하기 위해 자체적으로 메타버스 플랫폼을 구축하고 있다. 서울시교육청에서는 서울의 명소를 가상 세계에 구현하고, 명소별로 수학 학습 테마와 연계된 학습 게임 및 콘텐츠를 제공하고 있다. 학생들은 경복궁, 광화문광장, N서울타워 등 서울의 주요 명소를 방문하여 자신만의 캐릭터로 한옥에 담긴 수학, 건물의 높이 측정, 수학과 의료 등의 콘텐츠를 체험하며 학습한다. 교사는 LMS에 학급과 수업을 생성하여 콘텐츠와 학습 과정을 관리하고 학습 결과를 한눈에 살펴볼 수 있다. 경기도교육청에서는 디지털 공간에서 인성과 역량을 갖춘 디지털 시민교육을 강화하기 위해 '디지털 시민교육 메타버스 플랫폼'을 구축하여 2024년에 보급할 예정이다. 학생들에게 경기형 디지털 역량(디지털 사회의 이해와 자아정체성 확립, 디지털 기술 이해와 활용, 정보·콘텐츠 관리와 활용, 디지털 의사소통과 협력, 디지털 창작 및 향유, 디지털 시민참여)을 진단하고, 가상 세계에서 게임 형태의 학습 콘텐츠를 통해 디지털 역량을 개발할 계획이다.

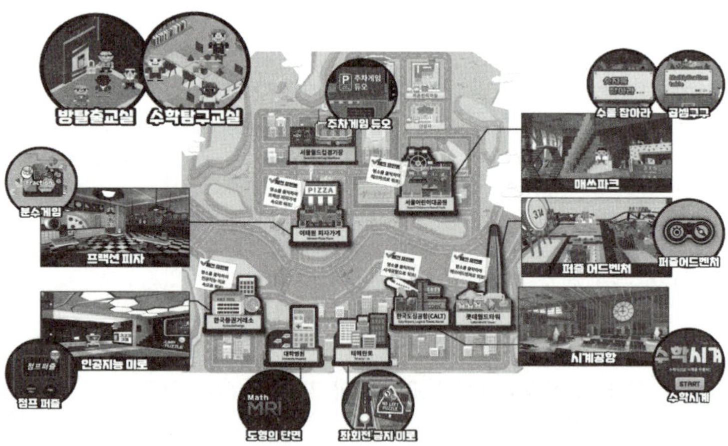

[그림 5-8] 서울 수학학습 메타버스 SEMM의 매쓰스페이스(서울특별시교육청, n.d.)

▶ 학습자원	서울 수학학습 메타버스 SEMM의 소개 영상

- **메타버스를 활용한 다양한 교육 활동**

메타버스에서 다양한 교육활동 및 교수학습 정보/지원서비스를 제공하고 있다. 시도교육청에서는 가상의 공간을 구현하고 각종 교육 및 홍보 활동을 메타버스를 통해 진행하고 있다. 그리고 메타버스 행사 공간에 각종 콘텐츠를 유지하여 언제든지 접속하여 콘텐츠를 체험할 수 있는 기회를 제공하고 있다.

경상남도교육청에서는 '선거교육 메타버스(https://zep.us/@edu)'를 운영하고 있다. 경상남도교육청은 경상남도선거관리위원회와 업무 협약을 체결하여 영상, 연극 자료를 기반으로 롤플레잉 게임을 통해 선거 관련 문제를 해결하는 게이미피케이션 기법을 적용하고 있다. 학생들이 선거를 재미있게 배우고 직접 체험할 수 있고, 다양한 교수학습 자료를 제공하고 있다. 충청남도교육청에서는 메타버스 기반 에듀테크 제품 실증 시스템인 '인수레(https://zep.us/play/2RQpEZ)'를 운영하고 있다. 인수레에서는 초·중등 교사 실증 평가단이 3가지 영역(교육적 유용성, 시스템 사용성, 감성 영역)으로 실증한 각종 에듀테크를 소개하고 있다. 교사 실증 평가단의 평가 내용을 기업에 전달하고, 수시 박람회를 통해 교사와 기업이 소통하고 협력할 수 있는 기회를 제공하고 있다. 또한, 다양한 AI·에듀테크를 활용한 다양한 수업 아이디어를 제공하고 있다.

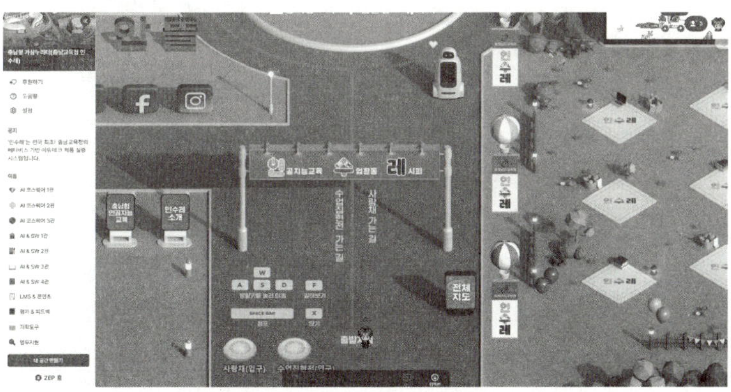

[그림 5-9] 충청남도교육청의 인수레(충청남도교육청, n.d.)

▶ 학습자원	ASKedtech의 에듀테크 실증

• 메타버스 활용 심리 · 정서 지원

메타버스의 특성을 이용하여 교사와 학생들의 심리·정서를 지원하기 위한 노력을 하고 있다. 학생들은 메타버스의 아바타를 활용하여 타인과 소통하는 것에 심리적 거리감을 덜 느낄 수 있어 메타버스에서 각종 상담 활동이 이루어지고 있다. 서울시교육청에서는 학교에서 심리 정서적 어려움을 겪는 학생들을 지원하기 위해 비대면 플랫폼인 '서울 위플'을 운영하고 있다. 학생들은 서울 위플에서 대면상담을 신청하거나, 아바타를 이용하여 메타버스 상담 등 다양한 상담을 받을 수 있다. 또, 마음건강검사를 활용해 자신의 마음 건강 상태를 스스로 진단해볼 수 있고, 서울의 위(Wee) 클래스와 연계하여 각종 도움을 받을 수 있다. 대전광역시교육청에서는 메타버스 상담실을 갖추고 다양한 방식의 메타버스 상담을 지원하고 있다. 상담자와 내담자가 각각 VR 기기를 착용해 가상 세계에서 아바타로 만나 심리상담을 하거나, PC나 휴대폰으로 본인의 아바타를 만들어 코칭을 받을 수도 있다. 학생뿐만 아니라 교직원과 학부모를 대상으로도 서비스를 확대하여 실시하고 있다.

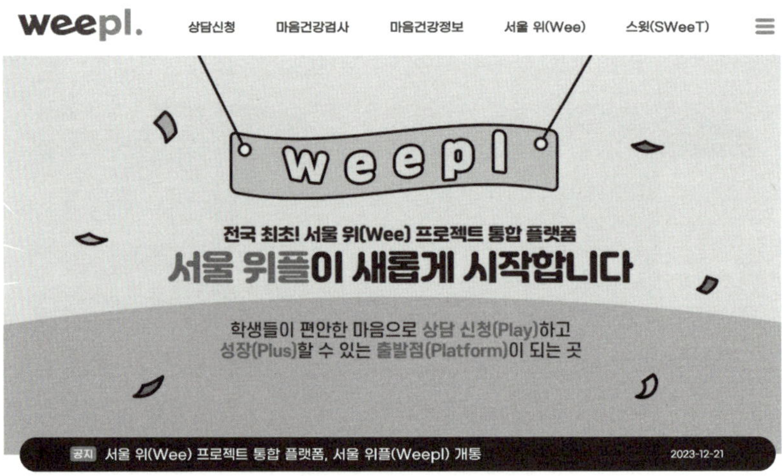

[그림 5-10] 서울시교육청의 서울 위플(서울시교육청, n.d.)

• 다양한 메타버스 콘텐츠 개발

교수학습에 활용할 수 있는 다양한 메타버스 콘텐츠를 개발하고 있다. 메타버스에서 학습 활동이 이루어질 경우 학습 효과를 높일 수 있는 주제로 각종 콘텐츠가 개발되고 있다. 세종시교육청은 범교과 교육, 지역화 교육, 학급 경영에 활용할 수 있는 메타버스 콘텐츠를 개발하여 보급하였다. 범교과교육으로 독립운동가 활동 및 6·25 전쟁 무명용사 체험 등 호국 보훈 교육용 메타버스, 맞춤법을 주제로 생활 속 올바른 맞춤법을 알아보는 메타버스, 장애 이해 교육용 메타버스 등의 콘텐츠가 있고, 지역화 교육으로 세종의 다양한 교육자원을 살피고 알아보는 교육용 메타버스 공간 '행복도시 세종'과 교수·학습 활용 사례를 제공하였다. 그리고 학급경영 영역에서는 학급 운영에 필요한 다양한 메타버스 공간과 활용 사례를 제공해 학교 현장의 필요에 따라 다양하게 활용할 수 있도록 했다. 부산광역시교육청에서는 초등학교 3학년 학생을 대상으로 지역화 교육 콘텐츠를 개발하여 보급하였다. 초등학교 3학년 학생이 배우는 지역화 교재인 '우리 고장의 생활' 내용 중에서 메타버스 구현이 효과적인 학습 내용을 추출해 개발하였다. 콘텐츠는 학생들이 부산의 문화와 환경에 대해 쉽게 이해할 수 있도록 서부의 영도 할매 전설과 몰운대 이야기, 남부의 황령산 봉수대와 오륙도 이야기, 해운대의 수영사적공원 탐험과 관광명소 찾기 등의 내용으로 구성됐다. 동영상 보기, 게임하기 등을 통해 학습에 다양하게 참여할 수 있다.

실습과 성찰

1. 메타버스 체험 해보기

• 디지털교과서 '실감형콘텐츠' 애플리케이션(VR, AR, 360°영상)

디지털교과서에서는 애플리케이션으로 실감형 콘텐츠를 이용할 수 있는 서비스를 제공하고 있다. 현재 사회, 과학, 비교과 관련 초등학교 3학년부터 중학교 3학년까지 이용할 수 있는 가상현실, 증강현실, 360°영상을 제공하고 있다.

① 플레이스토어(안드로이드), 앱스토어(iOS)에서 '실감형콘텐츠'를 검색어로 입력하여 해당 애플리케이션을 스마트기기에 설치한다.

② 튜토리얼을 통해 사용 방법을 익히고, 주의 사항을 확인한다.

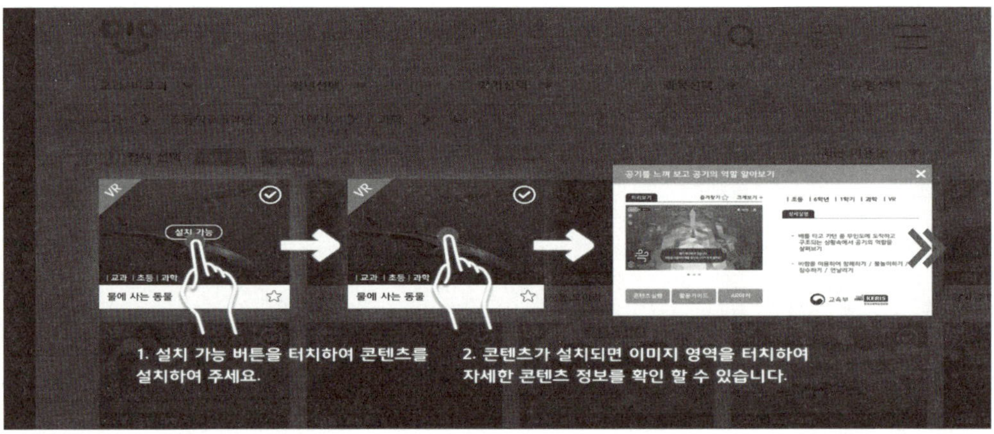

③ 검색어를 입력하거나, 메뉴의 교과/비교과선택, 학교/학년선택, 학기선택, 과목선택, 유형선택 등을 눌러 체험할 콘텐츠를 선정한다.

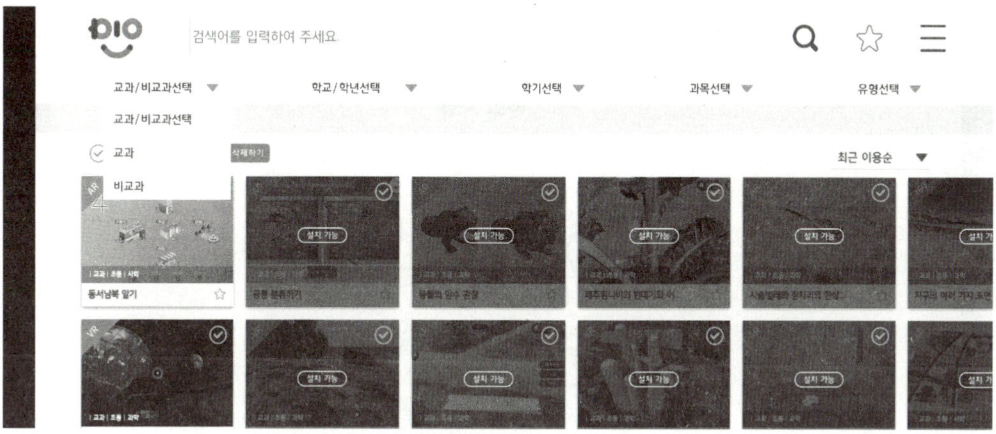

④ '콘텐츠설치'를 눌러 스마트 기기에 해당 콘텐츠를 설치한다. '활용가이드'를 눌러 '교과정보', '콘텐츠정보', '수업활용안내', '주요장면' 등을 확인한다.

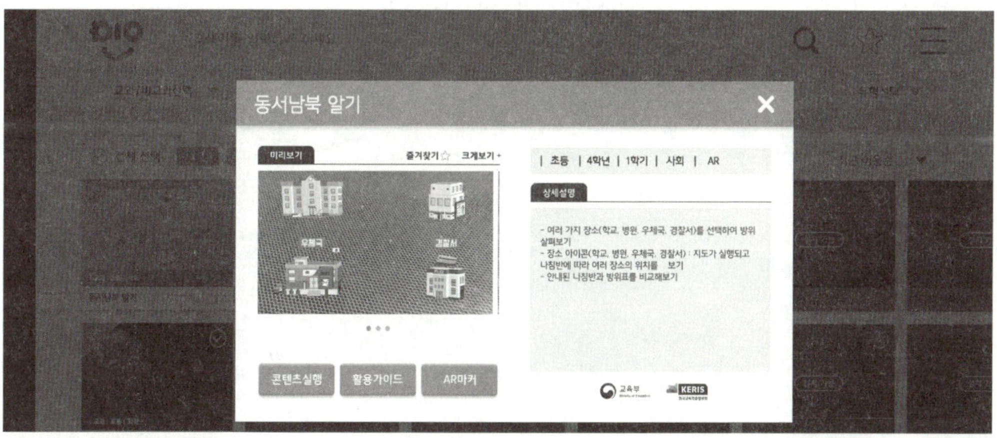

⑤ (가상현실) HMD가 없을 경우 '3D모드', HMD가 있을 경우 'VR모드'를 선택한다. '3D모드'에서는 스마트기기를 여러 방향으로 돌려가며 체험할 수 있고, 특정 아이콘에 중앙 포인트를 가져가면 특정 이벤트가 발생한다. 'VR모드'에서는 스마트기기를 카드보드와 같은 HMD 장비에 넣고 머리의 움직임에 따라 체험할 수 있고, 특정 아이콘에 중앙 포인트를 가져가면 특정 이벤트가 발생한다.

⑥ (증강현실) 마커를 카메라에 비추면 현실세계에 겹쳐 가상현실 콘텐츠가 제공된다. 마커가 없을 경우 마커 없이 실행을 클릭한다. 스마트기기를 여러 방향으로 돌리거나 손으로 클릭하여 체험할 수 있다.

⑦ (360도영상) 실사로 촬영된 사진이나 동영상을 스마트 기기를 움직이거나 손 또는 키보드로 조작하여 다양한 각도에서 여러 측면을 관찰한다.

⑧ 자주 사용하는 콘텐츠를 즐겨찾기에 추가하여 관리할 수 있다.

• 젭(가상세계)

젭(ZEP)은 2D 기반의 가상세계를 구축하여 다양한 상호작용을 할 수 있는 플랫폼이다. 스페이스 만들기를 통해 사용자가 직접 다양한 공간을 제작할 수 있고 다양한 템플릿을 제공하고 있다. 아바타, 화상 대화, 채팅 등의 상호작용이 제공되고, 유튜브, 웹 페이지, 음악 등의 미디어를 삽입할 수 있다. 2024.4월 기준 무료 버전에서는 20명까지 동시접속이 가능하며, 유료 버전에서는 요금에 따라 20명 이상 접속이 가능하다.

① PC를 활용하여 URL(https://zep.us)로 접속하거나, 스마트기기를 활용하여 플레이스토어(안드로이드), 앱스토어(iOS)에서 'ZEP'을 검색어로 입력하여 해당 애플리케이션을 스마트기기에 설치한다.

② 메뉴의 '둘러보기'를 클릭하면 이미 제작된 다양한 가상 세계를 체험할 수 있다. 콘텐츠 중 하나를 클릭하여 가상세계를 체험하며 조작 방법을 익힐 수 있다.

- 이동: 방향키, WASD키, 더블클릭
- 점프: 스페이스바
- 찌르기: Z키
- 상호작용: F키
- 앉기: X키
- 춤추기: 숫자0
- 리액션: 숫자1~5
- 채팅: 하단의 채팅 입력창 활용

③ 가상세계에 참여하면 화상(카메라, 마이크), 채팅 등을 통해 다른 참여자와 소통할 수 있다. 화면 공유를 클릭하면 내 기기의 콘텐츠를 다른 사용자에게 공유하거나 발표할 수 있다.

④ 메뉴의 '스페이스 만들기'를 클릭하면 나만의 가상세계를 쉽게 제작할 수 있다. 카테고리(교육, 퀴즈, 행사, 미니게임, 오피스, 소모임, 자연, 기타)에서 템플릿(무료/유료)을 선택하거나 빈 맵에서 시작할 수 있다.

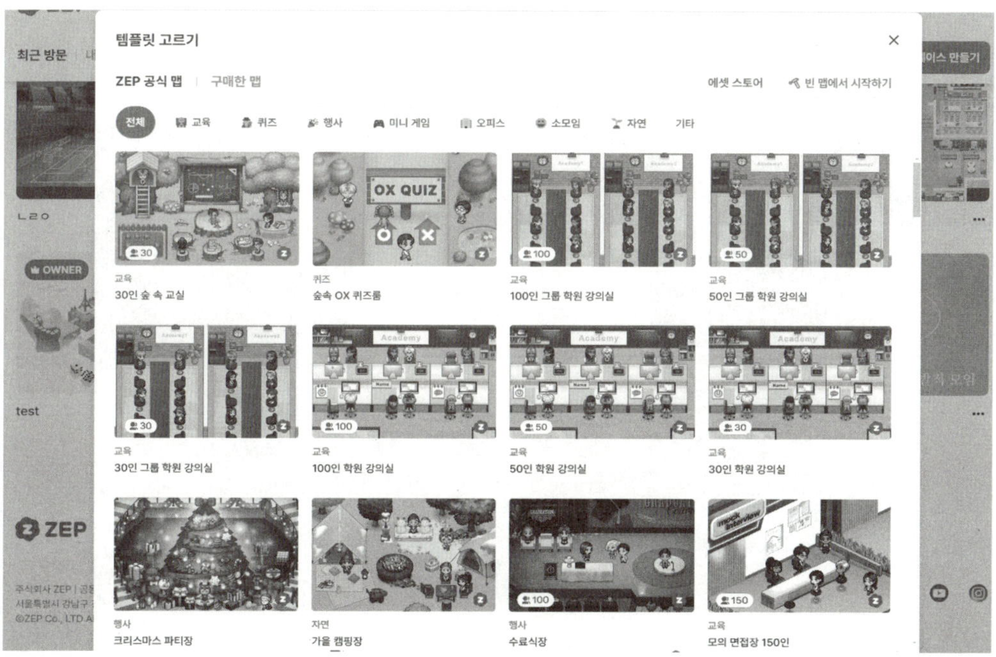

⑤ 템플릿이나 빈 맵을 클릭하면 스페이스 이름, 비밀번호, 검색 허용 등을 설정할 수 있다.

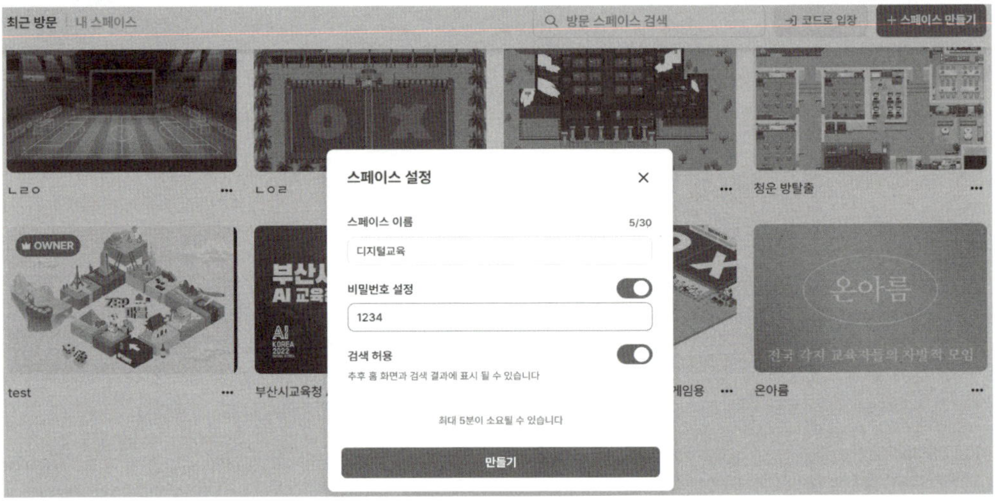

⑥ OX 퀴즈 맵을 만들기 위해서 템플릿에서 'OX 퀴즈'를 선택한다. 게임 시작은 본인 외 최소 2명의 참가자가 필요하다.

⑦ 왼쪽 화면의 메뉴에서 '게임'을 선택하고 미니게임 중 'OX QUIZ'를 선택한다.

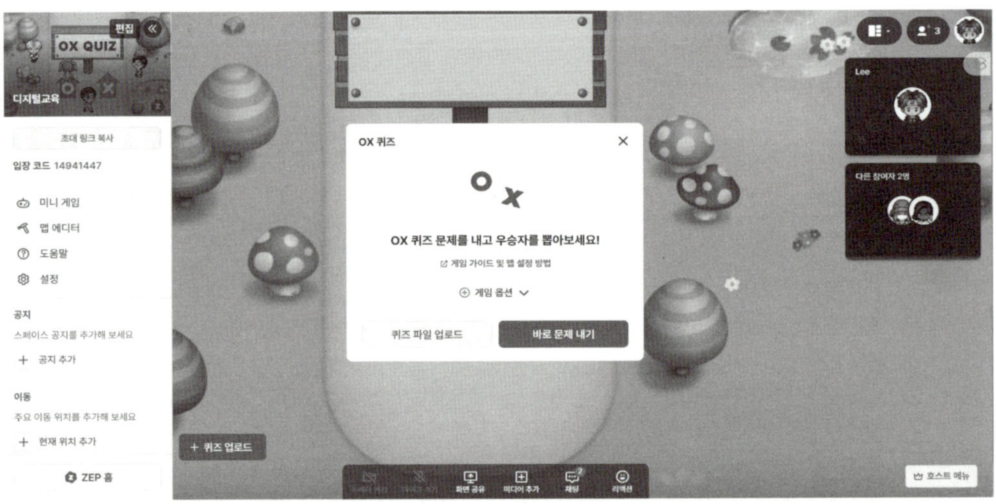

⑧ 문제 출제를 위해 게임 옵션을 설정하고, 문제와 정답을 설정한다.

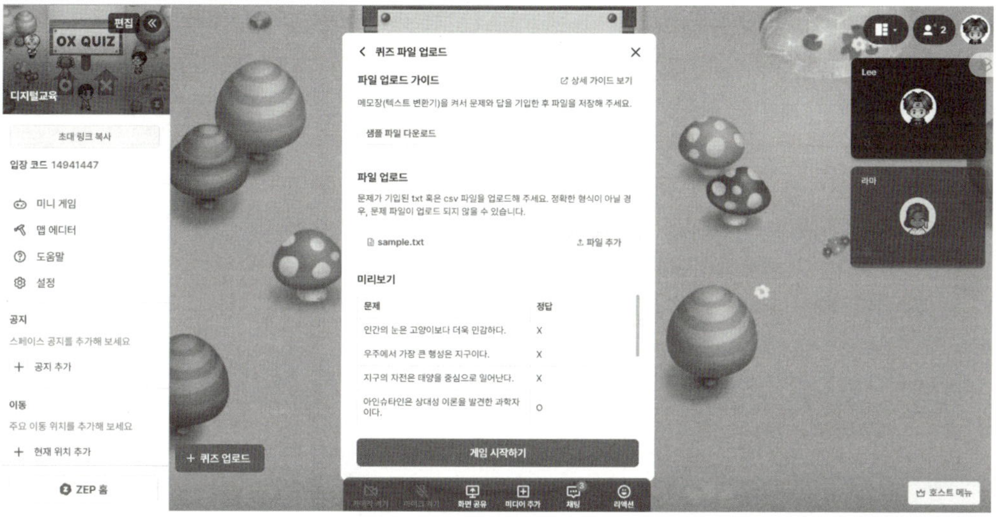

⑨ 문제가 출제되면 20초의 시간이 주어지고, 이 시간 동안 참여자들은 O 또는 X 영역으로 이동하여 문제를 풀 수 있다.

⑩ 그 외에도 다양한 게이미피케이션 수업을 하기 위해 달리기, 방탈출, 초성 퀴즈 등을 설계할 수 있다.

⑪ 빈 맵에서 시작하기를 클릭하면 바닥, 벽, 오브젝트, 타일효과 등을 자유롭게 설정할 수 있다. 참여자들이 활동할 수 있는 공간의 특성을 설정하여 다양한 상호작용을 유도할 수 있다.

• 서커스AR(AR)

서커스AR은 스마트기기를 이용하여 증강현실(AR) 콘텐츠를 체험할 수 있는 애플리케이션이다. 스마트기기로 마커를 비추면, 클라우드 서버를 통해 가상의 콘텐츠를 서비스하여 보다 실감 나는 정보를 제공한다.

① 스마트기기를 활용하여 플레이스토어(안드로이드), 앱스토어(iOS)에서 '서커스AR'을 검색어로 입력하여 해당 애플리케이션을 스마트기기에 설치한다.

② AR 마커를 준비한다. 천 원, 오천 원, 만 원짜리 화폐도 마커가 될 수 있다. 인터넷에서 여러 가지 마커를 찾아 스마트폰으로 비추어 보자.

③ 앱으로 마커를 비추면 현실 세계에 가상의 콘텐츠가 제공된다. 스마트기기를 다양한 방향으로 움직이거나 손으로 터치하여 가상의 콘텐츠와 상호작용한다.

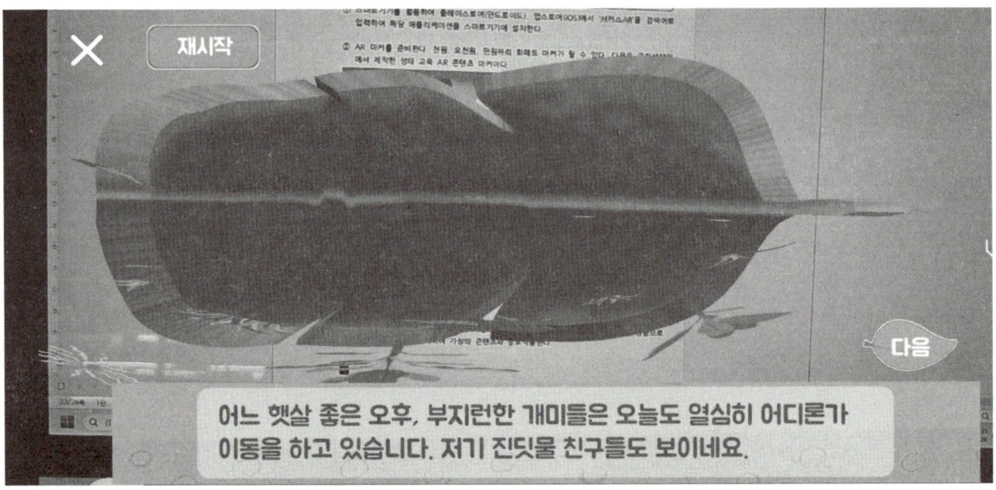

▶ 학습자원	국립생태원의 AR 콘텐츠

2. 메타버스 활용교육 들여다보기

메타버스 활용 수업 사례를 찾아보고, 수업 사례를 분석하여 보자.

질문1) 확장된 경험 측면에서 메타버스는 어떤 기여를 하였나요?

질문2) 교사와 학생이 메타버스를 활용하면서 겪는 어려움은 무엇일까요?

질문3) 메타버스 활용 측면에서 본 수업의 개선방안은 무엇일까요?

참고문헌

계보경, 서정희, 박연정, 이동국, 신윤미, 한나라, 김은지 (2021). **메타버스(Metaverse)의 교육적 활용 방안.** 수탁연구 CR 2021-16. 한국교육개발원・한국교육학술정보원.

계보경, 서희전, 이승훈, 이영희, 손정은, 이효정 (2019). **교육분야 가상현실(VR) 이용자 안전 가이드라인.** 한국교육학술정보원.

계보경, 이동국, 이은상, 조안나, 김은지, 권미영 (2023). **메타버스 기반 미래교육 학습환경 설계 연구.** 한국교육학술정보원.

김대권, 이동국 (2021). 가상현실(VR) 활용 미래사회 진로교육 프로그램의 효과 분석. **정보교육학회논문지, 25**(5), 835-845.

김상균 (2020). **메타버스.** 서울: 플랜비디자인.

박정호 (2021). 뉴노멀시대 마인크래프트 활용 비대면 SW 교육 사례 연구. **한국디지털콘텐츠학회논문지, 22**(6), 951-958.

엄태건, 홍기천 (2018). Novel Engineering을 적용한 국어교과 융합수업 방안: "마인크래프트와 아기돼지 3형제"를 중심으로. **정보교육학회학술논문집, 9**(1), 251-256.

오지영, 진민성, 박시온, 송세윤, 전수빈, 이유정, 신혜지, 김채연 (2023). 증강현실에서의 가상현실 콘텐츠 시청 경험과 사이버 멀미. **감성과학, 26**(4), 103-114.

윤현철 (2022). **메타버스에서 수학 수업 적용하기.** 재외교육기관포털. Retrieved from https://okep.moe.go.kr/webzine/202301_vol6/sub03_4.html

이동국, 변숙자 (2022). **메타버스 활용교육을 위한 교수설계 및 실행 경험 분석.** 충북교육연구정보원.

이병권 (2021). 메타버스(Metaverse)세계와 우리의 미래. **한국콘텐츠학회지, 19**(1), 13-17.

이승환 (2021). **로그인(Log In) 메타버스: 인간×공간×시간의 혁명.** 소프트웨어정책연구소

전병걸 (2023). **로블록스 스튜디오를 활용한 융합교육이 초등학생의 컴퓨팅 사고력과 학습몰입, 메타버스 관련 진로지향도에 미치는 영향.** 석사학위논문. 아주대학교.

정원준 (2021). 메타버스의 부상과 지식재산권법의 새로운 도전 과제. **미래정책, 30**, 62-64.

정혜균, 김현석 (2022). 메타버스 시대의 라이프로깅: 기술적 과제와 사회적 이슈. **한국공간디자인학회논문집, 17**(1), 155-164.

한국정보통신기술협회 (2024). **정보통신용어사전.** Retrieved from https://terms.tta.or.kr/main.do

허지은, 남지은 (2023). 청소년 메타버스 크리에이터의 다중정체성에 대한 질적 사례연구. **한국청소년문화포럼, 75**, 138-174.

[참고사이트]

서울특별시교육청 (n.d.). 서울 수학학습 메타버스 SEMM의 매쓰스페이스. https://math.sen.go.kr/

서울시교육청 (n.d.). 서울 위플. https://weepl.sen.go.kr/

충청남도교육청 (n.d.). 인수레. https://zep.us/play/2RQpEZ

Apple (2023, June 5). *Introducing Apple Vision Pro. Apple Newsroom.* https://www.apple.com/kr/newsroom/2023/06/introducing-apple-vision-pro/

ASF (2006). *METAVERSE ROADMAP*. Retrieved from https://www.metaverseroadmap.org/

Google (n.d.). 구글어스. Google Earth. https://www.google.com/earth/

Google (n.d.). *Roblox* [Image]. Retrieved from https://images.app.goo.gl/RjdKEDVXrQWuUtKp8

HRD Sharp (n.d.). 워터랜드 보드게임. HRD Sharp. https://www.hrdsharp.com/default/business/business03.php

Nike (n.d.). Nike NRC 앱. Nike. https://www.nike.com/kr/nrc-app

Panda Security (2016, July 22). *Threats and risks of Pokemon Go, the most played game ever. Panda Security.* https://www.pandasecurity.com/en/mediacenter/pokemon-go-risks-threats-famous-game-moment/

제 6 장 AI 활용 맞춤형 교육

주요 내용

- AI 활용 맞춤형 교육의 개념
- 맞춤형 교육을 위한 AI의 유형과 알고리즘
- AI 활용 맞춤형 교육을 위한 정책
- 맞춤형 교육을 위한 AI 체험

학습 목표

1. AI 활용 맞춤형 교육의 개념을 설명할 수 있다.
2. 맞춤형 교육을 위한 AI의 유형을 탐색할 수 있다.
3. 맞춤형 교육을 위한 AI의 주요 기능을 조작할 수 있다.
4. 맞춤형 교육 관점에서 AI 활용교육 사례를 분석할 수 있다.

기초지식

6.1 AI 활용 맞춤형 교육의 개념

교육의 가장 이상적인 형태는 학습자의 특성과 수준을 고려한 일대일 맞춤형 교육이다. 맞춤형 교육에서 교수자는 학습자 옆에서 학습자의 수준을 정확히 진단하여 그에 맞는 학습 경로를 안내하고, 학습 과정에 적절히 개입하여 학습에 몰입하게 함으로써 학습자의 개별 성장을 지원할 수 있다. 그리고 학습자가 학습에 동기와 흥미를 갖고 학습을 지속할 수 있도록 맞춤형 정서적 지원이 가능하다. 그러나 학교 교육에서 일대일 맞춤형 교육은 시간, 자원, 비용 측면에서 실행되지 못하고 있다. 한편 최근 AI의 발달은 개별 학습자에게 맞춤형 교육을 제공하는 새로운 방안을 제시하고 있다. AI는 빅데이터와 기계 학습 알고리즘을 활용하여 학습자의 학습 양식, 강점, 약점을 파악하고 그에 따라 맞춤형 학습 경로를 제시할 수 있다. 이는 일반적인 교육환경에서는 실행하기 어려웠던 개별화된 지도를 대규모로 제공하는 데 적합한 방법으로, 학교 현장에서 AI를 활용하기 위한 다양한 시도가 이루어지고 있다. AI가 범용적인 기저 기술이라 다양한 측면에서 교육에 활용될 수 있지만, 본 장에서는 맞춤형 교육에 초점을 두어 AI 활용 방안을 기술하고자 한다.

1) AI 활용 맞춤형 교육의 정의

맞춤형 교육(Personalization education)의 개념은 무엇인가? 다수의 학생을 대상으로 획일화된 교육을 벗어나기 위하여 맞춤형 교육에 대한 다양한 논의가 이루어져왔다. 대표적으로 Graf와 Kinshuk(2012)는 맞춤형 교육을 학습자가 최상의 학습 진도와 성과를 달성할 수 있도록 학습자의 현재 상황, 특성 및 요구에 맞게 교육을 조정하는 것을 의미한다고 정의하였다. Patrick과 동료들(2013)은 맞춤형 교육을 학생의 강점,

필요, 관심사에 따라 학습을 맞춤화하는 것으로, 학습 내용, 방법, 시간, 장소에 대한 학생의 의견과 선택권을 보장하여 가능한 최고 수준의 숙달을 보장하는 유연성과 지원을 제공하는 것이라고 정의하였다. 이상의 정의는 공통적으로 학습자의 개별화된 특성과 요구를 진단하고 서로 다른 학습목표, 학습경로, 학습자원을 제공하여 교육의 효과를 높이는 것을 포함한다.

AI 활용 맞춤형 교육의 개념은 무엇인가? 맞춤형 교육을 제공하기 위해서는 학습자로부터 다양한 데이터를 수집하고, 데이터의 분석과 예측을 통해 맞춤형 학습 경로를 제공해야 한다. 여기서 AI는 빅데이터를 기반으로 학습 및 추론하여 예측값을 제시하여 맞춤형 교육을 지원할 수 있다. AI는 데이터 분석, 패턴 인식, 자연어 처리 등의 기능을 통해 학습자의 행동과 성과를 실시간으로 평가하고, 이에 기반하여 개인화된 학습 자료, 피드백, 지원을 제공할 수 있다. 이러한 다양한 측면을 고려하여 한정윤 외(2023)의 연구에서는 AI 활용 맞춤형 교육의 개념을 "개별 학습자의 서로 다른 특성에 따른 적절한 학습경험 제공을 위해 필요한 관찰, 진단, 처치의 순환적 과정을 AI에 기반을 둔 측정, 분석, 조정 기술을 이용해 지원함으로써 교수·학습의 효율성과 효과성을 증진하고자 하는 교육 활동"으로 정의하였다.

2) 맞춤형 교육 및 AI 활용 맞춤형 교육의 역사

기술을 활용한 맞춤형 교육은 어떻게 발달하였나? 역사적으로 기술의 도움을 받아 맞춤형 교육을 실시하려는 다양한 노력이 이루어져왔다(Benjamin, 1988). 먼저 1920년대 Pressey에 의해 **교수 기계**가 고안되었다. 교수 기계는 객관식 질문을 학생들에게 주로 하는 간단한 기계 장치이다. 작은 금속 박스 형태로, 다수의 선택지 중 정답을 선택하도록 만들어졌다. 학생들은 버튼을 눌러 답을 선택하고 정답이면 다음 문제로 넘어갈 수 있다. 만약 틀린 답을 입력하면 기계는 정답을 입력할 때까지 같은 질문을 반복한다. 이 교수 기계가 실험적이었다는 한계를 가지지만, 학생들이 자신의 속도에 맞추어 학습할 수 있는 개별 학습의 가능성을 탐구했다는 측면에서 의의를 가진다 (Skinner, 1958).

다음으로 1957년 Skinner의 **티칭 머신**을 들 수 있는데, 티칭 머신은 학습자가 특정 교육 내용을 독립적으로 학습할 수 있도록 설계된 기계적 장치이다(Skinner, 1958). 티칭 머신에서 학습자가 문제에 답을 입력하면 즉시 정답 여부에 대한 피드백을 받을 수 있고, 자신의 학습 속도에 맞추어 학습을 진행할 수 있었다. 티칭 머신은 직사각형 나무 상자에 종이 디스크가 들어 있는데, 디스크 반경에 따라 질문과 답이 적혀 있다. 중앙의 창에 하나의 질문이 제시되면 학생은 레버를 움직여 오른쪽에 있는 종이 테이프에 답을 쓰게 되고, 빛이나 벨소리로 정답을 확인하는 시스템이다. 그러나 제한적인 기능, 단순한 피드백, 고비용, 다양한 콘텐츠의 부족, 표준화 교육에 대한 의문 등으로 널리 활용되지는 못했다.

▶ 학습자원	스키너의 티칭 머신 동영상

이후 1960년대 **컴퓨터 보조 수업**(Computer Assisted Instruction, CAI)을 활용한 맞춤형 교육이 시도되었으나, 기술 발전의 한계와 경제적 효율성의 문제로 발전이 더디다가 1980년대 개인용 PC의 등장으로 본격화되기 시작했다. CAI는 프로그램화된 콘텐츠를 컴퓨터를 통하여 학습자가 학습할 수 있는 하나의 수업 방법이다. 보통은 개발자에 의해 특정 학습 목표를 달성하기 위한 프로그램이 만들어지고 학습자들은 그들의 속도에 맞추어 학습하게 된다. CAI는 텍스트, 이미지, 오디오, 비디오 등 다양한 형태의 미디어를 활용하여 학습 내용을 전달하여, 학습자의 관심을 지속시킬 수 있다. 그리고 퍼즐, 퀴즈, 시뮬레이션 등 다양한 상호작용 요소를 더하여 학습자의 적극적인 참여를 유도할 수 있다. 대표적으로 1960년대 초 PLATO(Programmed Logic for Automatic Teaching Operations)는 전화선을 통해 다수의 학생 단말기를 중앙 컴퓨터 시스템에 연결하여 교수학습 콘텐츠를 제공하는 시스템이다. 플라토는 40년 동안 학교, 지역사회, 교도소 등에 라틴어, 화학, 교육, 음악, 수학 등 다양한 콘텐츠를 제공하였다. PLATO는 사용자의 입력에 따라 즉각적인 피드백을 제공하였으며, 사용

자가 온라인에서 서로 소통할 수 있는 기능을 제공하였다. 이러한 특성으로 인해 PLATO는 컴퓨터 기반 학습, 온라인 네트워킹 등에 많은 영향을 미쳤다. 한편, CAI는 개발자에 의해 표준화된 교육과정을 바탕으로 초기 프로그램을 쉽게 변경할 수 없어, 다양한 관심사와 요구에 유연하게 대처하지 못한다는 한계를 가진다. 또, 비용과 접근성 측면에서 공정한 교육 기회가 저해된다는 측면에서 교육 격차를 심화시킬 수 있다는 우려를 불러일으켰다.

1980년대 AI 연구가 진전되면서 **지능형 튜터링 시스템**(Intelligent Tutoring Systems, ITS)이 등장하였다. ITS는 AI를 활용하여 학습자의 지식 수준을 진단하고, 적절한 교수학습 전략에 따라 맞춤형 콘텐츠와 피드백을 자동으로 제공하는 시스템이다. 수학 등 구조화된 정답이 있는 경우 1:1로 지도받는 것처럼 ITS가 효과적으로 적용될 수 있다. ITS는 도메인 모델(Domain Model), 교수 모델(Pedagogical Model), 학습자 모델(Learner Model)로 구성된다. 도메인 모델은 해당 분야의 개념, 원리, 문제해결 방법 등을 포함하며, ITS가 학습자에게 제공할 내용의 근거가 된다. 교수 모델은 어떻게 학습 내용을 가르칠지, 학습자의 반응에 따라 어떻게 접근을 조정할지를 규정한다. 교수 모델은 학습자의 진행 상황에 따라 개별적인 피드백을 제공하고, 학습 활동을 동기 부여하며, 학습 효율을 최대화하는 교육 전술을 포함한다. 학습자 모델은 학습자가 ITS와 상호작용하는 동안 지속적으로 업데이트되며, 학습자의 학습 과정을 개인화하는 데 중요한 정보를 제공한다. 학습자 모델은 학습자의 오답, 질문, 시간 사용 패턴 등을 분석하여, 학습자의 필요에 가장 잘 맞는 지원과 개입을 결정한다. CAI와의 차이점은 학습자 모델의 유무이다. CAI는 고정된 교육 콘텐츠를 제공하며, 학습자의 수준이나 특성에 대응하여 콘텐츠를 조정하는 것은 제한적이다. CAI가 일반적이고 표준화된 교육 접근법을 활용한다면, ITS는 학습자 모델을 통해 보다 정교하고 깊이 있는 개인화를 가능케 한다. 그러나 초기 ITS는 컴퓨터의 처리 능력과 메모리 제한, 자연어 처리의 제한, 구조화된 교과에의 한정, 제한된 교육 콘텐츠, 데이터 처리를 위한 알고리즘의 부재로 더디게 발전하였다.

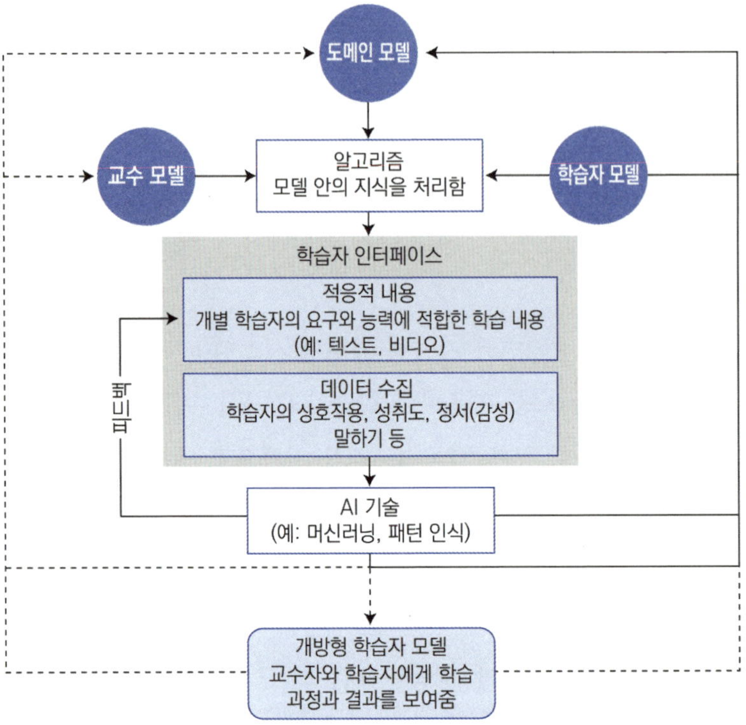

[그림 6-1] 지능형 튜터링 시스템의 구조(Luckin & Holmes, 2016, p. 21.)

1990년대 후반부터 인터넷을 통한 방대한 데이터가 수집되면서 머신러닝이 크게 발전하였다. 이후 딥러닝이라는 개념이 도입되었고, 이는 산업뿐만 아니라 교육 전반에 AI의 도입을 고려하는 계기가 되었다. AI 기술의 발전은 대량의 교육데이터를 수집하고 분석하는 능력을 향상시켰다. 학습자의 활동, 성취, 상호작용, 언어 등을 분석함으로써 개인화된 학습 경험을 제공할 수 있게 되었다. AI는 교육 분야에 광범위하게 적용되고 있으며, 적응형 학습 시스템, 학습 분석, AI 보조 교사 부문에 활발히 적용되고 있다. 앞으로는 멀티모달 학습 분석, 블록체인 기반 데이터 관리 등이 이루어질 것으로 예상된다. 음성, 영상, 생체 신호 등 다양한 인체 및 학습 데이터를 분석하여 학습자의 상태와 감정을 정확히 인식하고 그에 맞는 학습환경을 조성할 것이다. 그리고 블록체인 기술을 통해 학습 데이터를 보다 안전하고 효율적으로 관리할 수 있을 것이다.

6.2 맞춤형 교육을 위한 AI 유형

교육 분야에 활용되는 AI는 초기 규칙 기반 알고리즘에서 최근 머신러닝과 딥러닝 기술로 발전하고 있다. 맞춤형 교육을 위한 AI의 유형은 크게 지능형 튜터링 시스템, 대화형 튜터링 시스템, 자동화된 서술형 평가, 챗봇과 AI 스피커 활용 학습 등이 있다.

1) 지능형 튜터링 시스템

지능형 튜터링 시스템(Intelligent Tutoring Systems, ITS)은 AI 기술을 활용해 개별 학습자에게 맞춤형 교육을 제공하는 것을 목표로 한다. ITS는 학습자 개개인의 특성과 수준을 분석하여 맞춤형 학습 경험을 제공하는 시스템이다(Luckin & Holmes, 2016). 단순히 지식을 전달하는 것을 넘어, 학습자의 학습 과정을 실시간으로 모니터링하고, 맞춤형 피드백과 학습 자료를 제공하며, 학습 동기를 유지하도록 지원한다.

ITS는 학습자의 학습 스타일, 선호도, 지식 수준, 오개념 등을 분석하여 학습자 모델을 구축한다. 이를 통해 학습자의 강점과 약점을 파악하고, 개인별 맞춤형 학습 경험을 제공할 수 있다. 그리고 학습자의 학습 과정을 실시간으로 모니터링하고, 학습 데이터를 분석하여 학습 진행 상황을 파악한다. 이를 통해 학습 속도 조절, 학습 자료 추천, 맞춤형 피드백 제공 등을 수행할 수 있다. 또, ITS는 학습자의 학습 모델과 학습 진행 상황을 기반으로 맞춤형 학습 자료, 문제, 피드백을 제공한다. 이를 통해 학습 효과를 극대화하고, 오개념을 개선하도록 돕는다.

MATHia는 지능형 튜터링 시스템의 대표적인 사례로, 수학 학습에 효과적인 맞춤형 학습 경험을 제공한다. MATHia는 학생들이 푼 수학 문제에 대해 자동화된 실시간 피드백을 제공하며, 오답 문제에 대한 설명과 정답에 대한 힌트를 제공한다. 또한, 학습자 데이터를 기반으로 한 지속적인 성과 추적 기능을 통해 학습 진행 상황을 실시간으로 모니터링하고, 취약한 개념을 강화하는 문제를 제시한다. 이러한 맞춤형 학습 지원을 통해 MATHia는 학생들의 수학 학습 성과를 향상시킬 수 있다.

AI 기술의 발전과 더불어 ITS는 더욱 정교하고 효과적인 시스템으로 발전할 것으로 기대된다. 또한, 가상현실(VR), 증강 현실(AR) 등의 기술과 결합하여, 보다 몰입감 있는 학습 경험을 제공할 수 있을 것이다.

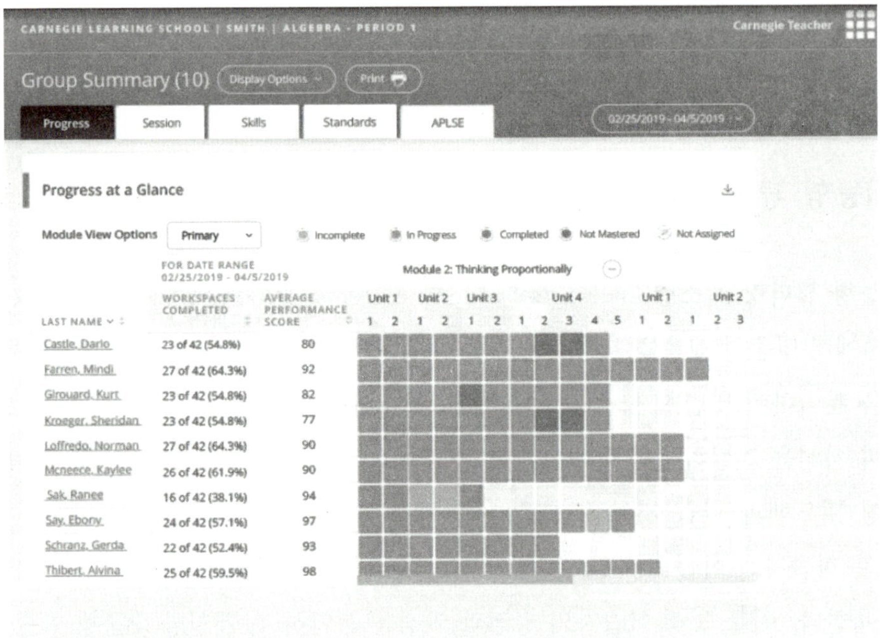

[그림 6-2] MATHia의 리포트 화면(Carnegie Learning, n.d.)

2) 대화형 튜터링 시스템

대화형 튜터링 시스템(DBTS, Dialogue-Based Tutoring Systems)은 AI 기술을 활용하여 학습자와 자연스러운 대화를 통해 학습을 지원하는 시스템이다. 학습 과정에서 학습자와의 상호작용을 통해 지속적인 피드백과 지원을 제공한다.

DBTS와 ITS의 차이점은 자연어 처리와 대화형 인터페이스에 있다. DBTS는 자연어 처리 기술을 활용하여 학습자의 입력을 이해하고, 적절한 응답을 생성한다. 이후, 학습자 모델링을 통해 학습자의 지식, 능력, 학습 스타일을 모델링하고 이를 바탕으로 맞춤형 학습 경로를 제공한다. 그리고 대화형 인터페이스를 통해 학습자와 자연스럽게 상호작용하며 지원을 제공한다. 이렇게 대화하듯이 지식을 구성할 수 있어, 학습자들은 자신이 이해하지 못하는 부분을 질문하고, AI는 이에 대한 적절한 힌트나 설명을 제공함으로써 학습자가 스스로 문제를 해결할 수 있도록 돕는다.

DBTS의 대표적인 사례로 IBM의 Watson Tutor가 있다. Watson Tutor는 자연어 처리를 통해 학습자와 자연스러운 대화를 나눌 수 있다. 대화 중에 발생하는 질문에 대한 실시간 답변, 개념 설명, 문제해결 힌트 제공 등이 포함된다. 학습자의 문제 풀이 과정에서 즉각적인 피드백을 제공하여, 학습자가 오류를 빠르게 인식하고 수정할 수 있도록 돕는다. Watson Tutor는 세계 각국에서 다양한 산업 분야에 활용되고 있고, 교육에서는 기업교육, 물리학, 컴퓨터 과학, 생물학 등 다양한 전문 지식을 학습하는 데 활용되고 있다.

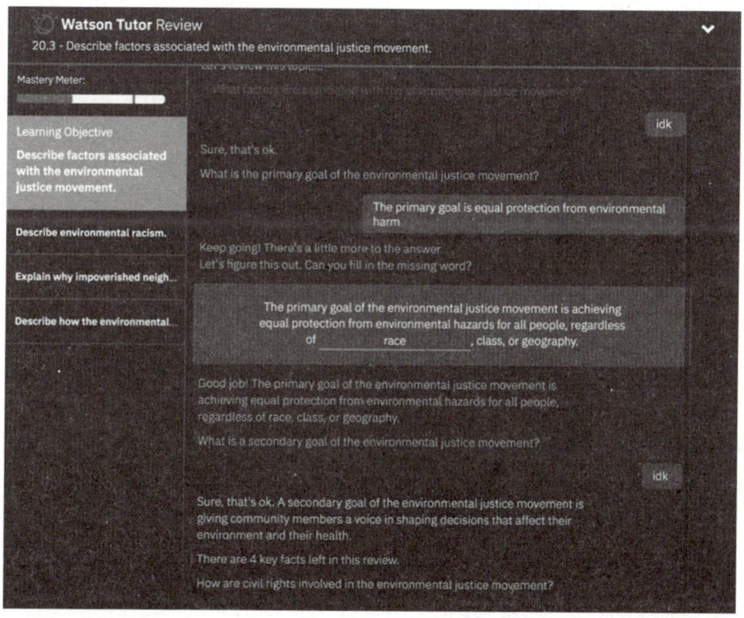

[그림 6-3] Watson Tutor demo 화면(IBM Watson, 2016)

3) 자동화된 서술형 평가

자동화된 서술형 평가 시스템은 AI를 활용하여 학생들이 작성한 서술형 답안을 자동으로 평가하는 시스템이다. 자연어 처리 기술을 통해 학생의 답안을 인식하고 미리 정의된 평가 기준에 따라 자동으로 채점이 이루어진다. AI를 통해 평가가 이루어지기 때문에 주관성을 최소화할 수 있고 평가의 신뢰도를 높일 수 있다. 그리고 대량의 서술형 답안을 빠르게 평가할 수 있어, 교사의 평가 소요 시간을 줄이고, 학생에게 더 빨리 피드백을 제공할 수 있다. 주로 서·논술형 문항의 채점, 언어 능력 평가 등에 활용된다. 또, 온라인 강좌, MOOC 등에서 학습자의 과제를 자동으로 평가하는 데 활용된다.

자동화된 서술형 평가의 대표적인 사례로 WA3I(Web-based Automated Assessment with Artificial Intelligence)가 있다. WA3I는 교육부와 한국과학창의재단이 지원하여 개발되었고, AI를 활용하여 학생들이 문제에 대하여 자신의 설명을 완성하면서 서술형 평가를 대비할 수 있다(하민수 외, 2019). 버전 1에서는 초등학생에서 고등학생까지 도전할 수 있는 30개 서술형 문항에 대한 설명을 구성하면서 학습할 수 있도록 개발되었다. 학생들의 답을 자연어 처리 기술로 수집하고 채점하며, Bigram tree 기능을 활용하여 학생의 응답을 빠르게 분석하고, 토픽 모델링을 통해 주제 분석이 가능하다.

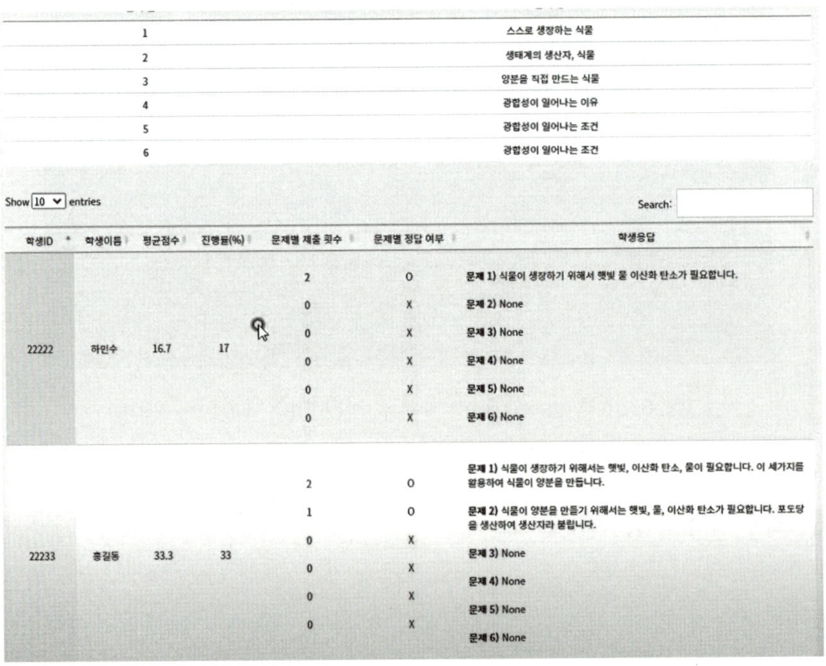

[그림 6-4] WA3I의 평가 화면(WA3I, n.d.)

4) 챗봇과 AI 스피커 활용 학습

챗봇과 AI 스피커는 학생들이 가장 쉽게 접할 수 있는 대화형 맞춤형 교육 플랫폼이다. 챗봇은 학습자의 질문에 대한 실시간 답변과 맞춤형 피드백을 제공한다. 이를 통해 학습자는 자신의 이해도를 즉시 확인하고, 필요한 보충 학습을 진행할 수 있다. 챗봇은 요약, 설명, 번역, 대화 등 다양한 기능을 갖추고 있다. 이러한 특성으로 언어교육에서 활발히 적용되고 있다. 학습자는 챗봇과의 대화를 통해 발음 연습, 문법 수정, 어휘 확장을 진행하며, 자연스러운 언어 습득이 가능하다. 챗봇이 주로 텍스트로 소통이 이루어진다면, AI 스피커는 주로 대화를 통해 소통이 이루어진다. AI 스피커는 음성인식과 클라우드 컴퓨팅을 기반으로 사용자의 음성 명령을 인식하고, 다양한 기능을 수행할 수 있다. AI 스피커는 자연어 처리(NLP) 기술을 통해 사용자의 음성을 인식하고 이해한다. 이를 통해 사용자는 자연스럽게 명령을 내릴 수 있으며, 스피커는 이를 분석하여 적절한 응답을 제공할 수 있다. 최근에는 ChatGPT-4o가 발표되면서 보고, 듣고, 말하는 등 챗봇과 AI 스피커의 기능이 통합되어 발전하고 있다.

이들 서비스의 대표적인 사례로 뮤지오(MUSIO)가 있다. 뮤지오(MUSIO)는 원어민 수준의 자연스러운 영어 회화 기능을 제공하여 일상적인 영어 대화를 연습하고, 발음과 문법을 교정받을 수 있다. MUSIO는 단순한 교육 도구를 넘어서, 사용자와 친구처럼 대화할 수 있는 반려 로봇의 기능도 갖추고 있다. 이를 통해 학습자는 더욱 자연스럽고 재미있게 학습할 수 있다.

[그림 6-5] 뮤지오의 작동 모습(AKA, n.d.)

6.3 맞춤형 교육을 위한 AI 알고리즘

1) 데이터의 수집

맞춤형 교육을 위해 AI가 작동하기 위해서는 데이터 수집이 선행되어야 한다. 수집된 데이터는 학습 패턴 분석, 성취도 평가, 맞춤형 피드백 및 추천을 하기 위한 근거 데이터로 활용된다. 체계적인 데이터 수집은 근거 기반의 교육과정 설계, 교육 효과 분석에 활용될 수 있다.

① 이벤트 로깅 및 추적

학습자가 디지털 기기를 활용하면서 학습 관리 시스템(LMS)을 통해 학습자의 클릭, 퀴즈 응답, 영상 시청 등 다양한 이벤트를 기록할 수 있다. 이러한 이벤트는 학습 분석의 기초 데이터로 활용할 수 있다. 이벤트 로깅을 통해 학습자가 특정 페이지에서 클릭한 시간, 머무른 시간, 퀴즈 응답에 대한 정오답, 힌트 보기 횟수, 응답 시간 등의 데이터를 수집할 수 있다. 이러한 이벤트 데이터를 수집하기 위해 서버 로그, 클라이언트 추적, API 등이 활용된다. 2025년에 도입되는 AI디지털교과서에서는 이벤트 로깅을 통해 다음과 같은 데이터를 수집할 예정이다.

- 공통: 영상/텍스트/문항풀이/실습에 대한 학습 수, 학습 시간, 재학습 수, 재학습 시간, 재생 시간, 수행도 등
- 메타인지: 학습목표 수립 여부, 내용, 달성도, 페이지 방문 시간 등
- 성취수준: 문항 풀이 점수, 재풀이 점수, 평가 유형별 점수 등
- 교과흥미: 추가 콘텐츠 학습 여부, 검색한 키워드, 과제 시간, 게시판/댓글 등록 수, 답변 수 등
- 정서발달: 학습정서 응답 결과, 오늘의 기분 등

② 감성컴퓨팅 활용 정서 데이터 수집

현재는 스마트기기와 같은 단말기 수준에서 데이터 수집이 이루어지지만 기술의 발달과 윤리적 문제해결에 따라 웨어러블 기기, IoT, 센서 등 다양한 기기에서 정서 데이터가 수집될 수 있다. 가장 대표적인 방법은 감성컴퓨팅을 이용한 데이터 수집이다. 감성컴퓨팅(Affective Computing)은 "감정이나 정서적인 현상과 관련되거나 의도적으로 영향을 미치는 컴퓨팅"(Picard, 1997)으로, 카메라, 마이크, 피부센서, 심박수, 뇌파, 얼굴 표정, 목소리 톤, 몸짓 등 다양한 수단을 활용하여 인간의 다양한 데이터를 수집하고 분석할 수 있다(계보경 외, 2017).

- 얼굴 표정: 카메라나 전극을 활용하여 얼굴의 근육 활동, 표정에 따라 사용자의 감성 분석
- 자세와 움직임: 자세와 움직임을 관찰하여 사용자의 감성 분석
- 피부전도반응: 신경과 근육에서 발생하는 전기적 신호를 분석하여 감성 분석
- 심박 수: 심장 박동의 규칙성을 나타내는 심박변이를 통해 감성 분석

-뇌파 검사: 뇌 신경 세포의 활동에서 발생하는 전기적 변화를 측정하여 감성 분석
-음성 처리: 음성의 높이, 말하는 비율, 말하는 속도 등을 분석하여 감성 분석

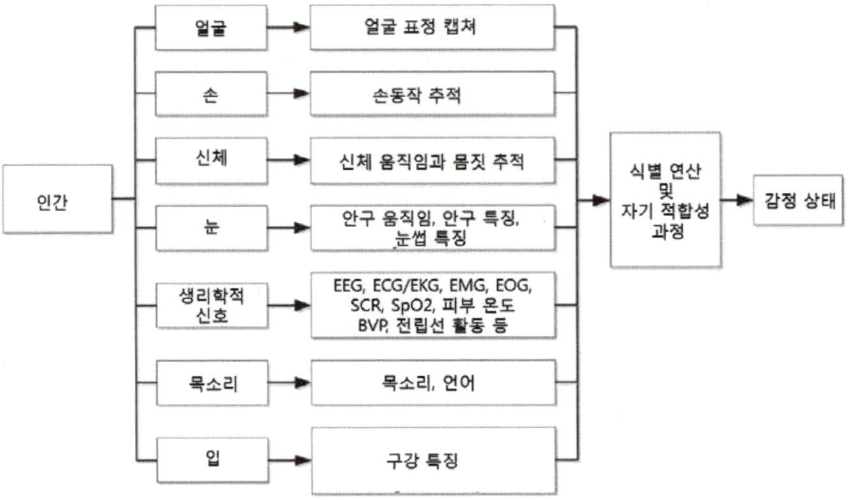

[그림 6-6] 다양한 도구를 활용한 감성 인식(Wu et al., 2016)

▶ 학습자원	한국교육학술정보원 감성컴퓨팅과 미래교육 보고서

③ 광학 문자 판독 기술

광학 문자 판독 기술(Optical Character Recognition, OCR)은 이미지에서 텍스트를 인식하고 추출하는 기술이다. 여기에 AI의 딥러닝과 머신러닝을 활용하여 문자 인식의 정확도를 높이고, 다양한 폰트나 손 글씨를 인식할 수 있다. 대부분의 학습자들은 주요 내용을 표기하거나 필기하면서 학습하게 된다. 손 글씨로 작성된 답을 인식하여 자동으로 채점하고 피드백을 제공하거나, 시각 장애인을 위하여 인쇄된 자료를 음성이나 점자로 변환하여 교육자료로 제공할 수 있다. 단순히 클릭에 의해서 발생하는 이벤트뿐만 아니라 학습자가 생성한 문자까지 분석함으로써 맞춤형 서비스를 강화할 수 있다. 광학 문자 판독 기술은 이미지 전처리, 문자 분리, 특성 추출, 분류, 후처리의

과정을 거친다. 이미지 전처리에서는 이미지에서 노이즈를 제거하고 명암 대비를 향상시킨다. 이후 전처리 이미지에서 개별 문자를 분리하고 문장, 단어, 문자 단위로 구분한다. 다음으로 합성곱 신경망(Convolutional Neural Networks, CNN) 또는 합성곱 순환 신경망(Convolutional Recurrent Neural Network, CRNN) 등의 딥러닝 알고리즘을 활용하여 특성을 바탕으로 각 문자를 분류하고 후처리를 통해 문맥 분석을 통한 오류 수정을 하며, 문법의 정확성을 향상시킨다. 사례로 아이스크림 홈런에서는 OCR을 활용하여 AI 받아쓰기 연습을 제공하고 있다. 학습자가 입력한 글씨를 인식하여 정확한 글씨 쓰기 연습 후, 인식된 시스템을 통해 자동 채점이 이루어진다.

④ STT

STT(Speech-to-Text)는 머신러닝과 딥러닝의 알고리즘을 활용하여 음성 및 오디오 데이터를 텍스트로 변환하는 기술이다. 학습 상황에서 학습자들은 교사의 구두 강의를 들으며 학습 내용을 따라 말하거나 발표 및 동료들과 토의를 한다. 또는 챗봇과 같은 대화형 프로그램을 통해 특정 내용을 질문하거나 요약할 수 있다. 또 다양한 언어 발음을 연습하고 실시간으로 피드백을 주고받을 수 있다. 사례로 천재교육의 밀크티 유아용 교육 콘텐츠에서는 영어 발음의 인식을 통한 발음의 수정, 한글의 인식을 통한 답안 인식 등으로 STT를 활용하고 있다.

2) 데이터의 분석 및 맞춤형 처치

① 협업필터링

협업 필터링(Collaborative Filtering, CF)은 학습자에게 맞춤형 학습 콘텐츠 및 경로를 제공하기 위한 목적으로 추천 모델에 대표적으로 활용되는 기술이다. 협업 필터링은 크게 사용자 기반(User-based)과 아이템 기반(Item-based)으로 구분할 수 있다. 사용자 기반 협업 필터링은 '유사한 사용자 그룹은 비슷한 콘텐츠를 선호할 것이다'라는 가정하에 작동한다. 학생 A와 비슷한 학습 성과를 보인 학생들이 사용한 콘텐츠, 도구, 경로를 학생 A에게 추천할 수 있다. 또는 특정 주제에 대해 높은 성취를 보인 학생들이 선호하는 콘텐츠, 도구, 경로를 다른 학생들에게 제안할 수 있다. 아이템 기반 협업 필터링은 '비슷한 콘텐츠를 좋아하는 사용자가 다른 비슷한 콘텐츠도 좋아할 것이다'라는 가정하에 작동한다. 사용자 기반 협업 필터링이 사용자의 유사도를 계산하였다면, 아이템 기반 협업 필터링은 이용한 콘텐츠의 유사도를 계산한다. 학생 A가 특정 콘텐츠를 선호하였다면, 그 콘텐츠와 유사한 다른 콘텐츠를 추천해 주는 방식이다. OTT 서비스나 영화 추천에서 널리 쓰이는 방식이다. 협업 필터링은 알고리즘이 비교적 간단하고 매우 직관적으로 맞춤형 서비스를 제공할 수 있다. 반면 데이터가 부족할 경우 유사도 측정이 부정확할 수 있고, 경우의 수가 지나치게 많을 경우 시간과 비용의 문제가 발생할 수 있다.

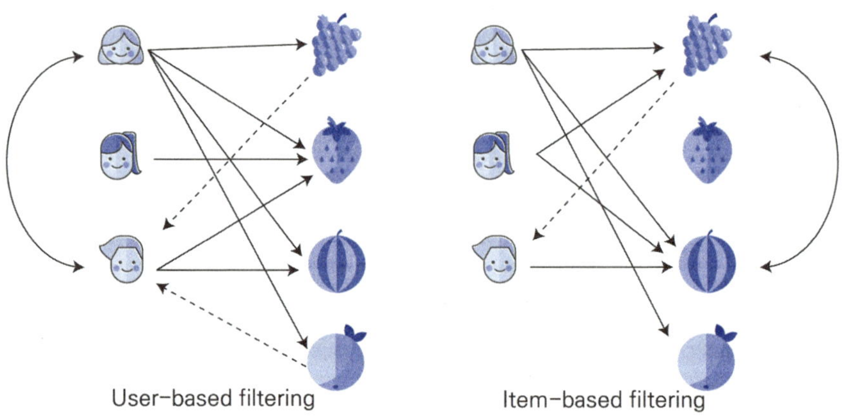

[그림 6-7] 협업필터링의 작동 원리(Pinela, n.d.)

② 문항반응 이론

문항반응이론(Item Response Theory, IRT)은 각 문항에 대한 학습자의 반응을 통해 학습자의 수준을 파악하고 맞춤형 문항을 제공하는 기술이다. 기존 평가에서는 시험에 응시한 학생의 시험 결과를 바탕으로 문항 난이도를 계산함으로써, 응시생 집단의 능력 수준에 따라 문항의 난이도가 상대적으로 측정되는 한계가 있을 수 있다. 그러나 문항반응이론에서는 총점이 아닌 문항마다의 특유한 문항 특성 곡선에 의하여 분석할 수 있다. 문항 특성 곡선은 각 능력 수준의 학생들이 문항을 맞힐 실제 확률값에 가장 가깝게 그려지는 곡선으로 문항 특성 곡선을 통해 학생들이 문항에 반응하는 정도와 문항의 난이도, 차별성, 추측 가능성을 포함한 여러 특성을 시각적으로 표현한다. 교육에서는 IRT를 이용하여 특정 문항이 학생을 효과적으로 측정하고 있는지 평가할 수 있고, 난이도를 조절하여 시험의 전반적인 균형을 유지할 수 있다. 그리고 각 학습자의 능력 수준에 가장 적합한 문항을 선택하고 시험 난이도를 동적으로 조절하여 정확한 수준을 측정할 수 있게 한다. 특정 문항이 지나치게 어렵거나 쉬울 경우 콘텐츠의 내용을 점검하고 문제의 수준을 조정하는 작업을 거치게 된다. 또, 특정 문항에서 낮은 성취를 보인 학습자에게 추가적인 교육 기회를 제공하기 위해 활용된다. 사례로 천재교육의 AI 내전석 수학은 IRT를 활용하여 학습자의 성취 수준과 평가 문항의 난이도, 변별도 등을 판별하여 맞춤형 수학 문제를 제공하고 있다.

③ 지식 추적

지식 추적(Knowledge Tracing, KT)은 학생이 특정 콘텐츠를 어떻게 습득하고 있는지를 추적하여, 학습 과정의 지식 습득 과정을 실시간으로 모델링하고 추적하는 기술이다. 학습자가 특정 개념을 완벽히 이해했다고 판단되면 다음 수준의 문제나 새로운 개념으로 넘어가게 하여 현재 지식 수준을 바탕으로 맞춤형 학습 경로를 제공할 수 있다. 또한, 학습 과정에서 학생이 어려움을 겪는 지점을 파악하고 적시에 추가적인 스캐폴딩이나 지원을 제공할 수 있다. KT의 패턴 분석 및 예측을 위해 순환 신경망(RNN)이나 장단기 기억 네트워크(LSTM) 같은 모델이 활용된다. 예를 들어 이 모델들은 학습자가 수학 문제를 해결하는 시간적 패턴을 분석하여, 특정 내용에 대한 학습자의 이해를 예측할 수 있다. 사례로 아이스크림 에듀에서는 지식 추적 기술을 접목하여 '수학의 세포들' 서비스를 제공하고 있다. 수학의 세포들에서는 학생의 과거 학습 기록을 활용하여 아직 풀이하지 않은 문제에 대한 정오답 확률을 추론해 학생에게 맞춤형 문제를 추천할 수 있다. 또 문제풀이 학습을 추적하여 모의고사 시험 점수를 예측할 수 있다.

④ GPT

GPT(Generative Pre-trained Transformer)는 자연어 처리에 활용되는 대표적인 기계 학습 모델로 문맥을 이해하고 자연스러운 텍스트를 생성할 수 있다. GPT는 대규모의 텍스트 데이터 세트를 사용해 사전 학습한 후, 새로운 문장을 입력받으면 이전 문맥을 바탕으로 다음 단어를 예측할 수 있다. 이 때문에 자연스러운 대화를 통한 정보 수집 및 피드백이 가능하다. 교육 분야에서 GPT는 자동화된 콘텐츠 생산도구로 학습 자료, 연습문제, 강의 노트, 영어 단어집 등을 자동으로 생성할 수 있다. 또, 학생의 질문에 실시간으로 응답하고 맞춤형 피드백을 제공할 수 있고, 학생이 작성한 에세이나 보고서에 대하여 구체적인 개선 방안을 제공할 수 있다. 사례로 뤼이드에서는 AI 영어 학습 도구인 '산타 토익'에 GPT-4를 탑재한 'Santa Lumi(BETA)' 서비스를 제공하고 있다. 학습자가 문제 풀이 과정에서 해설로 잘 이해되지 않은 부분을 Santa Lumi에게 질문하여 답을 얻을 수 있다. 또 '산타 토익'에 GPT가 적용된 'Santa SAY' 서비스를 통해 자동 채점 및 첨삭 서비스를 제공한다. 'Santa SAY'에서 토익 스피킹 시험과 유사한 문제가 출제되고 발음, 억양, 문법, 어휘, 내용의 일관성 및 완성도 등 각 평가 항목별 진단을 통해 예상 점수를 확인할 수 있다.

6.4 맞춤형 교육을 위한 공공 AI 서비스 사례

1) AI 디지털교과서

공교육에서 맞춤형 교육을 위해 AI 기반 서비스를 마련하는 가장 대표적인 사례는 AI 디지털교과서의 도입이다. 교육부는 2022 개정 교육과정에 따라 AI 디지털교과서를 2025년부터 수학, 영어, 정보, 국어(특수교육) 교과에 도입하며, 2028년까지 국어, 사회, 과학, 기술·가정 등의 교과로 단계적 확대 적용을 추진할 예정이다.

AI 디지털교과서는 학생 개인의 능력과 수준에 맞는 다양한 맞춤형 학습 기회를 지원하고자 AI를 포함한 지능정보기술을 활용하여 다양한 학습자료 및 학습 지원 기능 등을 탑재한 소프트웨어이다(교육부 · 한국교육학술정보원, 2023).

AI 디지털교과서의 서비스 구성도는 [그림 6-8]과 같다. AI 디지털교과서는 공공이 제공하는 AI 디지털교과서 포털 서비스와 민간이 제공하는 교과별 AI 디지털교과서 서비스의 형태로 구성되어 있다. AI 디지털교과서 포털은 디지털교과서 인증, 디지털교과서 책장, 통합 대시보드 등의 서비스를 제공하며, 학습데이터 허브를 통해 국가 수준의 데이터 분석을 수행한다. 민간은 교과서 발행 자격을 갖추고 있는 개발사가 학습자 개개인의 특성에 맞는 서비스를 개발 및 제공한다. 구체적인 내용은 〈표 6-1〉과 같다.

[그림 6-8] AI 디지털교과서 서비스 구성도(교육부 · 한국교육학술정보원, 2023, p. 21)

〈표 6-1〉 AI 디지털교과서의 세부 기능 및 내용

구분	세부 기능	내용
AI 디지털교과서 포털	통합인증	• 하나의 계정으로 AI 디지털교과서 포털과 각 개발사의 디지털교과서를 이용할 수 있도록 교육디지털 원패스를 활용한 통합 인증 체계 제공
	통합대시보드	• 통합 대시보드를 통해 학습자의 교과별 학습 활동 데이터 분석 결과를 그래프, 차트, 표 등 시각적으로 제공 • 학습데이터를 기반으로 학습자의 맞춤형 학습 및 자기주도학습을 지원함
	학습데이터 허브	• 공공은 AI 디지털교과서 활용 학습 과정에서 발생하는 학습데이터를 기반으로 국가 단위 학습분석, 통합 대시보드, 학습 이력 관리, AI 트레이닝 데이터셋 공유 등을 위한 학습데이터 허브를 운영함
교과별 AI 디지털교과서 서비스	공통서비스	• 포털의 인증 정보를 기반으로 사용자 데이터를 수집하고, AI 기반 서비스를 통해 AI 튜터, AI 보조교사, 대시보드 등의 맞춤형 서비스를 제공함 • 교육주체(학생, 교사, 학부모) 간 소통을 강화할 수 있는 방안을 제공함 • 편의성 높은 UI/UX를 제공하여 접근성을 보장함
	학생서비스	• AI 등 첨단 기술을 활용하여 개별 학습 진단과 분석을 제공함 • 학생별 최적의 학습 경로와 콘텐츠를 추천함 • AI 튜터 등의 기능을 제공하여 학생 맞춤형 학습을 지원함
	교사서비스	• AI 보조교사 기능을 제공함 • 수업 진행을 위한 콘텐츠 재구성·추가 기능을 제공함 • 학생 학습 이력 등 데이터를 기반으로 한 학습 관리 방안을 제공함
	학부모 서비스	• 자녀의 개별 학습 진단과 분석 결과를 살펴볼 수 있는 대시보드 기능을 제공

출처: 교육부, 한국교육학술정보원(2023). AI 디지털교과서 개발 가이드라인에서 일부 내용 정리

2) 똑똑! 수학탐험대

똑똑! 수학탐험대는 초등학교 수학 교과에서 다루고 있는 다양한 학습 내용들을 즐기면서 익힐 수 있도록 게임 형태의 학습 활동을 제공하고 있는 AI 활용 초등수학 수업지원시스템이다. 학생에게는 AI 분석을 바탕으로 맞춤형 콘텐츠를 제공하고, 교사에게는 교실에서 학생들과 교과 활동, 교구 활용, 평가 진행 등의 교수 활동을 지원한다. 똑똑! 수학탐험대는 2020년부터 초등학교 1~2학년을 대상으로 처음 도입되었고, 현재는 5~6학년까지 모든 학년에 대한 수학 교육 콘텐츠를 제공하고 있다.

[그림 6-9] 똑똑! 수학탐험대 접속 화면(KERIS, n.d.)

똑똑! 수학탐험대는 크게 교과 활동, AI 추천 활동, 자유 활동, 탐험 활동, 교구, 활동 현황, 평가 등의 서비스로 구성되어 있다.

- 교과 활동은 교육과정 기반의 단원, 차시, 활동별 콘텐츠를 제공하고 있다. 학생은 이미지와 영상 등을 활용하여 수학 개념을 익히고 다양한 문제를 풀어볼 수 있다. 디지털 콘텐츠를 보완하기 위해 '함께 학습지'를 별도로 제공하고 있다.
- AI 추천 활동은 학생에 관한 진단 결과 및 평가 문항 참여 이력을 바탕으로 학생 수준에 맞는 콘텐츠를 추천한다.
- 자유 활동은 교과 수업을 마치고 주요 내용에 대해 미니 게임으로 복습할 수 있는 기회를 제공한다. 예컨대, 3학년에서는 나눗셈 학습을 마치고 '생선을 지켜라', 4학년에서는 각도 학습을 마치고 '청기백기' 게임 등에 참여하여 학습 내용을 복습할 수 있다.
- 탐험 활동은 자유 활동과 마찬가지로 복습할 수 있는 게임형 수학 퀴즈로 구성되어 있다. 차이점은 문제 풀이 성적에 따라 동물 카드나 재화를 얻을 수 있어, 학습자의 지속적인 참여를 유도할 수 있다는 점이다. 1, 2학년에는 구출탐험활동, 3, 4학년에는 해양탐험활동, 5학년에는 환경보호, 6학년에는 기후변화 등의 탐험활

동이 제공되고 있다.

- 교구는 개념에 대한 이해를 돕기 위해 교실에서 주로 활용되는 교구를 디지털 형태로 제공하고 있다. 수막대, 레켄렉, 분수막대, 분수원형, 지오보드, 비율그래프, 칠교판 등 다양한 교구를 제공하고 있어 학생이 수학개념을 스스로 이해하는 데 도움이 될 수 있다.
- 활동 현황은 교과/탐험/평가/교구 활동에 대한 학습 이력과 학습 시간을 한눈에 확인할 수 있다. 전체 현황에서 학생의 이름을 클릭하면 개인별 상세 학습 활동 현황을 조회할 수 있다.
- 평가에서는 단원, 수시, 차시 평가 결과와 정·오답 현황을 확인할 수 있다. 교사는 학급 전체 및 개인별 현황을 조회할 수 있고, 학생은 자신의 평가 결과에 대한 정·오답, 난이도, 유형, 성취기준 등의 정보를 확인할 수 있다.

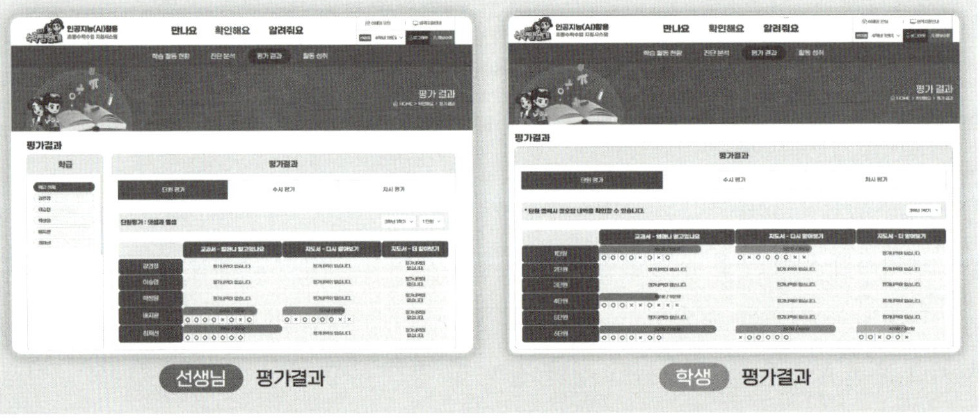

[그림 6-10] 똑똑! 수학탐험대 교사와 학생의 평가 결과 화면(한국교육학술정보원, 2024, p. 34)

▶ 학습자원	똑똑! 수학탐험대 수업 영상

▶ 학습자원	똑똑! 수학탐험대 수업 사례(교육부 · 한국교육학술정보원)

3) AI 펭톡

AI 펭톡은 EBS에서 운영하는 AI 기반 영어 말하기 학습 서비스이다. 현재 전국 초등학교 3~6학년 학생에게 서비스가 제공되고 있다. 학생들이 영어를 쉽게 말하고 따라 할 수 있도록 게이미피케이션 기반의 다양한 콘텐츠를 제공한다. 특히 학습활동에 대한 보상으로 마일리지, 별점, 참치캔 등을 얻을 수 있다. 영어 활동을 한 만큼 마일리지가 쌓이고, 추가 활동을 하면 평가 결과에 따라 1~3개의 별점이 주어진다. 마일리지와 별점을 합산하여 랭킹을 매기고 있다. 참치캔은 캐릭터의 레벨이 올라갈수록 많이 주어지는데 자신의 설정에서 옷, 액세서리, 배경 등을 구입하는 데 활용된다. EBS의 2023년 AI 펭톡 운영성과 분석 결과에서 영어 공부에 대한 흥미도가 64.2%에서 84.6%로 상승하였고, 영어 말하기 실력이 63%에서 80.6%로 상승하였고, 영어 틀리는 것을 두려워하지 않고 말하기 연습에 계속해서 참여하는 태도가 65%에서 83.2%로 상승하였다고 보고하였다. 그리고 교사들의 92%가 AI 펭톡이 학생들의 의사소통역량 향상에 도움이 되었다고 응답하였고, 교사들의 91.6%는 AI 펭톡이 학생들의 영어 능력 향상에 도움이 되었다고 응답하였다.

AI 펭톡은 크게 토픽월드, 스피킹, 렛츠톡, 스캔잇, 스쿨톡, 파닉스 등의 서비스로 구성되어 있다.

- 토픽월드는 교육과정 기반 초등 영어 말하기 학습 콘텐츠를 수준별로 제공하고 있다. 스테이지 모드를 선택하면 단계별로, 테마 모드를 선택하면 학습 주제별로 영어 말하기 연습을 할 수 있다.
- 스피킹은 일상생활에서 주로 활용되는 실용적인 영어 말하기 학습 콘텐츠를 제공하고 있다. 학교, 가정 등 초등학생이 경험할 수 있는 다양한 상황을 제시하고 필요한 주요 표현을 학습할 수 있다.
- 렛츠톡은 토픽월드, 스피킹 내용을 바탕으로 3D 펭수와 함께 자유로운 대화를 할 수 있는 콘텐츠를 제공한다. 주요 핵심 표현을 미션으로 제시하고 학생의 질문에 답하는 AI 기반의 말하기 연습 서비스이다.
- 스캔잇은 스마트 기기를 활용한 사물 인식을 통해 영어 단어를 익힐 수 있는 학습

콘텐츠를 제공한다. 동물 사전, 음식 준비, 실내 물건, 실외 활동으로 구분하여 영어 단어 학습을 유도한다.

- 스쿨톡은 학년별 교과연계 핵심 문장을 주제로 모둠별 자유토론 콘텐츠를 제공한다. 토론 주제 영상, 수준별 토론 주제를 통해 모둠 학습을 지원하고, 교사의 피드백을 제공할 수 있다.
- 파닉스는 총 9개의 카테고리의 필수 음가 60개를 제공하여 글자의 소리를 익힐 수 있고, 대화 상황 속에서 직접 연습해 볼 수 있는 기회를 제공한다.

〈스쿨톡 활용 장면〉 〈렛츠톡 활용 장면〉 〈스피킹 활용 장면〉

[그림 6-11] AI 펭톡 활용 장면 캡쳐(EBS, n.d.)

▶ 학습자원	AI 펭톡 학생용 이용가이드

4) 책열매

책열매(https://ireading.kr/)는 한국교육과정평가원이 운영하는 학생의 독서 성향 진단, 독서 이력 정보를 바탕으로 AI 기반 도서 추천, 어휘 학습을 지원하여 개별화·맞춤형 국어 수업의 실현을 돕기 위한 서비스이다. 책열매는 크게 독서 이력 관리, 어휘 학습, 독서 수업 등을 지원한다. 독서 이력 관리에서는 '한 학기 한 권 읽기' 수업 관련 도서를 검색할 수 있고, 학생의 독서 이력을 분석하여 맞춤 도서를 추천하며, 학생은 자신의 독서 포트폴리오를 만들 수 있다. 그리고 어휘 학습에서는 학생에게 어휘 학습을 위한 수준별 퀴즈와 교과서의 예문을 제공한다. 또, 독서 수업을 위해 교수학습 자료를 공유, 추천, 수정, 보완할 수 있고, 우리 반 학생의 독서와 어휘 이력을 쉽게 파악할 수 있다. 교사가 직접 개발한 수업설계와 교수학습 자료를 공유할 수 있고, 다른 교사들로부터 추천받을 수도 있다.

[그림 6-12] 책열매의 도서 추천(한국교육과정평가원, n.d.)

▶ 학습자원	책열매 활용 수업 영상

6.5 AI 활용 맞춤형 교육의 윤리적 이슈

AI 활용 맞춤형 교육의 윤리적 이슈는 무엇인가? AI 활용 맞춤형 교육은 학습자로부터 수집한 데이터를 활용하고 기존과는 다른 형태의 교육을 제공한다는 측면에서 윤리적 이슈가 발생할 수 있다.

• 데이터의 수집 및 보안

AI 활용 맞춤형 교육은 학습자로부터 다양한 데이터를 수집하고 분석해야 정확도가 향상된다. 이 과정에서 개인정보의 수집과 보안 문제는 주요한 이슈이다. 학습데이터는 학생의 성적, 학습 성향, 학습 양식뿐만 아니라 성별, 경제적 배경, 건강 정보와 같은 민감 정보를 포함할 수 있다. 이러한 민감 정보가 유출되거나 잘못 활용될 경우 개인 프라이버시를 침해할 수 있다. 특히, 데이터의 수집에 있어 학습자는 어떤 종류의 데이터가 어떤 시점에 수집되는지 모르는 경우가 많다. 그리고 이 데이터가 어디에 제공되며 어떻게 활용되는지 알 수 없는 경우도 있다. 이 때문에 맞춤형 교육을 위한 데이터 수집에 있어 학습자 또는 법적 대리인으로부터 명시적인 동의를 받아야 한다. 이때 데이터의 범위와 목적, 보관 및 활용에 대한 구체적인 설명을 제공받아야 한다. 또, 수집된 정보가 유출되거나 제3자에게 무분별하게 제공되는 것을 방지하기 위해 보안 대책이 있어야 한다. 여러 차례의 인증 절차, 암호화 등을 통해 데이터에 권한을 가진 사람만 접근해야 하고, 데이터가 유출되지 않도록 신중히 다루어져야 한다.

• 학습자에 대한 AI의 정확성

상당수의 사람들은 AI는 항상 정확할 것이라는 기대를 갖고 있다. 교육에서 AI의 정확성은 AI가 학습자의 수준, 선호, 요구를 얼마나 정확하게 파악하고 있는가를 의미한다. 이런 AI의 정확성은 데이터의 양과 질, 분석 모델의 복잡성, 기계 학습의 지속성 등에 의해 결정된다. 반면 AI가 이런 조건을 갖추지 못한다면 인간에게 부정확한 정보를 제공할 수 있다. 어떤 학습자의 학습 수준을 과소평가하거나 과대평가하여 적절하지 못한 학습 경로 및 콘텐츠를 제공함으로써 학습의 효과를 저해할 수 있다. AI 맞춤형 교육에서 AI가 바라보는 학습자의 수준과 인간이 바라보는 학습자의 수준이 상이하여 지도에 혼란을 제공한다는 연구 결과가 있는 만큼, AI의 정확성을 높이거나 부족한 AI의 기능을 보완할 수 있는 인간 교사의 교수 전략이 필요하다.

• AI가 제공하는 데이터의 편향성

AI는 인간에 의해 생성된 빅데이터를 바탕으로 학습한다는 측면에서 편향성을 가질 수 있다. 학습하는 데이터가 특정 집단의 특성이나 이익을 과도하게 반영하거나 일부를 의도적으로 제거한 데이터일 수 있다. 또, AI 모델의 알고리즘 자체가 특정 특성에 과다한 가중치를 두거나 다른 특성에 대해서는 과소평가할 경우 편향성을 가진다. 이렇게 편향된 데이터가 필터링 없이 학습자에게 제공될 경우 학습의 불공정성, 학습효과 저해 등의 문제가 발생할 수 있다. 특정 학습자에게 유리한 콘텐츠를 제공하거나 다른 배경을 가진 학습자에게 적합하지 않은 학습 지원을 제공함으로써 교육의 불공정성을 초래할 수 있다. 또, 편향된 정보를 바탕으로 잘못된 지식이나 오개념을 학습할 수 있다. 이는 학습의 효과를 저해시키며, 어린 학습자의 인식과 태도에 부정적인 영향을 미칠 수 있다. 데이터의 편향성을 감소시키기 위해 다양한 데이터베이스로부터 기계 학습하게 하고, 편향을 조정하는 알고리즘을 적용해야 한다. 그리고 다양한 맥락에서 평가와 개선을 통해 편향성을 줄이기 위한 노력을 해야 한다.

• AI에 의존한 학습

AI는 학습자가 성공적으로 학습할 수 있도록 다양한 경로, 콘텐츠, 평가를 제시할 뿐만 아니라 다양한 스캐폴딩과 피드백을 제공한다. 이때 학습자가 AI에 지나치게 의존하게 될 경우 자기주도학습 능력이 떨어질 수 있다. AI가 학습목표와 학습경로를 제공할 때, 학습자는 스스로 학습목표를 설정하고 학습 경로를 탐색할 수 있는 기회를 잃게 된다. 또, AI가 제공하는 힌트, 설명, 재시도 등에 과도하게 의존할 경우, 이러한 조건이 주어지지 않는 상황에서는 학습 능력이 크게 저하될 수 있다. 학습자가 AI에 과도하게 의존하지 않도록 학습에 대한 메타 인지 전략이 요구된다. AI가 제공하는 추천이나 자동화된 학습 경로를 비판적으로 평가하고, 자신의 학습 목표를 명확히 설정할 수 있는 기회가 제공되어야 한다. 또, 자신의 학습을 모니터링하여, 자신의 강점과 약점을 분명히 파악하고 있어야 한다. 이때 교사는 학습자가 AI에 과도하게 의존하지 않도록 메타인지 전략을 지도해야 한다.

6.6 AI 활용 맞춤형 교육의 정책

AI 활용 맞춤형 교육 정책은 어떻게 이루어지는가? AI가 사회적 화두가 되고 교육에 줄 수 있는 가능성이 증가함에 따라 시도교육청에서는 다양한 정책적 시도를 하고 있다.

• 정부 주도의 AI 활용 맞춤형 교육 플랫폼을 개발하기 위한 노력

교육부에서는 앞서 소개한 AI디지털교과서를 준비하여 2025년부터 단계적으로 도입할 계획을 가지고 있으며, 일부 시도교육청에서는 별도의 AI 학습 플랫폼을 구축하여 현장의 활용을 유도하고 있다. 독자적으로 플랫폼을 운영하고 있는 경기, 충북, 경남의 플랫폼 내용은 〈표 6-2〉와 같다. 이들 교육청은 공통적으로 독자적인 예산을 투입하여 AI, 빅데이터를 기반으로 맞춤형 교육과 교수학습을 지원하고 있다. 맞춤형 교육에 필요한 충분한 콘텐츠와 평가 문항을 확보하기 위해 교육청별로 교사단 또는 연구회 등을 만들어 콘텐츠를 개발하거나 민간 기업과 협력하여 다양한 콘텐츠를 확보하기 위한 노력을 하고 있다. 한편, 그 외 서울, 인천, 광주, 대전, 울산, 세종, 강원, 전북, 전남, 경북, 제주교육청은 공동으로 맞춤형 플랫폼을 구축하기 위한 협약을 실시하였다. 이는 협업을 통해 인력이나 예산 중복 투자를 방지하고 교육청별로 분산된 학습 플랫폼과 데이터를 통합하여 AI 분석의 정확도를 높여 효과적인 맞춤형 교육 플랫폼을 구축하기 위함이다. 이들 11개 시도교육청은 2025년 3월부터 도입하여 AI 디지털교과서와 연계하여 활용할 예정이다.

〈표 6-2〉 경기, 충북, 경남의 AI 학습 플랫폼의 주요 내용

지역	플랫폼명	내용
경기	하이러닝	• AI 기반의 맞춤형 진단과 콘텐츠 추천 및 학습 등 에듀테크 기반의 미래형 교육을 지원하는 통합 플랫폼 • 주요 기능 －학급 운영: 학생 학업/진로/이수 등의 손쉬운 학급관리 지원 －수업 도구: 라이브 학습도구, 소통툴, 자료연동 등 효과적인 수업지원 －자기주도학습: 콘텐츠 추천 기반 자기주도 학습능력 향상 지원 －맞춤형 진단: 학생 및 콘텐츠의 AI 분석을 통한 개인화된 학습법 진단
충북	다채움	• AI, 빅데이터 기술을 활용해 학습수준 진단 및 맞춤형 학습 추천, 학습유형 검사, 체계적 학습이력 관리 등을 지원해 학생의 기초, 기본 학력향상과 다차원적 성장을 돕는 플랫폼 －클래스 구성: 클래스 구성, 학생, 학부모 관리 －클래스 운영: 수업방, 학습방, 알림장, 학습 포트폴리오, 독후감 포트폴리오, 커뮤니티 등 －클래스 분석: 종합분석, 학생별 분석, 평가지풀이분석 －수업학습 준비: 수업설계, 문제은행, 평가지은행, 콘텐츠은행, 수업자료은행 －기초학력진단 보정 －학습심리 검사
경남	아이톡톡	• 수업 운영, 교수학습 지원, 교육 콘텐츠 제공, 교원 업무지원 등이 통합된 빅데이터, AI 기반의 교수학습 지원 플랫폼 －학급방: 톡톡클래스, 톡톡웨일클래스, 톡톡한컴클래스 등 －AI학습 지원: 톡톡수학, 톡톡AI도움쌤, 톡톡자작 등 －블렌디드수업지원: 원격화상, 협업도구, 수업연구 등

• 공공과 민간의 협력을 통한 콘텐츠 확보 및 기술적 한계 극복

AI 활용 맞춤형 교육이 효과적으로 실행되기 위해서는 다양한 학습 콘텐츠와 고도의 AI 기술이 필수적이다. 그러나 현실적으로 교육청이나 학교 단독으로 이러한 요구를 모두 충족시키기에는 한계가 있다. 이를 해결하기 위해 교육부와 교육청은 민간기업과의 협력을 강화하고 있다. 이는 단순한 기술 제공을 넘어, 교육 콘텐츠의 개발 및 배포, 기술적 지원, 연구 협력 등 다양한 형태로 이루어지고 있다. AI 디지털교과서 개발에 있어 교육부는 개발에 필요한 가이드라인과 기술 규격만 제시하고, 민간이 독자적으로 다양한 서비스와 콘텐츠를 개발하도록 유도하고 있다. 그리고 시도교육청

에서는 기업이 제공하는 플랫폼을 적극 도입하여 학급 관리, 원격 수업 운영, 업무 개선 등에 적극 활용하고 있다. 예를 들어, 경남교육청에서는 네이버와 협력하여 웨일 브라우저 기반의 원격교육 시스템을 구축하였고, 충북교육청은 천재교과서와 협력하여 천재교육의 다양한 에듀테크 도구, 콘텐츠, 평가 문항을 연계해 활용할 계획이다. 이렇게 공공과 민간의 협력은 AI 활용 맞춤형 교육의 필수 요소로 자리 잡고 있다. 이러한 협력은 콘텐츠 부족과 기술적 한계를 극복하고, 학생들에게 더욱 향상된 학습 경험을 제공하는 데 중요한 역할을 할 것이다.

• 교원의 AI 활용 맞춤형 교육역량 개발

AI 활용 맞춤형 교육이 효과적으로 적용되기 위해서는 교실에서 이를 실행하는 교사의 역량을 개발하는 것이 필수적이다. 이를 위해 AI 및 에듀테크를 효과적으로 활용할 수 있도록 교육부와 시도교육청에서는 다양한 연수와 교육 프로그램을 적용하고 있다. 이들 연수에서는 AI 기술의 기본 개념, 데이터 분석 및 해석 방법, AI 도구를 활용한 맞춤형 처방 등 다양한 내용을 포함하고 있다. 특히, 교사들의 데이터 활용, 맞춤형 교육 설계 측면에서 교육요구가 높다(이동국, 이은상, 2022). 지금까지 교사들은 시험 점수와 문항에 대한 정오답 여부 등 단편적인 데이터만을 다루어 왔기 때문에 데이터 활용 경험 및 관련 리터러시가 매우 부족한 상황이다. AI 기반 대시보드를 통해 동일한 학습 데이터가 제공되더라도, 개별 교사의 데이터 분석 및 해석 역량에 따라 활용 양상이 크게 달라질 수 있다. 따라서 교원 연수 프로그램에는 AI를 활용한 데이터 계획 수립, 데이터 분석 및 해석, 데이터를 통한 피드백 제공 및 진로 상담 등의 내용을 포함할 필요가 있다. 한편, 맞춤형 수업을 실행하기 위해서는 학생의 인지적·정의적 영역에 대한 정확한 진단이 필요하다. 현재의 AI는 스마트기기를 통해 입력되는 데이터를 기반으로 어느 정도의 인지적 피드백을 제공할 수 있지만, 정의적 피드백은 거의 없다. 교사는 AI가 제공하는 다양한 수준의 정보를 현장에서의 관찰과 정서적 교감을 통해 보완하여, 종합적인 개별화 맞춤형 학습을 설계할 필요가 있다. 이러한 다양한 전문성 개발 프로그램을 통해 교사들의 AI 활용 능력을 향상시키고, 학생들에게 보다 효과적인 맞춤형 교육을 제공할 수 있을 것이다.

• AI 활용에 대한 학생의 안전 및 건강 확보 노력

AI 기술을 교육에 도입하면서 학생들의 개인정보 보호와 안전한 학습환경을 마련하는 것이 중요해졌다. 이를 위해 교육청은 엄격한 데이터 보호 규정을 마련하고, AI 시스템의 투명성과 윤리성을 보장하는 가이드라인을 개발하고 있다. 교육부에서는 교육 분야 AI 윤리 원칙(2022.8.11.)을 발표하면서 '인간다움과 미래다움이 공존하는 교육 패러다임 실현'이라는 비전을 달성하기 위하여 AI 윤리 교육 강화, 교수자의 AI 역량 강화, AI 윤리 이슈 발굴 및 연구 지원, AI 윤리의 현장 적용 지원, 윤리적 AI 개발 지원 등의 실천과제를 제시하였다(교육부, 2022). 이러한 노력들은 AI 기술을 안전하고 건강하게 활용하여 학생들의 전인적 발달을 지원하는 데 기여할 수 있을 것이다.

• 학교 현장의 AI에듀테크 활용을 촉진하기 위한 기술 지원 인력 배치

AI와 에듀테크의 성공적인 도입과 활용을 위해서는 학교 현장을 위한 기술적 지원이 필수적이다. 이를 위해 각 교육청과 학교는 기술 지원 인력을 배치하여 교사와 학생들이 AI·에듀테크를 효과적으로 사용할 수 있도록 돕고 있다. 이들은 시스템 설치와 유지 보수, 소프트웨어 업데이트, 기술적 문제해결 등을 담당하며, 교사들에게는 새로운 기술 도입에 대한 교육과 지침을 제공한다. 서울시교육청에서는 2022년부터 지자체와 협력하여 학교에 '에듀테크 매니저'를 배치하는 사업을 운영하고 있다. 그리고 일부 시도교육청에서는 디지털교육 선도학교를 중심으로 기술 지원 인력을 배치하고 있다. 이러한 기술 지원 인력은 변화하는 기술 동향을 파악하고 AI에듀테크에 대한 소프트웨어적 또는 하드웨어적 전문성을 끊임없이 개발해야 한다(이은상 외, 2021). 이를 바탕으로 교원에게 교수학습에 AI·에듀테크 통합에 대한 아이디어를 제시하고 기술적 문제가 발생하였을 때 신속히 해결할 수 있어야 한다. 그러나 기술 지원 인력의 모호한 역할, 낮은 처우, 불안정한 고용, 지원 체계 부족 등으로 인해 기술 지원 인력을 효과적으로 운영하는 데 어려움을 겪고 있다(이은상, 이동국, 2021). 기술 지원 인력 배치에 대한 학교 현장의 요구가 높은 만큼, 기술 지원 인력의 처우 개선, 역량 강화를 통해 학교 현장의 AI·에듀테크 활성화를 더욱 지원할 필요가 있다.

실습과 성찰

1. 맞춤형 교육을 위한 AI 체험해보기

• 산타토익

뤼이드 사의 산타토익은 AI 맞춤형 교육으로 빠르게 토익 점수를 향상시키기 위한 솔루션이다. 12문제의 진단고사를 통해 학습자의 수준을 정확히 진단하고, 맞춤형 학습 경로를 제공한다. 학습이 진행됨에 따라 지속적으로 사용자의 패턴을 분석해 점수 상승 효과가 높은 콘텐츠를 동적으로 제공한다.

① PC를 활용하여 URL(https://kr.aitutorsanta.com/)을 입력하거나 플레이스토어(안드로이드) 또는 앱스토어(iOS)에서 산타토익을 검색하여 설치 후, 회원 가입한다(3일간 무료로 활용할 수 있다).

② 초기 설정에서 토익 시험을 본 경험, 목표 점수를 입력하고 진단 고사를 수행한다.

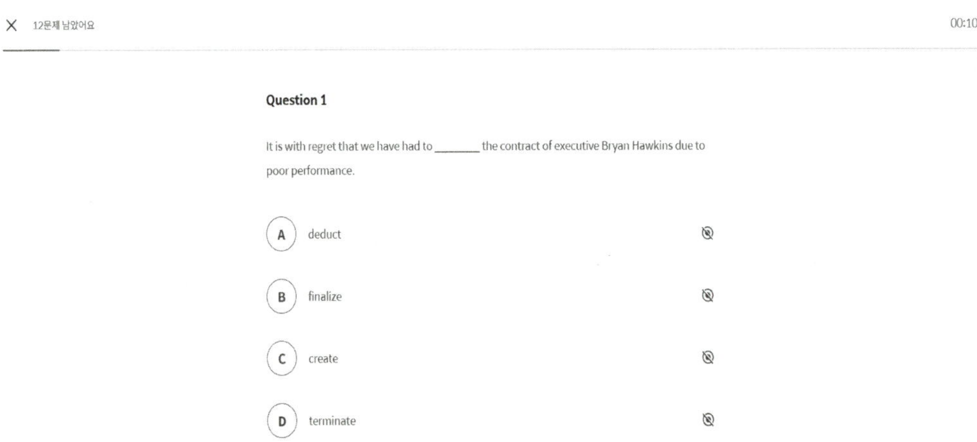

③ 메뉴의 '추천 학습'을 선택하면 진단 고사 결과에 따른 추천 학습을 시작할 수 있다.

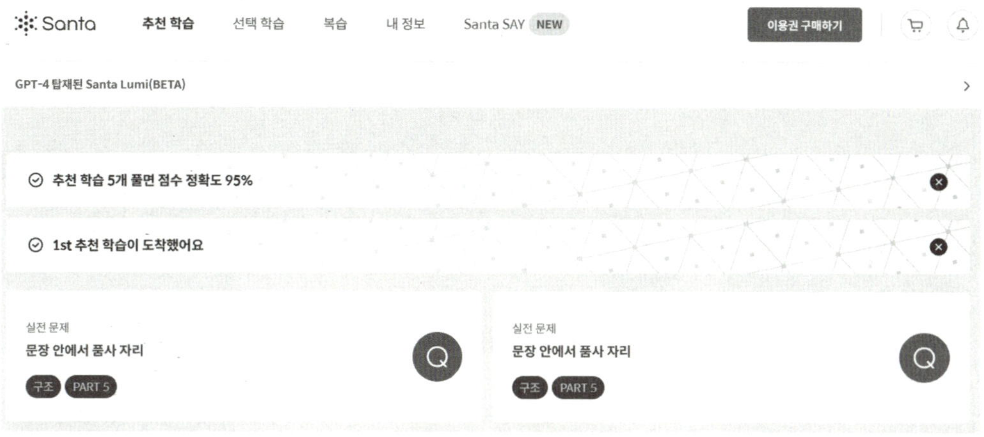

④ 메뉴의 '선택 학습'을 선택하면 실전 모의고사, 강의, 문제, 어휘 등 자신에게 필요한 콘텐츠를 학습할 수 있다.

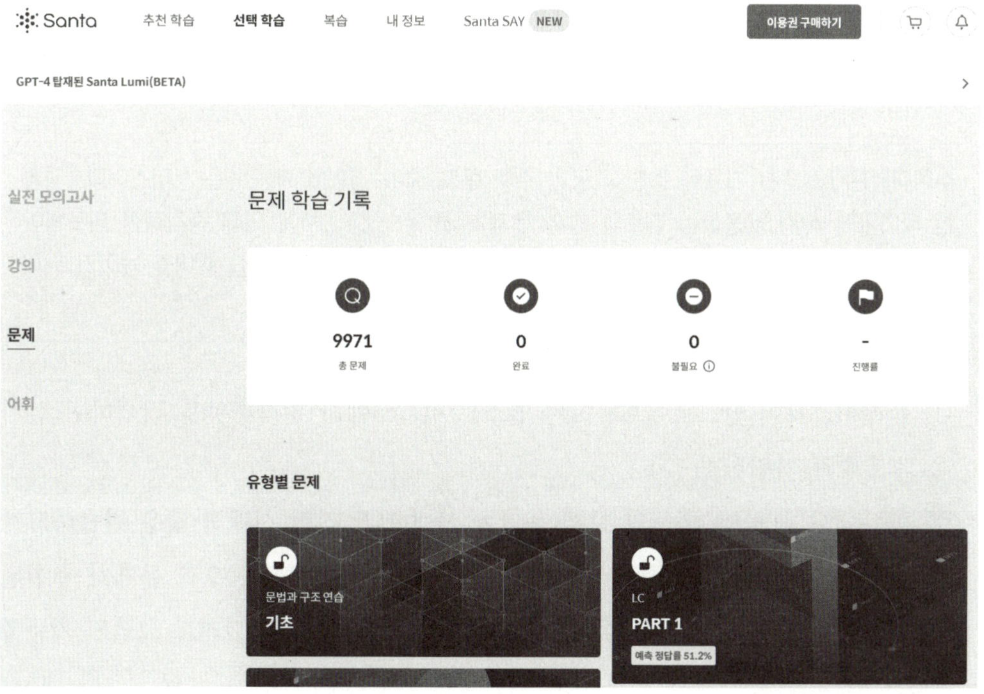

⑤ 메뉴의 '복습'을 선택하면 복습 퀴즈, 학습 히스토리, 단어장 등의 콘텐츠를 학습할 수 있다.

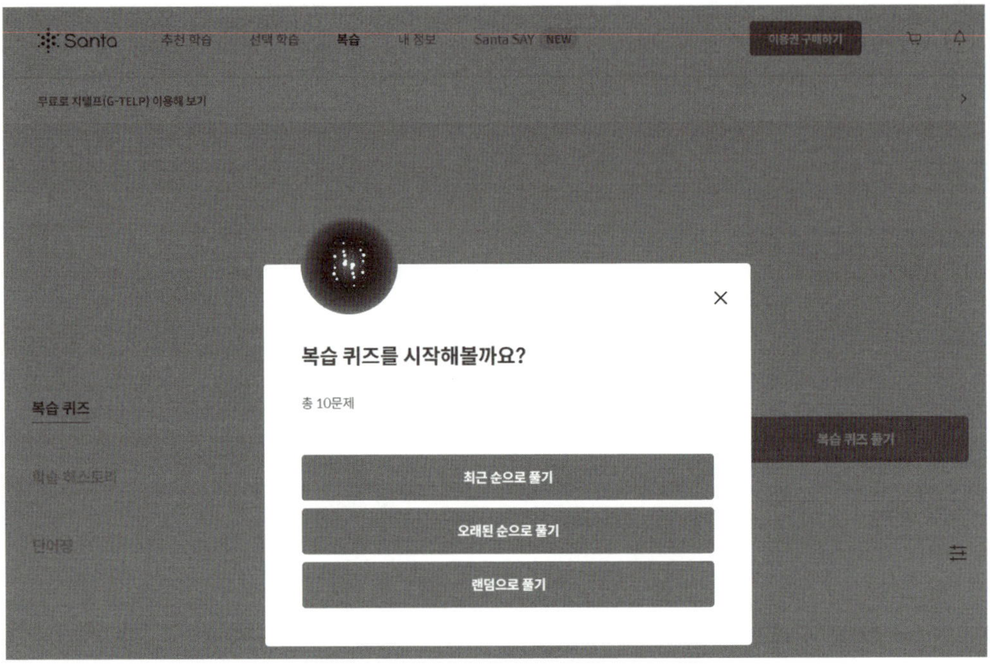

• 수학대왕

수학대왕은 AI 추천 기능을 통한 다양한 수학 문제 풀기 경험을 제공하는 서비스이다. 적절한 타이밍에 AI가 제공하는 힌트와 함께 문제를 풀 수 있고, AI에 의해 즉각적인 피드백이 이루어진다. 문제가 이해되지 않을 때는 해설 강의를 들을 수 있다. 학습 흥미를 높이기 위해 개인 랭킹, 학교 랭킹 등을 확인할 수 있고 장학금을 받을 수 있다.

① 플레이스토어(안드로이드) 또는 앱스토어(iOS)에서 수학대왕을 검색하여 설치 후, 회원 가입한다.

② 메뉴에서 '오늘의 학습'의 문제 풀기를 선택한다. 직접 선택의 경우 학습하고자 하는 단원, 난이도, 유형을 선택할 수 있다. AI 추천은 자동으로 문제가 추천된다. 문제를 풀이할 때, 개념, 힌트 보기를 선택할 수 있다. 그리고 그리기 기능을

활용하여 필기하며 문제를 풀이할 수 있다. 한 문제를 풀 때마다 정답을 즉각 확인할 수 있고, 다음 활동으로 다음 문제와 유사 문제를 선택할 수 있다.

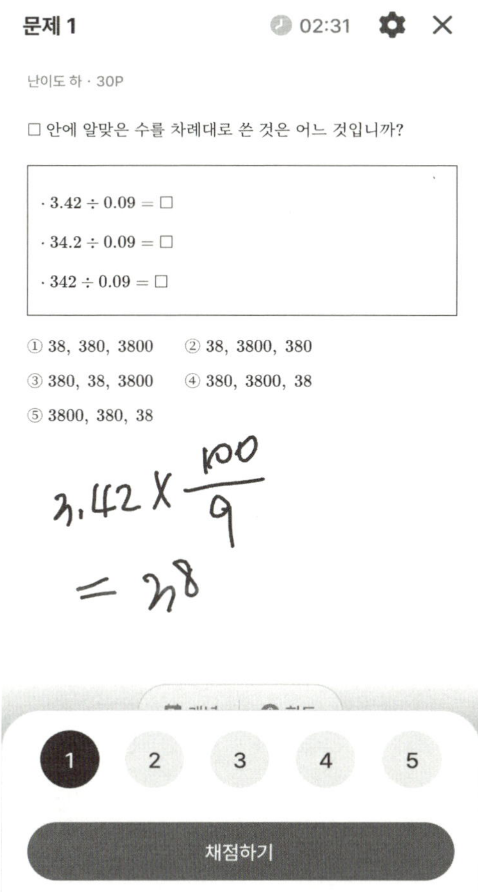

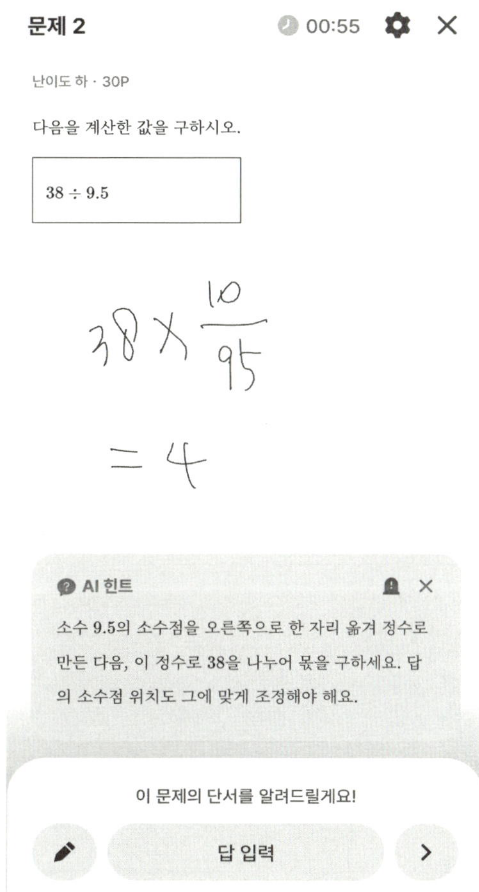

③ 메뉴의 복습을 선택하면 오늘 풀이한 문제를 다시 풀어볼 수 있다.

④ 메뉴의 문제집을 선택하면 해당 학년의 다양한 문제를 풀어볼 수 있다.

⑤ 개념집을 클릭하면 해당 개념에 대한 자세한 설명을 볼 수 있다.

⑥ 하위 메뉴의 분석을 클릭하면 전국 상위퍼센트, 내 미래 실력, 취약한 단원을 확인할 수 있다.

2. AI 활용 맞춤형 교육 들여다보기

AI 활용 맞춤형 수업 사례를 찾아보고, 수업 사례를 분석하여 보자.

질문1) 교수자는 맞춤형 교육을 위해 AI를 어떻게 활용하고 있나요?

질문2) 교사와 학생이 AI를 활용하면서 겪는 어려움은 무엇일까요?

질문3) AI 활용 맞춤형 교육 측면에서 본 수업의 개선방안은 무엇일까요?

참고문헌

계보경, 이동국, 이은상 (2017). **감성 컴퓨팅과 미래교육: 사례 및 이슈를 중심으로**. 한국교육학술정보원.

교육부 (2022). **사람의 성장을 지원하는 교육분야 인공지능 윤리원칙**. 교육부.

교육부 · 한국교육학술정보원 (2023). **AI 디지털교과서 개발 가이드라인**(GM 2023-11). 교육부 · 한국교육학술정보원.

이동국, 이은상 (2022). 인공지능(AI) 활용교육을 위한 교사 역량에 관한 교육요구도 분석. **교육정보미디어학회, 28**(3), 821-842.

이은상, 김동건, 이동국 (2021). 초 · 중등학교 에듀테크 팀 역량 도출. **학습자중심교과교육연구, 21**(2), 1221-1247.

이은상, 이동국 (2021). 초 · 중등학교 에듀테크 운영에서 테크매니저의 어려움에 관한 질적 분석. **정보교육학회논문지, 25**(1), 195-206.

한국교육학술정보원 (2024). **똑똑! 수학탐험대 활용가이드**. 한국교육학술정보원.

한정윤, 손찬희, 황은희, 김은영, 장혜승, 정혜주, 박효진, 허선영, 최대영 (2023). **AI 기반 맞춤형 교육의 현황과 과제**(연구보고 RR 2023-12). 한국교육개발원.

Benjamin, L. T. (1988). A history of teaching machines. *American psychologist, 43*(9), 703.

Graf, S. & Kinshuk (2012). Personalized learning, in Seel, N. M. (Eds.), *Encyclopedia of the Sciences of Learning, Springer*, pp. 2592–2594.

Luckin, R., & Holmes, W. (2016). *Intelligence unleashed: An argument for AI in education*. Pearson.

Patrick, S., Kennedy, K., & Powell, A. (2013). *Mean What You Say: Defining and Integrating Personalized, Blended and Competency Education*. International Association for K-12 Online Learning.

Picard, R. W. (1997). *Affective computing*. MIT press.

Skinner, B. F. (1958). Teaching Machines: From the experimental study of learning come devices which arrange optimal conditions for self-instruction. *Science, 128*(3330), 969-977.

Wu, C. H., Huang, Y. M., & Hwang, J. P. (2016). Review of affective computing in education/learning: Trends and challenges. *British Journal of Educational Technology, 47*(6), 1304-1323.

[참고사이트]

한국교육과정평가원 (n.d.). 책열매. https://ireading.kr/index.do

AKA (n.d.). 뮤지오의 작동 모습. Musio English. https://www.musioenglish.com/kids

Carnegie Learning (n.d.). *MATHia. Carnegie Learning*. https://www.carnegielearning.com/solutions/math/mathia/

EBS (n.d.). AI 펭톡. https://pengtalk-student.ebse.co.kr/

IBM Watson (2016, August 16). *Watson Tutor demo* [Video]. YouTube. https://www.youtube.com/watch?v=7YUthMwlifs

KERIS (n.d.). 똑똑! 수학탐험대. https://www.toctocmath.kr/

Pinela, C. F. (n.d.). *Recommender systems: User-based and item-based collaborative filtering*. Medium. https://medium.com/@cfpinela/recommender-systems-user-based-and-item-based-collaborative-filtering-5d5f375a127f

WA3I (n.d.). *WA3I의 평가 화면* [Video]. YouTube. https://www.youtube.com/watch?v=0_eK1jbNBVA

제 7 장 생성형 AI 활용교육

주요 내용

- 생성형 AI 정의와 주요 모델
- 생성형 AI의 유형
- 생성형 AI 활용의 유의점
- 생성형 AI의 활용 수업 사례

학습 목표

1. 생성형 AI에 대해 이해한다.
2. 프롬프트 작성 방법을 이해한다.
3. 생성형 AI의 유형을 이해한다.
4. 생성형 AI의 수업 활용 사례를 살펴보고 수업에 활용할 수 있다.

기초지식

7.1 생성형 AI의 정의

최근 몇 년 동안 AI는 우리 삶의 거의 모든 측면에 혁신을 가져오며 놀라운 속도로 발전해 왔다. AI 기술은 스마트폰의 음성 명령이나 번역, 온라인 쇼핑몰이나 음악 스트리밍 서비스에서의 개인 맞춤형 콘텐츠 추천, 위치 기반이나 이미지 인식을 통한 정보 제공 등 사용자 경험을 향상시키고 있으며, 의료 분야에서도 질병의 진단부터 치료 계획, 신약 개발 등에 활용되고 있다. 운전자 보조 시스템과 자율 주행 기술 등 자동차 산업에서도 AI 기술이 빠르게 발전하고 있으며 금융, 제조업, 고객 서비스 등 우리 삶의 다양한 분야에 적용되어 혁신을 가져오고 있고, 앞으로의 발전 속도는 더 빨라져 우리 삶에 더 큰 영향을 미칠 것으로 기대된다. 이처럼 오늘날 우리 삶의 거의 모든 측면에 영향을 미치고 있는 AI의 개념과 발달과정은 앞서 디지털교육의 주요 기술을 개괄한 제2장에서 살펴보았다.

이번 장에서는 AI 발달과정에서 인간과 AI의 대결, 인간과 AI의 상호작용의 결정적인 사건들을 통해 인간의 고유 영역으로만 여겨졌던 사고력과 창의성, 상상력을 가능하게 한 생성형 AI의 발달 과정을 살펴본다. 또한 생성형 AI의 여러 유형과 특징, 활용 방법을 알아보고 교육적 활용 가능성과 윤리적 이슈를 고민해본다.

인간의 지능을 뛰어넘는 AI의 발전은 단순히 기술적 진보가 아닌, 인간과 AI의 지적 대결과 상호작용이라는 역사적 과정 속에서 이루어졌다. 인간과 AI의 지적 대결과 상호작용이 어떻게 AI 기술 발전에 기여하게 되었는지 그 과정을 살펴보자.

전문가 시스템과 지식 공학의 등장(1980년대~1990년대 초). 1980년대에 등장한 전문가 시스템은 특정 분야 전문가의 지식을 기반으로 추론하고 문제를 해결하도록 설계되었다. 1985년에는 IBM에서 전문가 시스템을 기반으로 제작한 체스 특화 AI 컴퓨터인 딥 소트(Deep Thought)가 체스 세계 챔피언 가리 카스파로프(Garry Kimovich

Kasparov)를 상대로 시간 제한이 있는 정식 대국의 첫 번째 체스 대국에서 최초로 승리를 거두며 AI 기술의 발전을 보여주었다. 그러나 이후 나머지 다섯 번의 대국을 거치며 최종적으로 4-2의 점수로 카스파로프가 승리했다. 결론적으로 딥 소트는 AI 체스 프로그램의 초기 선구자로서, AI 기술의 발전에 중요한 역할을 했다. 하지만 딥 소트와 카스파로프의 경기 결과는 AI가 아직 인간의 지능을 완전히 뛰어넘지는 못했다는 것을 보여주기도 했다. 1990년대 초에는 지식 공학이 발전하면서 전문가 시스템 구축 및 관리를 위한 도구들이 개발되었다.

머신러닝의 등장과 빅데이터 시대(1990년대 중반~2010년대). 1997년에는 딥 소트의 후속 모델인 딥 블루(Deep Blue)가 카스파로프를 꺾고 완전한 승리를 거두며, AI 기술의 획기적인 발전을 알렸다. 이는 AI가 인간의 지능을 뛰어넘었다는 것을 보여주는 대표적인 사례로 평가받고 있다. AI가 단순히 계산 속도가 빠른 기계가 아닌, 인간의 지능을 뛰어넘을 수 있는 잠재력을 가지고 있다는 것을 보여준 사건이었다. 딥 블루와 카스파로프의 경기 이후, 머신러닝 기술이 빠르게 발전했다. 1990년대 중반부터는 머신러닝 알고리즘이 발전하면서 데이터 기반 학습 및 예측 모델 구축이 가능해졌다. 2000년대에는 빅데이터 시대가 도래하면서 방대한 데이터 처리 및 분석 기술이 발전했으며, 2010년대에는 머신러닝이 이미지 인식, 음성 인식, 자연어 처리 등 다양한 분야에 활용되면서 AI 기술은 더욱 빠르게 발전했다.

[그림 7-1] 1997년 카스파로프와 딥 블루 2차전 모습(3승2무1패로 딥블루 승)(좌)과 딥블루(우)
(Garry Kimovich Kasparov, 2024, 좌; Wikipedia, 2024, 우)

AI 딥러닝 혁명과 새로운 지평(2010년대 후반~현재). 2011년에는 IBM 왓슨(Watson)이 미국의 고전 게임쇼인 'Jeopardy!' 퀴즈 프로그램에서 두 명의 챔피언과의 대결에서 승리하며 딥러닝의 잠재력을 입증했다. 2016년에는 구글 딥마인드(DeepMind)에서 개발한 알파고(AlphaGo)가 이세돌 9단과의 바둑 대결에서 승리하면서 AI 기술은 새로운 지평을 열었다. 당시 세계 최고의 바둑 기사였던 이세돌 9단이 AI 프로그램인 알파고에게 패배하면서 AI의 능력이 대중에게 널리 알려졌다. 이 사건은 AI 기술, 특히 딥러닝의 발전을 보여주는 대표적인 사례로 딥러닝은 인공 신경망을 이용하여 데이터로부터 학습하는 방식으로, 알파고는 방대한 양의 바둑 기보를 학습하여 이세돌 9단을 능가하는 실력을 갖추게 되었다. 이는 단순히 AI가 인간을 능가했다는 것을 넘어, AI가 창의성과 전략적 사고를 필요로 하는 복잡한 게임에서도 승리할 수 있다는 것을 보여준 중요한 사건이다.

[그림 7-2] 알파고와 첫수 두는 이세돌 9단
(연합뉴스, 2016)

[그림 7-3] 알파고 서버
(theverge, 2024)

이후 AI 기술의 발전과 함께 예술 분야에서도 새로운 시도들이 등장하였다. 예술가 제이슨 앨런(Jason M. Allen)은 AI를 활용하여 스페이스 오페라 극장(Théâtre D'opéra Spatial)을 제작하였고, 2022년 미국 콜로라도 주립 박람회(Colorado State Fair)에서 개최된 파인 아트 콘테스트(Fine Arts Competition)의 디지털 예술/디지털 이미지 사진 부문에서 1등을 수상하였다. 앨런은 자신의 작품을 이미지 생성형 AI인 Midjourney로 만들었다는 것을 밝히면서 많은 논란을 불러일으켰다. 앨런은 Midjourney가 이미지를 생성하도록 하기 위해 최소 624개의 텍스트 프롬프트와 입력 수정을 가하였고 어도비 포토샵(Adobe Photoshop), 기가픽셀 AI(Gigapixel AI)를 사용하여 이미지를 수정하고 확대했다고 말했다. 한편 2023년 미국 저작권청 심사위원회에서는 앨런의 작품에 대한 저작권과 관련하여 "인간이 생산하지 않은 작품은 제외"라는 규정으로 저작권 보호 대상이 아니라고 보았는데(wikipedia, 2024), 이는 AI가 인간의 창의성을 대체할 수 있는지, 아니면 인간과 AI의 협업이 새로운 예술 형태를 창조할 수 있는지에 대한 논쟁으로 이어졌다. 앨런의 사례는 AI 시대에 창작의 의미를 새롭게 정의해야 한다는 과제를 제시하고 있다.

[그림 7-4] Midjourney가 생성한 이미지 (wikisource, 2023)

[그림 7-5] 스페이스 오페라 극장 (Théâtre d'opéra spatial) (wikisource, 2023)

한편 같은 해 공개된 ChatGPT는 사용자의 요청에 맞게 텍스트를 생성하는 능력을 보여주어 많은 놀라움을 안겨주었다. 2022년 11월 출시된 후 5일 만에 사용자가 100만 명을 돌파하였고 2개월 만에 월간 활성 이용자가 1억 명에 달할 정도로 급속도로 퍼지게 되었다. ChatGPT와 같이 사용자의 요청에 맞게 자연어를 생성하고 이미지, 음성 합성 등의 결과물을 도출해 내는 생성형 AI의 출현은 기존의 챗봇(chatbot: 음성이나 문자를 통한 인간과의 대화를 통해서 특정한 작업을 수행하도록 제작된 컴퓨터 프로그램)에 대한 인식에 큰 변화를 가져오게 되었다.

생성형 AI 시대: 무한한 가능성을 향한 도약. 지난 몇 년 동안 생성형 AI에 대한 관심이 집중되기 전까지는 AI라는 용어는 일반적으로 데이터를 기반으로 예측하는 방법을 학습할 수 있는 머신러닝 모델을 의미했다. 예를 들어, 머신러닝 알고리즘은 다양한 분야에서 중요한 결정과 예측을 하는 데 사용되는데 학습 추천, 의료 진단, 영화나 노래 추천, 고객의 구매 행동을 파악하는 데 활용되었다. 한편 2018년 이후에는 OpenAI의 GPT-2 및 GPT-3 모델이 등장하면서 AI 기술은 새로운 국면을 맞이하게 되었다. 이를 계기로 생성형 AI라는 새로운 분야가 주목받기 시작했고, 생성적 적대 신경망(GAN) 등 다양한 생성형 AI 모델들이 개발되면서 이미지, 텍스트, 음악, 영상 등을 자동으로 생성하는 기술이 빠르게 발전하게 되었다. 이제 생성형 AI는 인간 수준의 글쓰기나 자연스러운 대화, 창작 콘텐츠 제작 등 과거에는 불가능하다고 생각되었던 다양한 작업들을 수행하고 있다.

생성형 AI는 명칭에서 알 수 있듯이 이전에는 존재하지 않았던 새로운 콘텐츠를 생성할 수 있는 AI를 의미하는 AI의 한 유형으로, 기존 데이터를 분석하여 예측하는 것뿐만 아니라 주어진 데이터나 패턴을 학습하여 새로운 데이터나 콘텐츠를 재가공하여 나타내는 기술이다. 즉, 생성형 AI 시스템은 훈련받은 데이터와 유사한 더 많은 객체를 생성하는 방법을 학습하는 시스템이다. 이러한 AI는 텍스트, 이미지, 음성 등 다양한 형태로 콘텐츠를 만들 수 있다. 예를 들어 텍스트 생성형 AI의 경우 서비스 이용자의 '질문을 이해하고 분석'하여 수많은 정보 중 답이 될 만한 필요 정보를 '스스로 찾아서' 이를 적절히 '요약 및 정리해 제공'하는 것이다. 특히 앞서 질문한 내용의 맥락을 잇거나 구체적인 사례를 들어 질문할수록 더 정확한 답을 얻을 수 있는데, 이는 마치 사람과 대화하는 것처럼 맥락을 이해하여 답을 제공한다는 점에서 이전과 차원이 다른 정보 검색 서비스를 체감하게 한다(양지훈, 윤상혁, 2023). 이뿐 아니라 텍스트나 이미지를 기반으로 사용자의 요구에 반응하는 독창적인 이미지와 영상을 생성하거나 심지어는 인간의 감성을 담은 음악까지도 새롭게 만들어낼 수 있다.

알파고를 비롯하여 Midjourney, ChatGPT의 등장은 단순한 기술적 발전을 넘어, AI가 인간의 상상력, 창의성, 소통 능력을 보완하고 새로운 가능성을 제시한다는 것을 보여주는 역사적인 사건이다. 이러한 기술들은 AI가 인간의 창의성의 영역뿐만 아니라 다양한 분야에 활용될 수 있다는 가능성의 토대를 마련했으며, 인간과 AI의 협력을 통해 더 나은 미래를 만들 수 있다는 희망을 제시한다. 생성형 AI 기술은 앞으로 더욱 발전하여 우리 삶의 다양한 분야에 영향을 미칠 것으로 예상된다. 예술, 디자인, 콘텐츠 제작, 제품 디자인, 과학 연구, 의료 등 다양한 분야에서 혁신을 가져올 것으로 기대되며 인간과의 협업을 통해 더욱 창의적이고 의미 있는 결과물을 만들어내게 될 것이다. 특히 디지털 전환이 기존의 일상에 디지털 기술을 보조적으로 활용하기보다는 디지털 기술로 인해서 기존 업무와 생활의 혁신적이고 근본적인 변화를 갖게 되는 현상을 의미할 때 생성형 AI의 발전은 교육 분야에서도 교사와 학생 모두에게 새로운 학습 도구와 방법을 제공하게 될 것이며 교육 분야 전반에 걸쳐 혁신을 가져올 것으로 기대된다.

7.2 생성형 AI의 작동 원리

1) AI와 생성형 AI와의 관계

AI는 컴퓨터 시스템이 인간의 지능을 모방하거나 대체하기 위해 개발되는 기술을 의미한다. 이는 인간의 사고, 학습, 추론, 문제해결 등과 같은 능력을 컴퓨터 프로그램으로 구현하는 것을 목표로 한다. AI는 기본적으로 규칙 기반 시스템과 학습 기반 시스템으로 나뉜다. 규칙 기반 시스템은 프로그래머가 명시적인 규칙을 정의하여 문제를 해결하는 방식이며, 전문가 시스템과 같은 예가 있다. 학습 기반 시스템은 데이터에서 패턴을 학습하고 지식을 추출하여 작업을 수행하는 방식으로, 머신러닝과 딥러닝이 대표적인 예이다.

머신러닝은 컴퓨터 시스템이 데이터에서 학습하고 지식을 추출하여 작업을 수행할 수 있도록 하는 AI의 한 분야이다. 머신러닝은 데이터를 기반으로 패턴을 학습하고 결정을 내리는 알고리즘을 개발하는 데 중점을 둔다. 이러한 학습은 주어진 입력 데이터로부터 패턴을 발견하고, 이를 통해 예측하거나 결정을 내리는 데 사용된다. 머신러닝 알고리즘에는 지도학습, 비지도학습, 강화학습 등이 포함된다.

21세기에 들어서 머신러닝 기술은 **딥러닝**이라는 기술과 함께 다양한 서비스로 구현되면서 AI의 개념이 대중에게 본격적으로 와닿기 시작하였다. 데이터의 양과 다양성이 증가함에 따라 머신러닝의 한 분야인 딥러닝이 머신러닝 분야에 혁명을 일으키게 된 것이다. 머신러닝 단계까지는 특징 추출 파트와 분류 파트가 독립적으로 동작했다면 딥러닝은 인공신경망을 구성, 특징 추출과 분류가 하나의 모델로 유기적으로 이루어져 계층적으로 학습한 결과를 토대로 결과물을 만들어낸다. 한편 딥러닝은 다층 인공신경망을 사용하여 대규모의 데이터에서 복잡한 패턴을 학습하고 인식하는 데 특히 유용한 방법론이다. 딥러닝은 인간의 뇌에서 영감을 받은 인공신경망을 활용하여 데이터로부터 높은 수준의 추상적인 특징을 학습한다. 이러한 학습은 이미지, 음성, 텍스트 등 다양한 종류의 데이터에서 사용된다. 딥러닝의 발전은 대규모 데이터셋과 강력한 컴퓨팅 자원의 가용성 증가, 그리고 효율적인 알고리즘의 발전 등에 기인한다.

딥러닝 기술에 더해 2020년대 들어 한층 더 대중에게 와닿을 수 있는 서비스 기술인 '**생성형 AI**'라는 세부 AI 기술까지 등장했다(양지훈, 윤상혁, 2023). 생성형 AI는 딥러닝 기술을 활용하여 인간과 유사한 창의적인 작업을 수행하는 AI 시스템을 의미한다. 기존까지의 딥러닝 기반 AI 기술이 단순히 기존 데이터를 기반으로 예측하거나 분류하는 정도였다면, 생성형 AI는 이용자가 요구한 질문이나 과제를 해결하기 위해 스스로 데이터를 찾아서 학습하여 이를 토대로 능동적으로 데이터나 콘텐츠 등 결과물을 제시하는 한 단계 더 진화한 AI 기술이다.

생성형 AI는 주어진 데이터를 기반으로 자동으로 새로운 콘텐츠를 생성하거나 변환하는 데 사용된다. 이는 텍스트 생성, 이미지 생성, 음악 작곡 등 다양한 창작 활동을 수행할 수 있다. 생성형 AI의 대표적인 예로는 OpenAI의 GPT(Generative Pre-trained Transformer) 시리즈가 있으며, GPT는 대규모의 텍스트 데이터를 기반으로 사람과 유사한 자연스러운 문장을 생성할 수 있다. GPT의 발전은 대용량 데이터셋, 향상된 딥러닝 모델 아키텍처, 높은 수준의 자연어 처리 능력을 갖춘 학습 알고리즘의 발전 등에 기인한다.

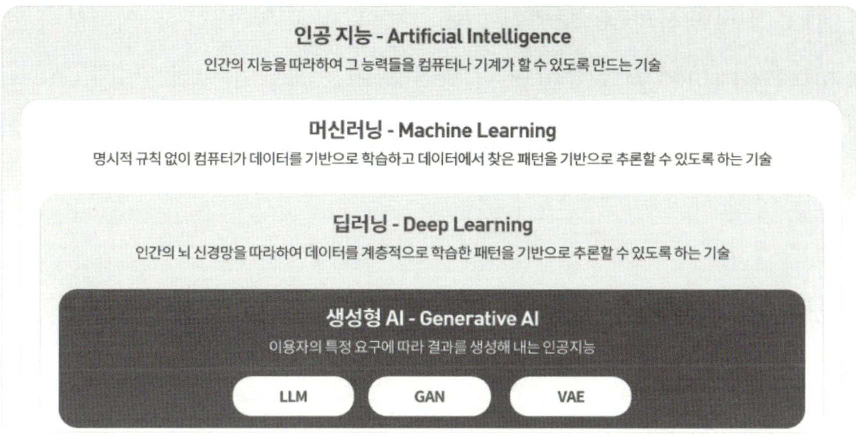

[그림 7-6] AI 주요 개념과 생성형 AI의 관계(윤상혁, 양지훈, 2023)

생성형 AI 모델은 인간 두뇌의 뉴런에서 영감을 받은 신경망을 사용하여 기존 데이터의 패턴과 특징을 학습하는 방식으로 작동한다. 그런 다음 이러한 모델은 학습한 패턴과 일치하는 새로운 데이터를 생성할 수 있다. 예를 들어, 이미지 세트에 대해 훈련된 생성형 AI 모델은 훈련된 이미지와 유사한 새로운 이미지를 생성할 수 있으며 이는 언어 모델이 컨텍스트(context)에 제공된 단어를 기반으로 광범위한 텍스트를 생성하는 방법과 유사하다(elastic, 2024).

생성형 AI의 작동 원리를 구체적으로 살펴보면 데이터 학습, 패턴 분석, 새로운 데이터 생성의 3단계로 나눌 수 있다. 먼저 생성형 AI는 방대한 양의 텍스트, 이미지, 음악, 영상 등 다양한 데이터를 수집하여 신중하게 정리하고, 모델이 학습하기 쉬운 형태로 변환된다. 이 과정에서 데이터의 오류나 불필요한 정보는 제거되어 모델의 학습 정확도를 높인다. 이후 학습된 데이터를 기반으로 인공 신경망과 같은 딥러닝 알고리즘이 데이터 내의 숨겨진 패턴과 특징을 자동으로 파악한다. 텍스트의 경우 문장의 구조와 의미, 이미지는 물체의 형태와 색상, 음악은 음의 높낮이와 리듬 등 다양한 요소들이 패턴 분석의 대상이 된다. 마지막으로 학습된 패턴을 기반으로 이전에는 없었던 새로운 데이터를 생성한다. 단순히 기존 데이터를 복사하거나 변형하는 것이 아니라, 창의적인 사고와 상상력을 발휘하여 독창적인 결과물을 만들어낸다.

생성형 AI는 주로 머신러닝 및 딥러닝 알고리즘을 사용하며, 여러 모델들이 이에 속한다. 대표적인 생성형 AI 모델인 ChatGPT의 'Chat'은 '대화'를 의미하며 'GPT'는 'Generative Pre-trained Transformer'의 약자로 이는 모델이 미리 학습된(Pre-trained) 상태에서 생성(Generative) 작업을 수행하며, Transformer라는 딥러닝 아키텍처를 기반으로 한다는 것을 의미한다.

2) 생성형 AI 모델

생성형 AI는 트랜스포머(Transformer), 생성적 적대 신경망(Generative Adversarial Network, GAN), 가변 자동 인코더(Variational Autoencoder, VAE) 모델과 같은 고급 기술을 활용하여 동적 범위의 영역에 걸쳐 콘텐츠를 생성한다. 생성형 AI 모델에는 다양한 종류가 있고, 각각의 모델은 특정한 작업에 최적화되어 있다. 대표적인 생성형 AI 모델의 종류와 특징은 다음과 같다.

트랜스포머(Transformer). 생성형 AI는 새로운 텍스트, 이미지, 음악 등을 생성하는 AI 기술이다. 이러한 생성형 AI의 핵심 기술 중 하나가 바로 대규모 언어 모델(Large Language Model, LLM), 그리고 그 기반이 되는 트랜스포머(Transformer) 모델이다. 대규모 언어 모델은 방대한 양의 텍스트 데이터를 학습하여 인간과 유사한 텍스트를 생성하거나 이해하는 모델이다. 이러한 대규모 언어 모델은 대부분 트랜스포머 모델을 기반으로 구축된다. 트랜스포머 모델은 대규모 언어 모델이 텍스트를 처리하고 이해하는 데 있어 핵심적인 역할을 수행한다.

트랜스포머 모델은 자연어 처리 분야에서 가장 주목받는 딥러닝 모델 중 하나로, 기존의 순환 신경망(Recurrent Neural Network, RNN)과는 달리, 어텐션 메커니즘(Attention Mechanism)을 활용하여 입력 문장의 모든 단어 간의 관계를 동시에 고려한다. 어텐션 메커니즘은 마치 사람이 문장을 읽을 때 중요한 단어에 집중하는 것과 같이, 모델이 입력 문장에서 어떤 부분에 더 주목해야 할지를 결정하는 메커니즘이다. 예를 들어, '나는 초콜릿을 좋아한다.'라는 문장에서 '좋아한다'라는 단어를 예측할 때, 모델은 '초콜릿'이라는 단어에 더 많은 가중치를 부여하여 문맥을 정확히 파악하고, '초콜릿'과 '좋아한다' 사이의 관계를 이해한다.

트랜스포머 모델 기반의 ChatGPT, Gemini, Copilot, CLOVA X와 같은 생성형 AI 모델들은 번역, 요약부터 창의적인 글쓰기까지 다양한 자연어 처리 작업을 수행하며, 인간과 유사한 텍스트를 생성하는 능력을 갖추고 있다.

생성적 적대 신경망(Generative Adversarial Network, GAN). 생성적 적대 신경망(GAN)은 생성자(Generator)와 판별자(Discriminator)로 알려진 두 개의 신경망으로 구성되며, 기본적으로 서로 경쟁하여 실제와 같은 데이터를 생성한다. 즉, 진짜 같은 가짜를 생성하는 모델과 이에 대한 진위를 판별하는 모델의 경쟁을 통해 진짜 같은 가짜 이미지를 만들 수 있다. 이름에서 알 수 있듯이 생성자의 역할은 프롬프트에 따라 이미지와 같은 설득력 있는 결과물을 생성하는 것이며, 판별자는 해당 이미지의 진위 여부를 평가하는 역할을 한다. 판별자는 진짜 데이터를 입력값으로 받았을 경우 출력값이 1, 가짜 데이터를 받았을 경우 출력값이 0이 되도록 학습을 진행한다. 생성자의 목적은 진짜와 구분하기 힘든 가짜 데이터를 만드는 것이기 때문에 판별자가 가짜 데이터를 받았을 경우 진짜와 혼동하여 결과값으로 1을 만들도록 생성자는 스스로를 학습시킨다. 시간이 지남에 따라 각 모델(신경망)은 각자의 역할을 더 잘 수행하여 더 설득력 있는 결과물을 만들어낸다. 생성적 적대 신경망(GAN)은 이미지 생성에 널리 사용되며 놀랍도록 사실적인 시각 자료를 만드는 데 있어 인상적인 결과를 보여준다. DALL·E와 Midjourney는 모두 생성적 적대 신경망(GAN) 기반 생성형 AI 모델의 예이다.

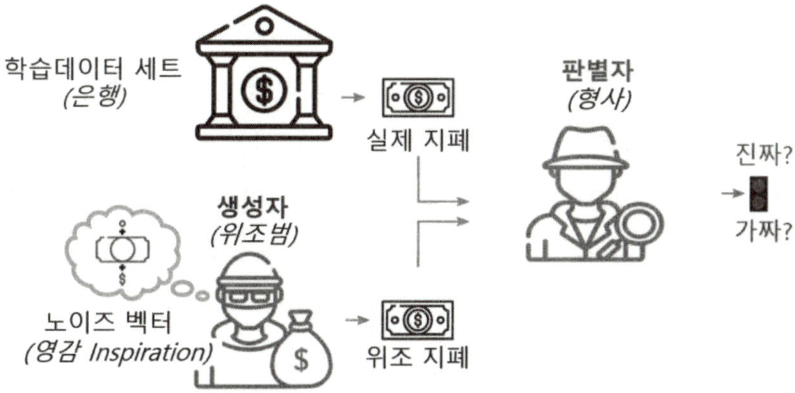

[그림 7-7] 생성적 적대 신경망(GAN)의 구조 및 학습 과정(Goetschalckx, Andonian & Wagemans, 2021)

가변 자동 인코더(Variational Autoencoder, VAE)는 생성 모델 학습에 사용되는 인공 신경망의 한 유형이다. 가변 자동 인코더(VAE)는 데이터를 해석하고 생성하기 위해 인코더(encoder)와 디코더(decoder)라는 두 개의 네트워크를 활용한다. 인코더는 입력 데이터를 받아 단순화된 형식으로 압축한다. 그런 다음 디코더는 이 압축된 정보를 가져와 원본 데이터와 유사하지만 완전히 동일하지는 않은 새로운 데이터로 재구성한다. 한 가지 예로 사진을 학습 데이터로 사용하여 사람의 얼굴을 생성하도록 컴퓨터 프로그램을 가르치는 것을 들 수 있다. 시간이 지남에 따라 프로그램은 사람의 얼굴 사진을 눈, 코, 입, 귀 등의 크기와 모양과 같은 몇 가지 중요한 특성으로 단순화하는 방법을 학습한 다음 이를 사용하여 새로운 얼굴을 생성한다.

7.3 프롬프트(prompt)

프롬프트(prompt)는 컴퓨터 시스템이 사용자에 대하여 다음에 어떠한 조작을 행해야 하는지 지시하기 위한 지시 메시지 또는 명령 대기 상태에서 시스템이 표시하고 있는 기호를 의미하며 사용자와의 대화를 재촉하기 위해서 사용된다. 생성형 AI에서 프롬프트는 'AI에게 명령이나 지시를 내리는 입력값'으로 정보를 얻기 위해 입력하는 문장이나 질문을 의미한다. 예를 들어, "오늘 오후 청주 날씨 알려줘."라는 문장이 프롬프트이다. 프롬프트는 생성형 AI가 어떤 정보를 제공하거나 어떤 작업을 수행할지 결정하는 기준이 되기 때문에 생성형 AI와 사용자 간 상호작용에서 중요한 역할을 한다. 이처럼 생성형 AI를 사용할 때 원하는 답변을 얻기 위한 프롬프트가 중요하기 때문에 프롬프트 제작 기술과 역량도 주목을 받고 있으며 효과적인 프롬프트를 설계·제작하는 프롬프트 엔지니어링(Prompt Engineering)에 대한 관심도 증가하고 있다.

생성형 AI에서 효과적인 프롬프트 작성을 위한 몇 가지 방법을 살펴보자.

- 역할 부여하기: 질문 작성 시 AI 모델에게 특정한 역할을 부여하거나 특정 분야의 전문가로 설정한다.
- 대상 설정하기: 초등학생, 대학생 등 정확하게 답변에 대한 대상을 설정하면 해당

대상의 수준에 맞는 보다 적절한 답변을 얻을 수 있다.

- 질문의 목적을 명확히 하기: 질문하기 전에 답변에서 무엇을 얻고자 하는지 생각한다.
- 간결하고 명확한 언어 사용하기: 불필요한 정보를 제거하고 길지 않고 명확한 문장을 사용하여 질문한다.
- 구체적으로 질문하기: 모호한 질문보다는 구체적인 질문을 한다.("AI란 무엇인가요?" VS. "AI가 일상생활에서 어떻게 사용되나요?")
- 예시 제공하기: 간단한 예시를 제공함으로써 예시와 비슷한 형태의 답변을 받을 수 있다.
- 단계별로 나누어 질문하기: 복잡한 주제나 문제에 대해서는 여러 단계로 질문하는 것이 좋다. 예를 들어 보고서를 작성하는 방법에 대해 물어볼 때에는 주제 선정, 자료 조사, 글쓰기 등 각 단계에 대해 별도로 질문할 수 있다.
- 질문에 맥락 추가하기: 질문이 특정 상황이나 맥락에 기반하고 있다면 그 배경 정보를 제공한다. 예를 들어 "최근 데이터 과학에서의 발전은 무엇인가요?"라고 물어보면 최신 트렌드에 대한 답변을 얻을 수 있다.
- 개방형 질문 활용: "예" 또는 "아니오"로 답변할 수 있는 질문보다는 토론이나 설명을 유도하는 질문을 한다. 예를 들어, "이 기술이 사회에 미치는 영향은 무엇인가요?"와 같은 질문이다.
- 질문에 피드백 주고받기: 받은 답변에 대해 추가적인 질문을 하거나 더 자세한 정보를 요청함으로써 보다 풍부한 정보를 얻을 수 있다.

수업설계 및 교육적 상황에서 생성형 AI를 활용하여 좋은 답변을 얻기 위한 좋은 질문의 형식은 다음의 안내를 참고할 수 있다.

〈표 7-1〉 생성형 AI 활용을 위한 프롬프트 작성 방법

형식	내용	예시
역할 부여 및 대상 지정	• 답변자의 역할을 부여하고 답변을 활용하는 대상을 지정하여 상황과 청중에 맞는 적절한 답변을 얻을 수 있음	• 역할: 중학교 화학교사 • 대상: 중학교 2학년 학생 • 질문: 위 내용을 바탕으로 분자 개념에 대해 가르치려 하는데 20분 정도 소요되는 수업활동을 만들어줘.
완전한 문장 사용	• 완전한 문장의 질문을 제공할 때 목적에 알맞은 답변을 얻을 수 있음	• 역할: 현장체험학습 여행 안내 가이드 • 대상: 중학교 3학년 학생 • 정보: 경주 1박 2일 • 질문: 위 내용을 바탕으로 현장체험학습 일정을 만들어줘.
정보 제공	• 적절한 정보를 제공하고 질문을 하면 그에 기반한 최적의 답변을 얻을 수 있음	• 역할: 기자 • 대상: 초등학생과 학부모 • 정보 행사명: 전북초등학교 작가와의 만남 프로그램: 도서 '누에야 뽕잎 줄게, 비단실 다오'교육, 독서퀴즈, 누에에서 나방까지 나비의 성장 사진 감상, 돋보기를 통한 누에나방 세밀화 그리기 • 날짜: 2020년 6월 7일 월요일 • 질문: 위 정보를 참고하여 신문기사를 작성해줘.
예시 사용	• 질문 내용에 관한 예시를 프롬프트에 제시하면 답변의 효율성을 크게 높일 수 있음	• 역할: 시나리오 작가 • 대상: 중학교 2학년 • 예시 제목: 방관자의 선택 설정: 점심시간 중 중학교 구내식당, 테이블은 학생들로 가득 차 있으며, 일부는 수다를 떨며 웃고 일부는 조용히 식사를 합니다. 캐릭터: 경수-인기 없는 평범한 학생(이하 생략) • 질문: 위의 예시처럼 흡연예방교육에 대한 영상 시나리오를 100글자 내외로 써줘.
답변 양식 및 분량 정하기	• 정보를 입력하고 질문과 답변의 양식과 길이를 정하면 원하는 답변을 얻을 수 있음 • 답변 출력 양식: 표, 리스트, HTML, 프로그램 코드 등	• 역할: 초등학교 교사 • 대상: 초등학교 5학년 학생 • 질문: 사회 수업에 활용할 수 있는 수업 모형과 적용 방법을 표로 만들어줘.

출처: 전라북도교육청(2023)을 재구성함

다양한 유형의 생성형 AI는 동일한 프롬프트를 입력하더라도 각기 다른 결과물을 산출한다. 따라서 생성형 AI를 효과적으로 활용하기 위해서는 각 생성형 AI의 프롬프트 작성법이나 프롬프트 입력에 따른 결과물을 확인하는 방법이 유용하다. 생성형 AI의 프롬프트 작성에 따른 결과물을 살펴볼 수 있는 프롬프트 관련 웹사이트는 다음과 같다.

〈표 7-2〉 프롬프트 작성 사이트

OpenPrompt	Awesome ChatGPT Prompts	PromptHero
		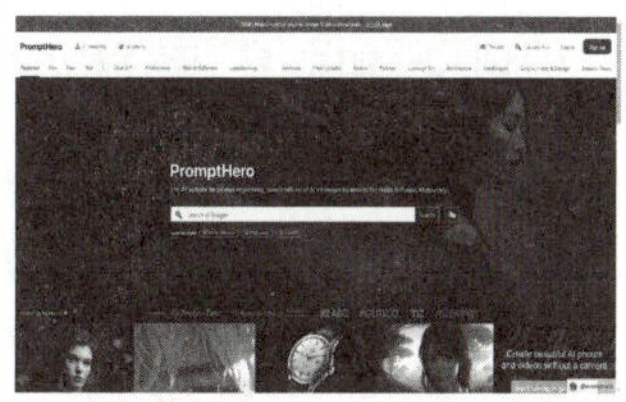
• ChatGPT, Stable Diffusion, Midjourney, DALL·E 등의 프롬프트 라이브러리 제공 (한국어 웹사이트)	• ChatGPT에서 활용 가능한 프롬프트 모음 제공	• 프롬프트 엔지니어링을 위한 종합 플랫폼 • 예술작품과 작품별 프롬프트 공개를 통한 학습 기회 제공
https://www.prpt.ai	https://prompts.chat	https://prompthero.com

7.4 생성형 AI의 유형 및 교육적 활용

생성형 AI의 사용 사례에는 자연어 처리를 통한 텍스트 생성, 예술적 창작물 생성, 음악 작곡, 이미지 및 동영상 생성 등을 포함한다. 생성형 AI 모델은 크게 텍스트 생성형, 이미지 생성형, 오디오 생성형, 동영상 생성형 AI가 있으며 이외에도 코드 생성형, PPT 생성형 AI 등 기타 다양한 유형의 AI가 있다.

1) 텍스트 생성형 AI

텍스트 생성형 AI는 주어진 텍스트 데이터를 기반으로 자연스러운 문장을 생성하는 AI 시스템이다. 대화 기능을 통해 질문에 대한 답변을 제공하거나 사용자가 요구하는 특정 작업을 수행할 수 있게 도와준다. 텍스트 생성형 AI는 대화형 챗봇, 자동 요약, 글 작성 보조, 소설이나 시 등의 작품 생성, 자동 번역, 문장 완성 등 다양한 분야에서 활용된다. 대표적인 생성형 AI에는 OpenAI의 ChatGPT, Microsoft의 Copilot, Google의 Gemini, 그리고 국내에는 네이버의 CLOVA X가 있다. 최근에는 기존의 텍스트 생성형 AI 모델들이 멀티모달[1]로 발전하고 있다. 즉, 텍스트뿐만 아니라 이미지, 비디오 등 다양한 유형의 데이터를 입력으로 활용하여 모델의 성능을 향상시키고 있다. 멀티모달 모델은 텍스트, 이미지, 오디오 등 여러 유형의 데이터를 동시에 이해하고 처리할 수 있으므로 보다 정교한 결과물을 생성할 수 있다. 예를 들어 텍스트 프롬프트에 따라 이미지를 생성하고 이미지 프롬프트에 대한 텍스트 설명을 생성할 수 있는 AI 모델을 들 수 있다.

(1) ChatGPT

ChatGPT는 OpenAI에서 개발한 대표적인 대화형 AI 모델이다. ChatGPT는 대규모 언어 모델(LLM)을 사용하여 사용자 질문을 이해하고 거의 즉각적으로 응답을 생성한다. 또한 모호하거나 불완전한 질문에도 사용자의 의도를 파악하여 적절한 답변을 제공하거나 다양한 언어로 맥락에 맞는 응답을 생성할 수 있어 유연한 대화가 가능하다. 시, 소설, 대본, 악곡, 편지 등 다양한 형식의 창의적인 텍스트를 생성하는 데 강점을 보이며 이러한 기능들 덕분에 교육 분야에서의 콘텐츠 생성에 유용하게 활용될 수 있다. 하지만 모든 답변이 항상 정확한 것은 아니며, 학습 데이터에 존재하는

1) 기존에는 하나의 형태의 데이터가 생성되는 싱글모달(Single Modal) 방식이 대부분이었다면, 최근에는 멀티모달(Multi-Modal) 생성 AI 기술이 발달하고 있다. 멀티모달은 다양한 유형의 데이터를 함께 사용하여 문제를 해결하는 방식을 의미한다. 교육 분야에서는 다양한 형태의 학습 콘텐츠를 한번에 생성하여 작업의 효율을 높이거나, 하나의 주제에 대하여 다양한 형태의 콘텐츠를 생성하여 학생들의 다양한 학습 방식 선호를 손쉽게 맞추어 줄 수 있다.

편향성이 모델의 답변에도 영향을 미칠 수 있기 때문에 사용자는 AI의 답변을 비판적으로 검토하고 윤리적으로 사용할 필요가 있다.

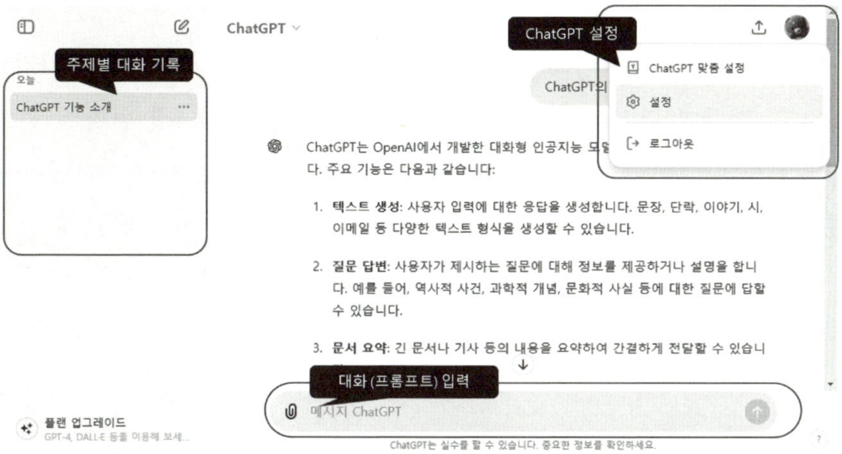

[그림 7-8] ChatGPT 기본 화면(https://chatgpt.com)

ChatGPT의 사용 편의를 돕는 다양한 확장프로그램이 있다. 대표적인 크롬확장프로그램으로는 Monica, Prompt Genie, WebChatGPT 등이 있으며 이러한 프로그램은 ChatGPT의 단점을 보완하거나 기능을 확장해주는 프로그램이다.

〈표 7-3〉 ChatGPT를 위한 Chrome 확장 프로그램

Monica	Prompt Genie	WebChatGPT	AIPRM for ChatGPT
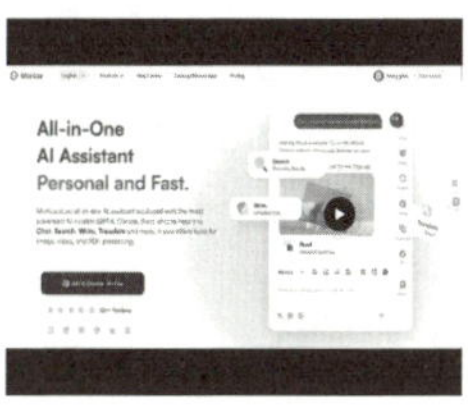	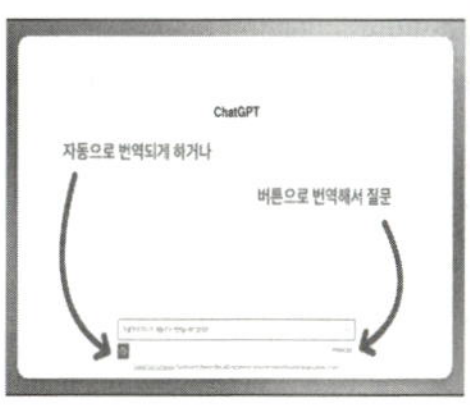		
• ChatGPT AI 도우미	• ChatGPT 자동 번역기	• 인터넷 최신 정보에 액세스가 가능한 ChatGPT	• ChatGPT 프롬프트 최적화

(2) Gemini

Gemini(Generalized Multimodal Intelligence Network)는 구글과 딥마인드가 개발한 멀티모달 생성형 AI 모델이다. Gemini의 가장 뚜렷한 장점이자 특징은 텍스트뿐만 아니라 비디오와 오디오를 이해하고 상호작용하는 능력이다. Gemini는 3가지의 답안을 제공하고, 각각의 답안이 순서대로 다른 특성을 나타낸다. 첫 번째는 정보 기반, 두 번째는 분석 및 통찰, 세 번째는 창의적인 답변을 기반으로 하며, Microsoft Copilot이 상황에 따라서 각각 '정확', '균형', '창의'를 골라야 되는 것과 다르게 한 가지의 질문을 하면 빠른 속도로 3개의 유형의 답변을 받을 수 있다.

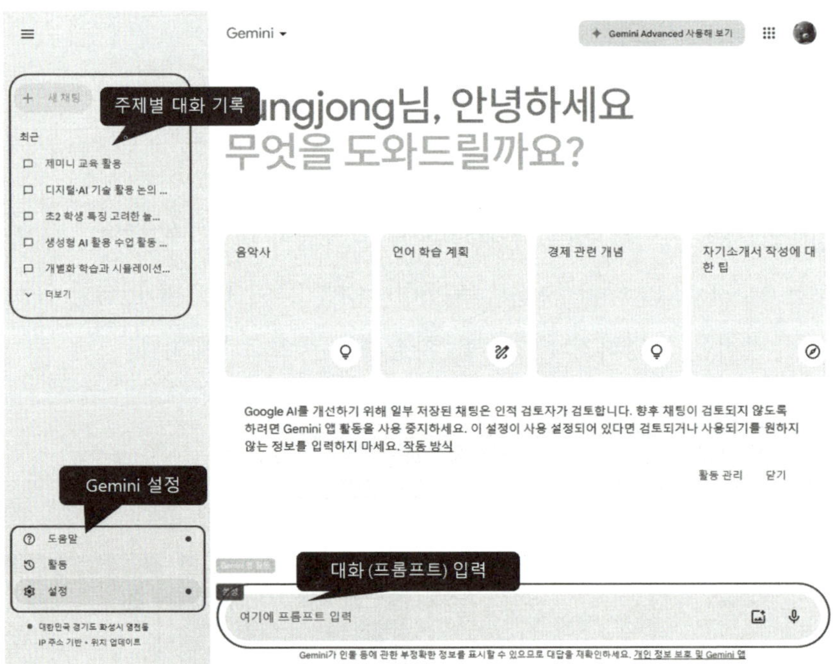

[그림 7-9] Gemini 기본 화면(https://gemini.google.com)

(3) Copilot

Copilot은 Microsoft에서 제공하는 서비스로 자연어 이해와 생성형 기능을 결합하여 개인화된 응답을 제공하고 질문, 권장 사항 및 지식 공유를 통해 사용자를 지원한다.

Copilot은 Microsoft에서 OpenAI와 협업하여 제공하는 서비스로 GPT-4와 DALL · E 3를 무료로 서비스하고 있어 텍스트와 이미지 생성이 가능하다. 또한 Copilot은 Microsoft Edge 웹 브라우저에 내장되어 있어 Microsoft 사용자를 위해 더 광범위하게 통합될 수 있는 장점을 지닌다.

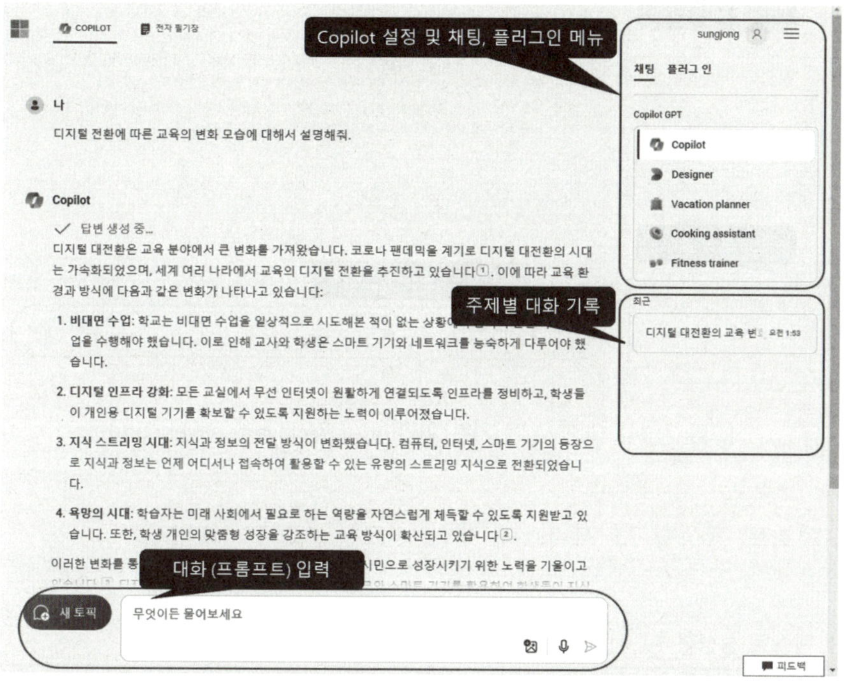

[그림 7-10] Copilot 기본 화면(https://copilot.microsoft.com)

(4) CLOVA X

CLOVA X는 네이버의 초대규모(Hyperscale) 언어모델인 HyperCLOVA X 기술을 바탕으로 만들어진 대화형 모델이다. 2023년 9월 출시된 HyperCLOVA X는 네이버의 방대한 한국어 데이터를 기반으로 학습되었으며, 한국어를 잘 이해하고 다양한 작업에 활용할 수 있다. 이 모델은 네이버 뉴스, 블로그, 카페 등 다양한 플랫폼의 한국어 텍스트 데이터를 기반으로 학습되어 한국어의 문맥과 의미를 더욱 정확하게 이해하고, 보다 자연스럽고 유창한 한국어 텍스트를 생성할 수 있다.

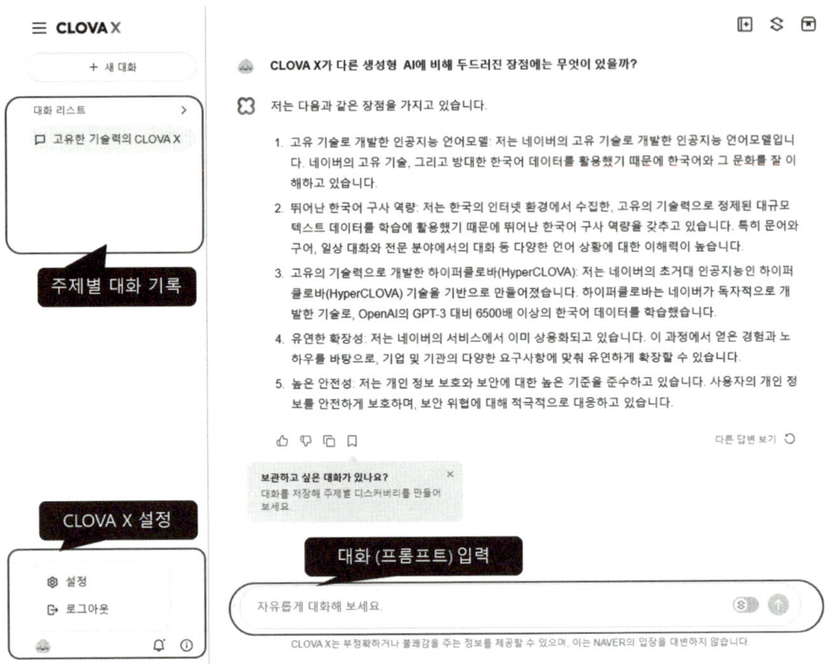

[그림 7-11] CLOVA X 기본 화면(https://clova-x.naver.com)

주요 텍스트 생성형 AI 서비스에 대한 비교는 〈표 7-4〉와 같다.

〈표 7-4〉 텍스트 생성형 AI 서비스

ChatGPT	Gemini	Copilot	CLOVA X
OpenAI	Google	Microsoft	NAVER
https://chatgpt.com	https://gemini.google.com	https://copilot.microsoft.com	https://clova-x.naver.com
▶ Transformer 모델 기반	▶ LaMDA, PaLM2 모델 기반	▶ OpenAI의 GPT-4 기반	▶ HyperCLOVAX 기반
• GPT3.5(무료) 2022. 1. 데이터 사전 학습 기준 • GPT4.0(유료) 2023. 4. 데이터 사전 학습 기준 • GPT4.0은 멀티모달 기능	• 구글 검색 결과에서 수집된 데이터로 학습 • 크롬브라우저 최적화 • 실시간 웹브라우징 기능 지원 • 답변에 대한 출처 제공 • 멀티모달 기능	• Microsoft와 OpenAI와의 협업 서비스 • Edge브라우저 최적화 • Microsoft 365 애플리케이션(Teams, Word, PowerPoint, Outlook, Excel)과 통합	• 방대한 한국어 데이터 기반 • 한국의 지리, 문화 정보에 대한 정확성이 상대적으로 높음 • 네이버 서비스 연동 • 다양한 언어 지원

ChatGPT	Gemini	Copilot	CLOVA X
• GPT4.0은 DALL·E와 브라우징 기능이 추가되어 이미지 생성 및 검색이 가능 • 다양한 플러그인 기능	• 하나의 질문에 대한 3가지 관점의 답변 제공	• 웹 검색을 통한 실시간 통합 정보 제공 • 답변에 대한 출처 제공 • GPT-4 무료 사용 • Copilot의 Designer메뉴에서 DALL·E 3 무료 서비스를 통한 이미지 생성 • 멀티모달 기능 • 다양한 플러그인 기능	

2) 텍스트 생성형 AI의 활용

(1) ChatGPT 활용

대표적인 텍스트 생성형 AI인 ChatGPT의 활용 방법을 알아보자.

회원가입 및 기본 활용

① https://chatgpt.com에 접속한 후 계정 생성을 위해 회원가입(Sign Up)을 한다.

② 로그인 후 화면 하단의 대화창(Message ChatGPT)에 프롬프트를 입력한다.

③ ChatGPT의 답변에 이어 후속 질의와 답변을 이어갈 수 있다. 앞의 질문과 답변의 맥락을 유지한 답변을 받을 수 있다. 제시된 답변에서 적절하지 않은 답변은 제외하거나 이해가 되지 않는 답변에 대한 추가적인 설명을 요구할 수도 있다.

④ 답변할 수 있는 양의 제한으로 긴 답변이 잘릴 경우 "계속해서 답변해줘", "continue" 등의 질문을 입력하면 이어서 답변을 받을 수 있다.

⑤ 대화 내용에 대한 주제별 대화 목록이 자동저장되며 해당 주제에 대한 추가적인 대화를 언제든지 이어갈 수 있고 새로운 주제(New chat)로 대화를 시작할 수도 있다.

⑥ 대화 내역의 제목 옆에 위치한 공유 아이콘(Share)을 누른 후, 복사한 링크로

접속하면 여기서 받은 링크를 가지고 있는 사람은 모두 링크 내에 있는 대화 내역을 볼 수 있다.

⑦ ChatGPT가 응답을 생성할 때 사용자의 특성을 파악하여 맞춤형 정보를 제공받기 위해 특정 정보를 반복할 필요가 없도록 설정(Settings)의 [Customize ChatGPT]에서 사용자의 정보와 출력에 관한 정보를 입력할 수 있다.

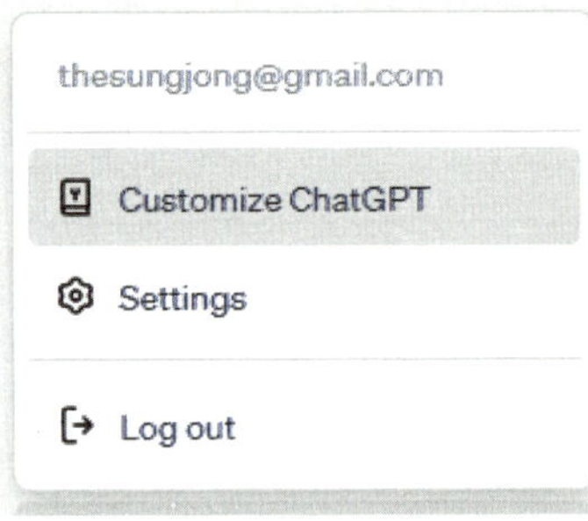

(2) 텍스트 생성형 AI의 교육적 활용

텍스트 생성형 AI를 활용하여 수업설계·실행·평가를 계획함으로써 학생들에게 보다 효과적인 학습 경험을 제공하며 다양한 학교 업무 또한 수월하게 수행할 수 있다. 생성형 AI의 교육적 활용 방안은 〈표 7-5〉와 같다.

〈표 7-5〉 텍스트 생성형 AI의 교육적 활용 방법

영역	분류	활용 방법
수업설계	교육과정 개발	교육과정 개발에 필요한 자료를 신속하게 검색하고 분류하며 다양한 학습 유형과 수준에 맞는 교육과정 개발 지원
	교육학적 접근의 수업설계	학습이론 및 교수설계이론에 기반한 수업설계 모형 개발, 교육학 이론 기반 수업활동 구성
	교육자료 생성	수준별 맞춤형 교육자료 생성 및 학생들의 이해도를 높이기 위한 텍스트 자료, 시각적 자료(개념도, 인포그래픽, 차트 등) 제작
	수업 지도안 작성	학습성취기준에 적합한 수업 지도안 작성 및 단계별 구체적인 학습 활동 제시, 수업 시나리오 작성
수업실행	수업지원 및	교과별 지식·정보 탐색, 창의적 글쓰기(콘텐츠 생성 및 편집), 대

영역	분류	활용 방법
	수업자료 생성	화식 학습, 토의·토론 학습, 외국어 학습(번역, 문법), 문서요약, 퀴즈, 수업보충 자료, 코딩 및 프로그래밍 학습 지원, 시나리오 작성, 발명교육, 설문조사, 진로탐색, 상담, 작곡, 챗봇 제작, 창의적 체험활동 자료 제공
평가	평가자료	평가문항 작성, 평가 요소 및 채점기준표 작성
	피드백	학습분석, 생활기록부(교과 평가, 행동특성 및 종합의견) 작성, 상담 및 생활지도(정서적 지원)
업무지원	교무·행정업무 지원	기획 문서 작성, 가정통신문, 학교소식지나 기사문 작성, 프레젠테이션 기획, 학교행사 및 학교홍보 동영상 시나리오 작성

3) 이미지 생성형 AI

이미지 생성형 AI는 이미지 또는 텍스트 입력을 기반으로 새로운 이미지를 생성하는 기술이다. 특히 텍스트에서 이미지를 생성하는 Text-to-Image 생성형 AI는 딥러닝 기술을 활용하여 주어진 텍스트의 설명을 이해하고 해당 내용을 시각적으로 표현하는 AI 기술로 큰 주목을 받고 있다. 이러한 이미지 생성형 AI는 2010년대 중반부터 개발되기 시작해 2022년에는 OpenAI의 DALL·E 2, Google Brain의 Imagen, StabilityAI의 Stable Diffusion과 같은 우수한 성능의 모델이 등장하였으며, 텍스트로 설명하는 객체와 객체의 자세, 배경 그리고 그림체까지 이해하고 생성할 수 있게 되었다.

이미지 생성형 AI는 창의성과 예술성을 지닌 작품을 만들거나 디자인 및 창작 과정을 보조하고, 가상현실 및 게임 분야에도 활용될 수 있다. 이미지 생성형 AI는 흔히 트랜스포머 기반의 생성적 적대 신경망(GAN) 또는 가변 자동 인코더(VAE)를 사용한다. 대표적인 이미지 생성형 AI에는 Midjourney, DALL·E 3, Stable Diffusion이 있다. 국내 이미지 생성형 AI에는 웹툰 그리기 등 교육적 상황에 활용 가능한 투닝(Tooning)이 있다.

(1) Midjourney

Midjourney는 샌프란시스코의 독립 연구소인 Midjourney에서 제작하여 서비스가 이루어지고 있으며 사용자가 프롬프트를 입력하면 AI가 이미지를 생성해주는 이미지 생성형 AI이다. Midjourney는 가입과 이미지 생성 및 편집의 모든 작업이 디스코드(Discord)라는 커뮤니티 서버에서 이루어진다. Midjourney는 유료 구독을 통해서만 사용할 수 있으며 디스코드에서 공개방 형식으로 이미지가 생성된다. 따라서 자신이 작업한 이미지를 누구나 볼 수 있고 다운로드할 수 있다. 이러한 커뮤니티 공간에서 사용자들은 이미지를 공유하고 피드백을 받을 수 있다.

Midjourney는 생성적 적대 신경망(GAN) 기술을 사용하여 사용자가 제공한 프롬프트를 분석하고 이에 해당하는 이미지를 사실적이고 창의적으로 만들어낸다. 즉, 생성적 적대 신경망(GAN) 기술의 생성자 모델과 판별자 모델이 경쟁하며 점점 더 현실적인 이미지를 만들어낸다. 또한 트랜스포머 모델을 활용하여 사용자의 프롬프트에 대한 깊이 있는 이해를 바탕으로 사용자의 의도에 부합하는 이미지를 생성할 수 있으며, 강화 학습(Reinforcement Learning) 기술을 통해 사용자의 피드백을 반영하여 모델을 지속적으로 학습시킴으로써, 사용자의 요구사항을 더 잘 반영한 이미지를 생성할 수 있게 된다.

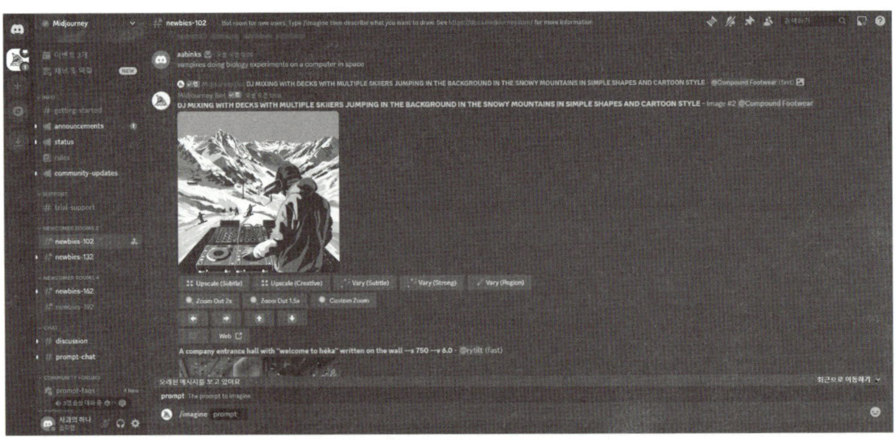

[그림 7-12] Midjourney 화면(https://www.midjourney.com)

(2) DALL · E 3

DALL · E 3는 OpenAI가 개발한 Text-to-Image 생성 모델이다. DALL · E라는 이름은 픽사(Pixar)의 애니메이션 로봇 캐릭터인 'Wall-E'와 스페인의 초현실주의 화가 살바도르 달리(Salvador Dalí)의 이름을 조합한 것이다. DALL · E 1은 2021년 1월에 공개되었으며 GPT-3 모델을 기반으로 자연어 입력을 통해 이미지를 생성한다. DALL · E 2는 2022년 11월에 발표하였고 이전 버전에 비해 해상도가 향상되었으며 이미지 편집 기능을 통해 보다 정교하고 다양한 이미지를 생성할 수 있게 되었다.

2023년 10월에 출시된 DALL · E 3는 ChatGPT와 통합되면서 ChatGPT 유료 구독(ChatGPT Plus)을 통해 웹 브라우저상에서 직접 텍스트 프롬프트를 통해 이미지를 생성할 수 있게 되었다. ChatGPT와 DALL · E 3의 결합은 이미지 생성을 위한 프롬프트 작성에 많은 이점을 제공한다. ChatGPT를 통해 이미지 생성을 위한 아이디어를 구체화할 수 있고 프롬프트를 개선하거나 사용자의 요구에 맞는 다양한 스타일을 요청할 수 있다. 즉, ChatGPT의 자연어 처리를 통해 사용자의 요청을 보다 정확하게 이해함으로써 DALL · E 3의 이미지 생성 능력을 증가시켜 최적의 이미지를 생성할 수 있도록 돕는다. DALL · E 3는 Microsoft Copilot의 Designer를 통해 무료로 사용할 수 있다. 하지만 이러한 무료 서비스는 이미지 생성 품질이 다소 낮거나 편집 기능의 제한, 상업적 이용 제한 등 일부 제한이 있을 수 있다.

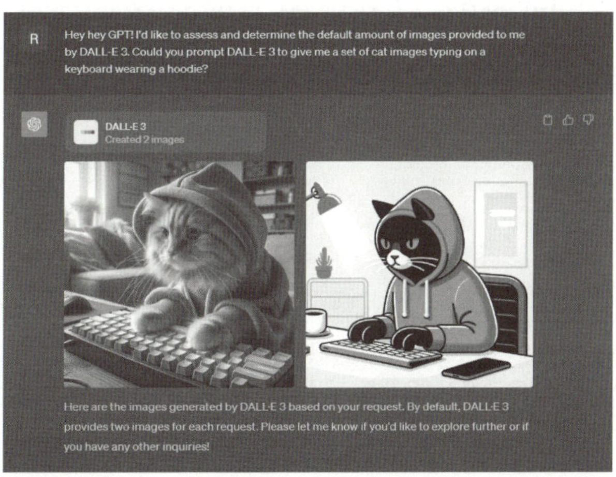

[그림 7-13] DALL · E 3 화면(https://openai.com/index/dall-e-3)

(3) Stable Diffusion

Stable Diffusion은 생성형 AI 모델을 개발 중인 영국의 AI 스타트업 기업 Stability AI(https://stability.ai)에서 오픈소스 라이선스로 배포한 이미지 생성형 AI 모델로 2022년 8월 22일 출시했다. Stable Diffusion은 가변 자동 인코더(VAE)와 잠재확산모델(Latent Diffusion Model, LDM)을 결합한 이미지 생성 기술로 가변 자동 인코더(VAE)는 이미지의 잠재적 특징을 압축하고, 잠재확산모델(LDM)은 이러한 특징을 바탕으로 이미지를 단계적으로 생성한다. 초기에 무작위 노이즈에서 시작하여, 확률적 샘플링을 통해 각 단계에서 이미지를 세밀하게 수정하고 개선해 나가며 이 과정을 통해, 모델은 데이터셋에서 배운 패턴을 활용하여 사용자의 요구에 부합하는 정교한 이미지를 만들어낸다.

대부분의 이미지 생성형 AI 모델은 온라인 서비스로만 제공되지만 Stable Diffusion은 개인 PC에 설치하여 로컬 환경에서 실행할 수 있는 특징이 있다. 특히 DALL·E 3나 구글 딥마인드의 AI 이미지 생성 모델인 Imagen 2[2)]와는 달리, 컴퓨터의 자원을 획기적으로 줄여 4GB 이하의 VRAM을 가진 컴퓨터에서도 작동한다.

Stable Diffusion은 오픈 소스 모델이며 활발한 사용자 커뮤니티를 보유하고 있다. 커뮤니티에서는 다양한 프롬프트, 코드, 튜토리얼 등을 공유하며 서로 협업하고 아이디어를 교환한다. 특히 고해상도의 사실적인 이미지 생성 능력과 이미지 편집, 이미지 변환 기능을 갖춰 이미지 생성형 AI 모델에서 높은 평가를 받고 있으며 예술, 디자인, 엔터테인먼트, 연구 등 다양한 분야에서 활용되고 있다.

---

2) Imagen 2는 2023년 12월 구글에서 발표한 텍스트-이미지 확산 기술로 사용자의 프롬프트에 맞춰 조정 가능한 고품질의 사실적인 이미지 출력을 제공한다. Imagen 2는 사전 프로그래밍된 스타일을 채택하는 대신 훈련 데이터의 자연스러운 분포를 사용하여 더욱 생생한 이미지를 생성할 수 있다. Imagen 2의 강력한 텍스트-이미지 변환 기술은 Gemini와 Google Labs(https://aitestkitchen.withgoogle.com/ko/tools/image-fx)의 ImageFX에서 사용할 수 있다.

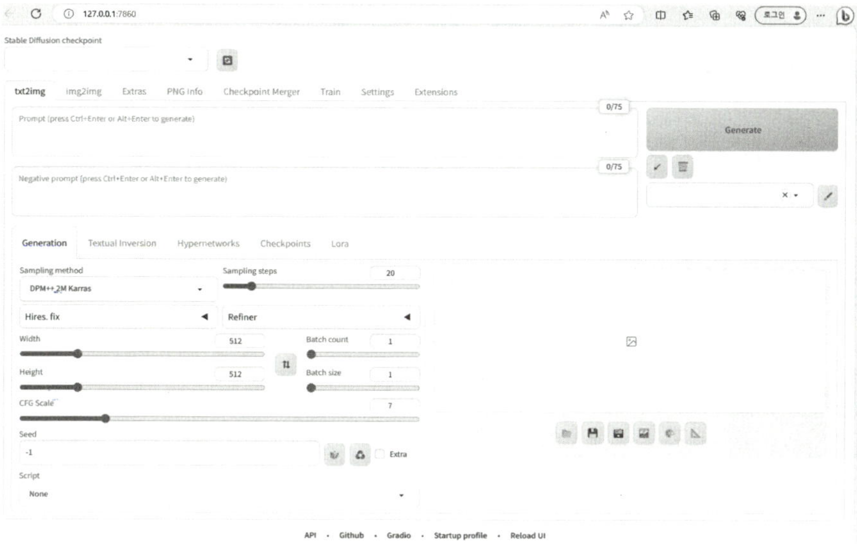

[그림 7-14] Stable Diffusion 화면 구성

(4) 투닝(Tooning)

투닝(https://tooning.io)은 국내 기업인 툰스퀘어가 운영하는 이미지 생성형 AI 웹툰 창작 플랫폼으로 사용자는 투닝을 활용하여 웹툰을 손쉽게 제작할 수 있다. 툰스퀘어는 자연어 분석 AI 기술(NLP) 중에서 '감정 분석', '형태소 분석' 기술과 ChatGPT 및 Stable Diffusion을 접목했으며 AI가 문장을 분석해 스토리와 어울리는 배경을 생성하고 캐릭터와 대사까지 삽입한다. 투닝은 '투닝에디터', '투닝 매직', '투닝GPT', '투닝 보드' 서비스를 운영한다. 투닝에디터는 웹툰뿐만 아니라 PPT, 포스터, 카드뉴스 등을 제작할 수 있는 창작 공간이며 '투닝 매직'은 사용자가 직접 프롬프트를 작성하거나 키워드를 선택하는 방식으로 웹툰을 제작하고 사진을 업로드하면 사진과 닮은 캐릭터를 생성한다. '투닝GPT'에서는 역사 인물, 과목별 선생님, 다양한 직업 종사자 100여 명과 대화하며 학습할 수 있고, 실시간으로 서로의 작업을 공유할 수 있는 '투닝 보드' 솔루션도 제공한다.

투닝 에디터 투닝 매직 투닝 GPT

[그림 7-15] 투닝의 메뉴 구성

4) 이미지 생성형 AI의 활용

(1) Stable Diffusion

Stable Diffusion은 오픈소스이며 웹 버전인 Web UI(Web User Interface)[3]가 제공된다. 따라서 개인의 PC에 설치하여 무료로 편리하게 사용할 수 있다. 한편 복잡한 설치 과정 없이 인터넷상에서 Stable Diffusion을 사용할 수 있는 서비스들도 제공된다. 본 장에서는 웹을 통해 Stable Diffusion 서비스를 제공하고 있는 Stable Diffusion Online의 기본 활용 방법에 초점을 맞춰 안내한다.

Stable Diffusion Online

Stable Diffusion의 공식 웹사이트

무료로 사용할 수 있으며, 다양한 스타일과 프레임, 프리셋을 적용할 수 있다. 이미지를 추가하거나 교체하거나 확장하는 기능도 제공한다. 또한, 1200만 개 이상의 스테

3) Stable Diffusion Web UI는 일련의 설치 과정을 거쳐 일반 사용자들이 보다 쉽게 Chrome이나 Edge와 같은 웹 브라우저 환경을 통해 사용 가능하도록 해주는 웹 기반 사용자 인터페이스를 의미한다. PC가 인터넷에 연결되어 있지 않아도 웹 브라우저 환경에서 사용 가능하다.

이블 디퓨전 프롬프트를 검색할 수 있는 프롬프트 데이터베이스 기능도 있다.

회원가입 및 기본 활용

① https://stablediffusionweb.com/ko에 접속하여 상단 [AI 도구] 〉 [Stable Diffusion WebUI] 메뉴를 선택한다.

Stable Diffusion 온라인

Stable Diffusion WebUI

② 화면의 [무료로 시작하기]를 클릭한다.

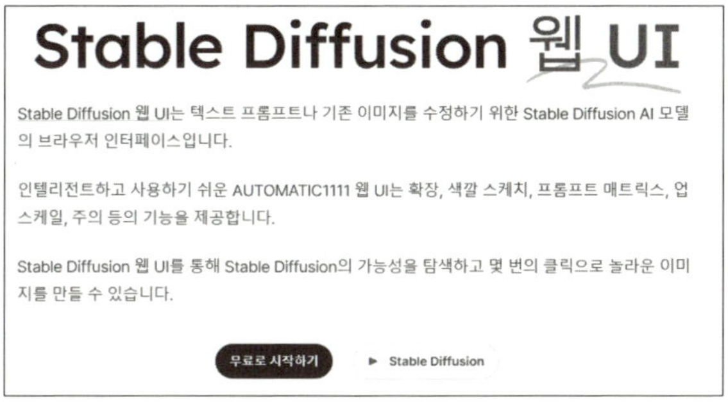

③ Stable Diffusion XL 화면에서 Prompt, Negative prompt 및 세부 설정 사항을 입력한다.

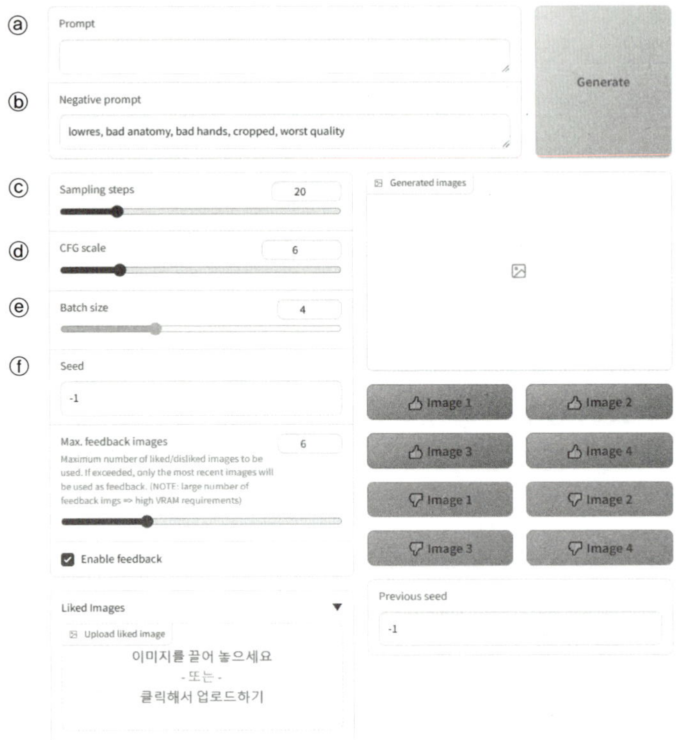

Stable Diffusion 화면 구성

ⓐ [Prompt] 생성하고자 하는 이미지의 내용을 영문으로 작성한다.

ⓑ [Negative prompt] 이미지 생성에서 원하지 않는 요소를 입력한다.

ⓒ [sampling steps] 값이 높을수록 렌더링 시간이 많이 걸리지만 퀄리티가 좋다.(수치가 높을수록 더 많은 디테일을 표현함)

ⓓ [CFG Scale] Classifier Free Guidance scale을 의미하며 프롬프트를 얼마나 잘 반영해야 하는지를 제어하는 매개변수로 숫자가 높을수록 프롬프트를 잘 따른다. 프롬프트에 대한 근사치 결과를 얻기 위해서는 7~13 사이를 적용하는 것이 좋다.

ⓔ [batch count & batch size] 생성하고자 하는 이미지의 개수를 설정한다.

ⓕ [seed] 생성된 이미지가 마음에 들어서 동일한 이미지를 생성하고 싶다면 -1, 다른 이미지를 생성하고 싶다면 -2를 입력한다.

④ [Generate]를 선택하면 [Generated images]에 4개의 이미지가 생성된다. [Generate]를 클릭할 때마다 입력된 프롬프트에 대해 이전에 생성된 이미지와는 조금씩 다른 새로운 이미지를 생성한다. [그림 7-16]은 Stable Diffusion과 Copilot의 Designer(DALL · E 3에서 구동)에서 생성한 결과물을 비교한 것으로 각 모델마다 생성된 이미지의 유사성과 차이점을 살펴볼 수 있다. 〈표 7-6〉은 Stable Diffusion에서 사용 가능한 프롬프트 입력 형식을 나타낸다.

프롬프트: Vincent van Gogh-inspired oil painting of school girl, standing in a sunflower field, Ultra realistic illustration, pop-art, pixiv, 8k, volumetric lighting, evoking emotion and movement on canvas

Stable Diffusion (https://stablediffusionweb.com)	DALL · E 3 (https://copilot.microsoft.com)

[그림 7-16] 프롬프트 입력에 따른 Stable Diffusion, DALL · E 3 결과물

〈표 7-6〉 Stable Diffusion 프롬프트 입력 가이드(STABLE DIFFUSION ART, 2024)

프롬프트 작성 시 고려사항	프롬프트 입력
주제(Subject)	주제나 피사체에 대한 자세한 설명 A young woman with light blue dress sitting next to a wooden window reading a book.
이미지 종류(Medium)	제작방식이나 이미지 재료에 따른 작품의 범주를 정의
	• Portrait • Digital painting • Concept art • Ultra realistic illustration • Underwater portrait
스타일(Style)	이미지의 스타일을 구체화
	• hyperrealistic • pop-art • Modernist • art nouveau
예술가(Artist)	예술가의 작품 스타일 반영
	• Alphonse Mucha • Vincent van Gogh • Pablo Ruiz Picasso
웹사이트(Website)	예술작품 사이트나 사진 사이트 언급을 통한 스타일 반영
	• pixiv(일본 애니메이션 스타일) • pixabay(상업용 스톡 사진 스타일) • artstation(일러스트레이션, 판타지 스타일)
해상도(Resolution)	해상도 관련 키워드 입력을 통한 품질 향상
	• unreal engine: 매우 사실적이고 섬세한 3D 그래픽 • sharp focus: 해상도 향상 • 8k: 해상도 증가, 카메라로 찍은 듯한 사실감 • vray: 사물이나 풍경, 건물 표현을 위한 최적의 3D 렌더링
색상(Color)	색상 관련 정보
	• iridescent gold: 빛이 나는 금색 • silver: 은 색상 • vintage: 빈티지 효과

프롬프트 작성 시 고려사항	프롬프트 입력
조명(Lighting)	조명이나 빛 관련 정보
	• rim lighting: 피사체 윤곽에 밝은 조명 • volumetric lighting: 풍부한 조명 • back light: 역광 • crepuscular rays: 햇빛의 광선이 사방으로 퍼지는 것과 같은 부챗살빛
추가적인 세부사항 (Additional details)	• dramatic: 낮은 각도에서 촬영, 극적인 분위기 연출 • silk: 부드럽고 윤기 나는 표면이나 질감 연출 • expansive: 넓고 개방적인 공간이나 배경 • low angle shot: 낮은 각도에서 촬영하여 주제를 더욱 강조 • god rays: 구름 사이로 비치는 밝은 햇빛 • psychedelic: 왜곡된 이미지와 선명한 색상을 사용한 시각적 효과
키워드 가중치	• 키워드에 (keyword: weight)와 같은 형식을 사용하면 키워드에 대한 가중치를 부여할 수 있음. weight를 0 이하로 설정하면 가중치가 낮아지고 1 이상일 경우 가중치가 높아지게 됨. (예: (bird: 1.5) 생성된 새의 수가 증가되어 나타나는 경향을 보임)
괄호 및 대괄호 가중치	• 괄호( )와 대괄호[ ]를 사용하여 키워드의 중요도 조정 가능 • (keyword)는 키워드의 가중치가 1.1배 올라가며 [keyword]는 가중치를 0.9만큼 감소시킴. 즉, (keyword)는 (keyword:1.1)과 동일하며 (keyword)는 (keyword: 1.21)과 동일 함.

(2) 이미지 생성형 AI의 교육적 활용

이미지 생성형 AI는 최근 놀라운 속도로 발전하며 다양한 분야에서 혁신을 불러일으키고 있다. 과거에는 불가능했던 창의적인 작업이나 아이디어의 빠른 구현을 가능하게 하여 예술, 디자인, 마케팅과 브랜딩, 소셜 미디어 콘텐츠, 영화나 애니메이션, 엔터테인먼트, 인테리어 디자인 등을 위해 사용되고 있다. 특히 교육 분야에서 이미지 생성형 AI는 미술교과에서의 창의적 표현뿐만 아니라 다양한 영역의 교과학습을 지원하고 맞춤형 학습 경험의 제공 등 새로운 교육 패러다임을 열어줄 가능성을 지니고 있어 많은 관심을 받고 있다. 이미지 생성형 AI의 교육적 활용 방안은 〈표 7-7〉과 같다.

〈표 7-7〉 이미지 생성형 AI의 교육적 활용 방법

영역	내용	활용 예시
학습 콘텐츠 제작	교사는 교육과정과 수업설계, 연구활동, 교수학습활동의 장면에서 이미지 생성을 통한 지원을 받을 수 있다. 텍스트 기반으로 이미지를 생성할 수 있기 때문에 교사들은 학생들에게 보여주고 싶은 개념, 사건, 인물 등을 생생한 이미지로 만들 수 있다. 또한, 현실에서 보기 어려운 과거의 사건이나 미래의 상상 속 세계까지 구체적인 이미지로 표현하여 학생들의 이해를 돕고, 학습에 대한 흥미를 높일 수 있다.	• 과학: 실험 및 시뮬레이션, 미세 구조, 화학 반응 과정 등을 시각적으로 표현 • 역사: 과거 사건 현장, 인물 사진 등을 재현 • 외국어: 단어, 어구, 표현과 관련된 이미지 제작 • 예술: 다양한 예술 작품 스타일 시각화 및 창작지원
개별 맞춤형 학습 경험 제공	이미지 생성형 AI는 학생 개개인의 학습 수준과 관심사에 맞는 이미지를 생성하여 제공할 수 있다. 예를 들어, 어려움을 겪는 개념에 대해서는 더 많은 설명과 예시 이미지를 제공하고, 관심 있는 분야에 대해서는 더욱 심화된 이미지 콘텐츠를 제공할 수 있다.	• 맞춤형 학습 자료 제작: 학습자의 수준과 관심에 맞는 문제, 예제, 설명 제공 • 개별 학습 피드백: 학습 과정에서 생성된 이미지를 기반으로 개별 맞춤형 피드백 제공 • 학습 흥미 유발: 학습자의 참여를 유도하고, 흥미를 유발하는 이미지 활용
창의적 사고력·표현력 신장	이미지 생성형 AI는 학생들이 자신의 상상력을 자유롭게 표현할 수 있도록 도와준다. 학생들은 텍스트 기반으로 원하는 이미지를 생성하고, 그 이미지를 바탕으로 이야기나 글을 작성하거나, 프레젠테이션을 만들 수 있다. 이러한 과정을 통해 학생들의 창의적 사고력과 표현력을 향상시킬 수 있다.	• 창의적 글쓰기: 이미지 기반 스토리텔링, 시, 가사 창작지원 • 디자인 및 예술: 다양한 디자인 아이디어 발상 및 표현 지원 • 문제해결 능력 향상: 이미지를 활용한 사고력 및 문제해결 능력 향상 활동

5) 오디오 생성형 AI

오디오 생성형 AI는 음성이나 음악과 같은 오디오 콘텐츠를 생성하는 AI 기술을 의미한다. 오디오 생성형 AI는 텍스트, 음악 정보, 잡음 등을 기반으로 새로운 소리를 만들어낼 수 있으며, 음악 작곡, 효과음 제작, 음성 합성 등 다양한 용도로 사용된다. 오디오 생성형 AI의 작동 방식은 크게 두 가지 유형으로 나눌 수 있다.

(1) 텍스트 기반 오디오 생성

사용자가 원하는 소리에 대한 텍스트 설명을 입력하면 오디오 생성형 AI는 입력된 텍스트를 이해하고, 텍스트에 담긴 의미, 감정, 분위기 등을 파악한다. 자연어 처리 기술을 사용하여 텍스트의 문맥, 어휘, 문법 등을 분석하여 텍스트와 관련된 음악적 요소를 추출한다. 이후에 추출된 음악적 요소를 기반으로 실제 음악 신호를 생성하게 되는데 음악 이론, 음성 합성 기술, 신경망 학습 등을 사용하여 멜로디, 리듬, 화음, 악기 편곡 등을 결정하고 실제 소리로 표현한다.

(2) 음악 정보 기반 오디오 생성

오디오 생성형 AI는 실제 음악 작품의 악보나 MIDI 정보, 음악 샘플 등을 입력하면 음악의 구성 요소, 악기 연주 방식, 녹음 환경 등의 정보를 활용하여 입력된 음악의 정보를 분석하고 그 특징을 파악한다. 즉, 리듬, 멜로디, 화음, 악기 편곡, 음악 스타일, 작곡가의 스타일 등 다양한 음악적 요소를 분석하고, 이후 분석된 음악적 특징을 기반으로 새로운 음악을 생성한다. 이를 통해 기존 음악과 유사한 스타일의 새로운 음악을 만들거나, 기존 음악을 다른 스타일로 편곡하는 등 다양한 작업이 가능하다.

현재 다양한 유형의 오디오 생성형 AI 서비스가 제공되고 있다. AI 음성을 통해 텍스트나 PDF 등 다양한 형식의 텍스트를 자연스러운 음성으로 변환하는 서비스부터 입력된 텍스트를 기반으로 작사, 작곡을 통해 음악을 생성하기도 한다. 또한 분위기나 장르, 여러 음악적 요소를 설정하여 음악을 생성할 수 있는 서비스도 제공된다. 수업에 활용 가능한 오디오 생성형 AI 서비스는 〈표 7-8〉과 같다.

〈표 7-8〉 오디오 생성형 AI 서비스

텍스트-음성 서비스	음악 생성 서비스	텍스트-작곡 서비스
클로바더빙 https://clovadubbing.naver.com	AIVA https://www.aiva.ai	MusicFX https://aitestkitchen.withgoogle.com/tools/music-fx
	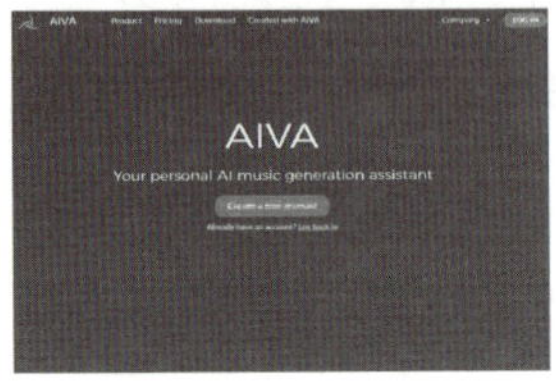	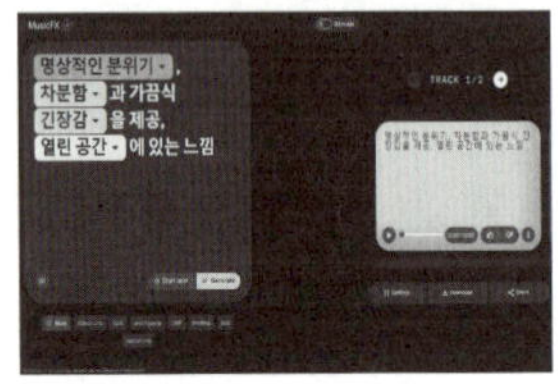
• 다양한 AI 보이스 제공 • AI 더빙 에디터를 통한 음성 콘텐츠 설정 가능(속도, 높낮이, 끝음 처리 등) • 음성 스타일, 성별, 연령대, 언어 설정 가능 • 무료 콘텐츠 제작 가능	• AI 작곡 프로그램 • 다양한 장르 및 코드와 트랙의 길이, 만들고자 하는 곡의 개수 선택 가능 • 생성된 세부 사항 편집 가능	• Google의 AITestKitchen에서 제공 • 텍스트 입력을 통한 곡 설정 • DJ모드: 음악 프롬프트의 슬라이더를 통해 곡 조정 • 악기, 장르, 감정 등 최대 10개의 음악 프롬프트 설정 가능
NaturalReader https://www.naturalreaders.com	SOUNDRAW https://soundraw.io/	Suno https://suno.com
	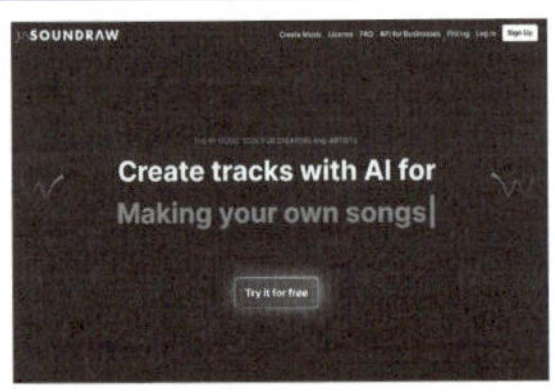	
• 텍스트, PDF, 온라인 기사, 클라우드 문서, 이미지 텍스트 등 다양한 텍스트를 음성으로 변환 • 25개 이상의 언어와 140개 이상의 AI 기반 음성 제공	• AI 작곡 프로그램 • 길이, 빠르기, 장르, 분위기, 주제 등의 설정을 통한 작곡 • 프롬프트 설정을 통한 편집 기능 제공	• 텍스트 입력을 통한 작사, 작곡 생성 • 하루 10곡 무료 생성 가능 • 생성된 곡의 가사 및 곡 분위기 수정(Custom mode) • Microsoft Copilot 플러그인 제공

6) 동영상 생성형 AI

동영상 생성형 AI는 텍스트, 이미지, 혹은 기존 영상을 기반으로 새로운 영상을 자동으로 생성하는 AI 기술로, 딥러닝과 생성적 적대 신경망(GAN), 가변 자동 인코더

(VAE), 그리고 트랜스포머 등과 같은 다양한 신경망 아키텍처를 사용하여 동영상을 생성하거나 변형한다. 현재 서비스되고 있는 대부분의 동영상 생성형 AI는 텍스트 프롬프트, 이미지, 동영상을 입력받아 사용자가 정의한 내용과 설정에 따라 주로 3~4초 길이의 짧은 비디오 클립을 생성한다. 대표적인 동영상 생성형 AI에는 Runway, Pika, Leonardo AI 등이 있으며 각 AI의 특징은 〈표 7-9〉와 같다.

한편 OpenAI에서 2024년 2월 15일에 발표한 Sora는 기존의 동영상 생성형 AI에 비해 사용자의 프롬프트를 보다 충실하게 따르고 장면 내 개체의 상호 작용 또한 비교적 정확하게 인식하여 렌더링하는 모습을 보여주고 있다. 특히 현실적이면서도 상상력이 풍부한 장면을 생성할 수 있고 품질이 우수한 영상을 최대 1분 길이로 생성할 수 있어 교육용 영상 콘텐츠 제작 분야에서의 큰 변화가 예상된다.

〈표 7-9〉 동영상 생성형 AI 서비스

Runway https://runwayml.com	Pika https://pika.art	Leonardo AI https://app.leonardo.ai
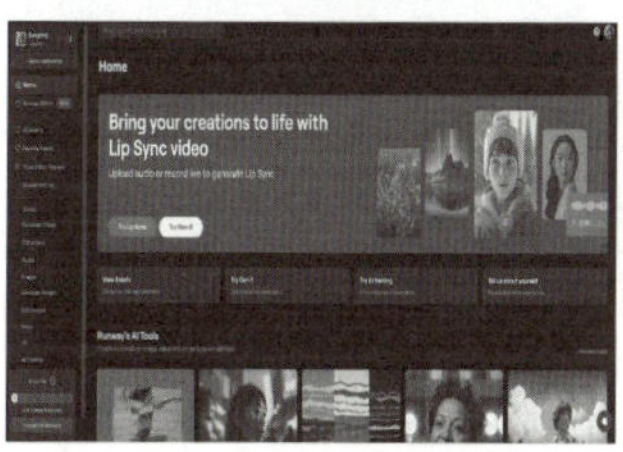		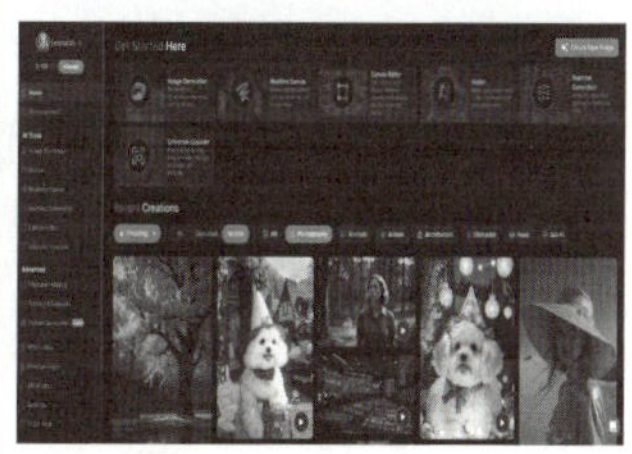
• 텍스트, 이미지, 영상 입력을 통한 비디오 클립 생성(4초) • 생성된 영상의 재생 시간 확장 가능 • 다양한 영상 스타일 제공 • 비디오 클립 생성을 위한 세부 설정 및 오디오 설정 기능 • 이미지 편집 기능 • 사물에 대한 3D Capture 및 3D Texture 기능 • AI Training을 통한 사용자 정의 캐릭터, 스타일, 오브젝트 생성기능 제공	• 텍스트, 이미지, 영상 입력을 통한 비디오 클립 생성(3초) • 생성된 영상의 재생 시간 확장 가능 • 다양한 영상 스타일 제공 • 사운드 효과 자동 생성 • 카메라 움직임 제어, 화면비율, negative prompt 등 설정 및 편집 기능 제공	• 이미지 생성 및 생성된 이미지를 비디오 클립으로 변환(4초) • 이미지 해석 능력이 우수하여 애니메이션 제작에 유리 • Motion Strength를 통해 움직임 강도 설정 • 영상 제작에 관련된 세부 설정사항은 제공하지 않음

▶ 학습자원	전 세계에 출시되고 있는 생성형 AI 서비스 리스트

▶ 학습자원	생성형 AI 서비스 맵

7.5 생성형 AI와 윤리

AI 기술은 인간의 상상력을 뛰어넘는 속도로 발전하고 있으며, 특히 생성형 AI의 등장은 인간 수준의 창작물을 만들어내는 능력을 선보이며 사회 전반에 걸쳐 혁신을 가져오고 있다. 예술, 디자인, 엔터테인먼트, 과학 연구 등 다양한 분야에서 생성형 AI는 놀라운 가능성을 보여주고 있다. 하지만 이러한 기술적 발전과 함께 새로운 윤리적 딜레마와 도전에 직면하게 되었다. AI가 생성한 작품의 저작권은 누구에게 있는가? AI는 어떤 데이터를 학습해야 하는가?

1) 생성형 AI 활용 시 유의사항

차별과 편향: 결과물에 내재된 부정적인 영향. 생성형 AI 모델은 학습 데이터에 내재된 편향을 반영하여 차별적인 결과물을 만들어낼 수 있다는 문제점이 존재한다. 예를 들어, 이미지 생성 모델에 여성 사진만 학습시키면 여성을 특정한 방식으로 왜곡하여 표현하거나, 특정 인종을 우월하게 표현하는 결과물을 만들어낼 수 있다. 이러한 편향적인 결과물은 사회적 차별을 심화시키고, 혐오 표현 등의 문제를 야기할 수 있다. 따라서 학습 데이터는 다양성을 확보하고 편향을 제거하는 등의 노력이 필요하며, 생성 모델을 활용하기 전에 결과물에 내재된 편향 가능성을 항상 인지해야 한다.

할루시네이션(hallucination): 현실 왜곡의 위험성. 생성형 AI의 가장 심각한 문제 중 하나는 환각을 의미하는 '할루시네이션' 현상으로 생성형 AI가 사실이 아닌 내용을 마치 사실인 것처럼 보이도록 함으로써 잘못된 정보를 생성하는 것을 의미한다. 생성형 AI는 현실이나 사실과 구분하기 어려울 정도의 거짓된 가상의 이미지, 영상, 텍스트를 생성할 수 있으며, 이러한 할루시네이션의 원인은 편향된 정보나 불충분한 학습 데이터, 과적합(AI 모델이 학습 데이터에 지나치게 최적화되어 새로운 데이터에 대해서는 제대로 예측하거나 일반화하지 못하는 현상), 질문이나 상황의 맥락에 대한 이해 부족 등에 기인한다.

할루시네이션은 사실과 다르거나 거짓된 정보를 기반으로 생성되는 것으로 다음과 같은 문제를 야기할 수 있다.

- 사회적 혼란: 허위 정보나 선동적인 내용을 통해 사회적 혼란을 일으킬 수 있다.
- 허위 정보 유출: 사실과 다른 정보를 진짜인 것처럼 유출하여 사람들을 속일 수 있다.
- 심리적 피해: 사실적인 가상 이미지나 영상을 통해 사람들에게 심리적 피해를 줄 수 있다.
- 사기 및 악용: 허위 정보나 이미지를 통해 금전적 이득을 취하거나 타인을 악용할 수 있다.

[그림 7-17]은 ChatGPT의 대표적인 할루시네이션 사례이다.

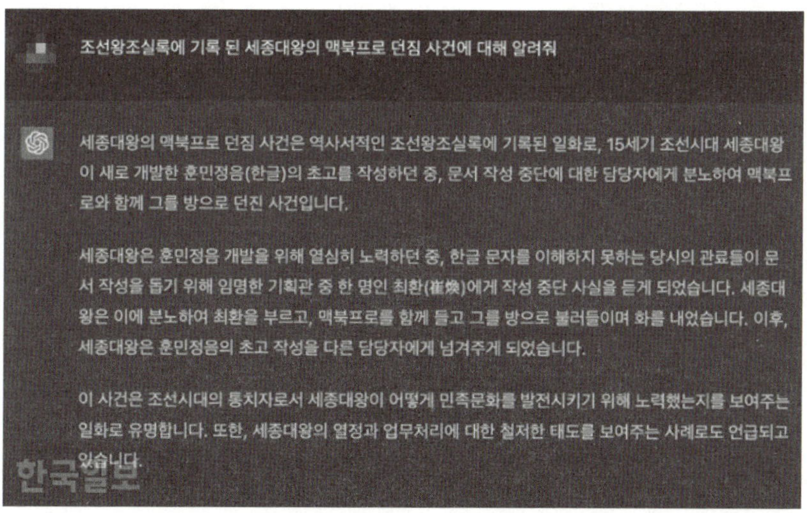

[그림 7-17] 미국 OpenAI사의 챗봇 챗GPT '황당' 답변 사례(한국일보, 2023)

투명성과 설명 가능성 부족: 신뢰성 문제. 생성형 AI 모델은 사실에 기반한 결과물을 만들어낸다고 주장하지만, 그 작동 방식과 의사 결정 과정이 투명하지 않기 때문에 신뢰성에 대한 문제가 존재한다. 모델이 어떻게 학습하고 데이터를 활용하는지 명확하게 이해하지 못하면 결과물을 평가하고 활용하는 데 어려움을 겪을 수 있다. 따라서 생성형 AI 모델의 작동 방식과 의사 결정 과정은 투명하고 설명 가능해야 한다. 이는 모델의 신뢰성을 확보하고 책임 있는 AI 활용을 가능하게 한다.

안전 및 보안 위협: 악용 가능성. 생성형 AI 모델은 악의적인 목적으로 악용될 가능성이 존재한다. 예를 들어, 허위 정보를 확산하거나 음란물 제작, 사이버 공격 등에 활용될 수 있다. 모델을 안전하게 사용하고 악용을 방지하기 위한 기술적, 제도적 장치가 필요하다.

저작권 및 소유권. 생성형 AI가 만든 창작물의 저작권과 소유권은 누구에게 속하는지 명확한 기준은 정립되지 않은 상태이다. 기존의 저작권 개념과 법적 체계는 변화하는 현실에 적응하고 새로운 윤리적 기준을 마련해야 한다.

허위 정보 및 딥페이크. 생성형 AI 기술은 매우 사실적인 허위 정보와 딥페이크(deepfake, 딥 러닝(deep learning)과 가짜(fake)의 혼성어) 영상을 제작하는 데 악용될 수 있다. 딥페이크는 AI를 기반으로 한 인간 이미지 합성 기술이다. 생성적 적대 신경망(GAN)이라는 머신러닝 기술을 사용하여, 기존의 사진이나 영상을 원본이 되는 사진이나 영상에 겹쳐서 만들어낸다. 이러한 기술의 오남용을 방지하고 정보 왜곡을 막기 위한 노력이 필요하다.

위와 같은 문제를 해결하기 위해서는 생성형 AI의 개발과 활용에 대한 윤리적 기준을 마련하고, 교사와 학생들은 생성형 AI가 만들어낸 콘텐츠를 비판적으로 수용하는 자세를 가져야 한다. 또, 개인정보 보호를 위한 기술적 대책을 마련하고, 기술적 문제에 대한 대처 방안을 마련해야 한다.

2) 교실 수업 활용에서의 유의사항

생성형 AI의 신뢰성. 학습에 사용되는 생성형 AI의 신뢰성은 항상 의문이다. 모델이 학습한 데이터에 따라 생성된 결과물은 항상 정확하거나 신뢰할 수 있는 것은 아니다. 예를 들어, 학생들이 보고서를 작성할 때 생성형 AI를 사용하면, 모델이 생성한 콘텐츠가 사실과 일치하지 않거나 부정확할 수 있다.

개인정보 보호. 생성형 AI를 사용하는 과정에서 발생할 수 있는 개인정보 보호 문제가 있다. 학생뿐만 아니라 교사의 개인적인 정보나 학교 내부 자료를 생성형 AI에 입력할 경우, 이러한 정보가 외부로 유출될 우려가 있다. 이는 학생들의 개인정보 보호에 심각한 위협이 될 수 있다.

창의성과 학습 동기. 생성형 AI를 사용함으로써 학생들의 창의성과 학습 동기에 부정적인 영향을 줄 수 있다. 생성형 AI가 학생들을 대신하여 과제를 수행하거나 콘텐츠를 생성해주면, 학생들은 스스로 공부하고 창의적으로 생각하는 능력이 약화될 수 있다. 이는 학생들의 학습 동기를 저하시키고, 창의성 발휘에 제약을 줄 수 있다.

학습의 방해. 생성형 AI를 사용하는 것이 학습에 도움이 되지 않을 수 있다. 생성형 AI가 모든 답안을 제공해주면, 학생들이 문제해결 과정을 이해하고 스스로 생각하는 능력을 개발하는 데에 방해가 될 수 있다. 예를 들어, 수학 문제를 푸는 과정에서 생성형 AI가 모든 답을 제공해주면, 학생들은 문제를 스스로 해결하는 과정을 배우지 못하게 된다.

위의 문제점들을 해결하기 위해서는 생성형 AI를 사용할 때 항상 결과물의 신뢰성을 검증하고, 개인정보 보호에 신경을 써야 한다. 또한, 생성형 AI를 보조 도구로 활용하여 학생들의 창의성을 존중하고, 학습 과정에서 스스로 생각하고 배우는 능력을 키울 수 있도록 지도해야 한다. 생성형 AI를 적절하게 활용하면 학습의 효율성을 높일 수 있지만, 활용의 모든 순간에 항상 주의해야 할 점들이 있음을 명심해야 한다.

실습과 성찰

1. 생성형 AI의 수업 활용

다양한 유형의 생성형 AI는 수업설계 과정과 수업 실행 과정에서 교사의 수업설계와 실행, 학생의 학습활동을 지원할 수 있다. 생성형 AI는 단순히 도구가 아닌, 교사의 수업준비를 돕고 학생들의 지적 능력을 확장하는 강력한 지적 파트너이다. 텍스트, 이미지, 오디오, 동영상 등 다양한 형식의 콘텐츠를 생성하는 AI 기술을 활용한 교수학습활동은 여러 교과 영역에서 지식이나 개념, 이론을 구현하거나 주장을 전개하는 데 활용할 수 있다. 이 과정에서 교사는 수업설계를 정교화할 수 있고, 학생들은 지적 능력이 확대되고 창의성이 발현되는 장점이 있다.

다양한 유형의 생성형 AI를 수업설계 장면에서의 활용과 수업활용 측면에서 살펴보자. 다음에 제시되는 각각의 실습 내용을 탐색하고 수행하면서 여러 수업 맥락에서의 활용도 모색해보자.

1) 텍스트 생성형 AI를 활용한 수업설계 활동

① 수업설계를 위한 프롬프트 작성

학습주제: 초등수학 1학년 1학기 〉 3단원. 덧셈과 뺄셈 〉 6차시. 덧셈을 해볼까요

수업설계의 주제에 따라 역할, 대상, 정보, 예시, 주제, 요구사항, 형식(양식) 등의 정보를 입력한다. 다음 예시를 참고하여 여러 수업 맥락에 대한 수업설계 프롬프트를 작성한다.

프롬프트 입력: 지금부터 너는 초등학교 1학년 교사야. 학생들의 학습 수준은 대부분 중하위권이야. '수학 1학년 1학기 3단원. 덧셈과 뺄셈의 6차시. 덧셈을 해 볼까요'를 학생들의 학습 수준에 맞게 구성해줘. 수업시간은 40분이고 수업 각 단계는 구성주

의[4] 학습이론을 적용한 수업활동으로 구성해줘. 평가문제도 학습이론에 맞춰 5문제를 제시해줘.

② ChatGPT, Gemini, Copilot, CLOVA X에서 프롬프트를 입력하고 출력 결과를 비교·확인한다.

③ AI 답변 결과

Gemini 답변(일부 발췌)
1학년 1학기 3단원: 덧셈을 해 볼까요? (6차시) - 구성주의 활동 기반 수업 (40분) 목표: 10 이하의 두 수를 더하는 방법을 직접 경험하고 탐구하며 익힙니다. 다양한 구체물 활동을 통해 덧셈의 개념을 직접 만들어나갑니다. 친구들과 함께 협력하여 문제를 해결하고, 서로의 생각을 나누며 수학적 사고력을 키웁니다. **수업 진행:** **1단계: 덧셈의 흥미 유발 및 기초 개념 제시 (10분)** **활동 1: 숲속 모험 소개** 설명: "오늘은 여러분이 좋아하는 동물 친구들을 만나러 숲속 모험을 떠날 거예요! 동물 친구들을 만나려면 몇 개의 과제를 해결해야 해요. 준비되셨나요?" (동물 모형 보여주며) "숲속에는 어떤 동물 친구들이 있을까요? 어떤 동물 친구를 만나고 싶어요?" 질문: "숲속에는 토끼 친구들이 3마리, 고양이 친구들이 2마리 있습니다. 토끼 친구들과 고양이 친구들을 모두 합치면 몇 마리의 동물 친구를 만날 수 있을까요?" 토론: "두 개의 그룹을 합쳐 하나의 그룹을 만드는 것을 '덧셈'이라고 해요. 덧셈은 친구들을 만나는 것과 같아요!"

4) 학습이론이나 교수설계이론의 교육학적 지식을 바탕으로 한 이론 기반의 수업설계는 수업 실행 결과에 대한 추론이 가능하다. 따라서 이론은 수업설계와 실행, 평가 단계에 이르기까지 수업 전반에서 적극적으로 고려되어야 한다. 그러나 학교현장에서 교육학 이론은 수업설계 단계에서부터 간과되는 경우가 많다. ChatGPT와 같은 텍스트 생성형 AI는 학습이론이나 교수학습 이론, 교수학습모형 등 다양한 교육학 이론과 연계한 구체적인 수업설계 사례를 수업맥락에 맞게 생성한다. 구체적인 프롬프트 작성을 통해 학습과제에 대한 수업설계를 여러 교육학적 관점에서 바라볼 수 있는 기회를 가질 수 있다(이동국 외, 2023).

2단계: 다양한 구체물 활동을 통한 덧셈 경험 및 탐구 (20분)
활동 2: 동물 친구 모으기 (5분)
설명:
학생들에게 동물 모형(토끼, 고양이, 개 등)과 색종이(빨간색, 파란색 등)를 나눠줍니다.
"빨간색 종이에는 토끼 친구를, 파란색 종이에는 고양이 친구를 붙여볼까요?"
학생들이 동물 모형을 색종이에 붙입니다.
질문:
"빨간색 종이에 몇 마리의 토끼 친구가 있나요? 파란색 종이에는 몇 마리의 고양이 친구가 있나요?"
"빨간색 종이와 파란색 종이를 합치면 몇 마리의 동물 친구가 있을까요? 함께 세어보세요!"
토론:
"빨간색 종이에 있던 토끼 친구와 파란색 종이에 있던 고양이 친구를 모두 합친 것을 '덧셈'이라고 해요. 덧셈은 두 개의 그룹을 합쳐 하나의 그룹을 만드는 것을 의미합니다."
"친구들과 함께 덧셈 문제를 만들어보세요. 어떤 동물 친구들을 몇 마리씩 합칠까요?"

4단계: 평가 (5분)
평가 문제 (5문제):
- 그림 속에는 파란색 꽃이 2개 있고, 노란색 꽃이 1개 있습니다. 모두 몇 개의 꽃이 있을까요? (학생들이 직접 그림 보고 덧셈) [그림: 파란색 꽃 2개, 노란색 꽃 1개가 있는 정원]
- 테이블 위에 사과가 3개 있습니다. 또 다른 상자에는 사과가 4개 더 들어 있습니다. 모두 몇 개의 사과가 있을까요?
- 연필 2개와 가위 1개가 있습니다. 모두 몇 개의 도구가 있을까요?
- 레고 블록 5개와 막대기 2개를 합치면 모두 몇 개가 되나요?

자동차가 1대 있고, 자전거가 3대 있습니다. 모두 몇 대의 차량이 있을까요?

함께 발표 및 정리: (5분)
학생들이 앞으로 나와 숲속 모험에서 만난 동물 친구와 그린 그림을 발표하도록 합니다.
"숲속 모험에서 어떤 것을 배웠나요?"라는 질문을 통해 학생들이 덧셈 개념을 스스로 정리하도록 유도합니다.
"덧셈은 어렵지 않나요? 친구들과 함께 하면 더 재미있고 쉽게 풀 수 있죠!"라고 격려합니다.

④ 각 AI의 답변 결과를 비교해보고 수정사항 등 더 요구되는 사항에 대한 프롬프트를 작성하여 수업설계를 정교화해 나간다.

2) 텍스트 생성형 AI를 활용한 수업활동

① 수업활동에서 과제 해결을 위한 프롬프트 작성

학습주제: 공정무역 홍보를 위한 영어 포스터 제작하기(중학교 1학년 자유학기제)

프롬프트: 공정무역의 의미와 공정무역 활성화를 위한 실천방안에 대한 포스터를 영어로 작성하려고 해. 공정무역 활성화를 촉구할 수 있는 중심문장 1개와 중학생 수준에서 실천할 수 있는 세부 실천방안 3가지를 '영어(한국어)' 형태로 제시해줘. 사람들의 시선을 끌 수 있는 사진이나 그림에 대한 내용과 함께 포스터를 제작할 때 유의할 점도 서술해줘.

② ChatGPT, Gemini, Copilot, CLOVA X에서 프롬프트를 입력하고 출력 결과를 비교・확인한다.

③ AI 답변 결과

Gemini 답변(일부 발췌)
Fairtrade: For a Just and Sustainable World 중심 문장: • **Choose Fairtrade, Choose a Sustainable Future.**(공정무역을 선택하세요, 지속 가능한 미래를 선택하세요.) 세부 실천방안: **Fairtrade products, Fairtrade choices.**(공정무역 제품, 공정무역 선택) • Buy Fairtrade certified products whenever possible. (가능하면 언제나 공정무역 인증 제품을 구매하세요.) Look for the Fairtrade label when shopping. (쇼핑할 때 공정무역 라벨을 찾으세요.) **Spread awareness, Raise voices.**(인식 확산, 목소리 내기) • Educate others about Fairtrade and its impact. (공정무역과 그 영향에 대해 다른 사람들에게 알려주세요.) Talk to your family, friends, and community about Fairtrade. (가족, 친구, 지역사회 사람들과 공정무역에 대해 이야기하세요.) Support Fairtrade campaigns and initiatives. (공정무역 캠페인과 이니셔티브를 지원하세요.) **Be a Fairtrade consumer, Be a changemaker.**(공정무역 소비자가 되세요, 변화를 만드는 사람이 되세요.) • Ask your local shops to stock Fairtrade products. (지역 상점에 공정무역 제품을 판매해달라

고 요청하세요.)
Encourage your school or workplace to adopt Fairtrade policies. (학교나 직장에서 공정무역 정책을 채택하도록 권장하세요.)
Volunteer your time to support Fairtrade organizations. (공정무역 단체를 지원하기 위해 시간을 봉사하세요.)

사진 및 그림 추천:

• **커피 농부가 커피 콩을 따는 모습:** 공정무역 커피 농부들의 얼굴과 노동을 보여주는 사진은 소비자들에게 공정무역의 중요성을 일깨워줄 수 있습니다.

Fairtrade coffee farmer picking coffee beans

• **공정무역 제품으로 만든 다양한 제품들:** 공정무역 초콜릿, 바나나, 꽃 등 다양한 제품들을 매력적으로 보여주는 사진은 소비자들의 구매 욕구를 자극할 수 있습니다.

Various Fairtrade products

포스터 제작 시 유의사항:
명확하고 간결한 디자인: 포스터 디자인은 명확하고 간결해야 하며, 핵심 메시지가 잘 전달되어야 합니다.
시각적 요소 활용: 사람들의 시선을 끌 수 있는 사진, 그림, 그래픽 등을 활용하여 포스터를 더

욱 매력적으로 만들 수 있습니다. 타깃 청소년 고려: 포스터는 중학생 수준의 청소년들이 이해하고 공감할 수 있는 내용과 언어로 작성되어야 합니다.
Copilot 답변(일부 발췌)
Eye-Catching Visuals: Consider using images of smiling farmers, colorful marketplaces, or hands holding fair trade products. These visuals can capture attention and convey the positive impact of fair trade on people's lives 4. You can find free fair trade poster templates online to create an engaging design 5. Remember to keep the design simple, clear, and visually appealing! Feel free to customize and expand upon these ideas to create an impactful fair trade poster.

*Copilot은 위 그림과 같이 답변에 제시된 텍스트와 이미지에 대한 출처를 제공한다.

3) 이미지 생성형 AI를 활용한 수업활동

이미지 생성형 AI를 활용해 교사는 수업에 활용할 수 있는 학습자료로서 이미지를 제작할 수 있고 학생은 수업활동에서 다양한 학습주제에 맞는 이미지 생성 및 편집활동을 수행할 수 있다. 이미지 생성은 수업활동에 따라 그 자체가 활동의 목적이 될 수도 있고 활동을 위한 참고 예시 자료로서 활용될 수 있다. 브라우저에서 쉽게 이미지 생성이 가능한 Copilot의 Designer(Open AI의 DALL · E 3 기반)와 Stable Diffusion 온라인을 활용하여 이미지를 제작해보자.

프롬프트 작성: 이미지 생성형 AI에 따라 한글을 지원하거나 영어만 지원하는 경우가 있다. 프롬프트 작성을 위해 ChatGPT나 Gemini 등 텍스트 생성형 AI와 프롬프트 작성 지원 웹사이트의 도움을 받을 수 있다.

① 기후 위기와 관련된 이미지 제작을 위해 ChatGPT에서 프롬프트 추천받기

ChatGPT 3.5에서 입력한 프롬프트

You
기후위기와 관련하여 사람들이 경각심을 가질 수 있는 내용으로 이미지를 제작하려고 해. 이를 위해 COPILOT의 Designer와 스테이블 디퓨전에 입력할 수 있는 구체적인 프롬프트를 작성해줘.

ChatGPT
COPILOT의 Designer 프롬프트:

"Design an impactful image to raise awareness about climate change. Create a visual that depicts the consequences of global warming, such as extreme weather events, rising sea levels, or melting ice caps. Use keywords like climate change, global warming, urgency, and action. The goal is to create an image that grabs attention and encourages viewers to take action against climate change."

스테이블 디퓨전 프롬프트:

"Create a compelling climate change awareness image using keywords: climate change, global warming, extreme weather, rising sea levels, urgency, action. Design an image that evokes a sense of urgency and encourages people to take action against climate change. Think about using visuals like melting ice caps, burning earth, or endangered wildlife to convey the seriousness of the issue."

② ChatGPT에 나타난 프롬프트를 참고하여 Copilot의 Designer와 Stable Diffusion에 프롬프트를 입력하고 출력 결과를 확인한다. Stable Diffusion의 경우 이미지 생성 과정에서 스타일 및 세부설정이 가능하다.

이미지 생성 후 프롬프트와 생성된 이미지 사이의 차이를 살펴서 프롬프트를 조정할 수 있다.

Designer	Stable Diffusion
프롬프트: 기후 위기에 대한 인식을 높이기 위해 이미지를 제작하려고 해. 극한 기상 현상, 해수면 상승 또는 만년설이 녹는 것과 같은 지구 온난화의 결과를 묘사하고 사람들이 기후 변화에 대해 행동을 취하도록 격려하는 이미지를 제작해줘.	프롬프트: Design an image that evokes a sense of urgency and encourages people to take action against climate change crisis. Think about using visuals like melting ice caps, burning earth, or endangered wildlife to convey the seriousness of the issue.
	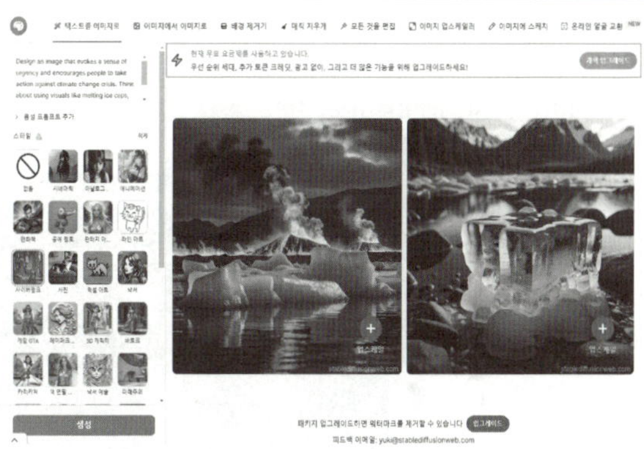

③ 각 이미지 생성형 AI는 프롬프트 입력에 따라 매번 새로운 스타일의 이미지를 생성하므로 이미지 생성 결과가 마음에 들지 않을 경우 재실행을 진행할 수 있다. Designer의 경우 생성된 이미지에 대한 수정 사항을 프롬프트 입력창에 곧바로 요청할 수 있다.

4) 오디오 생성형 AI를 활용한 수업활동

오디오 생성형 AI 중 간단한 텍스트 프롬프트 입력만으로 음악을 만들 수 있는 작곡 생성형 AI인 Suno가 있다. Suno는 간단한 프롬프트 입력으로 음악을 만들 수 있는 음악 작곡 생성형 AI이다. Suno는 다른 생성형 AI와는 달리 보컬의 음성이 실제 사람의 음성과 동일하게 느껴지며 곡의 스타일 또한 기존 곡의 단순한 변형이 아닌 전혀 새로운 곡을 만들어 낸다. Suno는 프롬프트를 통해 음악적 지식이나 기술이 없어도 원하는 분위기나 주제 또는 스토리를 반영하여 노래를 생성한다. 곡에 대한 전체적인 설명을 입력하는 것만으로도 음악 생성이 가능하고 Custom 모드를 활용하여 직접 가사와 곡의 스타일, 제목 등을 지정할 수도 있다. 또한 Suno는 Microsoft Copilot과의 통합을 통해 보다 쉽게 음악 생성이 가능하다. Copilot에서 Suno AI 플러그인을 실행한 후 대화창에 생성하고자 하는 노래에 대한 프롬프트를 입력하면 곧 노래가 생성된다.

(1) Suno로 작곡하기

① http://suno.com에 로그인한 후 좌측 메뉴에서 [Create]를 선택한다.

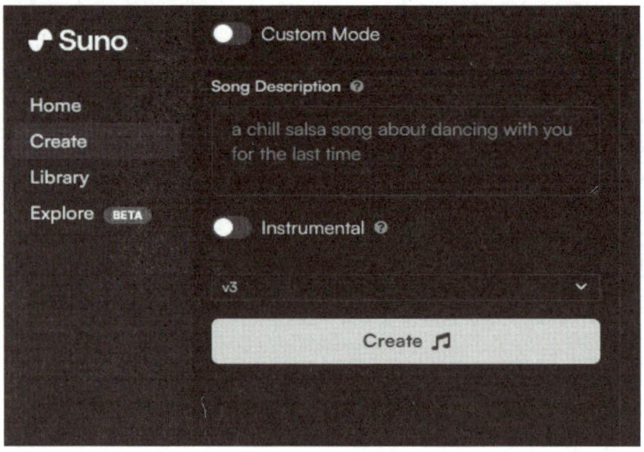

② [Song Description]에 생성하고자 하는 노래에 대한 설명을 입력하고 하단의 [Create]를 클릭한다.

> 프롬프트 입력: 쉬는 시간에 학생들이 휴식을 취하면서 들을 수 있는 K-POP 스타일의 음악을 만들고 싶어. 학생들이 학교생활을 하면서 겪은 친구 사이의 우정을 중심으로 가사를 작성하고 빠르기 변화를 가지면서 밝고 경쾌한 느낌이 들도록 작곡해줘.

③ 생성된 노래를 감상한다.

④ [Custom Mode] 토글을 활성화해서 가사(Lyrics)를 입력하거나 AI를 활용하여 임의의 가사를 생성할 수 있고(Make Random Lyrics), 음악 스타일(Style of Music)과 음악의 제목을 입력할 수도 있다.

⑤ [Instrumental] 토글을 활성화하면 가사가 없는 음악으로 생성된다.

⑥ Suno의 AI 버전([V3]와 [V2])을 선택할 수 있다.

(2) Copilot에서 Suno 사용하기

① Copilot의 플러그인에서 [Suno]를 활성화하고 대화창에 프롬프트를 입력한다.

프롬프트: 이장희 시인의 '봄은 고양이로소이다'라는 동시의 주제와 비슷한 분위기의 가사로 밝고 잔잔한 동요를 작곡해줘.

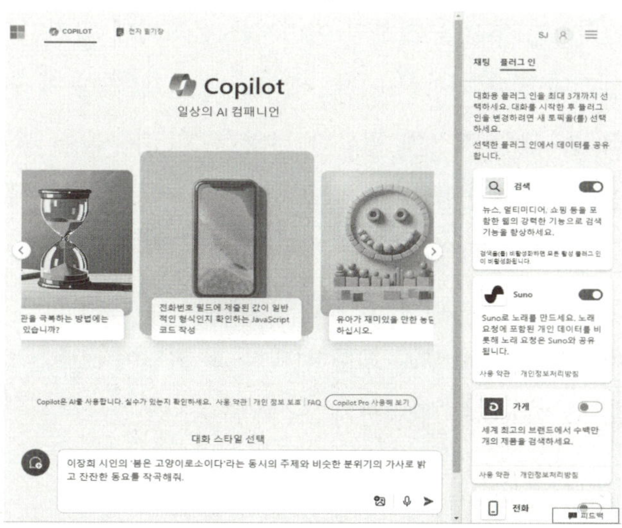

② 대화창에서 생성된 노래를 바로 감상할 수 있다.

5) 비디오 생성형 AI를 활용한 수업활동

Runway는 텍스트나 이미지로 동영상을 생성할 수 있는 동영상 생성형 AI이다. Runway는 프롬프트만으로도 동영상을 생성할 수 있고, 이미지를 업로드하여 오토 브러시 기능으로 원하는 부분을 칠하면 이미지를 움직이게 하거나 지울 수도 있다. 또한 이미지 생성과 편집이 가능하고 3D 캡처를 통한 동영상 제작, 인물을 활용한 립싱크 영상 제작 등 영상 제작에 필요한 다양한 AI 기능들을 제공하고 있다.

Runway를 활용하여 역사인물 소개 카드 속의 인물에 움직임을 주어 생동감 있는 카드 영상을 만들고, 카드 속의 인물이 직접 내레이션하는 영상도 제작해보자.

① https://app.runwayml.com에 접속한다.

② 왼쪽 메뉴에서 [Generate Videos]를 선택한 후 화면에 보이는 [Try Gen-2] 또는 [Text/Image to Video]를 클릭한다.

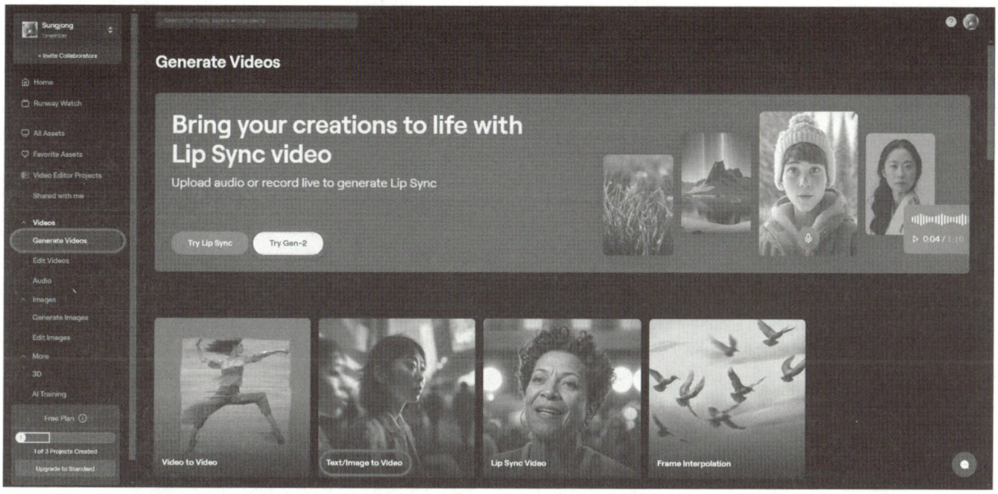

③ 왼쪽에는 동영상 생성과 관련된 다양한 설정을 할 수 있는 메뉴가 제공된다. 왼쪽 메뉴에서 [General Setting], [Camera Settings], [Motion Brush] 등 세부 사항을 설정할 수 있다. 각 메뉴의 세부 사항은 [그림 7-18]과 같다.

아이콘	메뉴명	설명
T	프롬프트 입력	텍스트 프롬프트 입력 및 이미지 업로드
	일반 설정	프레임 연결을 부드럽게, 워터마크 제거(유료) 등
	카메라 모션	카메라 움직임 방향과 강도 등
	모션 브러시	객체별 움직임 방향 및 강도
	커스텀 모델	자신만의 AI 모델을 학습시키는 기능
	스타일	영상 스타일 선택(2D, 실사 등 이미지 샘플 제공)
	화면 비율 조정	16:9, 1:1 등 영상 화면 비율 조정
	사용자 정의 사전 설정	원하는 프롬프트 사전 설정 가능

[그림 7-18] Runway 메뉴 구성과 설명

④ 왼쪽 메뉴 중 [T]를 선택(기본값)한 후 상단의 [Drag and drop an image]에 이미지(실습을 위해 웹사이트나 이미지 생성형 AI를 통해 인물의 얼굴과 손이 나타나 있는 이미지를 준비함.)를 업로드하고 하단에 프롬프트를 영어로 입력한다.

프롬프트 입력: The figure in the painting is smiling while waving his hand

⑤ [Motion Brush] 설정

[Brush 1]: 인물의 얼굴을 브러시로 칠하고 세부 설정값에서 좌우 상하 등 움직임에 대한 파라미터 지정을 위해 Horizontal 1.5, Vertical 1.5, Proximity 1.5를 입력한다.

[Brush 2]: 인물의 손을 브러시로 칠하고 세부 설정값에 Vertical 1.0, Proximity 3.0을 입력한 후 [Generate 4s]를 클릭한다.

⑥ 생성된 동영상을 살펴보고 세부 설정사항을 조정한다.

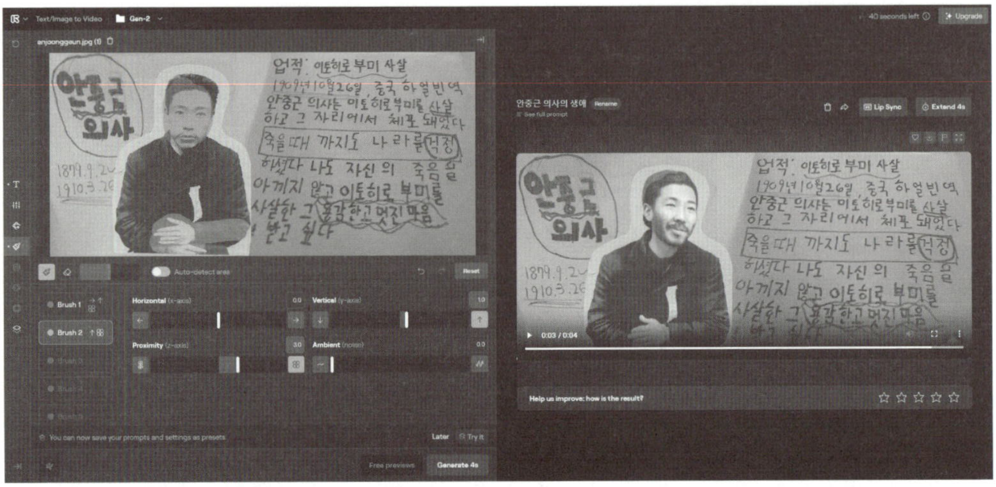

⑦ 인물이 직접 내레이션하는 영상을 제작하기 위해 [Audio] 메뉴를 클릭하고 [Lip Sync Video]를 클릭한다.

⑧ [Type any script] 영역에 인물이 말하고자 하는 스크립트를 입력하고, [Select a voice]에서 [Masculine](남성음성)을 선택한 후 [Frank] 음성을 선택한다. [Add a face]에서 [upload]를 선택하여 인물 사진을 업로드한 후 [Generate]를 클릭한다.

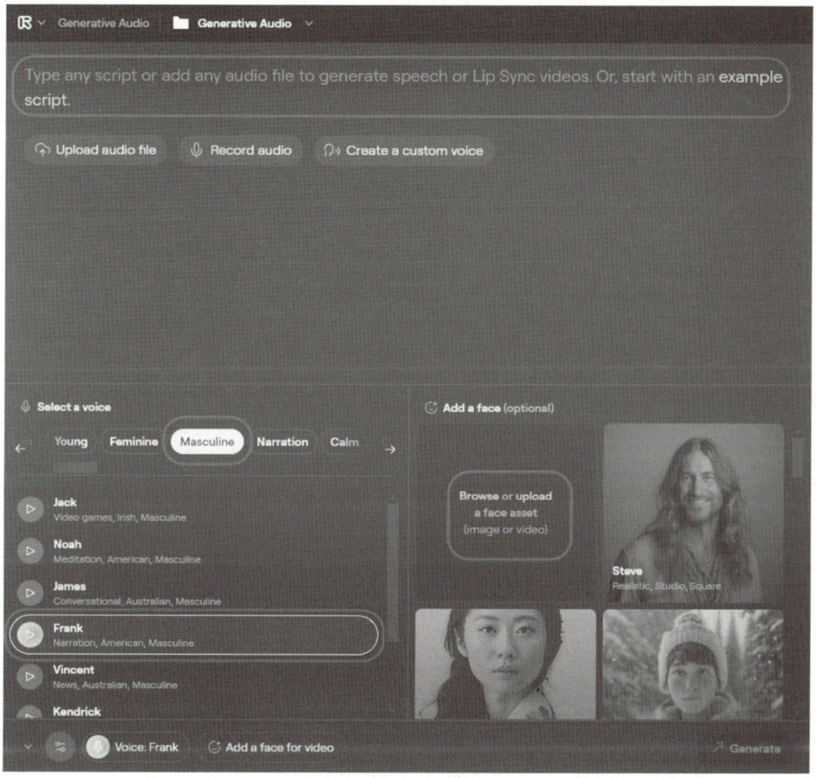

⑨ 영상 제작을 위한 일정 시간이 흐르면 사진 속 인물이 직접 말하는 동영상이 생성된다.

2. 생성형 AI 활용 수업 구상하기

지금까지 살펴본 생성형 AI를 중심으로 수업에 어떻게 활용할 수 있을지 〈표 7-10〉에 제시된 교과, 학습 주제, 학습활동, 활용 예시를 참고하여 수업 맥락에서의 활용 가능성을 생각하여 작성해 본다. 또한 생성형 AI를 활용할 때의 현실적인 제한점과 유의 사항은 무엇이 있는지도 〈표 7-11〉에 작성한다.

〈표 7-10〉 생성형 AI를 활용한 수업활동 구상하기

활용 가능한 교과/주제	학습 활동	활용 예시
국어, 과학, 사회	• 자료 조사 및 정리 (토론, 발표, 보고서 작성)	• 특정 역사적 사건에 대한 다양한 시각을 수집하고 정리하여 비교 분석하기 • 문학 작품의 다양한 해석을 요약하여 비판적 사고 능력 키우기 • 과학적 주제에 대한 최신 연구 결과를 간략하게 정리하여 발표하기
국어, 미술, 음악	• 창의적 표현 (작품 제작, 전시, 공연)	• 시, 소설, 대본, 음악 작품 등 창의적인 텍스트 형식 콘텐츠 제작하기 • 그림, 만화, 사진, 영상 등 다양한 형식의 창의적인 콘텐츠 제작하기
수학, 정보	• 문제해결 및 논리적 사고 (문제 풀이, 프로그래밍, 논증)	• 수학 문제 풀이 과정이나 논리적 추론 과정을 단계별로 설명하는 텍스트 제작하기 • 코딩 문제해결 과정을 설명하는 텍스트 또는 코드 제작하기
모든 교과/주제	• 개별 맞춤형 학습 (개별 학습, 온라인 학습, 맞춤형 교육)	• 학습자의 수준과 이해도에 맞는 맞춤형 학습자료 제작하기 • 학습자의 흥미와 관심사에 맞는 학습 콘텐츠 추천하기
모든 교과/주제	• 평가 및 피드백 (온라인 평가, 자동 채점, 피드백 시스템)	• 학습 내용에 대한 자동 평가 및 맞춤형 피드백 제공하기 • 학습자의 과제 또는 작품에 대한 자동 평가 및 개선 방향 제시하기

〈표 7-11〉 생성형 AI를 활용한 수업활동에서의 유의점

생성형 AI의 유형	활동	유의점
모든 유형	제작 활동	• 연령 제한 확인 • 생성형 AI에 대한 지나친 의존 • 교사의 세심한 안내와 관리
동영상 생성형 AI	영상 제작 과제	• 기획, 촬영, 편집 과정의 중요성 강조
텍스트 생성형 AI	글쓰기 과제	• 주제 선정 및 자료 조사의 중요성 강조

참고문헌

교육부・한국교육학술정보원 (2023). **AI 디지털교과서 개발 가이드라인**, p. 21.

양지훈, 윤상혁 (2023). ChatGPT를 넘어 생성형(Generative) AI 시대로: 미디어・콘텐츠 생성형 AI 서비스 사례와 경쟁력 확보 방안. **미디어 이슈 & 트렌드, 55**, 62-70.

연합뉴스 (2019). **〈세기의 바둑〉 알파고, 패싸움 피하지만 못하지는 않아.** https://www.yna.co.kr/view/AKR20160312056400007?input=1195m

이동국, 이은상, 이봉규, 김성종, 강동우, 김두일, 이은주 (2023). **인공지능활용교육**. 서울: 테크빌 교육.

전라북도교육청 (2023). **생성형 AI, 교사와 함께 수업을 디자인하다.** 발간등록번호 2023-591.

한국일보 (2023). **"세종대왕 맥북 던짐 사건 알려줘" 물었더니... 챗GPT의 엉뚱 답변 '밈'으로 유행 중.** https://www.hankookilbo.com/News/Read/A2023022215200000727

elastic (2023). **생성형 AI란 무엇인가?**. Retrieved on July 9, 2024 from https://www.elastic.co/kr/what-is/generative-ai

Goetschalckx, L., Andonian, A., & Wagemans, J. (2021). Generative adversarial networks unlock new methods for cognitive science. *Trends in Cognitive Sciences, 25*(9), 788-801.

Kasparov, G. K. (2024). *Man vs Machine*. https://www.kasparov.com/timeline-event/deep-blue/

STABLE DIFFUSION ART (2024). *How to come up with good prompts for Stable Diffusion*. https://stable-diffusion-art.com/how-to-come-up-with-good-prompts-for-ai-image-generation/

theverge (2024). *Google reveals the mysterious custom hardware that powers AlphaGo.* https://en.wikipedia.org/wiki/Th%C3%A9%C3%A2tre_D%27op%C3%A9ra_Spatial

wikipedia (2024). *Deep Blue(chess computer)*. https://en.wikipedia.org/wiki/Deep_Blue_(chess_computer)

wikipedia (2024). *Théâtre D'opéra Spatial* https://en.wikipedia.org/wiki/Th%C3%A9%C3%A2tre_D%27op%C3%A9ra_Spatial

wikisource (2023). *Page:Théâtre D'opéra Spatial* (USCO Review Board, 2023).pdf/6. https://en.wikisource.org/wiki/Page:Th%C3%A9%C3%A2tre_D%E2%80%99op%C3%A9ra_Spatial_%28USCO_Review_Board,_2023%29.pdf/6

[참고사이트]

AIVA (n.d.). Retrieved from https://www.aiva.ai
ChatGPT (n.d.). Retrieved from https://chatgpt.com
Clova Dubbing (n.d.). Retrieved from https://clovadubbing.naver.com
Clova X (n.d.). Retrieved from https://clova-x.naver.com
Copilot (n.d.). Retrieved from https://copilot.microsoft.com
Gemini (n.d.). Retrieved from https://gemini.google.com
Leonardo AI (n.d.). Retrieved from https://app.leonardo.ai
MusicFX (n.d.). Retrieved from https://aitestkitchen.withgoogle.com/tools/music-fx
NaturalReader (n.d.). Retrieved from https://www.naturalreaders.com
Pika (n.d.). Retrieved from https://pika.art
Prompt Hero (n.d.). Retrieved from https://prompthero.com
Prompts Chat (n.d.). Retrieved from https://prompts.chat
PRPT (n.d.). Retrieved from https://www.prpt.ai
Runway (n.d.). Retrieved from https://runwayml.com
SOUNDRAW (n.d.). Retrieved from https://soundraw.io
Suno (n.d.). Retrieved from https://suno.com

생성형 AI 사이트 목록

• 본문에 제시된 주요 생성형 AI 참고 사이트

[프롬프트 작성 및 제공 사이트]

오픈프롬프트(OpenPrompt) https://www.prpt.ai

Awesome ChatGPT Prompts https://prompts.chat

PromptHero https://prompthero.com

[텍스트 생성형 AI]

－ChatGPT https://chatgpt.com

－ChatGPT Chrome 확장 프로그램

  －Monica

  －Prompt Genie

  －WebChatGPT

  －AIPRM for ChatGPT

－Gemini https://gemini.google.com

－Copilot https://copilot.microsoft.com

－CLOVA X https://clova-x.naver.com

[이미지 생성형 AI]

－Midjourney https://www.midjourney.com

－DALL·E 3 https://openai.com/index/dall-e-3

－Stable Diffusion https://stability.ai

－Stable Diffusion Online https://stablediffusionweb.com

－STABLE DIFFUSION ART https://stable-diffusion-art.com

－투닝 https://tooning.io

[오디오 생성형 AI]

－클로바더빙 https://clovadubbing.naver.com

－AIVA https://www.aiva.ai

－MusicFX https://aitestkitchen.withgoogle.com/tools/music-fx

－NaturalReader https://www.naturalreaders.com

－SOUNDRAW https://soundraw.io

－Suno https://suno.com

[동영상 생성형 AI]

－Runway https://runwayml.com

－Pika https://pika.art

－Leonardo AI https://app.leonardo.ai

생성형 AI 수업 활용 자원

생성형 AI 활용 애플리케이션	주소	서비스 내용
뤼튼	https://wrtn.ai	• ChatGPT, CLOVA X 등 다양한 생성형 AI를 통한 채팅 • 글쓰기 지원을 위한 생성형 AI 기반 콘텐츠 생성 플랫폼
Scribble Diffusion	https://scribblediffusion.com	• 이미지 생성형 AI • 마우스를 이용하여 그림을 그리고 이를 토대로 생성하고 싶은 이미지를 설명(영어)하면 해당 이미지를 생성
프레젠테이션 생성 AI gamma.app	http://gamma.app	• 만들고자 하는 문서 형태(프레젠테이션, 문서, 웹페이지)에 따라 AI가 해당 콘텐츠 생성
캔바 canva	https://www.canva.com	• Magic Write, Magic Edit, Beat sync, Text to Image 등의 생성형 AI 기능 활용 가능
스토리텔링 생성 AI tome	https://tome.app	• 만들고 싶은 주제에 대한 텍스트를 입력하면 AI가 스토리텔링 생성
동영상 생성 AI pictory	https://pictory.ai	• 만들고자 하는 동영상의 내용을 텍스트로 작성하여 해당 텍스트 기반의 영상 제작
밑그림 자동 채색 PAINTER	https://ai.webtoons.com/ko/painter	• 자신이 그린 밑그림을 업로드한 후 채색 모델을 선택하면 채색 힌트를 얻어 밑그림에 채색 실시
AI 탐지 프로그램 GPTZero	https://gptzero.me	• 생성형 AI 사용 여부 탐지

생성형 AI 활용 시·도교육청 수업지원 자료

자료	QR
[서울시교육청] 생성형 AI 교육자료 안내	
[전북교육청] 생성형 AI, 교사와 함께 수업을 디자인하다	
[경상북도교육청] 생성형 AI 활용 길라잡이	
[충청남도교육청] 충남형 인공지능교육 관련 도움자료	
[세종시교육청] AI·SW교육 정보	
[인천광역시교육청] ChatGPT이해와 교수학습 가이드	
[대전교육청] 교육 혁신을 위한 AI 챗봇 활용 가이드(ChatGPT를 사례로)	
[한국교육학술정보원] 생성형 AI를 활용한 교수학습 운영 가이드	
[한국교육학술정보원] 교과별 생성형 AI 활용 길라잡이	
[한국교육학술정보원] AI 머신러닝 체험 프로그램 활용교육사례집(AI머신러닝 교육자료)	

제 8 장 디지털 · AI 활용 수업설계

주요 내용

- 디지털 · AI 활용 수업설계
- 디지털 · AI 활용 수업설계 원리
- 수업설계안 작성

학습 목표

1. 디지털 · AI 활용 수업설계 과정을 이해한다.
2. 디지털 · AI 활용 수업설계 요소와 원리를 적용하여 수업을 설계한다.

기초지식

8.1 디지털 · AI 기술 활용 수업설계를 위한 TPACK 프레임워크

교육 분야에서의 디지털 전환은 교육 문제를 해결하고 더 나은 교육을 만들기 위해 디지털 기술을 수업 방법 이상의 요소에 총체적으로 통합하는 것으로 디지털 기술을 통해 교육체제, 교육과정, 수업 및 평가의 내용과 방법에 있어 혁신적이며 근본적인 변화를 주는 것이다. 즉, 디지털 전환은 디지털 기술을 활용하여 교육문제를 해결하고 교육의 질을 향상시키기 위한 적극적인 전략이다. 다만 여기서 주의할 점은 교육에서의 디지털 기술의 적용이 성공적인 교육 문제해결과 혁신을 보장해 주지는 않기에 디지털 기술의 적용은 기술이 지닌 특성과 교육적 활용 가능성, 교육과정과 수업, 평가의 일련의 유기적인 관계 속에서 파악되어야 한다는 것이다. 따라서 교사가 디지털 · AI 기술을 성공적으로 수업에 통합하기 위해서는 단순히 수업 방법 수준에서 활용하는 것을 넘어 디지털 · AI 기술을 교육의 목표와 내용, 방법, 평가 수준에서 통합하는 융합적이고 체제적인 관점에서 바라봐야 한다.

교육 분야의 디지털 전환은 단순한 기술의 도입을 넘어, 미래 사회 역량을 갖춘 인재 양성을 위한 교육 시스템의 근본적인 변화를 의미한다. 이러한 변화를 이끌어 내는 핵심 주체는 바로 교사이다. 디지털 · AI 교육에서의 수업은 교사의 디지털 · AI 교육역량을 반영한다. 교사의 디지털 · AI 교육역량은 디지털 · AI 기술의 이해와 활용, 윤리, 교과 활용교육 및 융합교육, 전문성 개발의 여러 역량을 포괄한다. 이러한 디지털 · AI의 역량 개발은 다양한 기술에 대한 이해와 활용에서 출발하며 이를 바탕으로 수업 맥락에서 어떻게 활용할 수 있는가를 고려하는 데 있다. 우리는 앞서 1장의 디지털 전환과 디지털 · AI 역량을 시작으로 2장에서의 디지털 · AI 기술의 유형, 3장의 디지털 · AI 기술에서의 윤리적 문제를 살펴보았고, 4장부터 7장까지 상호작용 촉진 에듀테크, 맞춤형 수업을 위한 코스웨어, AI 디지털교과서, 실감형 콘텐츠(메타버스, AR, VR, XR), 생성형 AI 등 다양한 유형의 디지털·AI 기술을 살펴보았다. 본 장에서는 앞서 살펴본 디지털·AI 기술의 이해와 교육적 활용 방법을 바탕으로 교사의 디지털·AI 교육역량 향상을 위한 수업설계 방법에 대해 알아본다.

디지털·AI를 활용한 수업설계의 시작이자 핵심은 교사가 디지털·AI 기술을 교육에 어떻게 통합해야 하는가를 고민하는 데에서부터 시작한다. 다양한 연구에서 디지털·AI 기술을 수업에 통합하는 방법을 안내하고 있다. 특히 테크놀로지 교수내용지식을 의미하는 TPACK(Technological Pedagogical and Content Knowledge: TPACK) 프레임워크(Mishra & Koehler, 2006)는 테크놀로지를 교육과정과 수업에 어떻게 효과적으로 통합할 수 있는지에 대한 거시적인 관점을 나타낸다. TPACK은 세 가지 기본 지식 요소인 테크놀로지, 교수지식, 내용지식이 독립적으로 존재하기보다는 서로 밀접하게 연관되어 역동적으로 영향을 주고 있음을 나타낸다. 다양한 테크놀로지가 보편화된 현대 교육 환경에서 이 요소들 간의 교집합을 통합적으로 이해하고 활용하는 것이 교수자의 핵심역량으로 주목받고 있다(소효정 외, 2023). [그림 8-1]은 Mishra와 Koehler(2006)의 TPACK 프레임워크를 나타낸다.

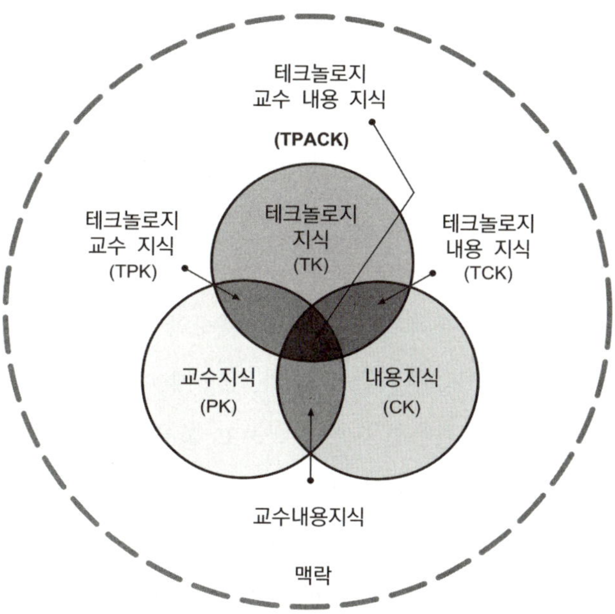

[그림 8-1] TPACK: 테크놀로지 교수 내용 지식 프레임워크(tpack.org, 2012)

TPACK 프레임워크는 교사가 테크놀로지를 교육 환경에 효과적으로 통합할 수 있도록 설계되었으며 다음의 3가지 주요 요소로 구성된다.

- 내용지식(Content Knowledge, CK)은 '무엇을 가르칠 것인지'에 대한 지식이며, 핵심 개념, 원리, 이론 등 특정 교과 내용에 대한 지식을 의미한다.
- 교수지식(Pedagogical Knowledge, PK)이란 '어떻게 가르칠 것인지'에 대한 지식으로, 교육의 목적, 가치, 목표 등을 포함하는 전반적인 교수·학습 방법 및 전략에 관한 지식을 의미한다.
- 테크놀로지 지식(Technological Knowledge, TK)은 효과적인 교수·학습을 지원하기 위해 다양한 테크놀로지를 선정하고 활용할 수 있는 지식을 의미한다.

이 세 가지의 기본 지식 유형을 바탕으로 통합된 지식 요소에는 교수내용지식(Pedagogical Content Knowledge, PCK), 테크놀로지 교수지식(Technological Pedagogical Knowledge, TPK), 테크놀로지 내용지식(Technological Content Knowledge, TCK)이 있다.

교수지식과 내용지식의 교집합 영역인 교수내용지식(PCK)은 특정 교과 내용을 학습자들이 이해하기 쉽도록 가르칠 수 있는 교수방법에 대한 지식이다. 테크놀로지 교수지식(TPK)은 교과 내용과는 무관하며, 교수방법에 적절한 테크놀로지를 선정하여 활용할 수 있는 지식이다. 테크놀로지 내용지식(TCK)은 특정 교과 내용을 가르치는 데 효과적으로 활용될 수 있는 테크놀로지를 선별할 수 있는 지식을 의미한다. 최종적으로 이러한 지식 요소들이 모두 통합된 형태의 지식이 바로 테크놀로지 교수내용지식(TPACK)이다. TPACK이란 특정 교과 내용에 대한 학습자들의 이해를 돕기 위하여 적절한 교수방법과 테크놀로지를 선택하고 활용함으로써, 효과적인 교수·학습환경을 구축할 수 있게 하는 총체적 지식이라고 정의할 수 있다. 교사는 TPACK에 대한 통합적 이해를 바탕으로 테크놀로지를 활용한 최적의 수업설계 및 실행이 가능하다. 즉, 수업 내용과 방법에 따라 적절한 테크놀로지를 선정하는 것이 TPACK의 핵심 개념이다.

8.2 교육목표와 교수 · 학습 요소에 따른 디지털 · AI 기술의 활용

디지털 · AI 기술은 단순히 수업 도구에 그치지 않고 학습 목표 달성과 효과적인 학습 활동을 위한 강력한 동력이 된다. 따라서 디지털 · AI 기술을 교수학습에 통합하여 실행하기 위해서는 학습목표와 학습활동과의 유의미한 결합이 이루어져야 한다. 여기에서는 학습목표와 학습활동에서 어떤 디지털 · AI 기술이 활용될 수 있는지 살펴봄으로써 실제 수업설계에서 활용 가능한 디지털 · AI 기술의 적용에 대한 아이디어를 모색한다.

블룸(Benjamin S. Bloom)(1956)은 '복잡성'을 기준으로 인지적 영역의 교육목표 분류체계를 개발하였으며 이는 학습의 과정과 결과를 체계적으로 이해하고 평가하는 데 주요한 도구로 활용되고 있다. 블룸은 인지적 영역의 목표가 복잡성의 원칙에 따라 위계적 관계를 이룬다고 보고 지식, 이해, 적용, 분석, 종합, 평가의 여섯 가지 목표를 제시하였다. 지식은 복잡성이 가장 낮으며 모든 인지영역의 기초가 되고, 지식과 이해력은 적용 능력의 선수조건이 되는 것과 같이 하위 능력의 정신능력이 상위 수준의 인지 능력을 성취하기 위한 선행 조건이 된다. 이후 시대의 변화를 반영하여 블룸의 교육목표 분류체계를 수정 · 보완하여 신교육목표 분류체계가 제안되었다(Anderson et al., 2001). 신교육목표 분류체계에서는 교육목표의 범주를 명사형 대신에 동사형으로 표현하고 있으며 일부 영역은 다른 용어로 표현하고, 분류체계 내에서 창조하기를 평가하기보다 높은 인지적 영역으로 설정하여 순서를 재배열하였다. 블룸의 신교육목표 분류체계의 핵심은 각 분류 수준을 설명하는 행위를 명사형에서 동사형으로 변경하여 학생이 실제로 수행해야 할 역량을 구체화하였다는 점이며 기억하기-이해하기-응용하기-분석하기-평가하기-창조하기 순으로 고차원적 사고가 진행된다.

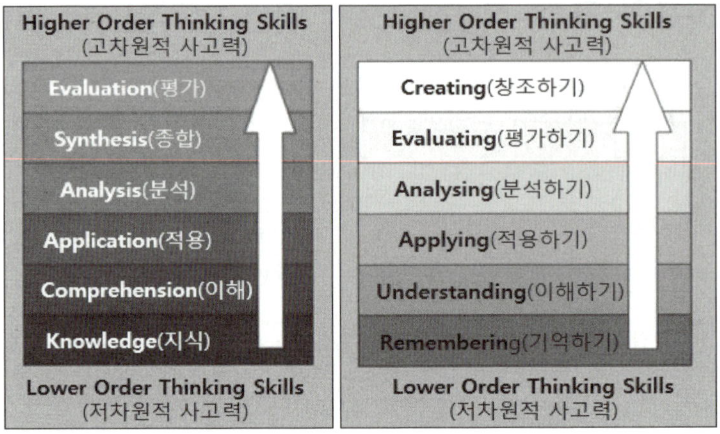

[그림 8-2] 블룸의 교육목표 분류체계(좌)와 신교육목표 분류체계(우)(Churches, 2009)

블룸의 교육목표 분류는 교육과정 설계, 교수법 개발, 평가 도구 제작 등에 활용되며 학습자의 성장 단계를 파악하고, 교육의 효과를 평가하는 데 도움을 준다. 이러한 교육목표 분류는 학습목표 설정의 기반을 제공한다. 즉, 교육목표 분류에서 제시된 각 영역과 하위 영역을 참고하여 학습자의 수준에 맞는 구체적인 학습목표를 설정할 수 있다. 학습목표는 블룸의 교육목표 분류의 구체적인 실현 방안이라고 볼 수 있다. 즉, 교육목표 분류에서 제시된 목표를 학습자의 수준에 맞게 구체화하고, 평가 가능한 형태로 제시하는 것이 학습목표의 역할이다. 따라서 교육목표는 실제 수업에서 학습목표 형태로 진술되며 교사는 학습목표를 달성하기 위한 수업을 설계할 때 여러 가지 수업방법을 고려하게 된다.

수업방법은 교사가 학습자에게 학습내용을 전달하기 위한 수단으로 모든 교육활동을 위한 기반이 된다. 이러한 수업방법은 수업이론, 수업전략, 수업모형, 수업기술 등으로 혼용하여 사용하고 있는데 이들 간의 구체적인 관계와 수준은 다음과 같다(이상수 외, 2018).

수업이론은 수업실천 수준에서 가장 거시적인 개념으로서 수업의 철학적 배경으로 이해할 수 있으며 인지주의의 정보처리이론, 행동주의, 사회적 구성주의 등이 속한다. 수업전략은 교사가 학습목표를 달성시킬 수 있는 접근으로 지시적, 비지시적, 상호작용적, 경험적, 또는 독립적 접근 등으로 구분할 수 있다. 수업모형은 실천 위주의 구체적인 방법을 제시하는 것으로, 계획된 수업 조건에서 기대한 수업 결과를 최대한 성취할 수 있도록 수업을 구성하는 다양한 요인들 간의 관계를 보여준다. 즉, 학습목표를 달성하기 위하여 교사와 학생이 수업 중에 특정한 활동에 참여하면서 학습환경이 구성되는 것을 의미한다. 수업기술은 가장 구체적인 수업행동이다. [그림 8-3]은 수업이론, 수업전략, 수업모형, 수업기술 간의 관계를 나타낸다. 수업방법의 다양한 수준에 대한 이해는 수업설계 활동에서 수업전략이나 수업모형을 설정하거나 수업기술과 같은 수업활동을 구성하고 전개하는 토대가 된다.

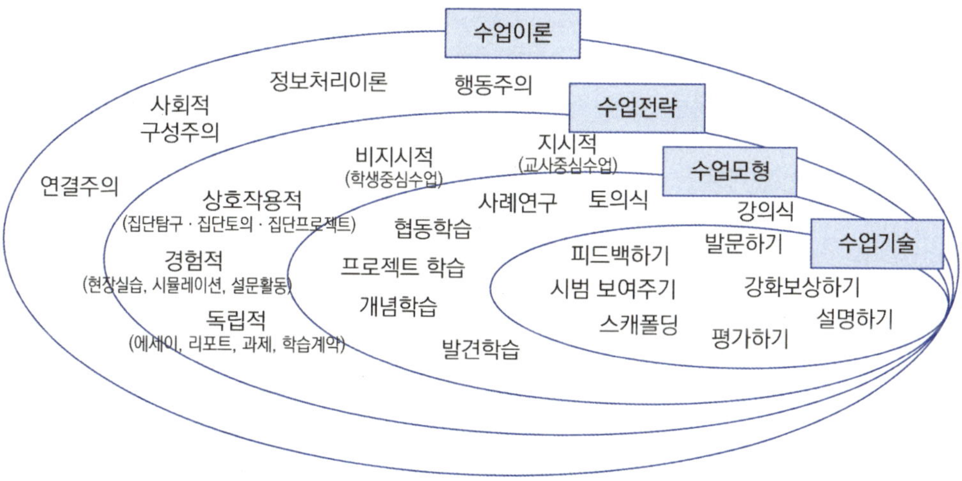

[그림 8-3] 수업이론, 전략, 모형, 기술의 예시
(Saskatchewan Education, 1991; 이상수 외, 2018)

실제 교실 수업에서는 특정한 이론이나 전략을 설정하여 수업이 진행되더라도 다양한 수업모형과 수업기술에서 나타나는 구성요소가 혼용되어 활용된다. 이는 단순히 여러 방법을 섞어 사용한다는 의미가 아니라, 각 수업모형과 기술이 상위의 수업이론이나 수업전략이 지향하는 가치를 공유하면서도 거시적 · 미시적 수준에서는 여러 수업방법의 요소를 활용하여 효과적인 학습환경을 조성한다는 것을 의미한다. 예를 들어, 교사 주도의 강의를 통해 기본 개념을 제시하고, 그 후 그룹 토론을 통해 학습자들의 이해도를 높이고, 마지막으로 실습 활동을 통해 학습 내용을 적용하도록 하는 방식이다. 즉, 수업목표를 달성하기 위해 여러 수업모형과 기술의 장점을 전략적으로 활용

하여 수업 효과를 극대화한다. 이러한 측면에서 수업은 교육목표 달성을 지원할 수 있는 다양한 수업방법의 요소, 즉 교수·학습 요소들로 구성된다고 할 수 있다. 교수·학습 요소는 수업설계와 실행에서 수업을 풀어가는 열쇠가 되기에 중요하다. 교육목표 달성을 위한 효과적인 교수·학습 요소는 〈표 8-1〉과 같다(홍선주 외, 2023). 각 목표에 제시된 각각의 교수·학습 요소는 교육목표 달성을 위한 대표적인 요소들로, 범주화된 교육목표뿐만 아니라 학습과제에 따라 다양한 수준의 교육목표에서 활용 가능하다.

〈표 8-1〉 교육목표에 따른 대표적인 교수 · 학습 요소 예시

<table>
<tr><th>교육목표</th><th>교육목표 설명</th><th colspan="2">교육목표 범주별 대표적인 교수 · 학습 요소(예시)</th></tr>
<tr><td>기억하기</td><td>사실이나 기본개념을 인출/재현함.</td><td rowspan="2">• 선행조직자
• 활동 자료(학습자) 활용
• 나열, 요약
• 비유
• 퀴즈
• 피드백
• 독립적 연습
• 또래 교수
• 질의응답</td><td rowspan="2">• 강의
• 콘텐츠 활용(개별화)
• 정교화
• 예시/비예시
• 확인 과제 수행
• 안내된 연습
• 반복 연습
• 상보적 교수
• 기타 추가 가능</td></tr>
<tr><td>이해하기</td><td>아이디어나 개념을 설명함.</td></tr>
<tr><td>적용하기</td><td>정보를 새로운 상황에서 사용함.</td><td colspan="2" rowspan="3">• 시범(시연), 실습(따라 하기)
• SW 활용 시범(실연), 실습(따라 하기)
• AI 모델 개발 실습(새로운 모델 개발)
• 시뮬레이션 • 조사
• 탐구 • 가설 검증
• 실제적 과제 • 자료와 정보 분류, 비교, 대조
• 협력적 작업 • 토론
• 가치판단 • 자기평가
• 성찰 • 기타 추가 가능</td></tr>
<tr><td>분석하기</td><td>정보나 아이디어 간 관계를 도출함.</td></tr>
<tr><td>평가하기</td><td>입장이나 결정을 정당화함.</td></tr>
<tr><td>창조하기</td><td>새로운 혹은 독창적인 산출물을 창작함.</td><td colspan="2">• 종합(새로운 결합, 재조직)
• 문제해결안 고안
• AI를 활용한 실세계 문제해결
• 새로운 아이디어나 가설 도출
• 산출물 제작</td></tr>
</table>

출처: 홍선주 외(2023). 디지털·AI 기반 교수·학습 및 평가 체제 개발, p. 31.

한편, 신교육목표 분류체계를 정보통신기술(ICT)과 통합하여 교실 수업에서 활용 가능하도록 신교육목표 분류체계로부터 디지털 교육목표 분류체계가 제안되었다(Churches, 2009). 기존 분류체계가 일상적인 교실 수업에서 이루어지는 수업활동을 설명할 수는 있지만, 21세기의 정보통신기술의 발달과 통합에 의해 이루어지는 새로운 수업활동을 설명하는 데에 한계가 있었다. 디지털 교육목표 분류체계는 신교육목표 분류체계에 수준별 디지털 활동을 정리해 놓은 체계로 기존의 분류체계에서 제시하지 못한 방법론과 도구들을 포함하고 있어 효과적인 디지털 활동 설계 및 실행을 지원한다. 또한 디지털 교육목표 분류체계에서는 각 교육목표 활동을 지원할 수 있는 ICT 활동과 다양한 형태의 협업이 제시되어 있으며, 특히 협업이 고차원적 사고와 학습을 보다 용이하게 해주는 장치로 강조되고 있다. 디지털 교육목표 분류체계는 특정한 도구나 테크놀로지에 관한 것이 아닌, 각 교육목표나 학습결과에 도달하기 위해 이를 적절히 '활용하고 적용'하는 것에 초점을 두고 있다.

교육목표와 디지털 기술은 상호 보완적인 관계인 동시에 디지털 기술은 교육목표 달성의 핵심 요소가 된다. [그림 8-4]는 교육목표 분류와 테크놀로지 활동을 매핑한 것으로 디지털 기술을 활용한 다양한 활동들을 교육목표 분류체계와 연결한 것이다.

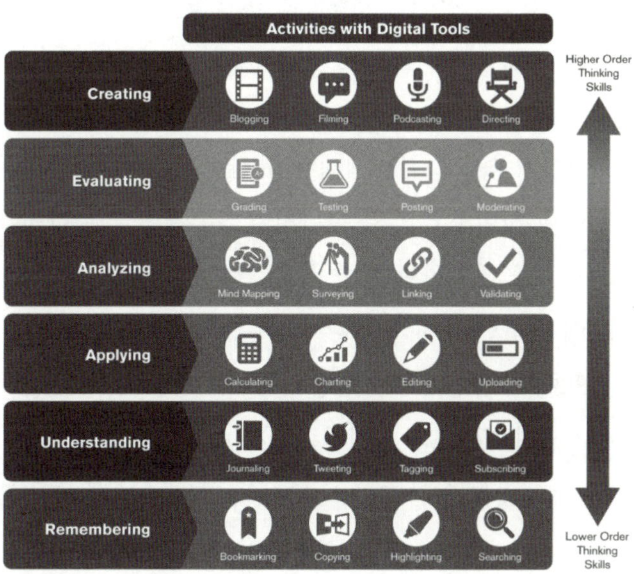

[그림 8-4] 디지털 교육목표 분류체계와 활동(Sneed, 2016)

[그림 8-5]는 교육목표 달성에 필요한 구체적인 기술 자원들을 제시하고 있다. 디지털교육목표에 따른 활동과 도구에 대한 접근은 교육목표에서 디지털·AI 기술이 어떤 활동으로 어떤 도구를 통해 접근해야 하는지에 대한 관점을 파악할 수 있어 유용하다. 즉, 디지털·AI 기술이 교육목표 달성을 위한 핵심 요소가 될 수 있다는 것을 보여주는 것으로 교사는 각 목표를 달성하기 위해 필요한 기술적 역량을 명확하게 파악할 수 있다. 또한 교육목표 달성에 필요한 기술 자원들을 제시함으로써, 교사는 상황에 맞는 적절한 기술 도구를 선택하고 활용하는 전략을 수립할 수 있게 된다.

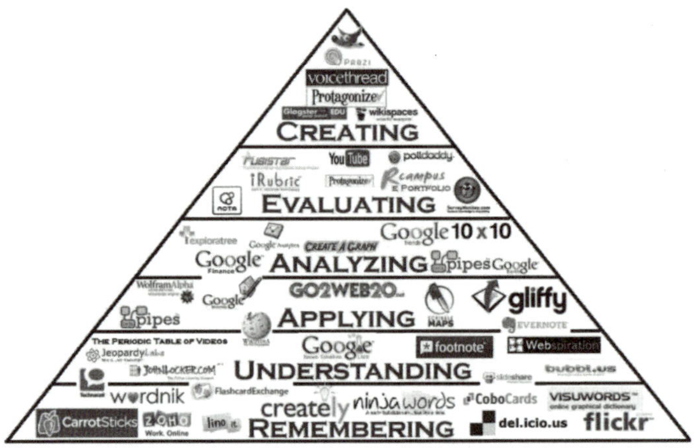

[그림 8-5] 디지털 교육목표 분류체계와 도구(Ray, 2021)

〈표 8-2〉는 디지털 교육목표 분류체계와 유사한 신교육목표 분류체계에서 적용 가능한 학습활동과 현재 서비스되고 있는 디지털·AI 도구를 나타낸다. 이 표를 통해 다양한 디지털·AI 도구를 활용하여 학습 목표 달성을 위한 효과적인 수업을 설계하고 실행할 수 있다. 여기서 한 가지 유의할 사항은 특정 교육목표에 제시된 디지털·AI 기술은 해당 교육목표에만 특징적으로 활용되는 것이 아니라 다양한 교육목표에서의 교수·학습 요소에 폭넓게 활용될 수 있다는 것이다. 예를 들어 〈표 8-2〉의 '적용하기' 목표에 제시된 문제해결 게임인 Minecraft나 Scratch는 이해하기, 분석하기, 창조하기 등 대부분의 교육목표 달성을 위해서도 활용 가능하다.

〈표 8-2〉 신교육목표 분류체계에 따른 디지털 · AI 기술

교육목표	교수학습활동	디지털 · AI 기술	학습 주제 예시
기억하기	• 퀴즈를 풀면서 기억하기 • 플래시카드 활용하여 반복 학습 • AI 시스템으로 개인 맞춤형 학습	• 퀴즈 게임(Kahoot!, Quizizz) • 플래시카드(Quizlet) • AI 기반 학습 시스템 (Khan Academy, Duolingo)	역사적 사건, 과학적 용어, 외국어 어휘 등 기본적인 지식 및 개념 학습
이해하기	• 가상현실 체험으로 직접 경험하며 이해하기 • 시뮬레이션을 통해 실제 상황 이해하기 • AI 시스템으로 다양한 시각 자료 및 강의 활용	• VR/AR 체험 (Google Earth, CoSpaces) • 시뮬레이션 (PhET Interactive Simulations) • AI 기반 학습 시스템 (Khan Academy, TED-Ed)	역사적 사건의 현장 방문, 과학적 실험 시뮬레이션, 문학 작품의 배경 이해 등
적용하기	• 게임을 통해 문제해결 능력 향상 • 실제 사례 분석하여 적용 능력 키우기 • AI 시스템으로 문제해결 과정 안내 및 피드백 제공	• 문제해결 게임 (Minecraft, Scratch) • 케이스 스터디 (Harvard Business School Online) • AI 기반 문제해결 시스템 (WolframAlpha, Symbolab)	수학 · 과학적 문제해결, 역사적 사건 해석 등
분석하기	• 데이터를 시각화하여 분석하기 • AI 시스템으로 데이터 분석 및 통찰력 도출 • 토론 플랫폼을 활용하여 다양한 관점 분석	• 데이터 시각화 도구 (Tableau, Google Data Studio) • AI 기반 분석 시스템 (Watson Analytics, IBM Cloud) • 토론 플랫폼(Flipgrid, Padlet)	통계 자료 분석, 문학 작품 분석, 역사적 사건 분석 등
평가하기	• 맞춤형 평가 및 피드백 제공 • 학습 과정 및 성과를 포트폴리오로 관리 • 동료 평가를 통한 다각적인 평가	• AI 기반 평가 시스템 (Moodle, Edmodo) • 포트폴리오(Google Sites, Weebly) • 피어 리뷰 플랫폼 (ClassDojo, Remind)	학습 성과 평가, 과제 평가, 토론 참여 평가 등
창조하기	• AI 도구로 창의적인 작품 만들기 • 디지털 스토리텔링으로 이야기 만들기 • 포트폴리오로 창의적인 작품 전시 및 공유	• AI 기반 예술 도구 (Artbreeder, WOMBO Dream) • 디지털 스토리텔링 (Storybird, Toontastic) • 포트폴리오(Google Sites, Weebly)	그림 그리기, 음악 작곡, 글쓰기, 만화 만들기 등

출처: Gemini(2024.5.22.)를 이용하여 작성함.

▶ 학습자원

블룸의 디지털 교육목표 분류체계
(Bloom's Digital Taxonomy)

8.3 디지털 · AI 기술 활용 수업설계를 위한 ASSURE 모형

디지털 · AI 도구를 활용하는 수업은 수업을 구성하는 체제 요소 간의 상호관련성 및 학습환경에서의 상호작용성을 바탕으로 한 체제적인 설계가 이루어져야 한다. 이러한 테크놀로지를 활용한 수업을 쉽게 설계할 수 있는 실천적 모형으로 ASSURE 모형이 있다.

ASSURE 모형은 하이닉과 그의 동료들(Heinich et al., 2001)이 수업 상황을 전제로 교수-학습과정에서의 테크놀로지의 효과적인 활용을 위하여 제안한 모형으로 테크놀로지와 교수방법을 결합하는 수업을 계획하고 수행하는 절차적 지침을 제시한다. 이 모형은 학습자 분석, 목표 진술, 자료 선정, 자료 활용, 학습자 참여, 평가 및 수정의 과정으로 진행되며 세부 구성은 [그림 8-6]과 같다. ASSURE 모형은 수업의 구성 요소를 고려한 모형으로 계획 단계에서 설정한 수업목표가 수업 전체에서 일관되게 고려되도록 하며 학습자의 학습 촉진을 위해 최선의 환경에서 교수 자료를 조직하는 모형이다. 학습자 개개인의 특성을 분석하고 이해하며, 교수 · 학습의 상황에 따라 테크놀로지의 개발과 선정, 활용을 결정하는 데 유용하다.

A (Analyze Learner)	S (State Objectives)	S (Select Methods, Media, and Meterials)	U (Utilize Media and Materials)	R (Require Learner Participation)	E (Evaluate and Revise)
학습자 분석	목표의 진술	교수방법, 매체 자료의 선정	매체와 자료의 활용	학습자 참여 유도	평가 및 수정
• 학습자의 일반적 특성, 출발점 능력(학습할 주제에 대한 지식, 기술, 태도), 학습양식 분석	• 학습목표의 명세: 대상(Audience), 행동(Behavior), 조건(Condition), 준거(Degree)	• 이용 가능한 자료 선정하기 • 기존 자료 수정하기 • 새로운 자료 설계 및 개발하기	• 매체와 자료 사전 검토 • 자료 준비 • 환경 준비 • 학습자 준비시키기 • 학습경험 제공하기	• 매체의 효과적 · 효율적 활용 • 연습과 시연 • 피드백	• 학습자 성취 평가 • 수업 방법의 적절성 • 매체 활용 및 효과의 적절성

[그림 8-6] ASSURE 모형

A: **학습자 분석(Analyze Learners).** 학습자의 특성은 교재의 내용 및 제시 방법, 그리고 테크놀로지의 효과에 지대한 영향을 미친다. 학습자 분석은 학습자의 일반적 특성(연령, 학력, 지적 능력, 적성, 사회경제적 특성 등)과 새로운 학습을 시작하기 전 학생이 지니고 있는 지식, 기능, 태도와 같은 출발점 행동, 학습자가 어떻게 학습환경을 인지하고 적용하며 반응하는가에 관련된 학습양식을 포함한다. 학습 양식은 테크놀로지 선정 시 중요한 요인으로 작용한다.

S: **목표 진술(State Objectives).** 테크놀로지의 체계적인 활용을 위한 두 번째 단계는 가능한 한 자세하게 학습자가 학습을 마친 후 무엇을 할 수 있는가를 진술하는 것이다. 학습목표를 진술하는 가장 큰 이유는 목표-방법-평가 간의 일관성을 유지하기 위한 것으로 구체적으로 학습자들이 도달해야 하는 목표 지점은 어디이며, 어떠한 새로운 능력을 발휘할 수 있어야 하는가를 서술해야 한다. 구체적 목표는 교사뿐 아니라 학습자의 학습 성취에도 도움을 준다. 구체적으로 명확하게 진술된 목표는 학습자로 하여금 무엇을 배워야 하는지 정확하게 인식하게 하고 그에 대한 준비를 하게 한다. 목표는 교사가 목표에 도달하기에 가장 적합한 교육내용, 교수-학습전략과 테크놀로지를 선정하는 데 지침이 된다.

S: **교수방법, 매체, 자료의 선정(Select Methods, Media, and Materials).** 테크놀로지를 사용하기 위해서는 체계적으로 주어진 학습과제를 해결하기 위한 교수방법을 결정하고, 방법을 수행하는 데 알맞은 테크놀로지의 유형을 선택해야 한다. 가르치고자 하는 내용과 목표가 어떤 환경에서 제공될 것인지를 파악하여 가장 효과적인 테크놀로지를 선정한다. 마지막으로 선정된 테크놀로지 유형에서 가장 알맞은 특정 도구를 선택, 수정, 설계 또는 제작해야 한다.

U: **매체와 자료의 활용(Utilize Media and Materials).** 테크놀로지와 자료의 활용은 선택한 매체와 자료를 교사나 학생이 실제 수업에서 어떻게 사용할 것인지를 계획하는 단계이다. 이 단계에서 교사는 자료에 대한 사전 검토를 통해 수업자료의 적합성을 판단하고, 자료를 준비하여 수업에서 이를 어떤 순서로 어떻게 활용할 것인지를 계획한다. 또한 학생이 매체와 자료를 활용하기에 알맞은 환경을 준비하고, 학습주제와 수업 내용에 대한 전반적인 개요를 설명함으로써 학습

자를 사전에 준비시킬 필요가 있다. 그리고 교사는 수업에서 유의미한 학습경험을 제공하거나 학생들이 학습에 대한 주제를 자유롭게 탐색하거나 경험할 수 있도록 학습을 안내하고 촉진하고 지원해야 한다.

R: **학습자 참여 유도(Require Learner Participation).** 학습자 참여 유도는 교수매체와 자료 활용의 효과를 높이기 위해 학습자의 능동적인 사고 활동을 유도하는 것이다. 학습은 내용의 일방적인 전달로만 이루어지는 것이 아니라 학습자가 학습과정에 능동적으로 참여할 때 더욱 효과적으로 이루어질 수 있기 때문이다. 이를 위해 학생들이 배운 지식과 기능을 자료나 테크놀로지를 활용하여 연습하거나 시연할 기회를 제공하고 노력에 대한 적절한 피드백을 제공할 수 있다.

E: **평가와 수정(Evaluate and Revise).** 평가는 학생의 학업 성취평가, 교수방법과 교수매체에 대한 평가, 교수학습과정에 대한 평가를 진행한다. 수업의 효과성을 평가한 후 그 결과를 다음 수업 계획에 반영한다. 평가와 수정은 단순히 수업 결과를 평가하는 것을 넘어, 수업 과정의 모든 단계를 종합적으로 평가하고 개선 방안을 마련하는 중요한 단계이다. 이를 통해 교사는 자신의 수업설계 및 실행 과정에서 발생했던 문제점을 파악하고, 다음 수업에서 개선할 수 있는 방향을 설정할 수 있다.

ASSURE 모형은 현장 교사들의 수업설계 및 실행 과정을 효과적으로 지원하는 실용적이고 효과적인 수업설계 모형이다. ASSURE 모형은 다양한 학습 상황에 적용이 가능하고 학습 목표, 교수학습 방법과 전략, 교사와 학생 사이에서의 유의미한 테크놀로지의 설계와 활용 방안을 제시하고 있다.

한편 ASSURE 모형에서 살펴본 여러 요소 중 학습자 특성, 수업 내용과의 관련성, 수업 방법, 테크놀로지의 활용 용이성과 같은 요소들을 고려할 때 효과적인 수업을 위해 디지털·AI 기술이 어떻게 사용될 수 있는지를 〈표 8-3〉에 제시하였다. 수업에서 적절한 테크놀로지를 선택하고 효과적으로 활용할 때 학습자들의 흥미와 동기를 유발하는데 도움이 될 수 있고, 수업 참여도를 높이며 학습 효과를 증진할 수 있다.

〈표 8-3〉 수업설계에서 디지털 · AI 기술을 활용하기 위한 고려사항

요소	내용	예시
수업 내용과의 관련성	선택된 기술이 수업 내용을 이해하고 학습하는 데 도움이 되는지를 고려한다.	• 역사 수업에서 시뮬레이션 게임을 활용하여 과거 시대를 체험하도록 하거나, 과학 수업에서 가상현실(VR) 기술을 활용하여 실험 과정을 직접 경험하도록 할 수 있다.
학습자 특성	학습자의 연령, 학습 스타일, 기술 숙련도 등을 고려하여 적절한 기술을 선택한다.	• 어린 학생들에게는 게임이나 애니메이션 같은 시각적으로 매력적인 기술을 활용하는 것이 효과적이며, 고학년 학생들에게는 토론이나 프로젝트 같은 협업적인 활동을 지원하는 기술을 활용하는 것이 도움이 될 수 있다.
수업 방법	강의, 토론, 프로젝트 등 다양한 수업 방법에 따라 적합한 기술을 선택한다.	• 강의에서는 프레젠테이션 도구를 활용하여 내용을 시각적으로 전달하고, 토론에서는 온라인 화이트보드를 활용하여 아이디어를 공유하고, 프로젝트에서는 프로젝트 관리 도구를 활용하여 협업을 지원할 수 있다.
기술 활용의 용이성	교사와 학생이 기술을 쉽게 활용하고 관리할 수 있는지 고려해야 한다.	• 너무 복잡하거나 사용하기 어려운 기술은 오히려 수업 방해가 될 수 있다. 교사와 학생 모두에게 기술 활용은 수월해야 한다.
교육적 효과	연구 결과를 통해 입증된 교육적 효과가 있는 기술을 선택한다.	• 수업에서의 디지털 · AI 기술 활용 연구를 탐색하여 교육적 효과성이 입증된 기술을 수업 상황에 맞게 활용한다.

출처: Gemini(2024.5.22.)를 이용하여 작성함.

8.4 디지털 · AI 기술을 활용한 수업설계 사례

1) 디지털 · AI 활용 수업설계 절차

한국교육과정평가원에서는 "디지털 · AI 기반 교수 · 학습 및 평가 체제 개발 연구"를 통해 디지털 · AI 기반 교수 · 학습을 위한 절차 모형을 제시하였다. 이 모형은 디지털 · AI 기술이 교수 · 학습에 통합되어 활용될 수 있도록 교육의 목표 및 교육의 과정(교수 · 학습 과정) 측면에서 테크놀로지의 역할을 탐색하고 이로부터 테크놀로지 기

반 교수학습 모형을 도출하도록 하였다. 수업에서 학습해야 하는 교육 내용과 수행의 특성을 반영하여 교육목표(Bloom의 교육목표 분류체계)를 배열하고 각 목표에 적합한 교수·학습 요소(〈표 8-1〉참조)를 선정하여 [그림 8-7]과 같이 모형을 구성한다. 수업설계 시에는 교수·학습 요소를 구체화하여 학습 활동과 테크놀로지를 선정하는 절차를 가진다. 즉, 교육목표 수준과 교수·학습 요소를 교과 수업의 구조와 전개를 계획하는 틀로 활용하여 교과 수업의 내용과 활동의 흐름을 구성하고, 각 수업활동을 위한 디지털·AI 도구의 활용을 교육목표 수준과 연계하여 절차적으로 구성한 것이 이 모형의 특징이다(홍선주 외, 2023).

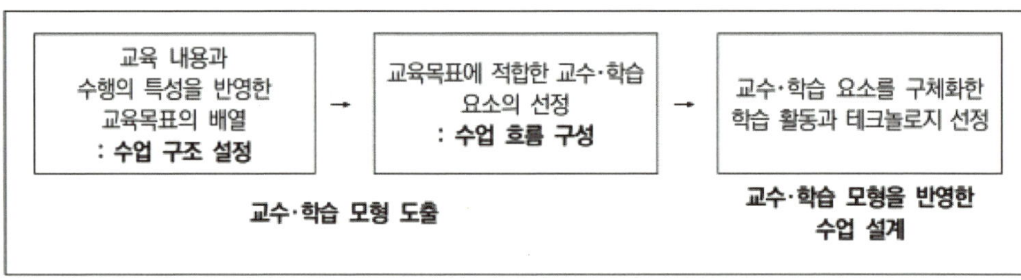

[그림 8-7] 교수 · 학습 모형 구성 과정과 수업설계 시 적용 방안(홍선주 외, 2023)

본 모형에 따른 교과별 디지털·AI 기반 수업 모형에 따른 수업지도안 사례는 다음의 사이트에서 확인할 수 있다.

▶ 학습자원	디지털 · AI 기반 수업 모형에 따른 수업지도안 사례

지금까지 TPACK 프레임워크, 블룸의 교육목표 분류체계, ASSURE 모형, 다양한 디지털·AI 도구 등 성공적인 디지털·AI 기술 활용 수업설계를 위해 고려해야 할 주요 접근들을 살펴보았다. 디지털·AI 기술을 활용한 수업설계에는 단순히 기술이나

도구 자체에 집중하는 것이 아니라, 학생들의 동기를 유발하고 참여를 촉진하며 학습 효과를 극대화하는 교육 전략을 구현하는 데 초점을 맞추는 것이 중요하다. 이를 통해 교사는 학습 목표를 달성하고 학생들의 학습 경험을 향상시킬 수 있다.

2) 디지털 · AI 활용 수업 실천 사례

각 시 · 도교육청 및 한국교육학술정보원에서는 디지털 · AI 기술 활용 가이드 및 수업 실천 사례를 PDF, E-BOOK, 동영상 형태로 제공하고 있어 디지털 · AI 기술을 활용한 수업을 설계하는 데 유용한 자료가 된다. 시 · 도교육청에서 제공하고 있는 디지털 · AI 기술 활용 수업설계 및 수업실천사례 일부를 [학습자원]에 정리하였으며 이외에도 개인 홈페이지, 교사커뮤니티, 블로그 등의 웹사이트를 통해 수업 실천 사례를 탐색할 수 있다. 최근에는 ChatGPT, Gemini, Copilot, CLOVA X 등 생성형 AI를 통해서도 수업설계에 대한 아이디어를 얻을 수 있다.

▶ 학습자원	[전북교육청] 2023 스마트기기 활용 가이드(웨일북/노트북)

▶ 학습자원	[부산교육청] 2023 디지털 기반 수업 혁신 지원자료집

▶ 학습자원	[울산교육청] 2021 수다 ON 콘텐츠(동영상)

▶ 학습자원	[대전교육청] 2023년 스마트온(ON-溫) 수업 사례 보고서

▶ 학습자원	한국교육학술정보원 메타버스의 교육적 활용을 위한 가이드북

▶ 학습자원	한국교육학술정보원 메타버스 기반 교수학습모델 개발 연구 사례집

▶ 학습자원	에듀넷 티-클리어: 2022개정교육과정 자료

▶ 학습자원	에듀넷 티-클리어: 디지털교과서

8.5 디지털 · AI 수업을 위한 수업설계 원리

디지털 · AI 기술을 활용한 수업설계 맥락은 매우 다양하다. 그러나 다양한 수업설계 맥락일지라도 수업설계 상황에서 고려할 수 있는 **디지털 · AI 수업을 위한 수업설계 원리**는 비교적 일관되게 나타난다. 수업설계 원리란 효과적인 수업을 설계하고 실천하는 데 도움이 되는 핵심적인 가이드라인으로 이러한 원리에는 학습목표 설정부터 다양한 교수법의 활용, 효과적인 평가 등을 위한 실제적인 방향성을 제시한다. 디지털 · AI 기술은 교육 분야에 긍정적인 변화를 가져올 수 있는 강력한 도구이지만, 이를 효과적으로 활용하기 위해서는 명확한 교육 목표 설정, 다양한 학습활동 활용 및 기술 활용 역량 강화, 윤리적 고려 등과 같은 수업설계 원리를 고려해야 한다.

수업설계 원리는 다양한 수업 상황에 따라 유연하게 적용될 수 있는 지침으로 디지털 · AI 활용 수업에서 고려할 수 있는 수업설계 원리는 다음과 같다.

원리 1. 명확한 학습 목표를 설정하라.

학습목표(성취기준)를 설정하여 학생들이 무엇을 배우고, 어떻게 평가될지 명확하게 파악하도록 한다. 디지털 · AI 기술은 목표 달성을 위한 다양한 학습 활동 및 평가 방법을 제공한다.

원리 2. 학습자 특성을 고려하여 적절한 기술과 학습 활동을 선택하라.

학생들의 나이, 학습 수준, 선호하는 학습 스타일, 과거 학습 데이터 등을 분석하여 맞춤형 학습 경험을 제공한다. 디지털 · AI 플랫폼은 개별 학습자의 진행 상황을 추적하고, 이에 맞춰 적절한 학습 자료와 피드백을 제공할 수 있다.

원리 3. 다양한 학습 활동을 활용하라.

강의, 토론, 퀴즈, 프로젝트, 실습 등 다양한 학습 활동을 조합하여 학생들의 참여도를 높이고 흥미를 유발한다. 디지털 · AI 기술은 시뮬레이션, 가상현실(VR), 증강 현실(AR) 등을 활용한 몰입형 학습 경험을 제공할 수 있다.

원리 4. 지속적인 평가 및 피드백을 제공하라.

포트폴리오나 학습 일지를 활용하여 학습자들이 자신의 학습 과정을 되돌아보고 성장을 확인할 수 있도록 지원한다. 온라인 평가 도구를 활용하여 학습자들의 학습 진행 상황과 학생들의 이해도를 평가하고 적절한 시점에 피드백을 제공한다. 디지털 · AI 플랫폼은 자동 평가 시스템을 통해 학생들의 학습 진행 상황을 실시간으로 파악하고, 맞춤형 피드백을 제공할 수 있다.

원리 5. 교사의 역할 변화를 고려하라.

교사는 지식 전달자의 역할에서 벗어나, 학생들의 학습을 촉진하고 지원하는 학습 가이드 역할을 수행한다. 디지털 · AI 기술은 교사 업무의 효율성을 높이고, 학생들과의 개별 상담 및 맞춤형 학습 지원에 집중할 수 있도록 지원한다.

원리 6. 기술 활용에서 윤리적 측면을 고려하라.

디지털·AI 기술 활용 시 개인정보 보호, 편향성, 학습자 오남용 등 윤리적 문제에 대한 신중한 고려가 필요하다. 명확한 윤리 지침 및 규제를 마련하여 디지털·AI 기술의 책임감 있는 활용을 보장해야 한다.

최근 AI 기술의 눈부신 발전으로 그동안 교육계에서 이상적인 교육방법으로 논의되어 온 개별화 수업이 가능하게 되었다. **개별화 수업**(individualized instruction)이란 학습자 각자의 학습특성과 심리특성을 적절히 고려하여 개별화된 학습 경험을 제공하는 것이다. 학습자는 선호하는 학습양식(예: 능동적 학습과 수동적 학습), 학습 흥미와 선호 주제 영역, 선호하는 학습방식(예: 직접교수, 경험학습, 협동학습 등), 학습 속도, 문제(과제) 해결 방법, 선수학습 수준이나 학습준비도, 고차적 인지전략의 수준에 있어 각기 다른 특성을 가지며 교사는 학습자의 다양한 특성과 개인차를 고려한 학습환경을 설계하여 제공함으로써 의도된 학습목표를 효과적으로 달성할 수 있다(박성익, 2008). 한편, 개별화 수업이 학습 효과를 극대화하고 학생들의 참여도와 흥미를 높이는 데 효과적인 것으로 알려져 있지만 개별화 수업을 효과적으로 구현하는 것은 쉽지 않은 일이었다. 최근의 AI의 발전은 학생들의 학습양식, 흥미, 과거 학습 기록, 과제 참여 여부, 온라인 학습 활동 기록 등 학생의 개별 특성과 학습데이터를 분석하여 학생들에게 맞춤형 학습 경험을 제공하는 데 활용될 수 있어 개별화 수업의 구현을 가능하게 하고 있다. 교실 수업에서 **AI를 활용한 개별화 수업을 위한 수업설계 원리**는 다음과 같다(이동국 외, 2023).

원리 1. 데이터 기반 학습목표와 평가계획을 수립하라.

AI 학습 시스템을 활용한 개별화 수업을 할 경우, 학생의 다양한 양적·질적 데이터가 누적된다. 교사는 이러한 데이터를 탐색해 성취 기준에 부합하는 학습목표 달성의 증거가 될 만한 평가 데이터를 선별하여 명확한 학습목표와 평가기준을 수립해야 한다.

원리 2. AI 학습 시스템을 활용해 학습자의 수준과 특성을 진단하라.

AI 학습 시스템을 수업에 적용하여 진단평가 및 정의적 영역 검사 등을 통해 학습자의 인지적·정의적 영역의 수준을 과학적으로 파악할 수 있다. 이를 토대로 학습결손 지점을 진단 및 보완할 수 있으며 학습에 대한 흥미와 동기를 유발하고 정서·심리 상태를 고려한 수업이 가능하다.

원리 3. 개별 학습자의 학습경로를 설정하라.

AI 학습 시스템은 학생이 지닌 사전 지식과 특성을 토대로 자신만의 학습내용과 학습속도로 수업에 참여할 수 있다. 또 학습자별로 취약 부분은 이전 학습 경로로 돌아가서 교정학습을 실시해 모든 학생이 학습목표에 도달하는 완전학습에 가까워질 수 있다.

원리 4. 교수학습 활동에서 교사와 AI 보조교사의 역할을 배분하라.

교사는 자신이 선정한 AI 학습 시스템의 기능을 파악해 AI 보조교사에게 교수학습 활동의 일부 역할을 배분해야 한다. AI 학습 시스템이 교사의 교육활동 중 개념학습, 맞춤형 문항 제공, 자동화된 피드백 등 일부를 맡는다면 교사는 이전에 비해 시간적 여유가 생겨 개별 학습자에게 맞춤형 교수학습 활동을 실시할 수 있다.

원리 5. 실시간 모니터링으로 학습과정과 학습결과를 확인하라.

교사는 AI 학습 시스템을 활용하여 학습에 참여한 학습 데이터가 누적되어 교사가 학습과정이나 학습결과를 실시간으로 파악하기 쉽다. 수업 중 실시간 모니터링으로 학습의 어려움이나 장애를 겪고 있는 학생을 즉각적으로 식별하거나 학습과정에서 발생한 학습 데이터를 분석해 학습 장애가 발생할 수 있는 학생에게 적절한 지원을 할 수 있다.

실습과 성찰

1. 디지털 · AI 활용 수업설계

본 활동은 디지털·AI 기술을 활용한 효과적인 수업설계 방법을 실습하는 것을 목표로 한다. 이를 위해 앞서 살펴본 TPACK 프레임워크, 블룸의 교육목표 분류체계를 중심으로 수업목표와 목표에 따른 수업활동을 구성하고, ASSURE 모형을 기반으로 다양한 디지털·AI 기술의 활용과 수업설계 원리를 적용한 세부적인 수업설계를 수행한다. 본 수업설계 양식은 ASSURE 모형의 절차를 바탕으로 구성하였으며(Smaldino et al., 2012; 백영균 외, 2015) 계획하고자 하는 수업내용에 따라 주요 요소를 변형하거나 추가하여 작성할 수 있다.

① 학습주제와 내용 선정

수업설계를 위한 교과와 수업 주제, 성취기준을 작성한다.

<table>
<tr><td>교과</td><td></td><td>학년</td><td></td><td>단원</td><td></td></tr>
<tr><td>수업 주제</td><td colspan="5"></td></tr>
<tr><td>성취 기준</td><td colspan="5"></td></tr>
<tr><td>주요
수업내용</td><td colspan="5">•

•

•

•</td></tr>
</table>

② 학습자 분석

학습자의 일반적 특성, 출발점 능력, 학습양식, 기타 특성 등을 분석한다.

영역	요소	분석 내용
일반적 특성	• 학년, 나이, 학급구성(성별)	
	• 태도, 흥미	
	• 사회 · 문화 · 경제적 요인	
출발점 능력	• 이미 보유하고 있는 학습자의 기능 및 태도	
	• 현재 부족한 학습자의 기능 및 태도	
학습양식	• 지각적 선호와 강점	
	• 정보처리 습관	
	• 동기적 요소	
기타 특성		

③ 목표 설정

수행 가능한 행동적 용어로 학습목표를 설정하여 수업을 통해 달성하고자 하는 것을 명확하게 정의한다.

학습목표			
구분		내용	해당 내용
학습 목표 분할	대상 (Audience)	목표가 의도하는 학습자 명세화	
	행동 (Behavior)	수업 후 학습자에게 기대되는 능력 기술	
	조건 (Condition)	수행 제시 조건 기술	
	준거 (Degree)	수행의 적용 가능한 표준 기술	

④ 수업활동 구성

학생들이 학습목표를 성취하기 위해서 수업에 활용할 교수·학습 방법, 디지털·AI 도구, 자료에 대해 작성한다.

<table>
<tr><td rowspan="2">수업방법 선정</td><td colspan="3">활용하고자 하는 수업방법</td><td colspan="3">수업방법 선정 근거</td></tr>
<tr><td colspan="3"></td><td colspan="3"></td></tr>
<tr><td rowspan="2">디지털·AI 기술</td><td colspan="3">기술</td><td colspan="3">선정 근거</td></tr>
<tr><td colspan="3"></td><td colspan="3"></td></tr>
<tr><td rowspan="9">디지털·AI 도구 선정평가 요소</td><td colspan="6">아래 평가 요소 중 학생들이 학습목표를 성취하는 데 어느 준거를 중요하게 고려할 것인지를 결정하라.</td></tr>
<tr><td colspan="5">• 성취기준, 결과, 학습목표와 연계되는가?</td><td>☐</td></tr>
<tr><td colspan="5">• 정보의 정확성과 최신성을 담고 있는가?</td><td>☐</td></tr>
<tr><td colspan="5">• 연령에 맞는 언어를 사용하는가?</td><td>☐</td></tr>
<tr><td colspan="5">• 흥미수준과 참여도를 고려했는가?</td><td>☐</td></tr>
<tr><td colspan="5">• 기술 수준은 적절한가?</td><td>☐</td></tr>
<tr><td colspan="5">• 객관성(보편성)을 확보하고 있는가?</td><td>☐</td></tr>
<tr><td colspan="5">• 사용이 편리한가?</td><td>☐</td></tr>
<tr><td colspan="5">• 사용 설명과 안내를 제공하는가?</td><td>☐</td></tr>
<tr><td rowspan="2">자료 선정</td><td colspan="2">이용 가능한 자료 선정</td><td colspan="2">기존 자료 수정</td><td colspan="2">새 자료 설계</td></tr>
<tr><td colspan="2"></td><td colspan="2"></td><td colspan="2"></td></tr>
</table>

⑤ 매체 · 자료의 선정

수업에 활용할 매체와 자료를 미리 활용해 보는 계획에 대해서 기술한다.

단계		활용 계획	
1단계	공학, 매체, 자료 사전 검토 (학습목표 고려)		
2단계	공학, 매체, 자료 준비		
3단계	환경 준비	수업 장소	
		기자재, 자료 점검	
		기타 (자리 배치, 저장 공간 등)	
4단계	학습자 준비	선행조직자 (수업 내용에 대한 전반적인 개요)	
		수업내용과 실세계와의 관련성	
		필요성을 느끼게 하는 동기적 진술	
		주의를 이끌 지시적 단서	
5단계	학습경험 제공	교사 중심	
		학생 중심	

⑥ 학습자 참여 유도

수업활동에서 제공하는 학습 경험과 학습자의 능동적인 참여를 유도할 수 있는 전략을 계획한다.

구분	학습경험 제공하기	학습자 참여시키기	매체/자료 활용
도입			
전개			
정리			

⑦ 평가 및 수정

학생의 성취 평가와 방법, 디지털·AI 도구에 대한 평가를 계획한다. 학습 과정에서 학습자들의 이해도를 평가하고, 적절한 시점에 구체적이고 도움이 되는 피드백을 제공한다.

<table>
<tr><td rowspan="6">학습자 평가</td><td>학습목표 성취에 대한 평가 유형</td><td colspan="7">지필 평가 □ 수행 평가 □ 포트폴리오 평가 □</td></tr>
<tr><td rowspan="4">학습목표 성취에 대한 평가 항목 (성취 수준)</td><td>매우 잘함</td><td colspan="5"></td><td></td></tr>
<tr><td>잘함</td><td colspan="5"></td><td></td></tr>
<tr><td>보통</td><td colspan="5"></td><td></td></tr>
<tr><td>노력 요함</td><td colspan="5"></td><td></td></tr>
<tr><td>구체적인 평가 계획</td><td colspan="7"></td></tr>
<tr><td rowspan="5">방법 및 도구 평가</td><td colspan="3">평가 요소</td><td colspan="5">척도</td></tr>
<tr><td colspan="3">• 수업전략이 학습목표 성취에 효과적인가?</td><td>①</td><td>②</td><td>③</td><td>④</td><td>⑤</td></tr>
<tr><td colspan="3">• 디지털·AI 도구가 학생들이 수업목표를 달성하는 데 도움이 되었는가?</td><td>①</td><td>②</td><td>③</td><td>④</td><td>⑤</td></tr>
<tr><td colspan="3">• 디지털·AI 도구가 학생들의 흥미를 유발하는 데 효과적이었는가?</td><td>①</td><td>②</td><td>③</td><td>④</td><td>⑤</td></tr>
<tr><td colspan="3">• 디지털·AI 도구가 학생들의 의미 있는 참여를 지원했는가?</td><td>①</td><td>②</td><td>③</td><td>④</td><td>⑤</td></tr>
<tr><td>수업 전반에 대한 성찰</td><td colspan="8"></td></tr>
<tr><td>수정 및 참고 사항</td><td colspan="8">• 교수자의 의도와 실제 일어난 것 사이에 불일치가 있는가?(예, 아니오)
[사고하기] 불일치할 경우 수정 대안은 무엇인가?

• 학생 성취와 학습목표와의 불일치가 있는가?(예, 아니오)
[사고하기] 불일치할 경우 수정 대안은 무엇인가?

• 선택한 자료의 가치에 만족하는가?(예, 아니오)
[사고하기] 만족하지 않을 경우 수정 대안은 무엇인가?

• 학생들은 수업전략, 디지털·AI 도구에 어떻게 반응했는가?</td></tr>
</table>

⑧ 수업설계안 작성

수업방법, 디지털·AI 도구 선정 및 활용 계획, 학습자 참여 유도 등 각 단계별 수업설계 내용을 종합하여 수업활동을 구조화한 수업설계안을 작성한다.

<table>
<tr><th>교과</th><td></td><th>학년</th><td></td><th>단원</th><td></td></tr>
<tr><th>수업 주제</th><td colspan="5"></td></tr>
<tr><th>성취 기준</th><td colspan="5"></td></tr>
<tr><th>수업 목표</th><td colspan="5"></td></tr>
<tr><th>수업모형</th><td colspan="5"></td></tr>
<tr><th>디지털 · AI 도구</th><td colspan="5"></td></tr>
<tr><th>수업 단계</th><td colspan="4">교수학습 활동</td><td>디지털 · AI 도구</td></tr>
<tr><th>도입</th><td colspan="4"></td><td></td></tr>
<tr><th>전개</th><td colspan="4"></td><td></td></tr>
<tr><th>정리</th><td colspan="4"></td><td></td></tr>
<tr><th>평가계획</th><td colspan="5"></td></tr>
</table>

⑨ 수업설계안 공유

완성된 수업설계를 공유하고, 교수자 간 피드백을 제공함으로써 디지털·AI 활용 수업설계 능력을 향상시킬 수 있다.

참고문헌

박성익 (2008). 개별화학습의 전망과 과제. **교육방법연구, 20**(1), 1-22.

백영균 외 (2015). **스마트 시대의 교육방법 및 교육공학**. 서울: 학지사.

소효정, 최지은, Chohui Chloe Lee, 김예인 (2023). 테크놀로지 교수내용지식(TPACK: Technological Pedagogical and Content Knowledge). In J. Moon, G. W. Choi, Haesol Bae, & JaeHwan Byun (Eds.), *Educational/Instructional Technology and Learning Sciences: Korean Open Access Guide.* EdTech Books.

이동국, 이은상, 이봉규, 김성종, 강동우, 김두일, 이은주 (2023). **인공지능활용교육**. 서울: 테크빌교육.

이상수, 강정찬, 이유나, 오영범 (2018). **자기수업 컨설팅**. 서울: 학지사.

홍선주 외 (2023). **AI · 디지털 기반 교수 · 학습 및 평가 체제 개발** (연구보고 CRI 2023-8). 한국교육과정평가원.

Anderson, L. W. & Krathwohl, D. R. et al. (Eds.) (2001). *A Taxonomy for Learning, Teaching, and Assessing: A Revision of Bloom's Taxonomy of Educational Objectives.* Allyn & Bacon. Boston, MA (Pearson Education Group).

Bloom, B. S. (1956). *Taxonomy of educational objectives: The classification of educational goals*(1st ed.). Longman Group.

Churches, A. (2009). *Bloom's digital taxonomy*. Retrieved May 20, 2024, from https://www.academia.edu/30868755/Andrew_Churches_Blooms_Digital_Taxonomy_pdf

Heinich, R., Molenda, M., Russell, J. D., & Smaldino, S. E. (2001). *Instructional media and technologies for learning*(7th ed.). Merrill Prentice Hall.

Mishra, P., & Koehler, M. J. (2006). Technological pedagogical content knowledge: A framework for integrating technology in teacher knowledge. *Teachers College Record, 108*(6), 1017-1054.

Ray, K. (2021). *Updating Bloom's taxonomy for digital learning*. Retrieved June 14, 2024, from https://www.techlearning.com/news/updating-blooms-taxonomy-for-digital-learning

Saskatchewan Education (1991). *Instructional approaches: A framework for professional practice*. Retrieved May 27, 2024, from https://pubsaskdev.blob.core.windows.net/pubsask-prod/15320/15320-instructional-approaches.pdf

Smaldino, S., Lowther, D., & Russell, J. (2012). *Instructional technology and media for learning*(10th ed.). Prentice-Hall.

Sneed, O. (2016). *Integrating technology with Bloom's taxonomy*. Retrieved June 14, 2024, from https://teachonline.asu.edu/2016/05/integrating-technology-blooms-taxonomy/

제 9 장 AI · 데이터 융합교육 1

주요 내용

- AI · 데이터 융합교육의 필요성
- AI · 데이터 첫걸음, 데이터 이해
- 정형 데이터와 예측 모델링 실습
- 정형 데이터와 예측 모델링의 윤리적 쟁점

학습 목표

1. AI · 데이터 융합교육의 중요성을 인식하고 설명할 수 있다.
2. AI · 데이터 기초지식을 토대로 데이터 시각화를 수행할 수 있다.
3. 정형 데이터와 예측 모델링을 문제 상황 예측에 응용할 수 있다.
4. 정형 데이터와 예측 모델링 활용 윤리를 논의 점검할 수 있다.

기초지식

9.1 AI · 데이터 융합교육의 필요성

왜 AI · 데이터인가? 현대 사회에서 AI · 데이터의 중요성은 갈수록 증가하고 있다. AI · 데이터를 이해하고 활용하는 것은 다음과 같은 세 가지 주요 이유로 필수적이다. 첫째, AI · 데이터는 사회 전반의 의사결정과 문제해결에 영향을 주고 있다. 일상생활, 비즈니스, 안보, 의료, 운송, 정책 등 다양한 영역의 의사결정이 데이터에 기반한다. AI · 데이터 기반 의사결정 과정과 결과에 대한 비판적 수용 능력이 필요하다. 둘째, 첨단기술 발전과 디지털 전환 시기를 지나며 기술 일상화가 가속화되고 있다. 인공지능, 메타버스, 블록체인 등 데이터 기반 첨단 기술이 우리 일상을 근본적으로 변화시키고 있다. 이러한 기술을 적합하게 사용하기 위해서는 데이터에 대한 깊은 이해가 필요하다. 셋째, 증가하는 대규모 데이터의 복잡성을 이해하고 관리 활용할 수 있어야 한다. 데이터양의 증가는 효과적 처리와 분석력을 요구한다. 복잡한 데이터 기반 사회 환경 속에서 문제를 정의하고, 유용한 정보를 추출하고, 통찰 또는 변혁하기 위해서는 데이터 분석 능력이 필요하다. AI · 데이터에 대한 이해와 실천은 디지털 전환 시대를 비판적으로 탐색하고, 기술 발전을 주도하며, 복잡한 문제 상황을 정의하고 개선하는 데 필수적 역량이다.

- "2023년 전 세계 생성된 120,000,000,000,000,000,000,000 바이트 데이터가 2025년에는 150% 이상 증가, 한 해 181제타바이트에 이를 것으로 예상된다(Duarte, 2024)."
- "매년 약 300억 개의 콘텐츠가 Facebook에서 공유된다(Bhatia, 2019)."

데이터 시대의 가능성과 한계는 무엇인가? 데이터 시대는 기술과 일상생활이 데이터로 운영되는 현상을 의미한다. 데이터 기반 기술 발전은 맞춤형 진료 및 예방, 개인화 학습경험, 사용자 경험 향상 등 다양한 분야에 적용 확장되고 있다. 데이터 기반 기술은 사용자의 일상생활에 스며들어 능동적 몰입 환경으로 발전할 것이다. 반면, 데이터 시대는 인권 침해, 사이버범죄, 가짜뉴스, 개인의 사생활 침해 등 데이터 기반 의사결정 및 활용 과정에서 윤리적 문제를 수반한다. 이처럼 새로운 기회와 동시에 윤리적 딜레마를 수반하는 데이터 시대를 이해하고 대응하는 기초소양으로서 데이터 리터러시가 필요하다. 데이터 리터러시 교육은 데이터 기술을 거부하거나 통제하는 것이 아니라 데이터의 의미, 가능성, 한계 인식을 바탕으로 데이터 기초 원리와 분석 활용 과정을 이해하고, 비판적으로 활용 · 창출 · 성찰하는 능력을 기르는 것이다. 오늘날 데이터 리터러시는 상호 연결성 세계가 수반하는 '개인정보 보호', '사회적 고립', '무한한 범위의 미디어 소스 다양성과 확대 현상에 따른 탈진실(post-truth)[1] 문화 형성 맥락(OECD, 2019)' 등 사회적 영향에 비판적으로 참여 대응하기 위한 디지털 시민 또는 시민 데이터 과학자[2]의 기초 역량에 해당한다.

▶ 학습자원	이루다: AI 시대에 우리의 사생활은 지켜질 수 있을까?

AI · 데이터 융합교육은 왜 필요한가? AI · 데이터 활용 기술의 혁신 및 일상화로 기초소양, 인재 양성, 미래 대비, 시민 역량 강화 측면에서 융합교육의 필요성이 강조되고 있다. 첫째, AI 교육에 있어서 데이터에 대한 기초소양은 필수다. 데이터 기반 머신러닝 및 의사결정에 대한 이해와 비판, 더 나아가 데이터로 가치를 창출할 줄 아는 데이터 리터러시가 필요하다. 둘째, 역량 함양 측면에서, 급변하는 기술 사회맥락의 핵심 의사결정자(Humans Remain the Key Decision Makers; Gartner, 2023.5.9.)로서 학습자의 비판적 사고와 문제해결 역량의 학교급별 체계적 개발 기회 제공 측면에서 AI · 데이터 융합교육이 필요하다. 셋째, 미래 사회 대비 측면에서 AI · 데이터

1) 영국 브렉시트 국민투표, 미국 대통령 선거 등 객관적 사실보다 감정 또는 개인 신념이 여론 형성에 영향력을 미치는 현상 및 상황을 나타내는 형용사(Oxford Languages, n.d.).
2) 전문 데이터 과학자는 아니지만, 직무 분야 지식과 데이터 과학 이해 기반 데이터 분석을 수행하는 사람(두산백과, n.d.).

기술을 이해하고 활용하는 능력은 지속적으로 변화하는 진로 직업 활동에 있어 중요하다. 많은 산업 분야에서 데이터 기반 의사결정 또는 AI 기술 도입으로 관련 지식과 기술 소양 및 지속적 전문성 향상이 강조되고 있다. 마지막으로, 디지털 기술 접근성과 사회적 영향력을 고려한 윤리적 활용과 개선 역량을 포함하는 디지털 시민성 함양이 필요하다. 데이터 수집, 분석, 활용 영역 고도화로 일상 속 다양한 의사결정이 데이터 활용에 좌우되고 있다. 이는 데이터 오남용으로 인한 부작용을 수반하기에, 데이터 일상화의 이해 및 지속가능한(Sustainability) 데이터(자원) 활용 및 창출 능력이 요구된다. 이에 AI · 데이터 관련 인권 원칙과 인간의 존엄성과 사생활 보호 및 인간 주체성을 강화하는 지식 · 기술 · 태도 교육이 더욱 강조된다(UNESCO, 2024). 더 나아가 기초소양, 역량 함양, 진로 직업 변화, 사회적 영향력 등 요소 간 상호작용성을 고려할 때 AI · 데이터 융합교육의 지속가능성을 확보할 수 있다.

〈표 9-1〉 학교 학생을 위한 AI 역량 프레임워크(UNESCO, 2024)

영역	이해	적용	창조
인간 중심 마인드셋	인간 대행성	인간 성장	AI에서의 시민권
AI 윤리	AI에 대한 비판적 성찰	안전과 책임 있는 사용	설계 윤리
AI 기술 및 응용	AI 기초	응용 기술	AI와 함께 창조
AI 시스템 디자인	문제 정의	아키텍처 디자인	반복 및 피드백 루프

출처: UNESCO (2024). AI competency frameworks for school students and teachers(Draft). p. 1.

AI · 데이터의 융합교육이란 무엇인가? AI · 데이터 융합교육이란, AI · 데이터 개념 및 원리(교육목표)와 (일반)교과 수업의 교육목표가 명시되고, 학습주제와 활동에서 통합(융합)되어, 학습자가 실생활 문제를 탐색 해결함으로써 교과 목표 역량 및 AI · 데이터 역량을 함양하는 것을 목적으로 한다. 수업 활동은 AI · 데이터 과정에 근거, 학습자가 AI · 데이터 개념 원리와 교과 내용 학습맥락에서 해결해야 할 문제를 명확하게 정의하고 필요자원 및 도구를 수집 분석 적용함으로써 복잡한 문제를 해결하는 과정으로 이뤄진다. 대한민국을 포함한 다수 국가가 AI 교육 관련 정책을 수립하였다.

대한민국 정부는 WEF(2020), OECD(2018), PACST(2017) 등을 종합, 2020년 AI 인재 핵심역량으로 컴퓨팅 사고력(지능정보 역량, 기초 수학, 프로그래밍 등), 데이터 리터러시(수집, 분석 · 정제, 해석, 활용), 문제해결력(추론, 비판, 창조 등), 변화 적응력(유연한 인지, 글로벌 사고 등), 공익적 사고력(윤리 및 책임 등)을 제시하였다(대한민국 정부, 2020). 또한, 2022 개정 교육과정은 언어, 수리, 디지털 기초소양을 명시하고, 디지털 기초소양을 '디지털 지식과 기술에 대한 이해와 윤리의식 기반 정보 수집, 분석, 비판적 이해, 평가를 통한 새로운 정보와 지식 생산 활용 능력'으로 정의하였다(교육부, 2022). 이와 함께 정보 수업 확대 및 '인공지능 기초', '데이터 과학' 등 진로 선택 교과와 '소프트웨어와 생활' 융합 선택 교과 등을 통해 디지털교육을 강화하였으며, 국어, 사회, 과학, 기술 가정, 미술 등 교과에 디지털 소양을 반영, 선택과목을 신설한 바 있다.

AI · 데이터 리터러시란 무엇인가? 디지털 기술의 발전과 더불어 인공지능 기술이 일상화되면서, 데이터 리터러시는 개인과 사회 전체에 점점 더 중요해지고 있다. 이처럼 국가 차원의 정책 변화와 함께 다양한 국가 및 국제기관에서도 AI 보편화에 주목, 디지털 리터러시와 밀접하게 연결된 데이터 리터러시를 강조하고 있다(OECD, 2018, 2019; Vuorikari et al., 2022). OECD는 2030 학습 나침반의 기초 소양인 문해력, 수리력, 과학적 소양, ICT 소양의 중요한 부분으로 데이터 리터러시를 통한 복잡한 문제해결과 가치 창출 능력을 설명하고 있으며, 변혁적 역량(transformative competencies)의 새로운 가치 창출과 긴장과 딜레마 조정에서의 데이터 기반 분석과 비판적 사고를 통한 의사결정 능력 중요성을 강조하였다. OECD는 데이터 리터러시(data literacy)를 데이터로부터 의미 있는 정보를 추출하는 능력, 데이터를 읽고 작업하고 분석하며 논의할 수 있는 능력, '데이터 의미 이해, 차트 해석, 데이터 기반 바람직한 결론 도출, 데이터 활용의 비판적 인식 등으로 정의하고 있다(Carlson et al., 2011; OECD, 2019). 이와 관련한 중등 교육과정은 AI 기본 개념, 기본 AI 프로그래밍, AI 시스템을 효과적으로 사용하는 방법, 디지털 및 데이터 활용 능력, 윤리적 추론 자원 등을 포함하고, 학생과 교사가 일상 학습 및 업무에서 데이터 사용과 메커니즘을 인식하고 비판적으로 데이터를 활용 생산할 수 있어야 함을 강조하고 있다(OECD, 2018). 최근 생성형

AI 및 노코드(No-code) 플랫폼 도구 등의 등장으로 단순한 코딩 기술보다 데이터 기반 문제 정의에서 방법 및 실행에 이르는 설계 능력이 중요해졌다. 즉 AI 시대 데이터 리터러시는 디지털 전환 시대의 핵심 자원이자 일상으로서 데이터를 올바르게 이해하고, 일상 영위를 위한 다양한 문제 맥락을 정의하고 해결하는 데 적절한 데이터를 적용, 창출, 사회적 영향을 고려하는 역량까지를 포함한다.

AI・데이터, 어떻게 공부할까? 'AI・데이터 융합교육'을 위한 예비 교사의 데이터 리터러시 함양을 위해서는 AI・데이터의 기초에서 활용, 사회적 영향에 대한 이해가 필요하다. 이 교재의 디지털 융합교육에서 AI・데이터 개념 및 원리는 데이터 리터러시에서 데이터 기본 분석, 기계학습 등을 포함한다. 데이터는 인공지능 기술의 핵심으로 학교급별 체계적 융합교육이 필요하며, 해당 수준은 교과, 학습맥락 또는 학습자에 따라 조정될 수 있다. 또한, 교직 소양 과목 특성에 따라, 디지털 시민의 데이터 리터러시 차원에서 AI・데이터 융합교육에 초점을 두고, 데이터로 세상 읽기와 문제해결을 위한 기초적 AI・데이터 활용을 통한 삶의 맥락 확장을 목표로 한다. 이를 위해 'AI・데이터 융합교육'에 대한 이론강의와 윤리적 쟁점에 대한 성찰 및 토론을 병행하는 실습으로 이뤄진다. 9장. AI・데이터 융합교육 1에서는 AI・데이터 융합교육 이해에서 정형 데이터와 예측 모델링의 활용과 윤리까지를 다룬다. 다음 10장. AI・데이터 융합교육 2에서는 비정형 데이터와 분류 모델링의 활용과 윤리에서 AI・데이터 융합교육 창안 및 성찰까지를 다룬다. 실제 정형 데이터와 비정형 데이터는 종합적으로 다뤄지지만, 기초수준에서 정형 데이터와 비정형 데이터의 이해와 활용을 통합적으로 다루는 것에 한계가 있기에, 각 데이터 유형의 개념과 특징에 대한 단계적 접근을 통해 이해를 돕고자 한다.

AI・데이터 융합교육 실습 주제는, 2022 개정 교육과정에서 강조하는 디지털 리터러시와 공동체 가치 함양, 환경 교육의 필요성을 고려하여, AI・데이터 기반 환경 프로젝트로 구성하였다. 해당 실습을 확장하여 학교급별 교과 융합교육에서 활용할 수 있는 성취기준은 다음 〈표 9-2〉와 같다.

〈표 9-2〉 AI · 데이터 융합교육 실습 안내

구분	실습 내용	관련 교과 및 성취기준 예시
9-1	AI・데이터 기초와 시각화: 기온상승 정형 데이터 분석 기초(데이터 시각화)	[6국06-01] 정보 검색 도구를 활용하여 자신의 목적에 맞는 매체 자료를 찾는다. [4수04-03] 탐구 문제를 해결하기 위해 자료를 수집, 정리하여 막대그래프나 꺾은선그래프로 나타내고 해석할 수 있다. [6사02-01] 우리나라의 계절별 기후 특징을 자료에서 탐구하고, 기후변화로 인한 자연재해의 심각성을 이해한다. [인공지능 원리와 활용: 초등학교 1-4학년: 수치 데이터 시각화] 수치 데이터를 그래프(그림그래프, 막대그래프 등)로 표현한다.
9-2	정형 데이터 예측 모델링: 미래 대한민국 서울의 평균 기온은 어떻게 변할까?	[6수04-06] 자료를 이용하여 가능성을 예상하고, 가능성에 근거하여 적절한 판단을 내릴 수 있다. [6실05-05] 인공지능이 만들어지는 과정을 체험하고, 인공지능이 사회에 미치는 영향을 탐색한다. [인공지능 원리와 활용: 초등학교 5~6학년: 데이터 경향성] 제시된 데이터를 통해 새로 입력된 데이터의 결과를 예측할 수 있다.
10-1	분류 모델링 활용: 디지털 탄소발자국 알리미	[6사08-05] 지구촌 주요 환경 문제를 조사하여 해결방안을 탐색하고 환경 문제해결에 협력하는 세계 시민의 자세를 가진다. [6실05-03] 실생활의 문제를 해결하는 프로그램을 협력하여 작성하고, 산출물을 타인과 공유한다. [인공지능 원리와 활용: 초등학교 5~6학년: 인공지능의 올바른 사용] 인공지능을 올바르게 사용하는 방법을 알고 생활 속에서 실천할 수 있다. [인공지능 원리와 활용: 초등학교 5~6학년: 기계학습 원리 체험] 인공지능이 적용된 교육용 도구를 통해 기계가 학습하는 과정을 설명할 수 있다.
10-2	AI・데이터 융합수업 아이디어 탐색 및 성찰	

실습 과정은 유의미한 처리, 해석, 조직화, 구조화 또는 표현을 거쳐 데이터가 정보로 생성 공유되는 데이터 과학 절차를 따른다. 9장 실습에서는 학습자 입장이 되어 AI・데이터 기초를 이해하고 다양한 데이터 자원과 도구 접근의 예시로 공공데이터 포털에서 데이터 세트를 검색 추출하여 데이터를 시각화하고, 다음으로 정형 데이터를 수집 및 전처리하여 예측 모델링을 실행한다. 10장 실습에서는 9장 실습 결과를 토대로 실제적 문제해결 방안 고민, 문제 정의, 비정형 데이터 수집 및 전처리, 분석 및 평가(분류 모델링), 프로그램을 구현한다. 마지막으로 선생님의 입장이 되어, AI・

데이터 융합교육 수업설계의 방법과 사례들을 살펴보며, 각자의 전공 교과에서의 AI・데이터 융합교육 수업 아이디어를 창안하고 성찰한다.

지금부터 여러분이 만날 미래 학생이 되어 '데이터'에 대한 탐험을 시작해 보고, 동시에 교사로서 'AI · 데이터와 융합교육'에 대한 아이디어를 논의해 봅시다. 학습자가 되어 실습하는 동안 자신을 세상의 문제를 직면하고 해결해보려는 시민 데이터 과학자라고 생각합시다.

9.2 AI · 데이터 첫걸음: 데이터 이해

1) AI · 데이터 기초 개념

데이터(data)란 무엇인가? 데이터는 관찰을 통해 얻은 사실, 수치, 측정값, 금액 등 처리되지 않은 원시 형태 자료이다(Market Business News, n.d.). 데이터는 정성적 데이터(텍스트, 비디오, 오디오 등) 또는 수치로 표현되는 정량적 데이터(빈도와 양)로 분류된다(Scribbr, 2023). 예를 들어, 온도, 성별, 나이 등 그 자체로는 의미가 없으며, 처리와 분석을 통해 정보 또는 가치가 된다. 세포에서 우주까지 다양한 대상이 현미경을 통한 세포 데이터, 설문을 통한 사용자 경험 데이터, CCTV를 통한 행동 데이터, 인공위성을 통한 지구 관측 데이터 등의 형태로 관찰 수집된다. 이러한 데이터는 고대부터 현재까지 사람들에 의해 숫자, 문자, 이미지 등 다양한 형태로 수집, 분석되어, 다양한 현상의 객관적 사실에 기반한 설명, 합리적 판단 및 논의, 법칙 발견, 미래 예측의 근거자료로 활용되어왔다.

빅데이터(big data)란 무엇인가? 오늘날 데이터는 개인정보 데이터, 위치 데이터, 웹 활동 데이터, 거래 데이터, 센서 데이터, 생체인식 데이터 등 광범위하고 거대하다. 1990년 중반에 등장한 빅데이터는 기존 데이터 관리 도구나 분석체계로 감당하기 어려운 대규모 데이터 집합을 의미한다(Gregersen, 2024). 빅데이터는 다양한 소스에서 대량의(high-volume) 다양한 형태(high-variety)의 데이터를 신속하게(high-velocity)

수집, 저장, 분석하고 이를 통해 통찰력을 도출케 한다는 특성을 가지며 이를 3V라고 한다. 그 외 특징으로 데이터의 가치성(value; Oracle, 2024)은 다양한 데이터 소스를 통합하여 복잡한 패턴이나 동향을 발견하고 실시간 의사결정 및 통찰, 효과적 정보처리 과정을 통한 프로세스 자동화 등을 지원한다(Gartner, 2023). 예를 들어 검색어 자동 추천, 동영상 추천 시스템, 타깃 광고, 전염병 확산 예측, 선거 투표율 예측, 교통 흐름 분석, 범죄 예방 및 대응, 재난 관리, 멸종 위기 동물 보호, 환경오염 모니터링, 스포츠 분석 등의 분야에 빅데이터가 적용된다.

▶ 학습자원	데이터 스토리(한국지능정보사회진흥원)

▶ 학습자원	서울특별시 빅데이터 캠퍼스

(빅)데이터의 주요 유형은? 데이터의 주요 유형은 다양하며, 이를 구분하는 기준 중 하나는 데이터의 정형화 정도이다. 데이터는 크게 정형 데이터, 반정형 데이터, 비정형 데이터로 분류된다. 정형 데이터는 구조화된 형식으로 표현되며, 표 형태로 저장된다. 비정형 데이터는 구조가 없거나 유연한 형식으로 표현되며, 텍스트, 이미지, 오디오 등의 형태로 존재한다. 정형 데이터는 구조화된 형식으로 분석이 용이하며, 비정형 데이터는 텍스트 마이닝, 이미지 처리, 음성 인식 등의 특별한 기술이 필요할 수 있다. 현실 세계에서는 정형 데이터와 비정형 데이터가 종합적으로 다뤄지므로, 각 데이터 유형의 특징과 차이점을 인식하고 적합한 분석 방법과 도구를 사용하여 종합적으로 문제해결에 적용할 수 있어야 한다. 이러한 다양한 유형의 빅데이터를 활용해 인공지능은 머신러닝 또는 딥러닝 모델을 학습하며, 모델은 새로운 빅데이터의 패턴을 식별 및 예측하는 작업을 수행한다.

데이터와 정보, 어떻게 다른가? 정보(Information)는 의미를 제공하지 않는 원시 데이터를 분석하고 해석하여 의미 있는 내용으로 변환한 결과물이다. 즉, (빅)데이터는 의미 있는 결과를 얻는 분석과 해석 과정을 통해 정보가 되며, 정보는 의사결정 및 문제해결을 지원하는 지식의 형태로 사용된다. 예를 들어 우리는 특정 지역 기온 데이터 추이를 통계 분석하여 평균 기온 정보를 얻을 수 있다. 이와 마찬가지로 인공지능에서의 정보는 데이터 패턴이나 관계 식별 및 이해 과정을 통해 얻어진다. 이러한 정보는 인공지능 모델의 예측과 추론에 사용된다. 예를 들어, 이미지 분류 모델은 훈련 데이터를 분석하여 고양이와 개를 구별하는 데 사용되는 정보를 추출하고, 이 정보를 기반으로 새로운 이미지에 대한 분류 결정을 내리는 것이다. 데이터의 분석과 해석은 데이터 과학, 인공지능, 정보기술 분야의 주요 기술이다.

인공지능과 데이터의 관계는? 인공지능은 입력 신호인 데이터를 처리하여 정보를 생성하고, 정보를 기반으로 지식(Knowledge)을 구축하고 결정에 활용한다. 데이터는 인공지능 기술의 기초이다(ACTUA, 2020). 인공지능 모델은 데이터로 학습 및 개선하며 정보를 생성하고, 정보를 바탕으로 지식을 구축해 새로운 데이터에 대한 예측 및 분류 능력을 개발한다. 이처럼 기계가 데이터로 학습하고 특정한 규칙과 패턴을 찾는 모델을 구축하는 것을 머신러닝이라고 하며, 다양한 문제해결에 활용된다. 예를 들어 학생 성적 데이터로 머신러닝을 수행한 결과, 학년이 올라갈수록 국어 성적이 떨어지는 패턴을 발견함으로써 학년과 국어 성적 간 영향 요인에 대한 지식을 형성할 수 있다. 이러한 지식은 학년별 국어 교수학습 개선 및 맞춤형 지원과 관련한 문제해결 및 의사결정에 활용되어, 학생의 국어 성적 향상에 도움을 줄 수 있다. 이처럼 머신러닝으로 구축된 인공지능 모델은 사람이 처리하기 어려운 빅데이터를 빠르고 정확하게 처리한다. 즉, 일상 속 우리가 인지하고 생산하는 데이터와 빅데이터의 차이는, 데이터 과학, 인공지능(머신러닝)에 있다. 빅데이터와 머신러닝은 데이터 과학을 지원하며, 데이터 과학과 빅데이터는 인공지능(머신러닝) 모델의 개발과 개선을 돕고, 개선된 인공지능(머신러닝) 모델은 다시 데이터 과학을 지원한다.

〈표 9-3〉 데이터, 정보, 지식

단계	설명	예시
데이터	가공되지 않은 사실이나 수치	작물 재배 지역의 일일 강우량, 기온, 토양 습도
정보	데이터를 조직, 처리하여 의미를 부여	평균 강우량, 평균 기온, 토양 적정 습도 범위
지식	정보 기반 학습으로 얻은 깊은 이해	특정 작물 생육에 적합한 기후 조건과 토양 상태
인공지능	지식 기반 문제해결 및 새로운 적용	기후 데이터, 토양 조건 기반 작물 수확량 예측

머신러닝(Machine learning, **기계학습**)**이란**? 데이터 패턴을 찾는 통계적 추론(AI4K12, 2020)을 활용, 기계(컴퓨터)가 스스로 학습하여 예측하고 의사결정을 내릴 수 있도록 하는 기술이다. 빅데이터 환경에 유용하며, 기계는 많은 데이터를 학습함으로써 더 정확한 결과를 도출할 수 있다. 통계적 데이터 분석이 사람의 의사결정을 돕는다면, 머신러닝은 의사결정 능력을 컴퓨터(기계)에 부여해 사람의 판단을 보조 확장하는 역할을 한다. 예를 들어 교육 분야 머신러닝은 학생들의 과거 학습 데이터를 학습하여 각 학생에게 효과적인 학습 콘텐츠를 추천하는데 활용될 수 있다.

머신러닝은 주로 세 가지 유형, 지도학습(Supervised learning), 비지도학습(Unsupervised learning), 강화학습(Reinforcement learning)으로 구성된다. 지도학습은 컴퓨터에 정답(레이블 또는 입출력)을 알려주고 학습시켜 모델을 만드는 방법으로 분류(Classification)와 회귀(Regression) 작업에 사용된다. 비지도학습은 정답을 알려주지 않고(레이블 없이) 데이터 패턴과 구조를 분석, 의미와 관계를 밝혀내는 방법으로 군집화(Clustering)와 연관(Association) 등의 작업에 활용된다. 강화학습은 정답을 알려주지 않고, 보상(Reward)과 처벌(Penalty)이라는 피드백으로 에이전트가 스스로 최적의 행동을 학습하여 결정하는 방법이다. 즉, 머신러닝은 기계가 데이터 패턴을 학습하도록 함으로써, 사람의 의사결정(업무 보조, 자동화 등)을 지원한다. 이때 필요한 데이터를 정의, 수집, 정제, 분석하고 결과를 해석 활용함으로써 최선의 해결책을 창출 적용하는 과정이 데이터 과학이다. 데이터 과학은 머신러닝을 활용하여 전염병의 양성 판정, 자동 번역, 자율주행 등을 구현한다.

〈표 9-4〉 머신러닝(Machine learning, 기계학습)의 분류

기계학습 Machine learning	지도학습 Supervised learning	회귀 Regression
		분류 Classification
	비지도학습 Unsupervised learning	군집화 Clustering
		연관 Association
	강화학습 Reinforcement learning	보상 Reward
		(처벌) Penalty

AI · 데이터 과학의 절차는 어떠한가? 데이터 과학은 정형 및 비정형 데이터에서 의미 있는 통찰력과 지식을 추출하기 위한 다양한 과학적 방법, 알고리즘 및 프로세스를 포괄하는 학제 간 분야로 데이터 활용 주기를 아우른다. 일반적 AI · 데이터 과학 과정은 문제 정의, 데이터 수집, 데이터 전처리, 데이터 모델링(분석 및 평가), 배포(데이터 시각화, 활용)의 과정을 거친다(BIG DATANEWS, 2023.8.2.). 첫째, 문제 정의는 문제 탐색 및 해결하고자 하는 문제와 수집 데이터, 데이터 수집원 등을 명확히 하는 것이다. 둘째, 데이터 수집은 사람의 수동적 수집 데이터, 기계의 자동 수집 데이터(AI4K12, 2020), 웹 크롤링, 공공 데이터 플랫폼 접근 등 다양한 방법으로 이뤄진다. 셋째, 데이터 전처리는 필요 없는 내용을 삭제하거나 결측치를 처리하여 데이터를 정리하는 것이다. 넷째, 데이터 분석은 수집된 데이터를 체계적으로 분석하여 패턴이나 관계를 찾아내 모델을 구축하는 것이다. 다섯째, 데이터 모델링은 분석된 데이터를 기반으로 모델을 구축하고 예측 또는 분류를 수행하는 것이다. 이때 협의의 머신러닝은 데이터로부터 패턴을 학습하고 모델을 만드는 분석 프로세스 중 하나로 볼 수 있다. 여섯째, 데이터 시각화는 분석 결과를 워드 클라우드, 그래프, 차트 등 시각적으로 표현하여 이해하기 쉽게 만든다. 일곱째, 활용 단계에는 분석된 결과를 활용하여 의사결정을 지원하거나 문제를 해결하는 데 적용한다.

2) 정형 데이터 분석과 시각화

데이터 시각화(Data visualization)란 데이터 분석 결과 정보를 그래픽으로 직관적이고 효과적으로 전달하는 과정 및 도구를 의미한다(Friedman, 2008). 데이터 시각화 목적은 데이터 패턴, 관계 및 동향 정보의 효과적 전달을 통해 데이터 기반 통찰 및 의사결정을 지원하는 것이다. 데이터 시각화 방법은 데이터의 특성 및 분석 목적에 근거한다. 데이터 시각화 방법의 사례는 다음 〈표 9-5〉와 같다.

〈표 9-5〉 데이터 시각화 방법(Intellspot, n.d.)

시각화 유형	설명	대표적인 방법
시간 시각화	시간 흐름별 데이터 변화	막대그래프, 누적막대그래프, 선그래프
분포 시각화	데이터 집합 내 분포 시각화	파이차트, 도넛차트, 트리맵, 박스플롯, 피라미드 그래프
관계 시각화	데이터 포인트 간 관계 시각화	버블차트, 히스토그램, 벤다이어그램, 산점도
공간 시각화	지리 데이터 매핑(mapping), 위치 지역 정보 제공	지도 매핑(mapping), 지리적 히트맵
비교 시각화	데이터 그룹 또는 변수 간 비교	바차트, 컬럼 차트, 피시본 다이어그램, 결정트리

대표적 데이터 시각화 사례로, 나이팅게일(Florence Nightingale)의 장미 다이어그램이 있다. 나이팅게일은 1854년 크림전쟁(Crimean War) 당시 영국군 야전 병원의 심각한 위생 상황을 목격하고, 데이터 분석과 시각화를 이용해 병원의 위생 환경을 개선하였다. 의무기록표를 만들어 관련 자료를 수집, 기록하여 월별 사망자 수와 사망 원인을 파악하고 문서로 작성하였다(Notes on Matters Affecting the Health, Efficiency and Hospital Administration of the British Army, 1858). 그리고 해당 정보를 효과적으로 전달하기 위해 사망자 현황과 원인을 표가 아니라, 장미 다이어그램 도표로 만들어 군 당국을 설득하였다.

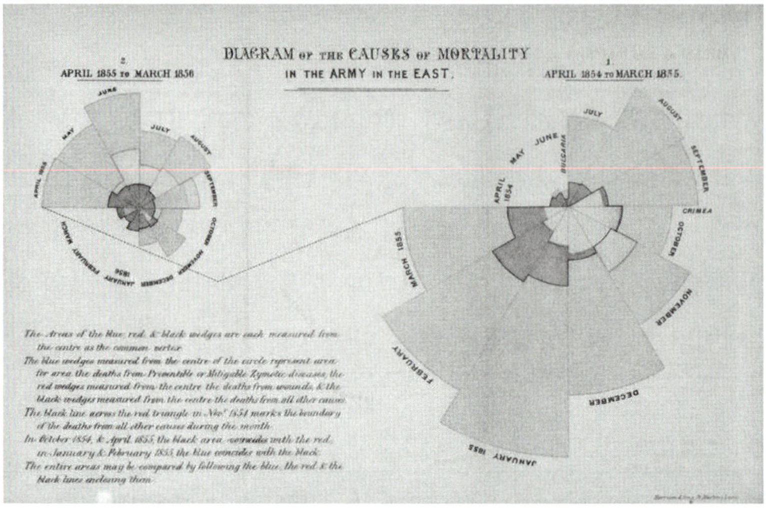

[그림 9-1] 나이팅게일의 장미 다이어그램(Rose Diagram)(Nightingale, 1858)

위의 [그림 9-1]과 같이 푸른색 부분은 병원에서의 감염으로 인한 사망을, 붉은색은 전장에서의 부상으로 인한 사망임을 나타내 위생 개선 필요성을 명시적으로 보여준다. 이를 통해 사망률이 급격히 감소하여 2% 정도로 떨어졌다고 한다. 이처럼 데이터 시각화는 데이터에 대한 심층적 이해와 복잡한 정보의 명료한 전달을 목적으로 다양한 분야에서 핵심적 의사소통 수단으로 활용된다.

▶ 학습자원	10가지 데이터 시각화 사례(Tableau, n.d.)

▣ 실습1

데이터 시각화를 실습해보겠습니다. [그림 9-2]는 "온난화 줄무늬"라고 불리는 데이터 시각화 사례로, 2018년 영국 기후과학자 에드 호킨스(Ed Hawkins)가 인간에 의한 기후변화 심각성을 알리기 위해 제작한 바코드형 디자인입니다. 각 줄무늬 색상은 연도별 평균 온도를 나타내며, 색상 변화를 통해 지구 온난화 추세를 시각화하여

전 세계 환경 문제에 대한 인식을 향상시킨 사례입니다. [그림 9-2] 한국의 온난화 줄무늬는 한국 서울의 기온 데이터를 분석 시각화한 것으로, 한국은 최근 몇십 년 동안 기후 변화의 영향을 크게 받아왔으며, 과거와 대비하여 고온으로 표시되는 시기가 길게 표시되어 폭염과 가뭄이 더 심각해지는 추세임을 확인할 수 있습니다.

[그림 9-2] 한국의 온난화 줄무늬(Hawkins, n.d.)

데이터 시각화 '온난화 줄무늬' 사례와 같이 지구환경 관련 뉴스 기사나 보고서에서 기후 위기의 심각성에 대한 우려의 목소리가 커지고 있습니다. 미래의 기후변화가 예상보다 더 빠르게 진행되고 있으며, 이에 따라 급격한 온난화, 극단적인 날씨 현상, 해수면 상승 등의 문제가 발생할 것으로 전망합니다. 실제 데이터 분석을 통해 기온상승 현황을 확인하고 데이터를 시각화해 봅시다.

문제 정의(define). 데이터 과학은 일상에서 발생하는 다양한 데이터를 체계적으로 분석하여 그 안에서 새로운 인사이트를 발견하고, 가치 있는 정보로 전환하여 의사결정에 활용하는 과정입니다. 이 과정은 명확한 문제 정의에서 시작됩니다. 문제 정의는 데이터 분석 방향을 설정하고, 어떤 결과를 얻기를 원하는지, 무엇을 알고 싶은지를 구체적으로 명시하는 단계로, 분석의 목적과 필요성을 작성합니다. 문제란, 일상에서 발견 또는 당면하는 해결이 필요한 현상을 의미합니다. 문제 상황의 본질을 이해함으로써 적절한 데이터 분석 방법을 선택하고 분석 결과를 근거로 결정할 수 있습니다.

문제 정의: 대한민국 100년, 기온은 얼마나 높아졌나?
상황: 기후변화로 인한 기온상승이 전 세계적으로 주요 이슈로 부상하고 있음
해결하려는 문제: 대한민국 서울의 과거 기온변화 패턴을 분석하여 이를 시각화하기
필요한 데이터: 대한민국 서울의 과거 기온 데이터
데이터 수집원: 기상청 또는 유사 기후 관측 기관

데이터 수집은 문제해결 및 분석에 필요한 데이터를 확보하는 것입니다. 예를 들어 빅데이터는 웹 스크래핑과 웹 크롤링, API 호출, 센서 데이터 수집, 로그 파일 분석, 데이터베이스 쿼리, 사회 네트워크 분석, IoT 디바이스 연결, 스마트폰 앱 데이터 등 다양한 경로로 수집됩니다. 이러한 빅데이터는 공공데이터 포털, 오픈 데이터, 소셜 미디어 데이터, 웹크롤링 및 스크래핑, 데이터 제공 업체 등을 통해 확보할 수 있습니다. 빅데이터를 제공하는 플랫폼은 다양한 출처의 데이터를 수집 저장하고 있으며, 분석 또는 시각화 환경을 제공합니다. 예를 들어 공공 데이터는 국민들이 사용할 수 있도록 정부 기관이나 지방정부 등 공공기관에서 생성되는 데이터를 정리해서 서비스화하는 것으로, 마케팅이나 정책 결정과 제언에 활용할 수 있습니다.

사례자료를 통해 다양한 공공데이터 포털 및 빅데이터 서비스 제공 사이트 목록을 확인하고, 데이터 종류와 활용 목적에 맞는 경로를 선택해 봅시다. 아래 사례자료, 국가통계포털에서 원하는 사이트를 찾을 수 있습니다. 경제, 사회, 환경, 음식 등등 주요한 통계를 모아서 한 번에 찾을 수 있도록 통계청에서 제공하는 서비스입니다.

▶ 학습자원	통합 데이터 지도(한국지능정보사회진흥원)

우리는 기상청, 기상자료개방 포털 서비스를 이용해 보겠습니다. 내가 원하는 기간 데이터만 어떻게 얻을 수 있을까요? 1908년부터 2023년까지의 대한민국 연도별 평균 기온변화를 한번 살펴보겠습니다. 특정 지역(서울) 데이터를 찾아봅시다.

▶ 학습자원	기상자료개방 포털

[기상자료개방포털 〉기후 통계 〉 기온분석 그래프 검색 조건 설정]을 통해 아래 그림과 같이 서울(108지점)의 월평균 기온을 바탕으로 연도별 평균 기온을 시각화할 수 있습니다. 1950년부터 1953년 데이터는 한국전쟁으로 인한 결측으로 추정됩니다.

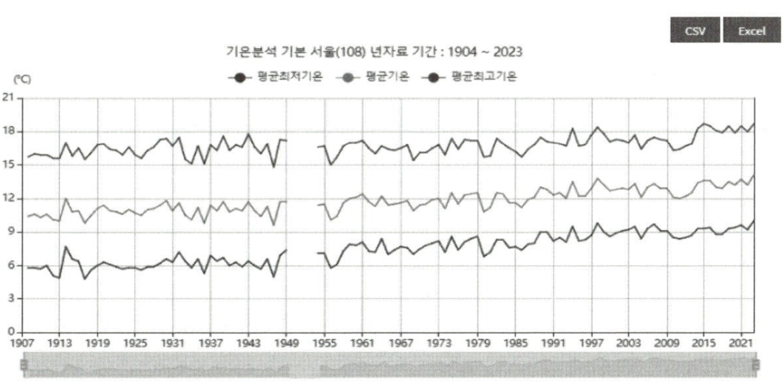

평균 기온 데이터 시각화 결과 기온상승 추세가 있어 보이지만, 정확히 어떤 변화가 있는지 파악하기 어렵습니다. 데이터 시각화 자료를 해석할 때 고려해야 할 사항은 무엇일까요? 시각화를 할 때 의도를 가지고 평균만을 보여주면 어떻게 될까요? 다음과 같이 특정 연도를 선택해서 보여줄 경우, 기온변화가 없는 것으로 해석할 수도 있습니다.

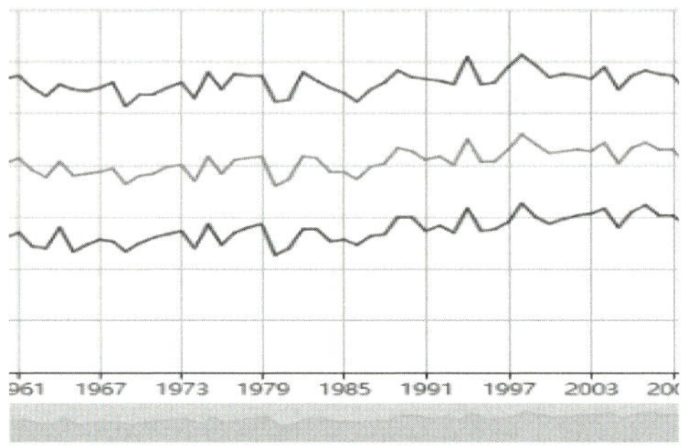

이에 기온변화 이해를 위해 일정 기간 온도 평균값인 장기간 평균이나 표준편차, 중앙값 같은 통계를 사용할 수 있습니다. 평균값은 해당 기간의 전반적인 온도 경향을, 표준편차는 온도변화 변동성을, 중앙값은 이상치 영향을 제외한 기온 추이를 볼 때 사용할 수 있습니다.

우리나라의 기온변화 추이가 정확히 상승하고 있는 것인지 확인해 봅시다. 공공데이터 포털에서 기본적으로 제공하는 데이터는 너무 많으므로, 실습에 필요한 데이터만 필터링해서 엑셀 파일로 저장하겠습니다. 서울지역 기온 데이터만 엑셀 파일로 저장해서 사용할 수 있습니다. 실습을 위해 저장한 데이터 세트 파일을 열어 지정한 항목을 잘 가지고 왔는지 확인해 봅시다.

▶ 학습자원	데이터 시각화 예제_기온분석 - 그래프: 기온분석(서울)

다운로드 데이터 세트를 한번 확인해 볼까요? 데이터 분석을 위해서는 먼저 표의 구조를 이해해야 합니다. 데이터는 행(row)과 열(column)로 구성된 표, 데이터 세트(dataset)에 저장됩니다. 표에서 행은 각 연도와 같은 구체적 사례를 나타내는 것으로, 행에 담긴 데이터를 관측치(observation), 레코드(record), 케이스(case)라고 부릅니다. 열은 각 연도가 가지는 속성이나 특징을 나타내는 것으로, 특성(feature), 속성(attribute), 변수(variable)라고 표현합니다. 하나하나의 데이터는 특정 행에 할당되며, 해당 데이터 속성은 열을 통해 구분됩니다.

열

연도	지점	평균기온(℃)	평균최저기온(℃)	평균최고기온(℃)
1908	108	10.4	5.8	15.7
1909	108	10.6	5.8	16
1910	108	10.3	5.7	15.9
1911	108	10.6	6	15.9
1912	108	10.1	5.1	15.6
1913	108	10	4.9	15.6
1914	108	12	7.7	17
1915	108	10.8	6.6	15.8

행

데이터 전처리

분석할 데이터 전처리를 해보겠습니다. 데이터 전처리는 분석을 위해 데이터를 정제하고 준비하는 과정입니다. 수집된 데이터 세트를 분석에 적합한 형태로 변환하며, 필요한 데이터를 선별하고 오류를 수정하거나 제거하는 작업을 포함합니다. 서울지역 기온 데이터에서 1950~1953년 데이터가 누락 되었습니다. 이런 경우 어떻게 해야 할까요? 임의의 데이터를 입력해서 분석하면 될까요? 임의의 데이터를 입력해서 분석하는 경우, 데이터 자체가 잘못된다면 어떤 일이 생길까요? 데이터가 누락된 경우 임의의 데이터를 입력해서 분석하는 것은 권장되지 않습니다. 임의의 데이터를 입력하면 분석 결과가 신뢰할 수 없게 될 뿐만 아니라, 심각한 결과를 초래할 수 있습니다. 예를 들어, 임의의 데이터를 입력하면 실제와는 다른 패턴이 발견되어 잘못된 결론을 도출할 수 있습니다. 따라서 데이터가 누락되거나 왜곡된 경우, 데이터를 적절히 처리하고 대체하는 방법을 사용하여 신뢰할 수 있는 결과를 얻는 것이 중요합니다.

1949	108	11.7	7.4	17.2
1950	108			
1951	108			
1952	108			
1953	108			
1954	108	11.4	7.1	16.6
1955	108	11.5	7.1	16.7
1956	108	10.1	5.8	15
1957	108	10.4	6.1	15.7

일부 기온 데이터가 누락 되었을 경우 해결 방법을 주의 깊게 선택해야 합니다. 첫째, 누락 된 데이터를 대체하는 방법을 고려할 수 있습니다. 이를 위해 다양한 대체 기법(연속 값은 인접 데이터 사용, 다른 출처 데이터 검색, 평균값 사용 등)이 사용될 수 있습니다. 둘째, 누락 된 데이터의 영향을 최소화하기 위해 해당 기간을 포함하지 않고 분석을 진행할 수도 있습니다. 이 경우, 분석 결과가 해당 기간에만 유효하다는 점을 명시해야 합니다.

일반적으로, 누락 된 데이터가 전체 추세를 왜곡하지 않고, 대체 방법이 타당하다면 평균값을 사용할 수 있습니다. 그러나 1950~1953년의 데이터의 경우, 해당 기간을 제거하는 것이 결과에 영향을 최소화하는 방법으로 보입니다. 이는 제거로 인한 추세 왜곡이 적은 비중이라는 점, 해당 기간의 데이터가 다른 연도와 비슷한 패턴이 예상되는 점, 평균값 대체로 인해 결과가 왜곡될 수 있다는 점 등에 근거합니다.

데이터 분석과 시각화. 데이터 분석은 수집된 데이터를 전처리 분석하여 유의미한 결과를 도출하는 과정입니다. 이 과정에서 통계기법과 머신러닝 등을 활용하여 데이터에서 패턴을 식별하고 통찰을 얻습니다. 분석 결과는 데이터 시각화를 통해 직관적으로 이해할 수 있도록 시각적으로 표현됩니다. 데이터 분석은 특이점, 패턴, 인과관계, 행동 추천, 대책 수립 등 의미 있는 사실을 발견하는 과정으로, 적절한 기준을 통해 데이터의 특이성과 예외성을 파악할 수 있습니다. 우리는 중앙값을 활용하여 서울의 기온변화를 줄무늬 그래프로 시각화해 보겠습니다.

기온변화의 장기적 추세를 파악하기 위해 특정 연도에 국한하지 않고 연도별 기온의 장기간 변동 추세를 분석합니다. 이때 중앙값을 사용함으로써, 데이터의 극단적인 변동을 배제하고 보다 일반적인 경향을 파악할 수 있습니다. 중앙값을 활용한 기온변화 그래프는 각 연도의 기온이 중앙값에서 어떻게 달라지는지를 보여줍니다. 이러한 방식으로, 기온이 시간에 따라 어떻게 변하는지 명확하게 시각화할 수 있으며, 장기적인 온난화 추세 또는 다른 기후변화 패턴을 명확하게 확인할 수 있습니다. 엑셀 상단의 [파일〉 조건부 서식〉 색조〉 기타규칙]을 선택하고 다음과 같이 설정합니다. 표시형식을 [;;;]으로 설정하여 셀 내용 숨기기를 합니다.

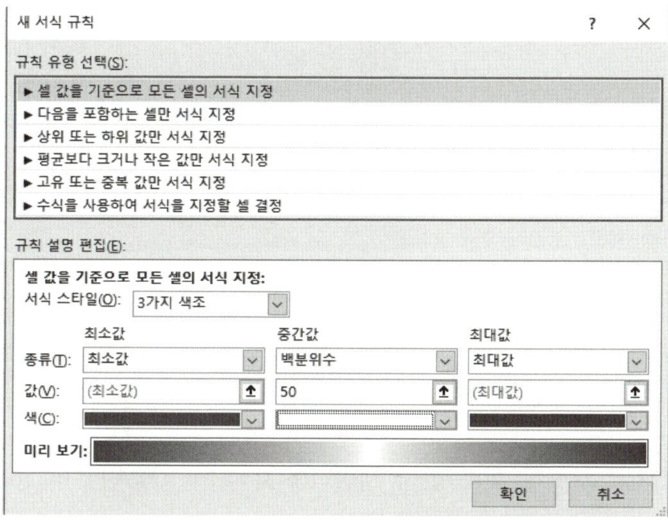

1950년까지는 기온이 연도별 중앙값보다 낮았으며, 1990년까지는 오르내림을 반복하였습니다. 1990년 이후부터는 기온이 중앙값에 비해 지속 상승하여, 이를 그래프에서 붉은색으로 시각화하였습니다. 이러한 연도별 기온변화는 온난화 줄무늬 그래프를 통해 더욱 명확하게 나타낼 수 있습니다. 온난화 줄무늬 그래프는 각 연도의 기온변화를 직관적으로 시각화하여, 대중과 정책 결정자에게 기후변화의 영향과 심각성을 효과적으로 전달하는 방법이 될 수 있습니다.

이번 분석에서는 기상청 제공 한국 서울(108지점)의 1908년부터 2023년까지의 장기간 기상 기온변화 데이터를 수집 정제하고, 이를 온난화 줄무늬로 시각화하였습니다. 이 온난화 줄무늬 시각화 기법은 연도별 기온변화를 직관적으로 나타내어, 기후변화의 심각성을 효과적으로 전달하는 하나의 방법입니다. 기상청 기상자료개방 포털은 월평균 기온뿐만 아니라 일 평균 기온, 일 최저·최고 기온, 강수량, 황사 일수, 폭염 일수 등 다양한 날씨 데이터를 제공하므로, 기후변화 요인이 되는 관련 데이터를 활용하여 더욱 정교한 기후 모델을 개발한다면, 미래 기후 변화 예측 정확도를 높이는 데 기여할 수 있습니다.

실습과 성찰

1. 정형 데이터와 예측 모델링 실습

▣ 실습2

시각화를 통한 데이터 특성 분석 결과를 바탕으로 미래를 예측하고 현재의 의사결정을 도출하는 과정은 매우 중요합니다. 이러한 작업을 기계에 시키는 것, 즉 자동화하는 도구가 머신러닝입니다. 우리는 [엔트리]라는 도구로 머신러닝을 수행하는 방법을 살펴보겠습니다. 정형 데이터와 예측 모델링을 실습해보기 위한 과정은 다음과 같습니다.

문제 정의 ▶ 수집 및 전처리 ▶ 분석 및 평가 ▶ 모델 활용

1) 문제 정의: 미래 대한민국 서울의 평균 기온은 어떻게 변할까?

앞서 데이터 시각화 실습으로 우리나라의 기온상승 추세를 확인했습니다. 1970년대에서 1980년대 사이의 연평균 기온은 11~12도 범위였으나, 최근 연평균 기온은 12~13도로 점진적으로 상승하고 있음이 확인됩니다. 또한, 1990년 이후부터 데이터 상승 추세가 달라짐을 데이터 시각화로 확인하였습니다. 지구가 섭씨 0.5도 또는 1도 상승하면 물부족, 동식물 멸종, 극한 기상 현상, 해수면 상승, 산소 감소 등의 위기가 찾아온다고 합니다(IPCC, 2020). 기온 상승 추세가 지속될 때, 지금까지의 기온상승 추세대로라면 미래 기온은 어떨까요? 상승 정도를 예측해볼까요? 과거 데이터를 기반으로 미래의 기온상승 추세를 예측하기 위해 어떤 방법을 사용할 수 있을까요?

연도	지점	평균기온(℃)	평균최저기온(℃)	평균최고기온(℃)
2020	108	13.2	9.4	17.9
2021	108	13.7	9.6	18.5
2022	108	13.2	9.2	18
2023	108	14.1	10	18.7
2024	108			
2025	108			
.	108			
.	108			
2050	108			
2100	108			

현재까지 관찰된 연도별 기온상승 패턴이 지속된다는 가정 아래, 시간 흐름(연도)에 따른 기온 상승 추세를 예측함으로써 기후 위기의 심각성을 확인할 수 있습니다. 이는 수동적으로 설정된 예측 모델을 기반으로 한 것이지만, 실제 기후변화 예측에는 기온 상승에 영향을 미치는 다양한 변수들을 모델에 포함하여야 합니다. 현실의 복잡성을 반영하는 정교한 빅데이터 모델링은 인간만의 노력으로는 한계가 있습니다. 이에 머신러닝 기술을 도입하여, 일상에서 발생하는 다양한 문제들에 대해 자동으로 예측 모델을 생성하도록 할 수 있습니다. 지금부터 데이터로 인공지능을 구현하는 기술인 머신러닝을 실습해보겠습니다. 두 번째 실습의 문제 정의는 다음과 같습니다.

문제 정의: 미래 대한민국 서울의 평균 기온은 어떻게 변할까?
상황: 대한민국 서울의 과거 기온상승 흐름을 확인하였지만, 미래 전망 심각성을 인지하기 어려움
해결하려는 문제: 미래의 기온상승 위기를 구체적으로 파악할 수 있도록 함
필요한 데이터: 과거의 기후 데이터(예: 연도별 평균 기온 등)
데이터 수집원: 기상청 또는 유사 기후 관측 기관

2) 데이터 수집과 전처리

엔트리 시작하기

먼저, 실습을 위한 도구를 살펴보겠습니다. 기존에는 통계 또는 프로그래밍 전문가

들이 다루는 도구로 접근성이 제한되어 있었지만, 요즘은 수학이나 코딩을 모르는 비전문가, 초보자도 데이터 분석과 머신러닝을 손쉽게 이용할 수 있는 노코드(No-Code) 플랫폼 도구들이 많습니다. 우리는 엔트리라는 블록 코딩 플랫폼을 사용하겠습니다. 도구 사용 전에 검색창에 '엔트리'를 입력해 가입을 완료해봅시다. 아래 사례자료 '엔트리 문서'를 참고할 수 있습니다. '엔트리 문서: 사용자 위키'는 엔트리 기초사용법, 블록과 기능에 대한 설명을 모아 둔 자료입니다.

▶ 학습자원	Entry Docs: 사용자 위키

머신러닝으로 아이디어를 구현하려면 과거 데이터를 준비해야 합니다. 이전 실습에 사용한 연도별 기온 데이터를 엔트리 데이터 테이블에 업로드 하겠습니다. 상단 메뉴 중 [만들기〉 작품 만들기] 버튼을 클릭합니다.

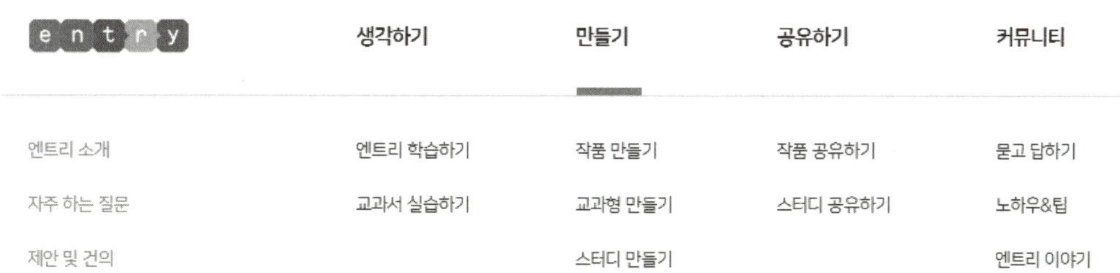

엔트리에서 데이터 테이블을 생성하기 위해서는 [데이터 분석]에서 [테이블 불러오기]를 클릭, [테이블 추가하기] 기능을 사용하면 됩니다.

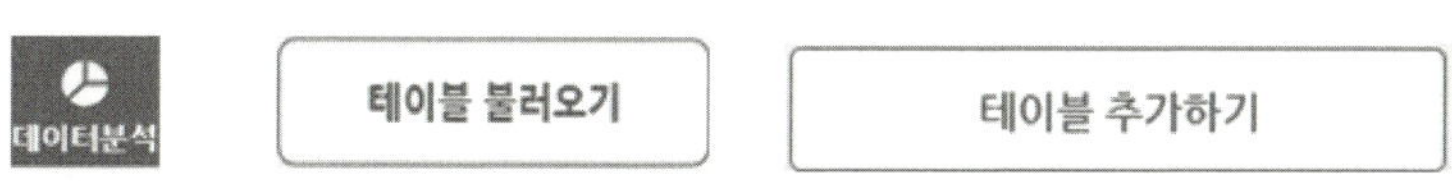

데이터 분석▶ 테이블 불러오기▶ 테이블 추가하기

[테이블 추가하기〉 테이블 선택]을 클릭하면 엔트리 제공 데이터를 활용할 수 있습니다. 또는 [파일 올리기]로 가지고 있는 데이터를 업로드하거나, [새로 만들기]로 직접 입력해서 데이터 테이블을 생성할 수 있습니다. 우리는 기상청 기온 데이터 세트 전처리한 파일을 사용할 것이므로 [파일 올리기〉 파일 선택〉 추가하기] 하겠습니다.

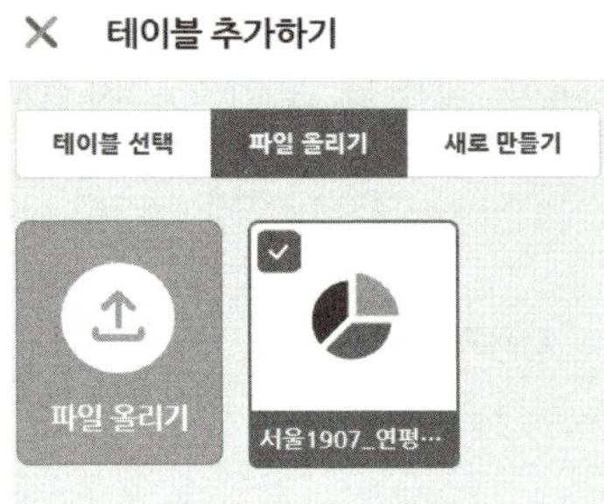

정형 데이터

정형 데이터는 표 형식으로 구성되며, 사전에 정의된 구조를 가집니다. 각 열에는 특정 유형의 데이터가 포함되어 있으며, 모든 행은 같은 열 집합을 가져 데이터 분석과 처리를 쉽게 합니다. 일반적으로 정형 데이터는 Excel 파일, 학교 성적 관리 시스템, 온라인 쇼핑몰 주문 기록, 회사 고객 정보 관리 시스템, SQL 서버 데이터베이스 등 관계형 데이터베이스에서 관리됩니다. 이러한 구조는 데이터를 효율적으로 저장 관리하여, 데이터 분석과 복잡한 쿼리(Query)를 가능하도록 지원합니다.

〈표 9-6〉 정형 데이터 종류와 분석 도구

데이터 유형	설명	적용 사례
범주형 데이터	명목형과 순서형으로 나뉘며, 범주 간 순서 여부에 따라 구분됨	동물 분류, 의료 진단
수치형 데이터	연속형과 이산형으로 구분, 데이터가 연속적 값인지 이산적 값인지로 구분됨	학생 성적 분석, 상품 가격 예측
시계열 데이터	일정한 시간 간격으로 측정된 데이터로, 시간에 따른 패턴과 트렌드를 분석함	날씨 예보, 주식 가격 예측
지리적 데이터	지리적인 위치 기준 데이터로, 위도와 경도 등의 좌표로 표현됨	재난 대응 및 예방, 도시 교통 관리

우리가 사용할 연도별 기온 데이터에서 '연도'는 시계열 데이터의 시간적인 측면을 나타내고, '기온'은 수치형 데이터로서 각 연도에 따른 온도를 나타냅니다.

전처리

정형 데이터로 이뤄진 빅데이터로 머신러닝을 하기 위해서는, 모델의 성능향상과 신뢰성 확보를 위해 결측값 처리(누락 된 값을 다루는 것), 이상치 탐지 및 처리(비정상적 값을 찾아 제거하거나 대체하는 것), 데이터 필터링(필요 없는 열이나 잘못된 행을 제거하는 것), 범주형 데이터 인코딩(단어나 문자 데이터를 숫자로 바꾸는 것), 데이터 스케일링(데이터 크기를 조절하는 것), 훈련 및 검증 데이터의 분할(학습용과 테스트용으로 구분하는 것) 등의 전처리 과정을 거쳐야 합니다. 전처리 된 데이터를 사용하면 모델이 더 나은 성능을 발휘하고, 새로운 데이터에 대한 예측을 보다 신뢰할 수 있습니다.

〈표 9-7〉 정형 데이터의 전처리 항목

항목	내용
결측값 처리	결측값 행 또는 열 제거 및 대체
이상치 처리	이상치 탐지 제거 및 대체
데이터 필터링	불필요한 열 및 부적절한 행 제거
범주형 데이터 인코딩	범주형 변수 숫자로 변환
데이터 스케일링	데이터 범위 조정
훈련 검증 데이터 분할	훈련 세트와 검증 세트로 데이터 분할

우리는 [실습1]에서 서울지역 데이터만 남기고, 서울지역 데이터 중 결측값을 처리하여 [실습2]에서 동일하게 사용하겠습니다. 미래 기온 예측을 위한 머신러닝 모델을 구축할 때, 과거 데이터를 얼마나 사용할지 결정하는 것은 중요한 문제입니다.

[실습1]의 결과 1990년 이후 기온 상승 추세를 확인했습니다. 이는 기후변화의 추세가 뚜렷해진 시점으로, 1990년 이후 데이터를 사용하는 것이 일관된 패턴을 모델링하는 데 도움이 될 수 있습니다. 최근 데이터는 현재의 기후변화 패턴을 반영하기에,

모델의 예측 성능을 높일 수 있습니다.

그러나 모델은 더 많은 데이터를 사용할수록 더 많은 정보를 학습할 수 있습니다. 1990이후 데이터만 사용하면 전체 데이터 폭이 좁아져 변동성을 학습하기 어렵습니다. 기후 변화는 장기적 추세를 따르기에 1907년부터 2023년까지의 데이터를 포함하면, 기온변화의 복잡성과 변동성을 파악하는 데 도움이 될 수 있습니다. 따라서, 기온 예측 모델을 구축할 때는 1907년부터 2023년까지의 전체 데이터를 사용하는 것이 더 바람직할 수 있습니다. 이렇게 하면 장기적인 기후 패턴과 변화를 학습할 수 있어, 모델의 예측 정확성을 높일 수 있습니다.

3) 데이터 분석 및 평가

수집된 데이터 자체는 단순한 사실의 집합일 뿐 정보가 아닙니다. 이 데이터를 유의미한 정보로 표현하기 위해 다양한 방법 중 머신러닝 지도학습 예측 모델링을 적용해 보겠습니다. 이 실습에서는 맥락을 단순화하여, 과거 연도별 기온 데이터 패턴을 기반으로 미래 특정 연도의 기온이 얼마가 될지 예측해보겠습니다. 예제 파일 표를 보면 과거 데이터로 이뤄져 있습니다. 실습 데이터에서 우리는 연도를 독립변수로 기온을 종속변수로 보고 상관관계를 보려고 합니다.

변수(Variable)는 데이터 변화를 수량화하는 요소로, 표에서 각 열은 특정 변수(측정값, 속성)를 나타냅니다. 표에서 연도별 평균 기온이 달라지는 것을 볼 수 있습니다. 일반적으로 독립변수는 원인이 되는 열(변수)이고, 종속변수는 원인(독립변수)으로 인해 결과가 되는 열(변수)로 설명됩니다. 예를 들어 2020년에 평균 기온이 13.2℃일 때, 독립변수는 연도이고 종속변수는 평균 기온으로, 서로 상관관계가 있다고 볼 수 있습니다. 반대로, 기온(종속변수)이 상승하니까 연도(독립변수)가 달라졌다는 관계는 성립하지 않습니다.

변수				
독립변수		종속변수		
년도	지점	평균기온(℃)	평균최저기온(℃)	평균최고기온(℃)
1999	108	13.2	9	17.8
2000	108	12.7	8.6	17.1
2001	108	12.8	8.9	17.3
2002	108	12.9	9.1	17.2
2003	108	12.8	9.2	17
2004	108	13.3	9.5	17.7
2005	108	12.1	8.4	16.4
2006	108	13	9.3	17.2
2007	108	13.3	9.7	17.5
2008	108	12.9	9.1	17.3
2009	108	12.9	9.1	17.2
2010	108	12.1	8.5	16.3

단, 연도는 기온상승에 영향을 주는 독립변수이고 기온상승은 영향을 받는 종속변수라고 한다고 해서, 이것을 원인과 결과의 관계, 인과관계라고 할 수 있을까요? 연도와 기온상승은 단순히 상관관계로만 이해하는 것이 바람직합니다. 상관관계를 맺고 있을 뿐인데 인과관계로 단정해서는 안 됩니다. 변수 간의 관계를 파악하는 것은 어렵고 조심스러운 작업입니다. 변수 간 관계를 파악하는 것은 엄격한 기준을 가지고 다양한 통계기법을 적용해야 합니다. 또한, 상관관계는 적은 수의 데이터를 가지고 단정해서는 안 됩니다.

두 번째로, 우리는 과거 연도별 기온 데이터로 미래 특정 연도의 기온을 예측해보려고 합니다. 이때는 연도는 독립변수가 되고, 기온은 종속변수가 됩니다. 연도, 즉 시간 흐름에 따른 기온변화를 모델로 학습하고, 이를 기반으로 미래 특정 연도의 기온을 예측하는 것입니다.

2015	108	13.6	9.3	18.7
2016	108	13.6	9.4	18.5
2017	108	13	8.8	18.1
2018	108	12.9	8.8	17.9
2019	108	13.5	9.3	18.5
2020	108	13.2	9.4	17.9
2021	108	13.7	9.6	18.5
2022	108	13.2	9.2	18
2023	108	14.1	10	18.7
2024	108			
2025	108			
.	108			
.	108			
2050	108			
2100	108			

머신러닝 지도학습을 수행하기 위한 데이터 세트는 충분한 양의 대표적 데이터를 포함해야 합니다. 또 데이터는 독립변수(예측에 사용되는 변수)와 종속변수(예측하고자 하는 결과 변수)로 구성되어야 하며, 이것을 기계는 지도학습 알고리즘으로 예측 모델을 만듭니다. 이 모델에 특정 연도를 입력하면 미래 기온을 예측할 수 있습니다.

엔트리 인공지능 시작하기

[엔트리 인공지능 블록〉 인공지능 모델 학습하기]를 클릭합니다. 인공지능 '모델'은 머신러닝에서 입력 데이터와 출력 데이터 간 관계를 설명하는 수학적 표현입니다.

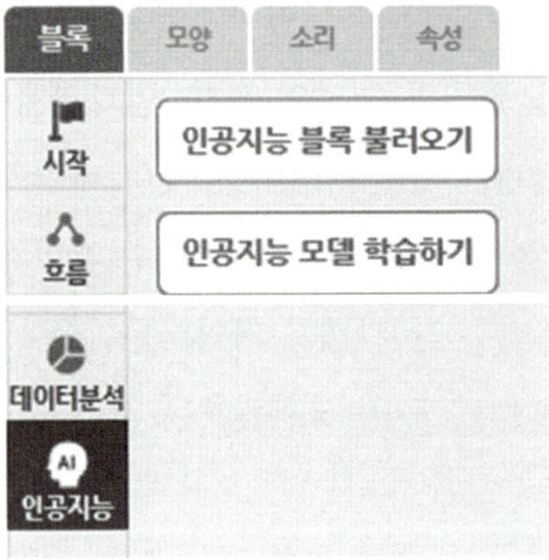

예를 들어 가설은 현상의 원인을 설명하기 위한 추측으로 시작합니다. 이 가설은 충분한 실험과 검증을 거쳐 이론으로 발전할 수 있으며, 해당 이론은 관련 현상을 예측하는 데 사용됩니다. 이러한 예측력을 가진 구조를 모델이라고 합니다. 모델을 생성하는 과정을 머신러닝에서는 '학습'이라고 합니다. 즉 학습 과정을 통해 기계는 데이터로 패턴을 인식하고 이해할 수 있으며, 모델의 예측력을 높일 수 있습니다. 정교한 모델은 더 정확한 예측을 제공하여, 더 나은 의사결정을 내릴 수 있도록 합니다. 이러한 모델의 예측력 극대화를 위해서는 고품질 데이터, 적절한 모델 선택, 모델 평가 및 지속적 개선 과정이 필요합니다.

변수			
독립변수		종속변수	
년도	지점	평균기온(°C)	평균최저기온(°C)
1999	108	13.2	9
2000	108	12.7	8.6
2001	108	12.8	8.9
2002	108	12.9	9.1
2003	108	12.8	9.2
2004	108	13.3	9.5
2005	108	12.1	8.4
2006	108	13	9.3
2007	108	13.3	9.7
2008	108	12.9	9.1
2009	108	12.9	9.1
2010	108	12.1	8.5

→ 학습 → 모델

데이터를 독립변수와 종속변수로 분류하여 충분한 양의 데이터로 기계를 학습시키면 변수 간의 관계를 잘 설명하는 신뢰할 수 있는 모델을 구축할 수 있습니다. 이 모델에 아직 모르는 독립변수를 넣으면 종속변수(결과) 값을 정확히 예측할 수 있습니다. 이 과정을 [엔트리 AI]로 해보겠습니다. 화면에 나오는 이미지, 텍스트, 소리, 숫자 등은 엔트리 인공지능 서비스로 컴퓨터에 학습시킬 수 있는 데이터 형태입니다.

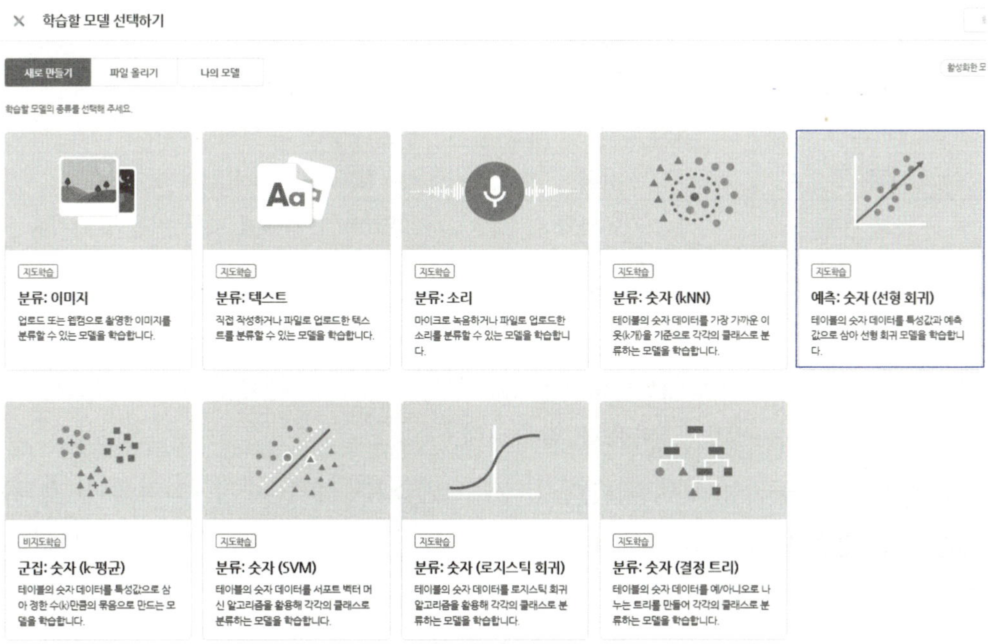

엔트리 지도학습 예측: 숫자 (선형회귀)

엔트리 인공지능의 지도학습 [예측: 숫자 (선형회귀)]는 테이블의 숫자 데이터를 독립변수(특성)와 종속변수(예측값)로 구분하여 선형회귀 모델을 학습합니다.

학습된 선형회귀 모델로 AI가 새로운 제공되지 않은 데이터에 대한 값을 예측할 수 있습니다. 지도학습은 회귀(Regression)와 분류(Classification)로 나뉩니다. 회귀는 한 변수가 다른 하나 이상의 변수에 영향을 받을 때를 의미합니다. 엔트리 AI는 회귀 모델을 예측 모델이라 합니다. 그 이유는 회귀모델을 통해 숫자로 미래(값)를 예측할 수 있기 때문입니다. 정형 데이터에서 종속변수(결과)가 연속적인 숫자로 표현될 때, 머신러닝에서는 보통 회귀 분석 기법을 사용합니다. 이 방법은 숫자 데이터 사이의 관계를 모델링하여 예측값을 도출하는 데 효과적입니다. 그림과 같이 선의 형태로 예측되는 경우, 식으로는 y=ax+b와 같은 일차함수 형태로 나타납니다. 우리가 예측하고 싶은 미래 대한민국 서울의 평균 기온은 어떤가요? 숫자입니다. 숫자를 예측하고 싶다면 회귀로 분석합니다. 지도학습 회귀의 사례는 다음 〈표 9-8〉과 같습니다.

〈표 9-8〉 지도학습 예측: 회귀 사례

독립변수	종속변수	방법
공부 시간	시험점수	공부 시간에 따른 점수 확인
온도	아이스크림 판매량	온도와 그날의 판매량 기록
역세권	집값	집과 역까지의 거리 등을 기록
온실 기체	기온변화	과거 온실 기체에 따른 기온변화 기록
자동차 속도	충돌 시 사망률	충돌 속도와 사상자 기록
나이	키	나이에 따른 키 기록

모델을 생성하는 방법은 다음과 같습니다.

[인공지능〉 인공지능 모델 학습하기〉 새로 만들기〉 예측: 숫자 (선형회귀) 선택〉 학습하기] 순으로 클릭합니다.

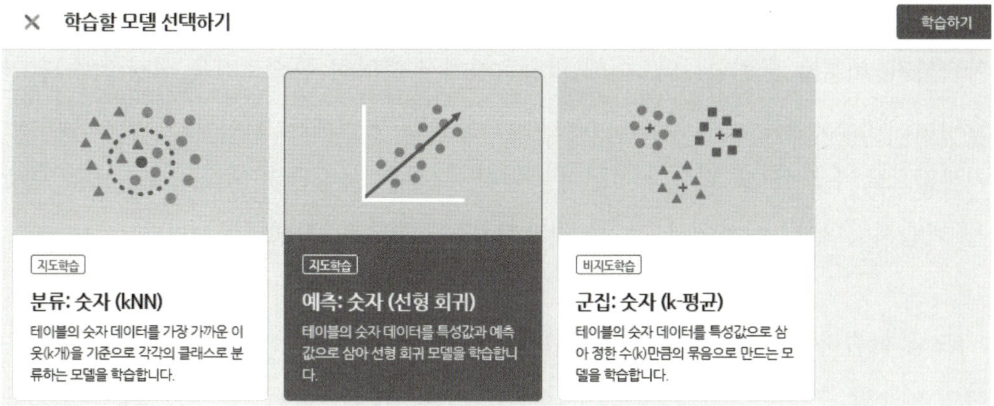

다음으로 생성할 모델 이름을 클릭합니다. 모델명을 입력하고 예측 모델 생성에 이용할 데이터 테이블을 선택합니다. [데이터 분석]에서 불러온 테이블이 확인됩니다.

미래 연도별 평균 기온을 예측할 것이므로, 학습에 사용할 핵심 속성을 [연도]로 합니다. [핵심 속성]은 어떤 속성을 원인으로 삼을 것인가를 선택하는 부분입니다. 새로운 데이터가 입력되었을 때 예측할 클래스 속성을 [평균 기온]으로 설정합니다.

[클래스 속성]은 [결과]에 해당하는 예측값이 되는 속성을 말합니다. 핵심 속성과 클래스 속성은 모든 행이 숫자로 이뤄졌을 때 선택이 가능합니다.

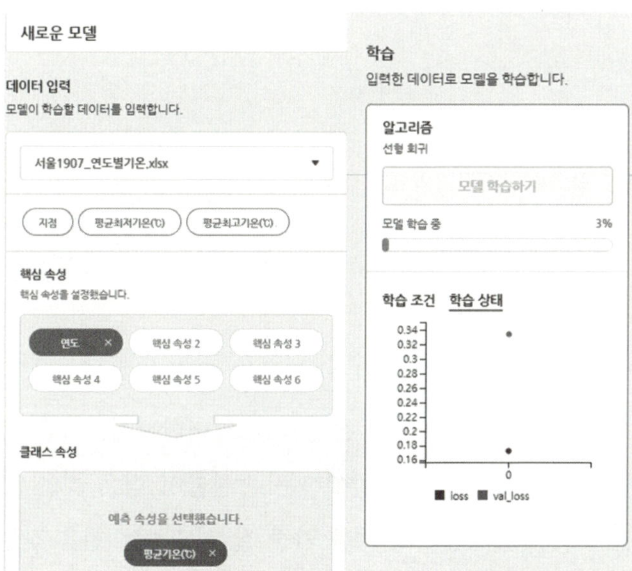

입력된 데이터를 이용해 연도에 따른 평균 기온 관계를 학습할 수 있도록 [모델 학습하기] 버튼을 클릭합니다. 이때 학습조건에서 다양한 학습조건을 설정할 수도 있습니다. 학습조건을 구체적으로 수정하고 싶다면 변경해도 되지만, 그렇지 않다면 기본값으로 두고 [모델 학습하기]를 누릅니다. 보통은 설정된 기본 학습조건으로 모델을 학습시킵니다. 예시에서도 기본값으로 모델 학습을 진행하였습니다.

[모델 학습하기]를 누르면 엔트리 AI가 학습을 시작합니다. AI가 선형 회귀 분석을 하며 예측할 수 있는 그래프를 그려갑니다. 미래 대한민국의 평균 기온 예측 모델을 학습하면 아래 그림과 같이 그래프가 상승곡선을 그리며 갈수록 기온이 높아질 것을 예측하는 모습을 확인할 수 있습니다.

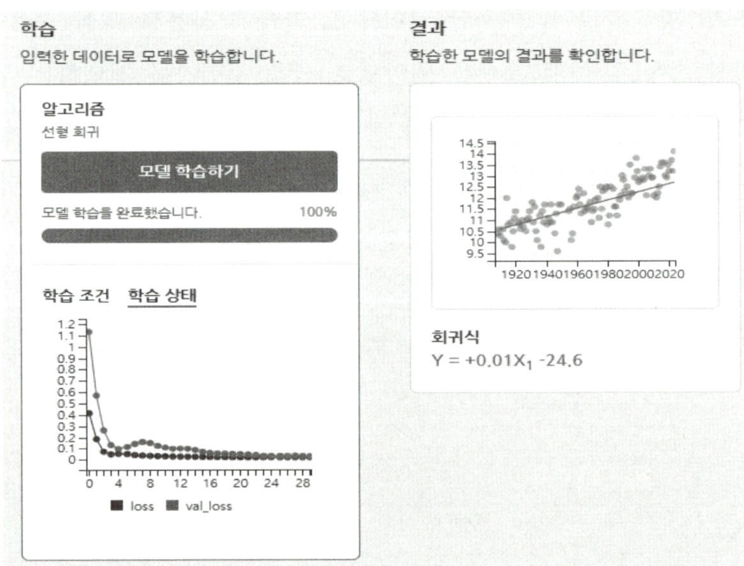

연도와 기온 종류의 2차원으로 이뤄진 이 문제의 학습 결과는 손실률 그래프로 표시됩니다. X축은 학습시킨 횟수, Y축은 손실률을 의미합니다. 학습 과정에서 발생한 손실률과 새로운 값이 입력되었을 때 발생하는 손실률이 적은 것을 선택할 수 있어야 합니다. 즉, 회귀 분석은 변수 간의 관계를 가장 잘 설명하는 선을 찾는 분석 방법입니다. 이 문제를 해결하는 모델이 [$Y = +0.01X_1 - 24.6$]이라는 회귀식을 통해 생성되었음을 의미합니다.

4) 모델 평가

대한민국 서울의 과거 기온 데이터를 보면 우리는 직관적으로 앞의 그림과 같은 상승선을 생각하게 됩니다. 이때 머신러닝은 데이터를 사용해 모델을 훈련하면서 데이터를 잘 대표하는, 오차가 제일 적은 선을 찾습니다. 회귀모델의 목적은 예측한 결과와 실제 데이터 간의 오차를 최소화하는 것입니다. 회귀모델은 예측을 단순화하기 위해 회귀선을 사용하며, 이 과정에서 회귀선이 실제 데이터를 완변하게 반영하지 못하기 때문에 일부 데이터 손실이 발생할 수 있습니다. 따라서, 회귀모델을 사용할 때는 예측 오차를 줄이기 위해 손실을 최소화하는 것이 중요합니다. [모델 학습하기] 하단 [학습 상태]를 클릭하면 학습 과정 그래프를 확인할 수 있습니다.

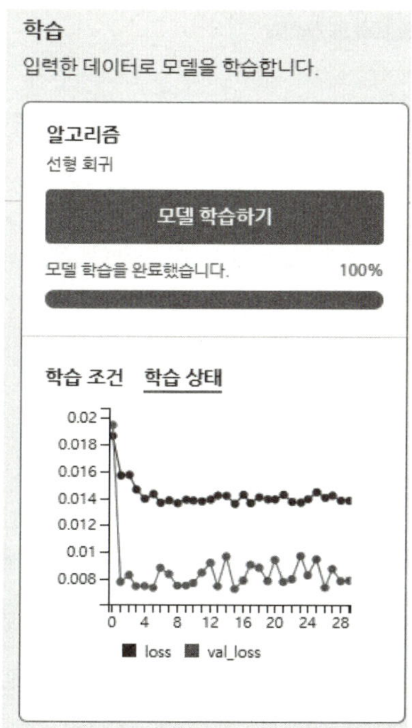

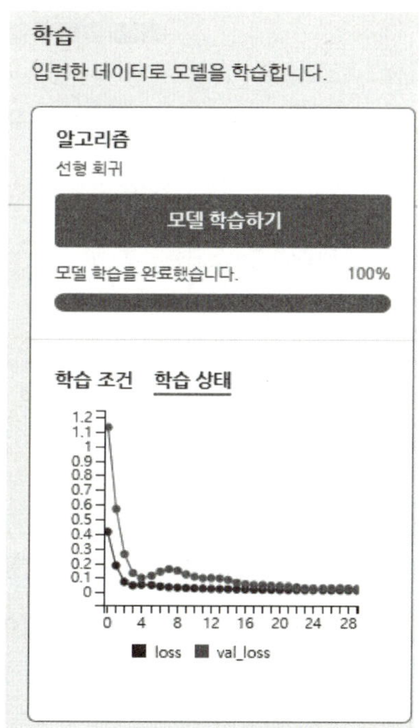

loss는 학습데이터로 모델을 학습시킬 때 발생하는 오류율을 의미합니다. val_loss는 테스트 데이터로 모델을 평가할 때 발생하는 오류율을 의미합니다. 첫 번째 그림에서 loss는 높고 val_loss가 상대적으로 낮다면, 학습데이터 오류가 검증 데이터보다 크다는 것입니다. 이는 학습데이터와 검증데이터의 분포차이, 데이터 전처리 문제, 학습부족 상태 등을 의미합니다. 반대로, loss는 낮고 val_loss가 상대적으로 높다면, 학습데이터에서는 오류가 적지만 테스트 데이터에서는 오류가 많다는 것입니다. 이는 모델이 과적합(overfitting)된 상태로, 좋은 모델이라고 할 수 없습니다. 한번의 학습으로 결과가 좋지 않을 경우 모델학습하기를 다시 눌러, 결과 기울기가 실제값과 비슷해질때까지 학습을 반복합니다. 두 번째 그림처럼 loss와 val_loss 모두 낮다면, 학습데이터와 테스트 데이터 모두 오류가 적다는 것으로, 모델 일반화가 잘된 좋은 모델이라고 할 수 있습니다.

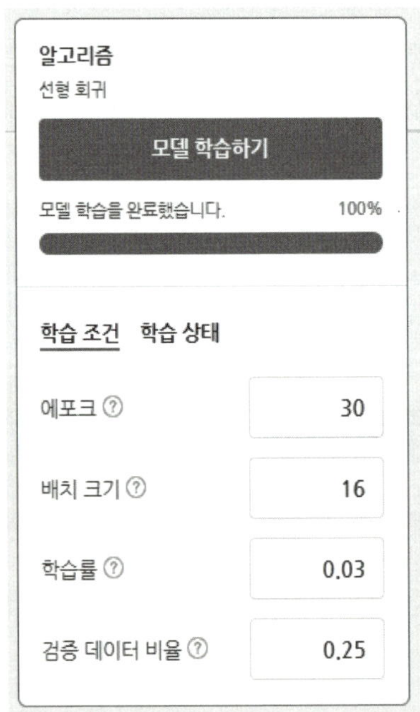

조건을 변경하고자 할 때는 [학습 조건] 탭을 클릭하여 세대(반복 횟수), 배치 크기(범위 설정), 학습률(상세화), 테스트 데이터 비율(테스트 데이터 설정) 등을 설정할 수 있습니다. [?]를 누르면 기능에 대한 설명을 확인할 수 있습니다. 상세한 설명은 아래 학습자원의 '엔트리 문서 : 학습조건 설정하기'를 참고해 봅시다.

▶ 학습자원 | 엔트리 AI_예측: 숫자(선형회귀)_② 학습조건 설정하기

모델 학습을 완료하였으면 [적용하기] 버튼을 클릭해 모델 생성을 완료합니다.

5) 모델의 활용

우리가 예측하고 싶은 미래 대한민국 서울의 기온은 몇 도일까요? 생성한 모델을 프로그래밍하여 활용하도록 적용해서, 대한민국 서울의 미래 기온을 확인해 봅시다. 예측 모델을 이용해 특정 연도(2900년도 등)를 입력하였을 때, 예측 결과(평균 기온)를 출력하도록 합시다.

[적용하기] 버튼을 누르면 [인공지능] 블록에 [예측:숫자 모델] 분류와 함께 새로운 인공지능 블록이 생성된 것을 확인할 수 있습니다. 각 블록의 기능을 살펴봅시다. 특정 연도(예: 2900)를 입력할 수 있는 프로그램을 만들어봅시다.

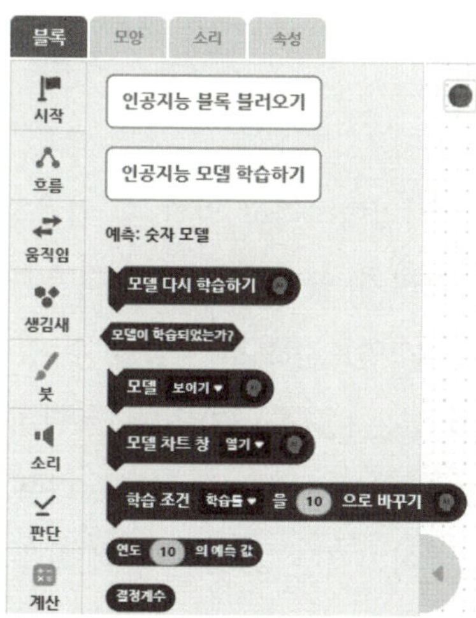

먼저, 궁금한 연도값을 입력받아 저장할 수 있도록 변수를 만듭니다. 기온 예측 프로그램으로, 사용자에게 궁금한 연도값을 입력받아 그 연도에 해당하는 기온을 예측할 것입니다. 따라서 연도라는 변수를 추가합니다. 변수를 추가하면, 엔트리 화면에 [연도 0]이 생성된 것을 볼 수 있습니다. 현재는 입력된 값이 없으므로 0입니다.

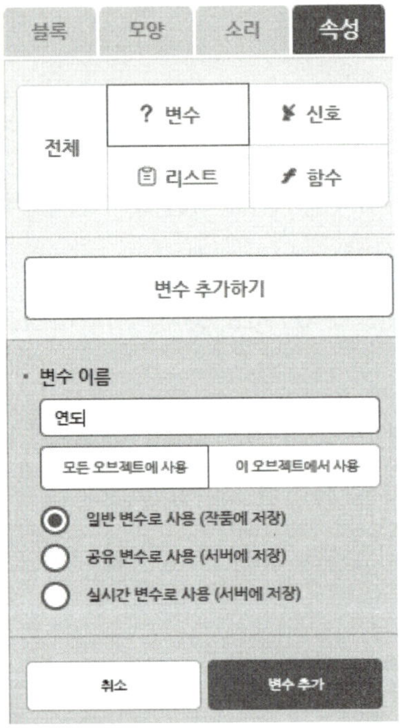

사용자에게 궁금한 연도값을 입력하라고 말한 후 입력창이 뜨도록 하겠습니다. [자료]에 있는 [을 묻고 대답 기다리기] 블록을 사용해 다음과 같이 코딩할 수 있습니다. 다음으로 사용자가 입력한 값을 [연도값]으로 저장할 수 있도록 [연도를 대답으로 정하기]를 붙여줍니다. [생김새]에 있는 [을(를) (7)초 동안 말하기]와 [계산] 블록으로 자연스러운 문장이 될 수 있도록 적절한 대사를 추가하여, 다음과 같이 코딩하면, 오브젝트가 사용자가 입력한 연도값, 여기서는 2900년의 예측값을 말해줍니다.

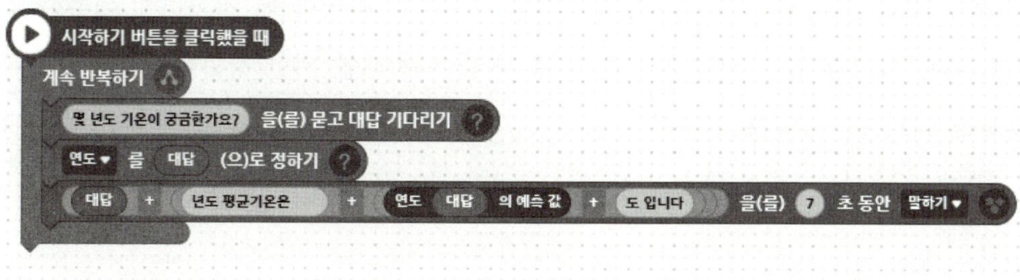

앞에서 만든 인공지능 블록으로 입력된 연도값에 대한 평균 기온 예측값을 출력해 봅시다. [시작하기]를 클릭하여 프로그램을 실행한 후, 아래 프로젝트 시작하기 화면에서 '2900'을 입력하면 엔트리 화면 [대답]에 '2900'이 표시됩니다. 이는 입력창에 '2900' 이라고 대답한 값이 저장되었다는 것을 의미합니다. 프로그램 실행 결과, [30.37도]라는 값을 얻었습니다. 이 값은 선형회귀 모델로 계산한 결과 2900년 대한민국 서울 평균 기온이 [30.37도]라는 것을 의미합니다. 다른 연도를 입력하여 서울 평균 기온 변화를 예측해보고, 기후 변화 추세를 확인해 봅시다.

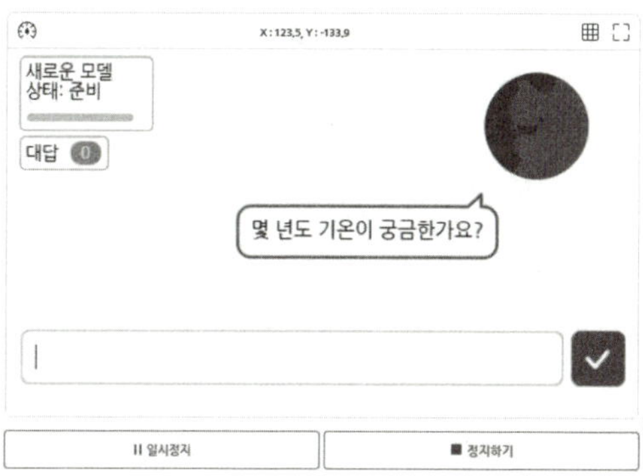

이상, 미래 기온 예측 프로그램은 기후변화와 같은 글로벌 문제에 대응하기 위한 유용한 수단이 됩니다. 단, 정형 데이터의 투명하고 타당한 데이터 수집과 분석, 그리고 예측 모델링의 개발 및 평가, 활용에는 철저한 이해 비판과 윤리적 고려가 수반되어야 합니다. 예를 들어 기온 예측은 단순히 과거 데이터에 기반하는 것이 아니라, 다양한 맥락을(예: 산업화, 도시화, 탄소 배출량 증가 등) 반영할 때 정확하게 예측할 수 있습니다. 책임감 있는 기술 사용을 통해 더 나은 미래를 위한 정확하고 신뢰할만한 결정을 내릴 수 있어야 합니다.

2. 정형 데이터와 예측 모델링 윤리

AI를 좌우하는 빅데이터, 믿어도 될까? 2008년 서비스된 구글 '독감 트렌드(Flu Trends)'는 약 40만 검색어 빈도 추적을 통한 독감 유행 시기 예측 프로젝트로, 미국질병관리본부(CDC)보다 1주 빠르게 독감을 예측했다고 보도되며 인기를 얻은 사례이다. 그러나 2009년 독감 유행 시기를 놓치거나, 2013년 실제 독감 발생률과 달리 과도하게, 2배 이상의 감염을 예측(108 주 중에 100 주 동안 독감 발병을 실제보다 많이 예측)하는 등 정확도 문제가 발생하면서 서비스가 종료되었다.

구글 독감 예측 모델은 일반적으로 문제 정의, 데이터 수집・분석・활용 측면에서 한계가 논의된다. 예를 들어, 독감 진단에 대한 고려가 없었다는 점, 새로운 검색어 또는 검색 패턴 변화, 인터넷 접근성 등을 데이터 수집 시 반영하기 어렵다는 점, 실제 사람들의 검색어를 독감 확산과 인과관계로 볼 수 없다는 점, 개인정보 보호 한계 등이 있다. 한편, 구글 독감 트렌드 사례를 분석한 연구(The Parable of Google Flu: Traps in Big Data Analysis; Lazer et al., 2014)는 트렌드 자체의 결과는 부정확하였지만, 공식기관 표준 발표 결과와 조합했을 때는 더 나은 결과를 제공할 수 있음을 제기했다.

구글 "독감 트렌드(Flu Trends)" 사례는 우리에게 빅데이터를 사용한 예측이 어떤 위험성을 가질 수 있는지를 보여주는 한편, 빅데이터 방식만을 맹신하지 않고 빅데이터 기반 예측이 가지는 한계를 비판적으로 인지하고 활용할 때 더 나은 결과를 낼 수 있음을 보여준다.

▶ 학습자원	구글 독감의 교훈: 빅데이터 분석의 함정

첫째, 기후변화로 인해 질병 예측은 더욱 중요한 이슈이다. 구글 '독감 트렌드(Flu Trends)' 사례를 찾아보고, 빅데이터 기반 예측 모델링 활용의 가능성과 한계를 확인하고, 이러한 한계를 극복하기 위한 대안을 논의해 보자.

구글 "독감 트렌드(Flu Trends)" 가능성과 한계, 그리고 대안: 내가 개발자라면?

항목	아이디어
문제 정의	
수집 및 전처리	
모델링 및 평가	
모델 활용	

둘째, 정형 데이터와 예측 모델링 활용을 위한 체크리스트를 만들어보자.

정형 데이터와 예측 모델링 활용을 위한 체크리스트 예시

문제 정의

문제의 정의가 명확하고, 사회적으로 중요한가?
이 문제를 해결하는 것이 공공의 이익에 부합하는가?
모델이 예측하고자 하는 결과는 윤리적이며 사회적 영향이 고려되었는가?

데이터 수집 및 전처리

데이터의 출처와 수집 방법은 투명하게 공개되었는가?
데이터 사용에 있어서 라이선스나 이용 약관을 준수하고 있는가?
수집된 데이터는 어디에서 왔으며, 수집 과정에서 개인 프라이버시는 보호되었는가?
데이터 대표성 및 편향을 평가하였는가?

모델 학습 및 평가

모델 개발 시 고려된 기술적, 윤리적 기준은 무엇인가?
사용된 알고리즘과 모델링 기법이 최신 기술을 반영하고 있는가?
공개된 알고리즘 또는 라이브러리의 저작권 상태를 이해하여 사용하고 있는가?
모델의 예측 성능을 정기적으로 평가 및 재훈련하는 체계가 고려되었는가?

모델 활용

모델의 사용 결과를 투명하게 공개하여, 이해관계자 간 소통 시 저작권 규정을 이행하는가?
예측 결과의 활용이 공공의 이익을 위한 것인가?
예측 모델의 활용에 대한 신뢰성, 책임 소재를 명시하고 있는가?

데이터 시각화

데이터 시각화 및 보고서는 정보를 명확하고 정확하게 전달하는가?
데이터 시각화 결과물은 이해 용이성, 관련 당사자 접근성, 저작권 상태를 고려하는가?
시각화 과정에서 정보의 왜곡 없이 데이터의 진실성이 유지되는가?

셋째, 우리가 만든 '미래 기온 예측 프로그램'을 실제 개발하고 사용하는 과정에서 발생할 수 있는 문제는 뭘까? 앞서 도출한 체크리스트를 참고하여 점검해보자.

참고문헌

교육부 (2022). **2022 개정 교육과정.**

대한민국 정부 (2020. 8.). **전국민 AI · SW교육 확산 방안.** Retrieved from https://hrstpolicy.re.kr/kistep/kr/policy/policyPlanKorDetail.html?board_seq=42305&board_class=BOARD01&rootId=2003000&menuId=2003102

두산백과 (n.d.). **시민 데이터 과학자.** 네이버 지식백과. Retrieved from https://terms.naver.com/entry.naver?docId=6729183&cid=40942&categoryId=31851

서울특별시 빅데이터 캠퍼스 (n.d.). **빅데이터 분석 사례.** Retrieved from https://bigdata.seoul.go.kr/noti/selectPageListTabNoti.do?r_id=P260&bbs_seq=&ac_type=A2&sch_type=&sch_text=&currentPage=

한국지능정보사회진흥원 (n.d.). **통합 데이터 지도.** Retrieved from https://www.bigdata-map.kr/

Actua (2020). *ACTUA'S ARTIFICIAL INTELLIGENCE (AI) EDUCATION HANDBOOK.*

AI4K12 (2020). *The Artificial Intelligence (AI) for K-12 initiative (AI4K12) is jointly sponsored by AAAI and CSTA.* Retrieved from https://ai4k12.org/

BBC News 코리아 (2021. 2. 14.). **이루다: AI 시대에 우리의 사생활은 지켜질 수 있을까?** Retrieved from https://www.bbc.com/korean/news-55659434

Bhatia, P. (2019). Data mining and data warehousing: principles and practical techniques. Cambridge University Press, Cambridge.

BIG DATANEWS (2023. 8. 2.). *6 Key Steps Of The Data Science Life Cycle Explained.* DATASCIENCE123. Retrieved from https://www.datascience123.com/6-key-steps-of-the-data-science-life-cycle-explained

Duarte, F. (2024, June 13). *Amount of data created daily (2024).* Exploding Topics. Retrieved from https://explodingtopics.com/blog/data-generated-per-day

Entry (n.d.). *사용자 위키.* Retrieved from https://docs.playentry.org/user/index.html

Friedman, V (2008, January 14). *Data visualization and infographics.* Smashing Magazine. Retrieved from https://www.smashingmagazine.com/2008/01/monday-inspiration-data-visualization-and-infographics

Gartner (2023). *Gartner identifies the top 10 data and analytics trends for 2023.* Retrieved from https://www.gartner.com/en/newsroom/press-releases/2023-05-09-gartner-identifies-the-top-ten-data-and-analytics-trends-for-2023

Gregersen, E. (2024. 1. 4.). *Big data.* Encyclopedia Britannica. Retrieved from https://www.britannica.com/technology/big-data

Hawkins, E. (n.d.). *Temperature change in South Korea since 1871-2022 [Image].* Retrieved from Institute for Environmental Analytics website: https://showyourstripes.info/

Intellspot (n.d.). *Data visualization techniques*. Retrieved from https://www.intellspot.com

Lazer, D., Kennedy, R., King, G., & Vespignani, A. (2014). *The parable of Google Flu: Traps in big data analysis*. Big Data. Retrieved from https://gking.harvard.edu/files/gking/files/0314policyforumff.pdf

Market Business News (n.d.). *Data definition*. Retrieved May 4, 2024, from https://marketbusinessnews.com/financial-glossary/data-definition/

Nightingale, F. (1858). *Notes on matters affecting the health, efficiency, and hospital administration of the British Army*. London, England: Harrison. Retrieved from https://www.rct.uk/collection/1075240/notes-on-matters-affecting-the-health-efficiency-and-hospital-administration-of

OECD (2018). *Future of education and skills 2030: Conceptual learning framework. Education and AI: preparing for the future & AI, attitudes and values 8th informal working group (IWG) meeting 29-31 October 2018 OECD Conference Centre, Paris, France*.

OECD (2019). *Core foundations for 2030 concept note*. OECD Publishing. Retrieved from https://www.oecd.org/education/2030-project/teaching-and-learning/learning/core-foundations/Core_Foundations_for_2030_concept_not.pdf

Oracle (2024). 빅 데이터란 무엇인가?. Retrieved from https://www.oracle.com/kr/big-data/what-is-big-data/

Oxford Languages (n.d.). *Word of the year 2016*. Retrieved May 2, 2024, from https://languages.oup.com/word-of-the-year/2016/

Scribbr (2023). *Qualitative vs. Quantitative Research | Differences, Examples & Methods*. Retrieved from https://www.scribbr.com/methodology/qualitative-vs-quantitative-research

Streefkerk, R. (2023. 06. 22.). *Qualitative vs. quantitative research: Differences, examples & methods*. Scribbr. https://www.scribbr.com/methodology/qualitative-quantitative-research

Tableau (n.d.). 최고의 아름다운 데이터 시각화 예제. Retrieved from https://www.tableau.com/ko-kr/learn/articles/best-beautiful-data-visualization-examples

Touretzky, D., Gardner-McCune, C., Martin, F., & Seehorn, D. (2019). Envisioning AI for K-12: What should every child know about AI? *Proceedings of the AAAI Conference on Artificial Intelligence, 33*, 9795-9799. https://doi.org/10.1609/aaai.v33i01.33019795

UNESCO (2024. 4. 4.). *AI competency frameworks for school students and teachers*. Retrieved from https://www.unesco.org

Vuorikari, R., Kluzer, S., & Punie, Y. (2022). DigComp 2.2: The Digital Competence Framework for Citizens - With new examples of knowledge, skills and attitudes.

제 10 장 AI · 데이터 융합교육 2

주요 내용

• 비정형 데이터와 분류 모델링 실습
• 비정형 데이터와 분류 모델링의 윤리적 쟁점
• AI · 데이터 융합교육 아이디어 탐색
• AI · 데이터 융합교육 아이디어 성찰

학습 목표

1. 비정형 데이터와 분류 모델링을 문제해결에 활용할 수 있다.
2. 비정형 데이터와 분류 모델링 활용 윤리를 논의 점검할 수 있다.
3. AI · 데이터 융합교육 사례를 토대로 수업 아이디어를 창안할 수 있다.
4. AI · 데이터 융합교육 수업 아이디어를 다각적으로 성찰할 수 있다.

기초지식

10.1 비정형 데이터와 분류 모델링 실습

1) 문제 정의

미래 기온 예측을 통해 기온이 점차 상승한다는 결과를 도출하였습니다. 사람들의 인식과 노력이 필요한 시점입니다. 지구 온도 상승을 1.5℃ 이내로 억제하기 위해서는 2050년까지 탄소 순 배출량이 0이 되도록 하는 탄소중립 실천이 필요하다고 합니다(대한민국 정책브리핑, 2021.11.18.). ICT 부문의 전체 수명 주기 탄소 배출량은 약 7억 3천만 톤의 CO_2 환산량(Mt CO_2-eq) 또는 전 세계 온실가스 총배출량의 1.4%로(Malmodin & Lundén, 2018) 상당히 큰 수치이며, 기술 발전에 따라 점차 증가할 것으로 예측됩니다. 작은 수치지만, 일상 속 디지털 탄소발자국을 줄임으로써 탄소중립을 실천할 수 있다고 합니다.

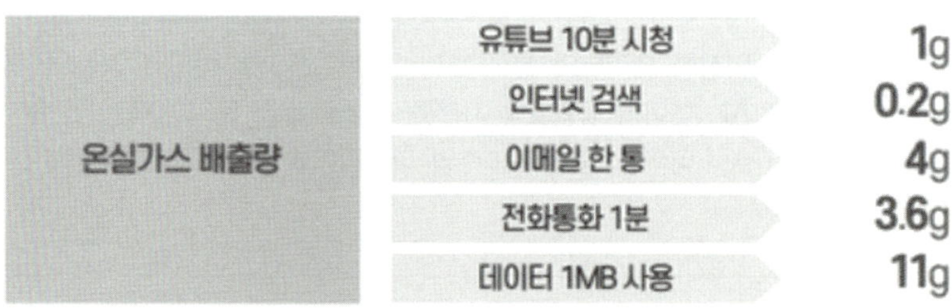

[그림 10-1] 탄소중립 생활 실천 안내서 '가정 편'(환경부, 2021)

데이터로 무엇을 할 수 있을까요? 우리는 기온상승의 심각성을 알고, 디지털 탄소를 배출하는 우리의 일상 속 습관을 개선하는 새로운 환경을 만들려고 합니다. 머신러닝을 활용해 사람들의 무의식적 탄소 배출을 일깨워주는 환경을 만들어봅시다. 컴퓨터나 스마트폰을 오래 사용하거나 화면을 켜두었을 때 모니터링하고 경고 알림을 보내는 환경을 만들면, 일상 속 습관이 초래하는 디지털 탄소발자국을 알아차리고 디지털 탄소 중립을 실천할 수 있을 것 같습니다. 프로그램 개발 능력이 없더라도, 블록 코딩 플랫폼 기능으로 머신러닝 기술을 간단히 사용해 볼 수 있습니다. 우리도 모르게 배출하고 있는 탄소발자국을 알려주는 '디지털 탄소발자국 알림 애플리케이션'을 만들어봅시다. 사용자를 계속 모니터링해서 탄소발자국 배출 습관을 알려주고 사용 시간도 표시하려면, 카메라로 촬영된 이미지로 사용자가 얼마나 컴퓨터나 스마트폰을 오래 사용하는지, 화면을 필요 없이 켜두지는 않았는지 알려주는 기능이 필요합니다.

탄소중립 생활 실천 안내서 '가정편'

- 컴퓨터 전원을 절전모드로.
- 모니터 밝기도 100%에서 70%로 낮추기(에너지 20% 감소 효과)
- 오래 사용하지 않을 때는 꺼두기

환경부(2021)

먼저 기계가 인식하고 학습할 수 있는 이미지가 필요합니다. 사용자가 몰입하여 컴퓨터를 사용하는 모습을 [활성화 상태]로 분류, 화면만 켜두고 자리를 비운 몰입하지 않는 [대기 상태]에는 절전모드로 전환하도록 알림을 남겨 봅시다. 절전모드는 화면이 꺼진 절전 이미지를 수집해서 [비활성 상태]로 분류해봅시다. 이렇게 컴퓨터(기계)를 훈련하면, 보여준 적 없는(학습한 적 없는) 데이터를 보고 화면에 몰입한 상태 데이터인지 아닌지를 컴퓨터(기계)가 판단할 수 있습니다. 다양한 요소를 고려하여 실제 구현된다면 우리의 일상 속 디지털 기기 사용이 환경에 미치는 영향도 파악하고 개인의 디지털 탄소발자국도 관리하여, 탄소발자국 줄이기 실천에 활용할 수 있겠습니다. 일상 속 디지털 탄소발자국을 모니터링하고 진단해주는 인공지능 프로그램을 만들어 봅시다.

문제 정의: 디지털 탄소발자국 줄이기 습관 만들기 프로그램 '탄소발자국 알리미' 개발
상황: 기후 변화 대응을 위해 일상에서 탄소중립을 실천하고 싶지만, 탄소배출 습관을 인지하고 수정하기가 어려움
해결하려는 문제: 디지털 기기 사용 시간을 모니터링해서 불필요한 디지털 활동을 경고하여 디지털 발자국 줄이기 실천을 습관화함
필요한 데이터: 사용자 활동 패턴(예: 사용 시간, 화면 켜짐 또는 꺼짐 상태 등)
데이터 수집원: 컴퓨터 웹캠 장치 또는 스마트폰 카메라

머신러닝 지도학습 중에 **분류(Classification)**를 사용하겠습니다. 분류란 뭘까요? 복잡하고 다양한 대상을 적절한 기준이나 비슷한 성질에 따라 이름 지어서 체계적으로 나누는 과정이 분류입니다. 개와 고양이를 구분하고, 장난감을 종류별로 정리하는 것, 의료 검사에서 바이러스 음성과 양성을 구분하는 것 등 우리는 일상에서 여러 가지를 분류하고 있습니다. 이러한 분류 능력을 기계에 학습시키려고 합니다. 기계는 패턴을 인식하여 적절한 범주로 데이터를 분류합니다.

[탄소발자국 알리미]를 만들기 위해 먼저, 활성 상태, 대기 상태, 비활성 상태를 분류하겠습니다. 이것은 과거에 만든 데이터로 기계가 학습하는 '지도학습'에 해당합니다. 분류 모델링에도 독립변수와 종속변수가 존재합니다. 분류 모델링은 주어진 데이터를 기반으로 특정 범주를 예측하는 과정이며, 예측 모델링은 주로 연속적인 값을 예측하는 데 사용됩니다. 두 모델링 방법은 문제해결 맥락에서 상호 보완적으로 활용될 수 있습니다.

- 활성 상태: 화면 앞에 있으며 컴퓨터를 집중해서 사용하는 상태
- 대기 상태: 컴퓨터 화면은 켜져 있으나 자리를 비우고 사용하지 않는 상태
- 비활성 상태: 화면이 꺼진 '절전' 상태

'이미지 데이터'는 독립변수입니다. '활성 상태, 대기 상태, 비활성 상태' 등은 종속변수입니다. 이러한 독립변수와 종속변수를 사용하여 모델을 만드는 것은 지도학습에

해당합니다. 결과가 숫자가 아닌 '활성 상태, 대기 상태, 비활성 상태' 등과 같은 이름이기 때문에 회귀가 아닌 '분류' 방법을 사용합니다. 알고리즘에 독립변수와 종속변수 간의 관계를 학습시키면, 알고리즘은 이 관계를 파악하여 모델을 만듭니다.

지도학습 모델을 만들 때는 종속변수가 숫자형인지 명목형(이름)인지 확인합니다. 명목(이름)으로 된 것을 범주형 데이터라고 하고, 숫자로 된 것은 연속형(양적) 데이터라고 합니다. 종속변수가 연속형인지 범주형인지에 따라 적절한 학습 방법을 선택하여야 합니다. 종속변수가 범주형이면 분류 모델을 사용하여 데이터를 처리합니다. 문제 상황에서 이름이나 문자를 추측하려 한다면 지도학습 '분류' 방법으로 해결할 수 있습니다. 지도학습 분류 사례는 다음 〈표 10-1〉과 같습니다.

〈표 10-1〉 지도학습 분류 사례

독립변수	종속변수(범주형)	방법
잎 모양/색깔/크기, 꽃의 유무	식물의 종류(예: 장미, 튤립 등)	식물의 특징을 통한 종류 분류
사진 속 동물의 특징 (색상, 모양 등)	동물의 종류(예: 고양이, 개 등)	사진 속 특징으로 동물 종류 구분
온도, 습도, 풍속, 날씨 상태(맑음, 흐림 등)	날씨 유형(예: 비, 맑음, 눈)	기상 조건 데이터를 통한 날씨 유형 분류
이메일 내용, 발신자 정보, 제목, 이메일 포함 링크 수 등	스팸 여부(스팸/아님)	이메일 내용 및 정보로 스팸 여부 확인
영상에서의 동작, 위치, 시간 등	활동 유형(걷기, 뛰기 등)	영상 데이터를 통한 활동 유형 분류
환자의 나이, 성별, 체중, 증상, 검사 결과, 병력 등	질병의 유무(병명)	증상과 검사 결과를 기반으로 질병 분류
소셜 미디어 게시물, 리뷰 텍스트, 사용자 의견 등	감정 상태(긍정/부정)	텍스트 분석을 통해 게시글 감정 상태 분류

분류 모델에서는 다양한 독립변수를 활용하여 종속변수의 카테고리를 예측합니다. 독립변수의 수와 종류는 각 문제의 복잡성과 필요에 따라 다르며, 종속변수의 정확한 분류를 위해 충분한 정보를 제공하는 것이 중요합니다. 독립변수들은 종속변수와의

관계를 이해하고 예측 모델을 구성하는 데 중요한 역할을 합니다. 문제에 따라 수치형 데이터, 범주형 데이터, 텍스트, 이미지 등 다양한 데이터 유형이 독립변수로 사용될 수 있습니다. 이러한 독립변수들은 모델에 입력되어 종속변수의 값을 예측하는 근거로 활용됩니다.

엔트리 지도학습 예측: 분류(이미지)

이미지 데이터를 이용해 이미지 분류 모델을 만드는 다양한 플랫폼이 있습니다. 프로그램 연계성을 고려해 엔트리 인공지능 모델 학습하기, 분류(이미지)를 이용하여 이미지 분류 모델을 만들어봅시다. 인공지능 모델 학습을 위해 엔트리 [블록〉 인공지능〉 인공지능 모델 학습하기]를 차례로 클릭합니다.

2) 데이터 수집과 전처리

먼저 분류 모델링에 필요한 데이터를 수집하겠습니다. 분류 모델은 사용자의 활동을 인식하고 판단해서 각 활동을 분류합니다. 분류 모델링 실습에서 사용할 사용자 활동 인식(perception)은 센서에 감지된 의미를 추출하는 과정(AI4K12, 2020)으로, 컴퓨터는 센서를 통해 세상을 감각(sense) 또는 지각(perceive)하게 됩니다(Actua, 2020).

우리는 컴퓨터 카메라로 직접 촬영한 이미지와 미리 수집한 이미지를 사용하겠습니다. 머신러닝으로 만들 디지털 탄소발자국 알림 앱은 사용되는 컴퓨터 화면이나 사용자의 활동을 인식하고 해당 활동에 따른 에너지 사용량을 추정하는 데 이미지 데이터를 활용합니다. 예를 들어 우리가 컴퓨터를 사용하는 동안 화면 이미지 또는 사용자 이미지 데이터를 분석하여 다음과 같은 활동을 분류할 수 있습니다. 사용자의 활동을 정확하게 분류하기 위해서는 먼저 이미지 데이터에 적절한 이름을 부여하는 과정(라벨링, Labeling)이 필요합니다. 우리는 다음과 같이 분류하겠습니다.

- **활성 상태**: 사용자가 화면 앞에 있고 활발한 상호작용을 보이는 경우, '활성 상태'로 분류합니다(CPU, 디스플레이, 그래픽 카드 등이 활성화되어 에너지를 소비함).
- **대기 상태**: 작업 없이 화면만 켜진 상태로, 컴퓨터 일부 부품이 활성화되어 소량의 에너지 소비가 발생합니다. 대기 상태로 분류해서 '절전모드'로 바꾸도록 하는 알림을 제공합니다.
- **비활성 상태(절전)**: 사용자가 컴퓨터를 사용하지 않는 상태로, 이 상태에서는 컴퓨터 대부분 부품이 절전모드로 전환되어 에너지 소비가 최소화됩니다.

비정형 데이터를 활용한 분류 모델링을 계획할 때, 비정형 데이터의 정의, 예시, 분석 및 활용과정을 이해하는 것이 중요합니다. 비정형 데이터란, 특정 형식이나 모델에 맞춰져 있지 않고, 구조화되지 않은 데이터를 의미합니다. 이는 정형 데이터와 달리 표준 데이터베이스 시스템에 쉽게 저장, 처리, 분석하기 어려운 형태를 가집니다. 〈표 10－2〉와 같이 비정형 데이터에는 다양한 경로의 다양한 형태(글, 사진, 음성 등)가 포함되며, 비정형 데이터를 처리하고 분석하는 여러 기술 도구 사례가 있습니다.

〈표 10-2〉 비정형 데이터 유형별 사례

데이터 유형	수집 출처 예시	분석 방법	적용 사례
글	뉴스 웹사이트, 소셜 미디어, 블로그	자연어 처리(NLP), 텍스트 마이닝	스팸 필터링, 감성 분석, 토픽 모델링
사진	카메라, 스마트폰, 웹사이트	컴퓨터 비전, 딥러닝	얼굴 인식, 물체 감지, 의료 영상 분석
음성	공개 오디오 라이브러리, 필드 레코딩, 팟캐스트, 방송, 마이크 등	음성 인식, 오디오 분석	음성 검색, 음성 명령 인식, 홈 오토메이션
비디오	온라인 비디오 플랫폼, 직접 촬영, 실시간 스트리밍, 카메라, 드론, CCTV	비디오 분석, 영상 처리	영상 감시, 행동 인식, 운동 분석
웹페이지	웹 크롤러, 웹 스크래퍼	웹 데이터 마이닝	웹페이지 분류, 추천 시스템, 검색 엔진 최적화
센서	웨어러블 디바이스, 센서 장비(스마트폰, 자동차 등), IoT 장치	센서 데이터 분석	스마트 홈 시스템, 스마트 건강 모니터링
위치	GPS 장비, 모바일 앱	지리 정보 시스템(GIS)	위치 기반 광고, 경로 추적, 지리적 데이터 시각화
복합 미디어	소셜 미디어, 웹페이지, 애플리케이션	다양한 분석 기법	소셜 미디어 마케팅 분석, 온라인 콘텐츠 분석

출처: Amazon Web Services (n.d.). Amazon Rekognition의 내용을 표로 재구성

비정형 데이터의 일반적 분석 및 활용과정은 다음과 같습니다. 먼저, 다양한 출처에서 비정형 데이터를 수집하고, 데이터를 분석에 적합한 형태로 전처리합니다. 다음으로 비정형 데이터에서 유용한 정보를 추출하여 분석 가능 형태로 변환합니다. 모델링을 통해 추출된 특성을 기반으로 머신러닝 알고리즘을 적용하여 모델을 학습시킵니다. 다음으로 모델의 성능을 평가하고, 실제 환경에서 모델을 적용하여 인사이트를 도출하거나 결정을 지원합니다.

먼저, 우리는 사용자의 컴퓨터 카메라로 촬영한 이미지를 수집하겠습니다. 사용자 동의를 얻어, 사용자가 컴퓨터를 사용하는 동안 컴퓨터 카메라로 촬영한 이미지를 수집할 수 있습니다. 이를 통해 컴퓨터 활성 상태, 비활성 상태, 대기 상태 등과 같은

다양한 상황에서의 실제 이미지 데이터를 수집할 수 있습니다. 사용자의 컴퓨터나 작업공간에 웹캠을 설치하거나 내장된 카메라 기능으로 사용자가 디지털 장치를 사용하는 동안의 활동을 인식 또는 캡처하도록 합니다. 디지털 탄소발자국을 줄이기 위해 사용화면을 인식하고 판단하도록 학습시켜야 하므로 이미지를 컴퓨터에 수집하고 분류하는 엔트리 AI의 [분류: 이미지]를 선택하겠습니다.

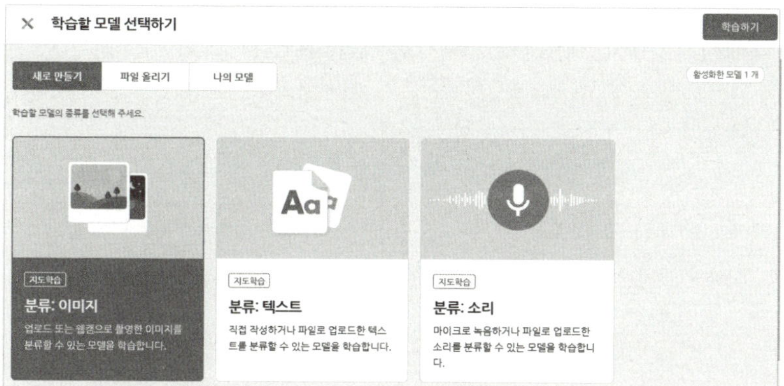

학습하기 버튼을 누르면 [분류: 이미지 모델 학습하기] 화면이 나옵니다. (1) [새로운 모델]에 인공지능 모델의 이름을 '디지털 탄소발자국 알림'이라고 입력합니다. 이어서 (2) 분류될 클래스(활성 상태, 대기 상태, 비활성 상태)를 추가해보겠습니다. 클래스의 이름을 입력합니다. [클래스 추가하기] 버튼을 눌러서 추가할 수 있습니다.

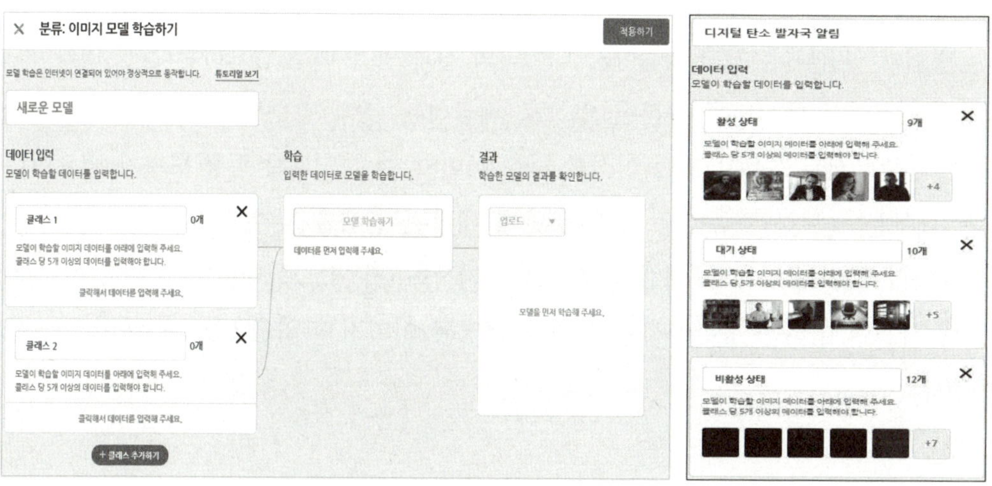

여기서 '클래스'는 '서로 관련된 이미지 데이터를 모아 그룹화하고 이름을 지정하여 해당 데이터가 속한 범주를 표현하는 것'을 의미합니다. 예를 들어 개, 고양이, 새와 같은 클래스를 정의 할 수 있으며, 이러한 범주형 데이터는 분류 모델링에 사용됩니다. 수집한 비정형 데이터(예: 이미지)를 특정 범주(클래스)에 할당하여 범주형 데이터의 형태로 데이터를 표현(변환)하게 됩니다. 여기까지 실습을 진행하면 위의 오른쪽 화면 같이 됩니다. 필요한 만큼 추가가 끝났으면, 하단에 [클릭해서 데이터를 입력해주세요] 문구를 클릭해서 이미지 데이터를 추가하여봅시다.

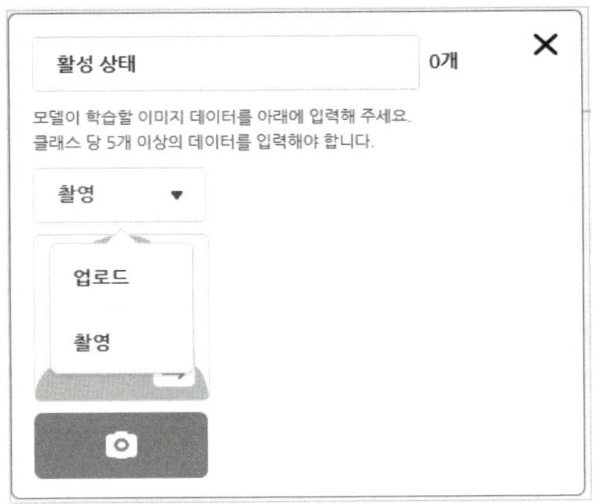

학습할 이미지 데이터는 분류하고자 하는 클래스마다 최소 5개의 이미지가 필요합니다. 이미지 데이터는 카메라로 직접 촬영하거나 미리 수집한 이미지들을 업로드하는 방법이 있습니다. 모델 학습에서 데이터의 질과 양은 매우 중요합니다. 명확하고 정확한 이미지 데이터를 충분한 양으로 제공하는 것이 필수적입니다.

이 실습에서는 사용자 모습 인식과 학습 이미지 수집을 위해 특정 도구가 필요합니다. 대부분 노트북 컴퓨터는 화면 상단에 내장된 웹캠을 갖추고 있으며, 데스크톱 컴퓨터의 경우 외부 USB 웹캠을 추가로 설치하여 [촬영]으로 데이터를 수집 합니다. 웹캠 사용이 어려운 상황에서는 사전에 촬영된 이미지 파일을 [업로드]하여 실습을 진행할 수 있습니다.

다음 단계로, 이미지를 업로드하거나 직접 촬영하여 실습을 진행해보겠습니다. 촬영 이미지를 활용할 경우, '활성 상태' 클래스 아래에 있는 '촬영' 버튼을 누르면 사용자의 모습이 인식됩니다. 이 상태에서 사용자가 컴퓨터 사용에 집중하는 모습을 유지하면서 '카메라' 아이콘을 길게 눌러 여러 장의 사진을 촬영할 수 있습니다. 사진은 많을수록 좋으며, 부정확한 이미지는 가능한 한 적어야 합니다. 이미 저장된 이미지 세트를 사용하는 경우 '파일 업로드' 버튼을 통해 추가 이미지를 업로드할 수 있습니다. 같은 방식으로 '대기 상태' 클래스 아래의 촬영 버튼을 누르고, 화면을 가린 상태의 사진을 촬영합니다.

우리는 사용 화면 이미지를 학습시키기 위해서 각 이미지에 활성 상태, 대기 상태, 비활성 상태라는 클래스를 할당하였습니다. 모델은 범주형 데이터로 표현된 클래스를 활용해 새로운 데이터를 분류하고 예측하게 됩니다.

비정형 데이터(이미지)의 **전처리**는 정제, 변환, 특성 추출로 이뤄집니다. 데이터 정제의 경우, 오류 및 불필요한 정보를 제거하는 것으로, 이미지 데이터에서 사진의 불필요한 배경을 삭제하거나, 텍스트 데이터의 오타를 수정합니다. 데이터 변환의 경우 분석에 적합한 형태로 변환하는 것으로 텍스트를 잘라서 중요한 단어만 고르거나, 사진을 숫자로 바꾸는 작업이 있습니다. 특성 추출의 경우, 유용한 정보를 추출해서 새로운 특성을 생성하는 것으로, 텍스트에서 특별한 단어 등을 따로 찾아 분류하는 것입니다. 이미지의 경우 웹캠과 화면 캡처로 얻은 이미지 데이터에서 필요한 정보를 추출하기 위해 이미지 처리 기술을 사용할 수 있는데, 노이즈 제거, 이미지 크기 조정,

필요한 부분의 이미지 크롭 등을 수행할 수 있습니다.

우리는 컴퓨터에 학습시키기 위한 이미지 데이터 수집 또는 클래스 분류 단계에서, 다음과 같은 사항을 점검할 수 있습니다. 각 항목은 데이터 정확성, 대표성, 저작권, 인권 존중 준수 등을 확보하여 신뢰할만한 학습데이터 확보에 도움을 줍니다.

- 이미지가 분석 목적에 맞는가?
- 이미지가 해상도는 충분히 선명한가?
- 선정된 이미지가 다양한 상황을 잘 대표하는가?
- 여러 경우를 포함하여 다양한 맥락에서의 작동을 가능케 하는가?
- 처리가 가능한 데이터 크기인가?
- 이미지에 대한 저작권을 준수하여 사용할 수 있는가?
- 이미지를 수집하고 사용할 때 개인 동의를 받았는가?

3) 분석과 평가: 분류 모델링

지금까지 컴퓨터에 [활성 상태], [대기 상태], [비활성 상태]에 해당하는 이미지를 학습시키기 위해 데이터를 모았습니다. 즉 컴퓨터가 학습할 자료(학습용 데이터)를 만든 것이라고 할 수 있습니다. 이러한 비정형 데이터를 '기계'는 어떻게 범주화할까요? 데이터를 충분히 입력 처리했다면, 이제 입력된 데이터를 이용하여 학습시켜봅시다. 모델 학습하기 버튼을 클릭해주세요. 엔트리 AI가 데이터를 처리해 실제로 학습하는 화면이 보입니다. 컴퓨터는 여러 사진을 보고 어떤 사진이 [활성 상태], [대기 상태], [비활성 상태]에 속하는 사진인지를 학습합니다.

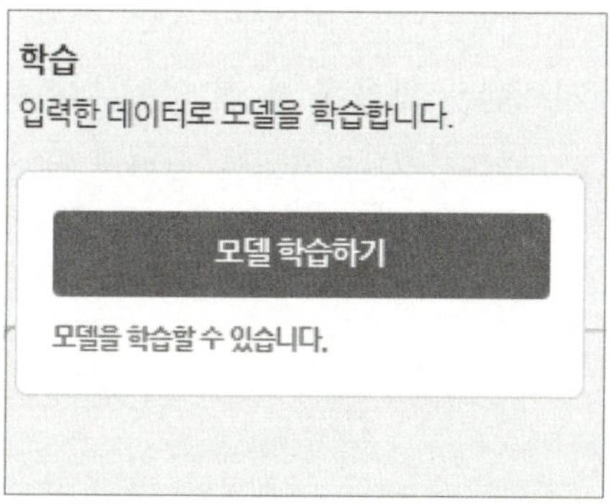

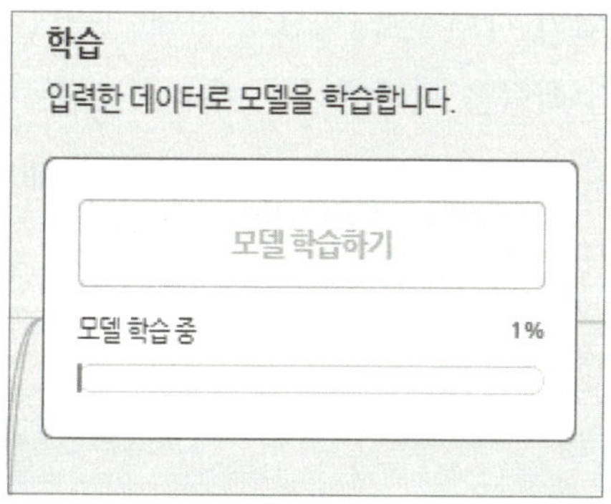

데이터의 양이 많아질수록 계산 및 모델 복잡성과 메모리 사용 증가로 모델 학습에 필요한 시간이 증가합니다. 데이터를 추가하거나 삭제하는 경우, 데이터세트 분포가 달라지므로 모델이 다시 반영할 수 있도록 '모델 학습하기' 버튼을 다시 눌러 모델을 재학습시켜야 합니다. 학습 과정이 완료되면, 오른쪽 화면에서 결과를 확인할 수 있습니다. 만약 학습이 성공적으로 이루어졌다면, 제공된 테스트 이미지가 학습된 카테고리 중 하나로 정확하게 분류되는 것을 볼 수 있습니다. 더욱 정확한 이미지 분류를 원한다면, 필요에 따라 데이터 세트에 다양한 각도, 조명, 배경으로 촬영된 이미지를 추가하거나 중복 또는 불필요한 이미지를 제거할 수 있습니다.

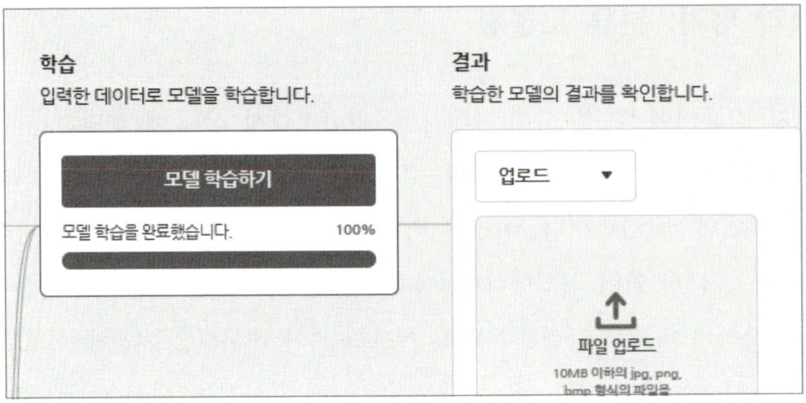

사용자 얼굴이 카메라에 포착될 때, 이 시스템은 [활성 상태]의 확률을 높게 평가하고, 화면이 가려지면 [비활성 상태]의 확률이 증가합니다. 이러한 수치는 기계가 계산한 판단 확률을 나타냅니다. 우리가 만든 이 시스템은 과거에 본 적 없는 새로운 이미지 데이터에 대해서도 그것이 [활성 상태]인지 [비활성 상태]인지를 정확히 예측할 수 있습니다.

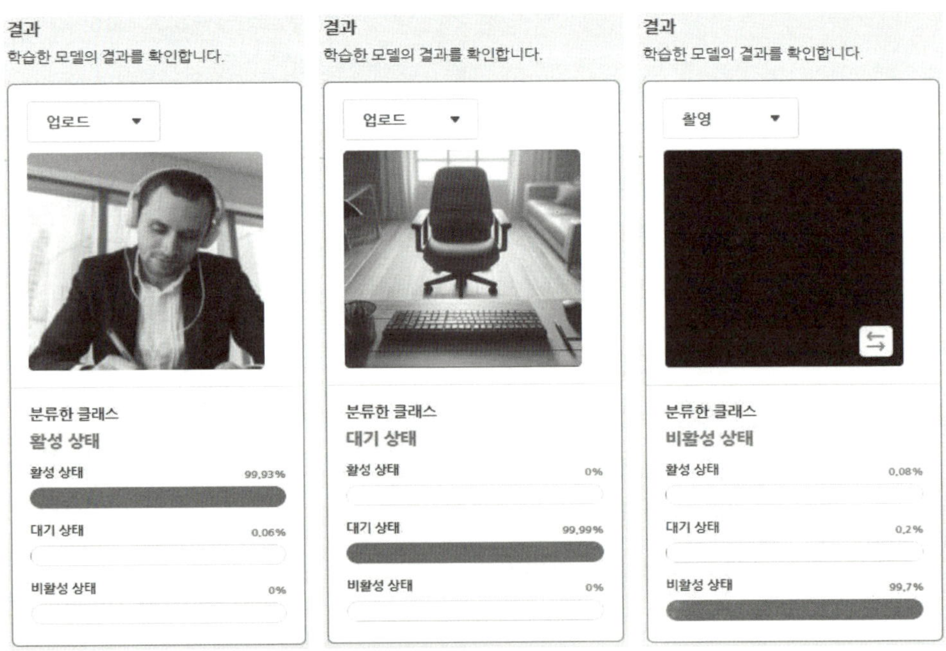

비정형 데이터 분석의 결과를 검토한 후, 다음 중요한 단계는 모델의 학습 효과를 정밀하게 **평가**하는 것입니다. 이 평가 과정은 모델이 데이터를 얼마나 잘 학습했는지를 결정짓는 테스트 단계에 해당하며, 이를 수행하지 않는 경우 예측 성능이 심각하게 저하될 수 있습니다. 평가 결과가 기대치에 미치지 못하는 경우, 불합격한 것처럼 해당 모델은 사용하지 않거나 재학습을 통해 개선합니다.

성능이 만족스럽지 않을 때는 데이터 세트를 조정해야 합니다. 예를 들어, [활성 상태]로 분류되어야 할 이미지가 이 기준에 부합하지 않는 경우, 그러한 이미지는 부정확한 것으로 간주하여 제거하거나 다른 적절한 이미지로 대체합니다. 이러한 조정 후, 모델을 다시 학습시키고 재평가를 수행하여 학습의 정확성을 개선합니다. 이 과정은 모델의 성능을 최적화하고, 최종적인 응용 프로그램에 적합한 결과를 도출하기 위해 필수적입니다.

▶ 학습자원	엔트리 AI 분류(이미지) ② 학습조건 설정하기

훈련된 이미지 분류 모델의 성능 평가는 테스트 데이터 세트를 활용합니다. 모델의 학습 효과는 정확도, 정밀도 및 재현율과 같은 지표들을 통해 측정됩니다. 일반적으로, 전체 이미지 데이터의 약 80%를 학습용으로 활용하고, 나머지 20%는 성능 검증을 위해 사용합니다. 온라인 서비스 환경에서는 무작위로 수집된 사용자 데이터를 활용하여 실시간 테스트를 진행함으로써 모델의 실제 환경에서의 이미지 분류의 유효성을 평가할 수 있습니다. 모델의 개발에 상당한 시간을 투자한 경우, 추가적인 모델 조정보다는 데이터의 질과 양을 확보하는 것이 더욱 효과적일 수 있습니다. 이러한 접근은 모델의 성능을 최적화하고, 신뢰성 있는 결과를 보장하는 데 중요합니다.

학습된 모델의 성능 평가는 새로운 테스트 이미지 세트를 사용하여 진행됩니다. 만약 평가 결과가 만족스럽지 않으면, 해당 클래스에 추가 이미지를 포함하여 학습을 반복하게 됩니다. 이는 모델의 학습데이터 과적합(overfitting)을 방지, 학습에 사용되지 않은 독립적인 데이터를 활용하여 모델의 일반화 능력을 검증하기 위함입니다.

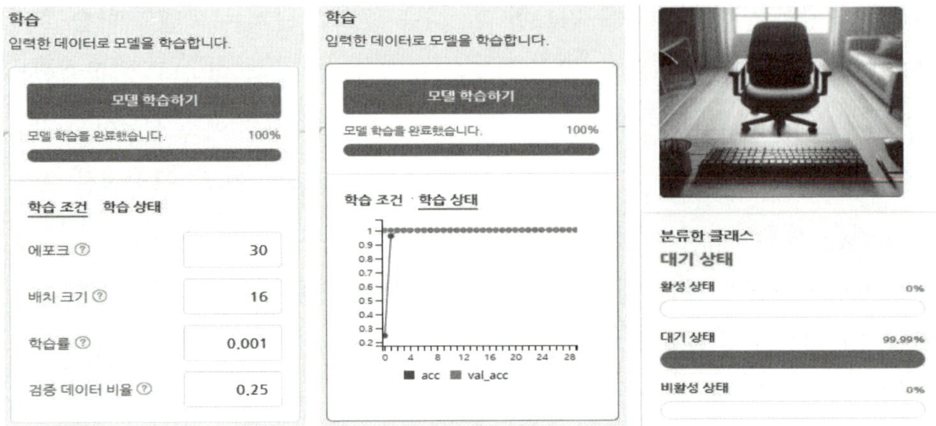

이 과정을 통해 컴퓨터는 [활성 상태]와 [대기 상태]를 정확하게 구분할 수 있는 판단력을 개발합니다. 이는 인간이 경험과 학습을 통해 더욱 세밀한 판단력을 개발하는 과정과 유사합니다. 기계를 학습시켜 특정 작업을 자동으로 수행할 수 있도록 하는 이 기술은 '머신러닝(Machine learning, 기계학습)'이라고 불립니다. 우리는 이를 통해 기계가 사용자의 활동 상태를 구분할 수 있는 능력을 개발한 것입니다.

4) 활용

[적용하기] 버튼을 눌러 우리가 만든 학습된 모델의 판단력을 프로그래밍 창에 적용하겠습니다. 머신러닝 활용을 위해 우리는 학습자에서 개발자로 역할을 전환해 봅시다. 그리고 머신러닝을 우리 삶의 진짜 문제를 해결하는 쓸모있는 도구로 만들어봅시다.

우리의 목표는 사용자가 컴퓨터를 어떻게 사용하고 있는지 실시간으로 확인하고, 진단하여 알림을 주는 애플리케이션을 개발하는 것입니다. 이 애플리케이션은 컴퓨터의 활성 상태(사용 중), 대기 상태, 비활성화 상태를 보여주는 이미지(또는 영상)을 인식하여 각 상태에 따라 다른 메시지를 표시하고 사용 시간을 측정합니다. 예를 들어, 컴퓨터를 사용하고 있으면 [활성 상태]라는 메시지가 표시되고, '사용 시간이 측정'됨에 따라 지구가 사라지져가는 애플리케이션을 만들어봅시다. 또, 컴퓨터를 사용하거나 끄지 않고 움직이거나 자리를 비울 때는 [대기 상태]가 되어 '알림'을 주고 '지구가 급변하는 모습'을, 화면을 껐다면 [비활성화 상태]는 '시간이 초기화'되고 '지구가 다시 깨끗해지는' 모습이 화면에 나타나도록 해봅시다.

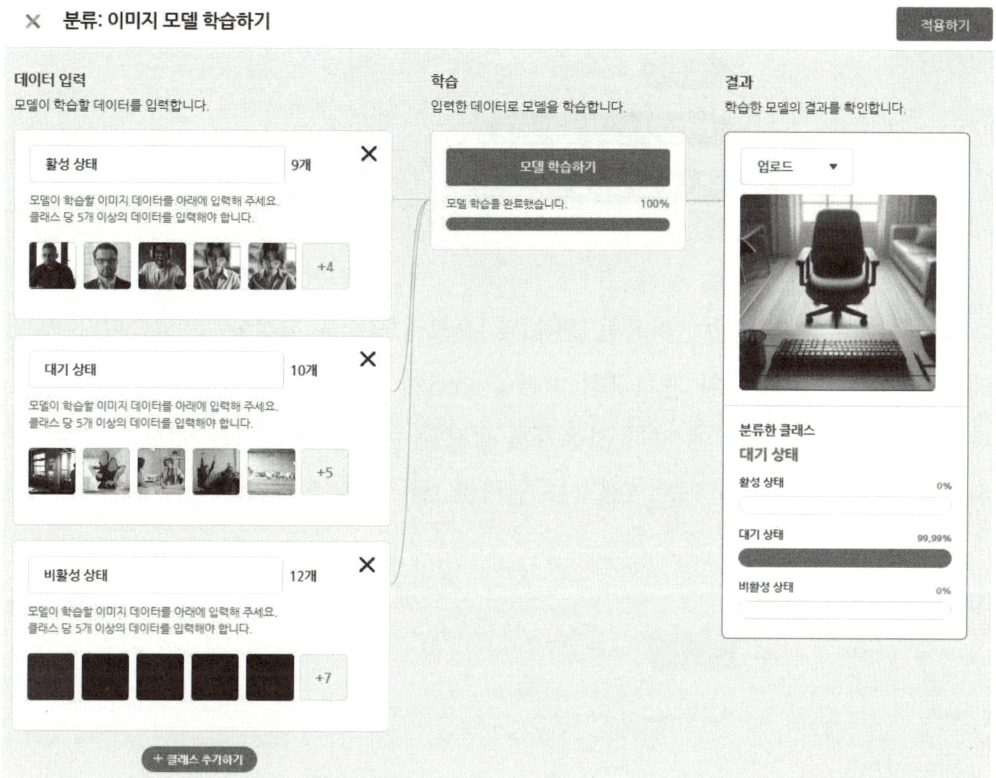

이런 애플리케이션을 만들려면 어떻게 해야 할까요? 먼저 나의 디지털 기기에 사용 모습 이미지를 전송받은 컴퓨터가 디지털 탄소발자국 현황을 진단하고 알림음을 보내는 프로그램을 가정합니다.

화면 절전 여부를 실제로 시스템에서 인식하는 기능을 설정하기 어려우므로, 카메라(웹캠) 영상 인식 기능을 이용해 판별하는 프로그램을 만들어보겠습니다.

[인공지능] 블록에 새로운 블록이 생성된 것을 확인할 수 있습니다. 우리가 만들 클래스가 3개라면 3개의 [분류 결과]가 만들어진 것을 확인할 수 있습니다. [분류 결과가(활성 상태, 대기 상태, 비활성 상태)인가?]라는 블록은 테스트 이미지가 어느 클래스로 분류되었는지 보여줍니다.

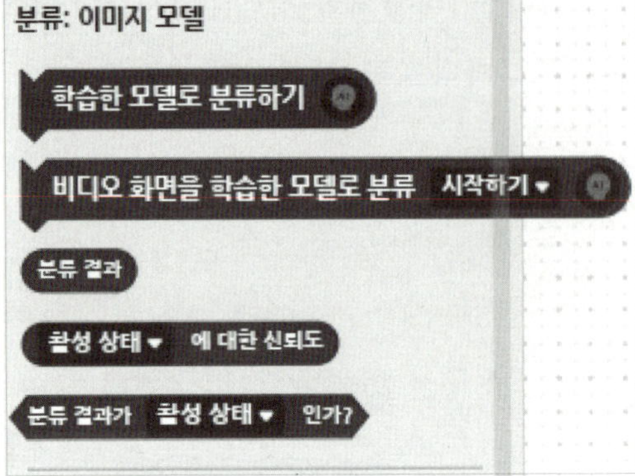

아래 탭에서 화면구성에 필요한 [변수]와 [오브젝트]들을 지정할 수 있습니다. 알림에 사용할 지구 이미지와 프로그램 이름을 화면에 표시해 봅시다. 오브젝트 설정은 나타내고자 하는 메시지에 따라 자유롭게 설정할 수 있습니다. 여기에서는 알림으로 사용할 [지구 이미지]와 프로그램명을 입력할 [글 상자]를 사용하겠습니다.

컴퓨터가 할 일을 블록으로 입력하겠습니다. [시작하기 버튼을 클릭했을 때] 상태를 인식 분류해서 각각 메시지를 표시하고 사용 시간을 측정하도록 합니다. 먼저, [인공지능 블록 불러오기], [사람인식]을 클릭하여, 인공지능 블록 추가를 확인합니다. 다음으로 작업화면에 [비디오 화면 보이기], [사람 인식 시작하기], [비디오 화면을 학습한 모델로 분류 시작하기] 블록을 가져와 조립합니다.

[계속 반복하기]를 사용해 활성, 비활성, 대기 상태를 분류하고 각 상태에 맞는 동작을 하도록 합니다. [만일 분류 결과가 활성 상태라면] [초시계 시작하기]를 하고, 사용

시간이 늘어남에 따라 지구 모양이 점점 투명해지도록 하는 블록을 사용합니다. 실습 결과를 확인하기 위해서 [활성 상태]의 컴퓨터 사용 시간에 따른 지구 투명도 변화 시간을 [초시계값 × 0.5]로 짧게 설정하여 잘 작동되는지 확인해 봅시다. [만일 분류 결과가 비활성 상태라면] 탄소발자국을 줄이는 습관을 실천한 것으로 보고, 초시계를 초기화하고 지구 색깔이 원래대로 돌아오게 하는 블록을 설정합니다. [만일 분류 결과가 대기 상태라면] 컴퓨터 화면이 켜져 있지만 사용하지 않으므로 탄소발자국이 비교적 적은 상태이나 불필요한 탄소발자국을 배출하는 상태이므로, 초시계를 정지하고 특정 소리를 재생하여 알림을 보내도록 합니다.

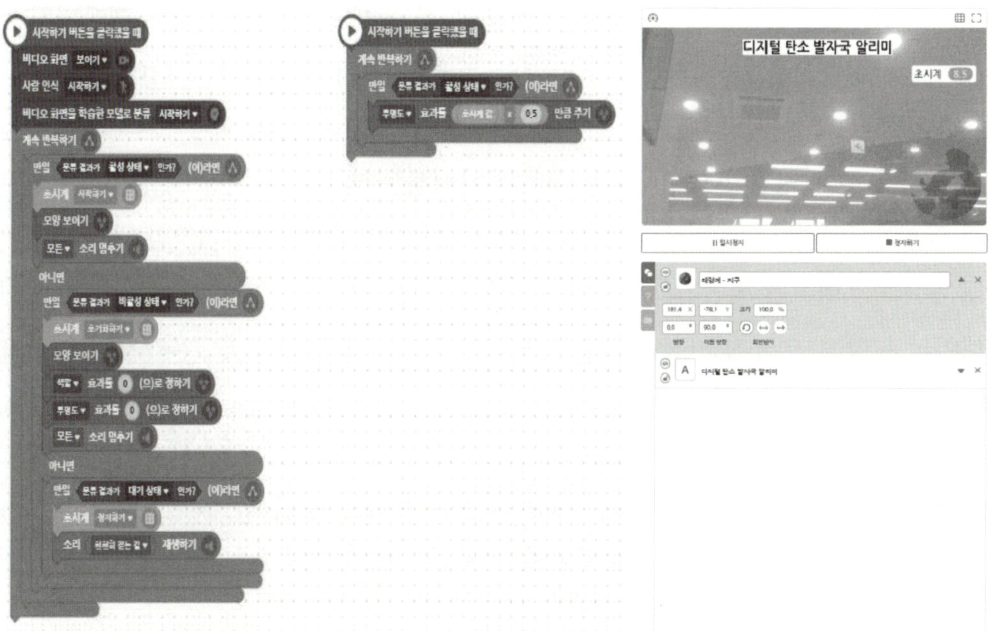

우리가 개발한 애플리케이션은 분류 모델링으로 사용자 활동 상태를 판단하고 사용 시간을 측정해 알림(정보)를 제공합니다. 이 애플리케이션은 엔트리 AI를 사용하여 구현되었습니다. 여러분도 프로그래머 역할을 실습해 본 것입니다. 실제 애플리케이션으로 개발될 때는 사용하는 비정형 데이터의 정확성과 신뢰성, 개인정보 보호, 보안, 화면구성, '모델' 및 '프로그램'의 지속가능성 검토와 수정이 수반되어야 합니다.

10.2 비정형 데이터와 분류 모델링 윤리

21세기의 '원유' 빅데이터의 이중성. 데이터 기반 기술은 기하급수적으로 발전하고 있다. 이 과정에서 빅데이터는 '21세기 원유'로 불린다. 빅데이터를 원유라고 부르는 이유가 뭘까? 그 이유는 빅데이터가 가지는 막대한 가치와 잠재력 때문이다. 그러나 빅데이터는 정말 21세기 원유라 불릴만한 가치와 잠재력을 가지고 있을까?

최근 우리의 일상은 잠자는 시간까지도 네트워크에 연결되어 있다. 모든 일상이 데이터가 되는 빅데이터 시대에 살고 있다. 빅데이터 기반 기술은 사람의 일상, 학습, 업무, 여행, 의사소통, 돌봄 등 삶의 방식을 더욱 편리하게 변화시킬 수 있다. 이렇게 수집되는 방대한 개인정보 데이터는 마케팅, 범죄 예방 등 다양한 분야에 활용되지만, 동시에 개인정보보호, 지속가능성 문제와 같은 윤리적 이슈를 수반한다.

특히, 비정형 데이터(예: 텍스트, 이미지, 비디오 등)의 활용 관련 윤리적 문제는 더욱 복잡하다. 비정형 데이터를 처리하고 분석하는 과정에서 편향된 결과가 발생할 수 있으며, 이는 인공지능 모델 훈련과 분류 모델링 과정에서 비윤리적인 결과로 이어질 수 있다. 이처럼 첨단기술은 잠재적 위험 요인을 수반하는 양가성을 가진다. 이에 데이터 편향성, 인공지능 시스템 훈련에 따른 사회적 문제(AI4K12, 2020), 더 나아가 환경적 문제 등에 대한 논의와 윤리적 기준 마련이 절실하다.

빅데이터가 '21세기의 원유'로서 가치를 발휘하기 위해서는, 데이터 처리와 활용 방식에 대한 신중한 고려와 함께 사회적, 윤리적 파급 효과에 대한 사회적 논의가 필요하다. 그래야만 빅데이터 활용과정의 잠재적 위험을 줄이고 가치를 극대화할 수 있다.

먼저, '안면 인식 기술'의 비정형 데이터와 분류 모델링 활용 사례를 보고 편리성과 위험성에 대하여 논의하여보자.

▶ 학습자원	AI 인사이트: 안면 인식 AI 기술 알아보기: 편리함과 인권 침해 사이(SUPERB AI, 23.5.26.)

비정형 데이터와 분류 모델링 활용 사례의 양가성 논의 예시

가능성: 안면 인식 기술의 유익한 활용

안면 인식 기술은 범죄 예방 및 법 집행 분야에서 중요한 도구로 사용됩니다. 머그샷(Mug shot)[1] 데이터와 같은 비정형 데이터를 활용한 분류 모델링은 범죄자의 얼굴 인식, 패턴 분석 및 잠재적 범죄자 식별에 큰 도움이 될 수 있습니다. 이는 공공 안전을 위한 전략적 결정을 내리는 데 중요한 정보를 제공하여 사회의 안전을 증진할 수 있습니다. 또한, 범죄 예방 및 효율적인 범죄 수사에 긍정적인 영향을 미칠 수 있습니다.

한계: 안면 인식 기술의 인권 침해 문제

안면 인식 기술은 개인의 프라이버시와 자유를 침해할 위험이 있어, 이 기술을 사용하는 데이터 수집 및 분석 과정에서는 개인의 인권과 프라이버시 보호가 중요한 고려 사항입니다. 이러한 기술의 적용은 매우 신중하게 접근되어야 하며, 데이터 보호 규정 및 법적 요구 사항을 철저히 준수하는 것이 필수적입니다. 머그샷(Mug shot) 데이터를 활용한 얼굴 인식 기술 검증은 인권 침해를 수반합니다. 수집 분석 과정에서의 데이터의 편향이나 오용은 특정 인구 집단에 대한 불공정한 대우 등 사회적인 문제를 초래할 수 있습니다. 따라서, 안면 인식 기술을 활용하는 모델링 접근은 신중하게 고려되어야 하며, 인권 침해를 최소화하기 위한 적절한 보호 및 규제가 필요합니다.

1) https://en.wikipedia.org/wiki/Mug_shot

둘째, 비정형 데이터와 분류 모델링의 편리성과 위험성에 대한 논의를 토대로, 비정형 데이터와 분류 모델링의 올바른 활용을 위한 체크리스트를 만들어 보자.

▶ 학습자원	데이터 3법(대한민국 정책 브리핑, 2021.11.16.)

비정형 데이터와 분류 모델링 활용을 위한 체크리스트 예시

문제 정의

해결하려는 문제가 사회적, 윤리적으로 적합한가?
프로젝트 목표가 모든 이해당사자에게 투명하고 명확하게 공유되었는가?
해결하려는 방법과 데이터 활용으로 예상되는 장단점은 무엇인가?

데이터 수집 및 전처리

수집한 데이터는 법적 요구 사항(개인정보 보호법, 저작권법, 산업기반 보호법 등)과 사용자의 명시적 동의를 충족하는가?
수집된 데이터가 다양한 인구집단을 공정하게 대표하는가?
수집된 데이터의 민감도를 평가하고 적절한 보안 대책을 마련했는가?

모델 학습 및 평가

선택한 모델이 문제해결에 적합한가?
모델이 신뢰할 수 있는 결과를 제공하는지 테스트하고 검증했는가?
모델 사용의 윤리적 환경적 영향을 평가하고 조치했는가?

모델 활용

모델 결과를 실제 환경에 어떻게 적용하고 피드백을 수집했는가?
모델 결과와 해석이 모든 이해당사자가 쉽게 접근하고 이해할 수 있도록 공개되었는가?
모델의 성능과 윤리 환경 측면에서 지속 개선할 계획을 마련했는가?
사용자가 자신의 데이터에 접근하고, 수정하거나 삭제할 수 있는 권리를 보장하는가?
데이터의 수집, 저장, 사용 방법을 사용자에게 투명하게 공개했는가?

마지막으로, 우리가 만든 디지털 탄소발자국 알림 앱은 정말 탄소 중립에 도움이 될까? 데이터는 우리의 탄소 배출 알림 앱과 같이 환경을 보호하는 데 도움을 줄 수도 있지만, 과연 이 기술이 탄소 배출을 실제로 줄이고 긍정적 영향을 줄 수 있는가에 대한 물음은 여전히 유효하다. 예를 들어 '탄소 발자국 알리미' 애플리케이션 실제 구현할 경우 지속가능성이 고려되지 않는다면, 이 프로그램이 오히려 탄소발자국을 증가시킬 수 있다. 기타 고려 사항을 앞서 도출한 체크리스트를 참고하여 점검해보자.

실습과 성찰

1. AI · 데이터 융합교육 아이디어 탐색

1) AI · 데이터 융합교육 수업 사례

지금까지 초중등 교과교육에 통합될 수 있는 AI · 데이터 개념 및 원리와 문제해결을 위한 데이터 과학을 실습해보았다. 각 교과 목표와 AI · 데이터 내용 요소를 융합한 실제 수업설계 사례를 살펴보며 각자 교과에서 AI · 데이터를 어떻게 융합할 수 있을지 수업 아이디어를 탐색해 보자. 〈표 10-3〉 AI · 데이터와 융합교육 수업 사례 참조.

〈표 10-3〉 AI · 데이터와 융합교육 수업 사례

구분		내용 요소	수업 사례(요약)
초	1-3	데이터와 친숙해지기: 간단한 조사, 데이터 수집, 기본 차트 작성 및 간단한 결론 도출하기	반 학생들의 좋아하는 과일이나 음식 등을 조사하여 결과를 그래프로 표현하기 등 교과 정보: [2국01-03], [2수04-01] AI · 데이터: 데이터, 태블릿, 아이스크림 주제: 누가 누가 더 많이 찾나!
	4-6	데이터 해석 및 표현: 복잡한 차트 작성 및 데이터 세트 활용 분석 및 해석	지역 날씨 데이터 분석 주간 날씨 변화 그래프 만들기, 데이터 기반 학급 미니 프로젝트 실행하기 등 교과 정보: [4과14-03], [4미02-05] AI · 데이터: 데이터, 학습(Auto draw, AI for Oceans) 주제: 이미지 데이터로 인공지능을 공부시켜요!!
중		데이터 프로젝트 수행: 학습자 관심 주제 관련 데이터 수집, 분석 및 표현 종합 프로젝트	지역사회의 환경 문제 조사하기, 데이터 수집 및 분석을 통해 해결방안 모색하기 등 교과 정보: [중1~3], [10공수2-01-01] AI · 데이터: 데이터, 표현 및 추론(구글 설문, 스프레드시트, 알지오매스) 주제: 나는 짜장을 선호할까? 아니면 짬뽕을 선호할까?

구분		내용 요소	수업 사례(요약)
고	기초	공공 데이터 세트 활용 데이터 분석 기초 이해 및 통계적 분석 기반 문제해결	공공 데이터 세트 활용 인구 통계 분석 및 경제 데이터, 기후환경 데이터 분석하기 등 교과 정보: [12생과 I 05-06] AI · 데이터: 빅데이터, 학습(공공데이터 포털, 코랩 등) 주제: 빅데이터를 활용해 해양 생태계 지키기 프로젝트
	심화	머신러닝 알고리즘 및 고급 통계기법 사용 복잡한 데이터 세트 기반 의사결정 및 문제해결	실생활 및 공공 데이터 및 기업 데이터 분석 기반 마케팅 전략 및 제품 개발 제안서 작성하기 등 교과 정보: [고등 2, 3학년 대상] AI · 데이터: 데이터, 학습(엑셀, 파이썬 등) 주제: 사인/코사인 법칙 및 머신러닝 활용 문제해결

출처: 홍선주 외(2023). AI・디지털 기반 교수・학습 및 평가 체제 개발에 제시된 수업 사례 일부 요약

첫째, 초중등 교과교육에 통합되어 학습될 수 있는 AI・데이터 개념 및 원리와 주요 교과 사례는 다음과 같다. AI・데이터 융합수업은 국어, 수학, 과학, 미술, 실과, 진로 등 다양한 교과 및 교과 간 융합의 형태로, 데이터, 학습, 인식과 추론 등의 AI 요소와 결합하여 이뤄지고 있다. 이때 AI 요소에는 데이터, 인식, 표현 및 추론, 학습, 자연스러운 상호작용, 사회적 영향 항목이 포함될 수 있다(Actua AI, AI4K12). 예를 들어 AI 기초가 되는 데이터(Data)는 현실의 문제를 정의하고, 정의한 문제를 해결하는 데 필요한 데이터 속성을 도출하는 것으로, 수집된 많은 양의 데이터를 컴퓨터가 학습(Learning)하여 예측, 분류, 생성하는 역할을 수행한다(홍선주 외, 2023). 이러한 AI・데이터 내용 요소와 교과교육 목표를 통합한 융합수업 주제는 일반적으로, 데이터 과학 절차에 따른 문제해결, 데이터 분석 활용, 실습 및 참여형 프로젝트 활동으로 이뤄진다. 먼저, 모든 주제는 인공지능 및 데이터 기술을 활용하여 학습자의 관심사나 실제 생활에서 마주하는 문제를 해결하거나 질문에 답하는 데 중점을 두고 있다. 이러한 접근 방식은 교육의 실용성을 높이고 학습자가 기술을 일상생활에 적용하는 방법을 이해하도록 돕는다. 다음으로, 다양한 유형의 데이터(텍스트, 이미지, 수치 데이터)를 수집, 분석하고 이를 기반으로 패턴 인식, 표현, 예측을 수행한다. 이러한 학습활동은 학생들이 문제해결을 위해 교과 학습 내용의 이해 및 활용을 전제로 직접

데이터를 다루고, 결과를 해석하며, 인공지능 모델을 훈련시키는 등의 능동적 참여로 이뤄진다.

〈표 10-4〉 교과 영역 및 AI · 데이터 요소 융합 예시

교과영역		AI · 데이터 내용	주제 예시
국어	문장 구조와 어휘 사용 분석	자연어 처리 기술, 텍스트 분석	뉴스 기사 주제와 감정 분석, 텍스트 요약
수학	기초 통계와 확률, 함수의 이해	통계적 추론, 기초 데이터 분석	통계적 데이터 해석, 실생활 데이터를 통한 함수 모델링
사회	사회 문화 현상 분석, 인구 통계 학습	데이터 시각화, 인구 통계 분석	지역사회 문제에 대한 데이터 분석, 인구 변화의 시각화
과학	자연 현상의 관찰 및 데이터 해석	생태 데이터 분석, 환경 모니터링 및 모델링	기후 데이터 탐색, 서식지 분류

둘째, AI 데이터 융합수업에 활용되는 수업 도구는 다음과 같다(〈표 10-5〉 AI · 데이터 융합교육에 사용할 수 있는 도구와 자원 예시 참조). 첫째, 검색 플랫폼에서 제공하는 데이터 분석 도구로는 구글 트렌드, 네이버 데이터랩, 카카오 데이터 스토리, 썸트렌드(다음), 오픈서베이 빅카인즈 등이 있다. 이 도구들은 시장 동향, 소비자 행동, 인기 검색어 등 다양한 데이터를 분석할 수 있게 해준다. 검색 키워드 동향 확인에 구글 트렌드와 데이터랩이, 온라인 데이터의 키워드분석, 비교 분석, 연관어 분석 등은 썸트렌드와 빅카인즈 등이 활용된다. 둘째, 일반화된 데이터 분석 도구는 마이크로소프트 엑셀로 기본 정형 데이터의 관리 시각화가 용이하며, 기타 시각화 프로그램 및 챗 GPT 연동 분석을 지원한다. 셋째, 전문 통계 패키지는 SPSS, SAS 등이 있다. 전문성이 요구되는 분석 도구이다. 넷째, 오픈소스 프로그래밍 언어로 R과 파이썬이 있으며, 학습자 수준을 고려하여 활용된다. 그 외 Orange3은 코드와 수학 없이 통계 및 머신러닝을 다룰 수 있도록 돕는 도구이다. 블록 코딩형의 엔트리 AI(Teachable machine & WEB)도 이미지, 소리, 움직임을 학습시켜 인식할 수 있도록 돕는 기초수준 도구이다. 그 외에도 AI 데이터 융합교육에서 다양한 유형의 도구가 통합 적용되는데, 대화형 AI 도구는 데이터 분석 질문 생성 및 결과 해석을, 이미지

생성 도구는 이미지 데이터 생성 및 생성 원리 이해 활동을 지원하는 데 사용할 수 있다.

〈표 10-5〉 AI · 데이터 융합교육에 사용할 수 있는 도구와 자원 예시

카테고리	도구들
대화형 AI 도구	ChatGPT, Google Bard, Bing AI, Wrtn Studio
데이터 분석 도구	Microsoft Excel, Kaggle, Google Trends, Naver DataLab, SOMTrend, BigKinds, Pandas, Google Colab, SPSS, R, Orange3
머신러닝 도구	Machine Learning for Kids, Python, ML4KIDS, Teachable Machine, AI for Ocean, 엔트리AI(Teachable machine & WEB), TensorFlow
이미지 도구	Canva, DALL-E, Midjourney, AutoDraw, QuickDraw

2) AI · 데이터 융합교육 내용 영역과 설계모형

AI · 데이터 융합교육의 학교 급별 내용 영역 특징은, 기존 고등학교 진로 선택과목 '인공지능기초(이영준 외, 2021)' 내용 체계와, '학교에서 만나는 인공지능 수업: 초등학교 1~4학년(이영주 외, 2021)' 교재의 '초 · 중등 인공지능 교육내용'을 중심으로 본 교재에서 다룬 데이터와 머신러닝, 사회적 영향 요소 부분을 종합하면 다음 〈표 10-6〉 국내 학교급별 AI · 데이터 내용 영역 예시와 같다.

'인공지능기초'는 데이터와 기계학습을 한 영역으로 분류하고 데이터 속성, 정형 데이터와 비정형 데이터, 분류 모델, 머신러닝 모델 구현을 내용 요소로 제시하고 있다. '초 · 중등 인공지능 교육내용'은 초등학교의 경우 AI 기능과 원리, 적용 사례를 놀이와 체험으로 탐색하게 하고, 중학교에서는 데이터의 가치와 인공지능 원리 이해를 통한 실생활 문제해결, 고등학교에서는 고급 인공지능 개념과 알고리즘 이해를 통한 문제해결 역량 개발로 구성된다.

〈표 10-6〉 국내 학교급별 AI · 데이터 내용 영역 예시(이영주 외, 2021 참조)

교육 단계 목표		인공지능 원리와 활용		인공지능의 사회적 영향
		데이터	머신러닝	
초등학교(초1-4)	놀이와 체험 중심	• 여러 가지 데이터 • 수치 데이터 시각화	• 인공지능 학습 놀이 활동	• 우리에게 도움을 주는 인공지능
초등학교(초5-6)		• 데이터의 중요성 • 문자 데이터 시각화 • 데이터 경향성	• 기계학습 원리 체험	• 인공지능과 함께하는 삶 • 인공지능의 올바른 사용
중학교	실습 중심	• 데이터 수집 • 데이터 전처리 • 데이터 예측	• 지도학습 • 비지도학습	• 인공지능과 나의 직업 • 인공지능의 오남용 예방
고등학교 기초	알고리즘 적용 중심	• 데이터의 속성 • 정형 데이터와 비정형 데이터	• 기계학습의 개념과 활용 • 딥러닝의 개념과 활용 • 분류 모델 • 기계학습 모델 구현	• 사회적 문제해결 • 데이터 편향성 • 윤리적 딜레마 • 사회적 책임과 공정성
고등학교 심화		• 데이터 속성 분석 • 빅데이터	• 기계학습 • 강화학습 원리 • 퍼셉트론과 신경망 • 심층 신경망	• 인공지능과의 공존 • 알고리즘 편향성 • 인공지능 개발자 윤리 • 인공지능 도입자 윤리

출처: 이영주 외(2021). 학교에서 만나는 인공지능 수업: 초등학교 1~4학년. 영역 및 내용 요소. p. 3.

초등학교 과학 교과 인공지능 융합 모델(신원섭, 2020; 신승기, 2023)은 초등 과학 교과에서 학생들의 탐구 능력 향상을 목적으로 머신러닝 개념원리를 융합한 수업 사례이다. 신원섭(2020)은 초등 생물 분류 학습에서 인공지능 융합교육의 가능성을 탐색하기 위해, (1) 성취기준 학습에 머신러닝 융합 가능성, (2) 초등학생이 머신러닝을 학습하는 데 사용할 수 있는 자료 유형 등 두 가지 기준을 중심으로, 생물 분류 부분 내용을 선정, 인공지능 생물 분류 교육 프로그램 AIBC모형과, '에너지 생활' 단원 인공지능 융합 과학교육 프로그램(AICSE: Artificial Intelligence Convergence Science Education) 모형을 제시하였다. 교과 학습 목표와 AI · 데이터 내용 요소를 고려한 내용 선정과 머신러닝 단계를 고려한 '문제해결' 학습활동과 학습자, 교수자 역할, 상세 수업 과정안을 참고할 수 있다. 그 외 2022 개정 교육과정을 반영하여 성취기준과 데이터 과학 내용 영역을 융합하여 데이터 과학 생명 주기에 따른 컴퓨팅 사고력 연계 문제해결형 교수학습 모형은 모든 단계에서 사회적 영향을 고려하도록 명시하고 있다(신승기, 2023).

〈표 10-7〉 인공지능 융합 과학교육 프로그램 교수학습 전략

<table>
<tr><th>단계</th><th>활동</th><th>학습자</th><th colspan="2">교수자</th></tr>
<tr><td>Doing</td><td>연결하기
인식하기
비교하기
체험하기</td><td>• 문제 상황과 관련 사전경험 연결
• 문제 정의 및 인식
• 알고 있는 것과 알아야 할 것 비교
• 인공지능 체험</td><td>AI 교육환경
문제 상황
문제 파악
체험 모델</td><td rowspan="4">준비
안내
조력
모니터
피드백</td></tr>
<tr><td>Thinking</td><td>의문 생성
계획하기
선택하기
설계하기</td><td>• 문제해결 방법에 대한 의문 생성
• 문제해결 계획
• 인공지능 모델과 범주 선택
• 인공지능 모델의 구체적 설계</td><td>방법적 의문
계획 절차
AI 모델 선택
설계 절차</td></tr>
<tr><td>Making</td><td>데이터 준비
데이터 입력
학습시키기
테스트하기</td><td>• 데이터 준비
(입력: 70%, 검증: 30%)
• 데이터 입력
• 기계학습
• 인공지능 모델 평가 및 수정 · 보완</td><td>데이터 탐색
범주 입력
절차 및 방법
수정 · 보완</td></tr>
<tr><td>Sharing</td><td>설명하기
평가하기
적용하기
도전하기</td><td>• 문제해결 모델 설명 및 발표
• 문제해결 모델 상호 평가
• 새로운 상황에 개발한 모델 적용
• 새로운 인공지능 모델 구상</td><td>모델 평가
상호 평가
새로운 상황</td></tr>
</table>

출처: 신원섭 (2020). 운동과 에너지에서 인공지능 융합 과학교육의 가능성 탐색 연구, p. 81.

고등학교 지구과학 교과 빅데이터 탐구 수업 모델(윤한나, 김현진, 2022)은 고등학교 지구과학 교과에서 빅데이터 활용 역량 향상을 위한 빅데이터 활용 탐구 수업이다. 문제 인식부터 개인적 태도까지 총 10가지의 빅데이터 활용 역량(문제 인식 역량, 창의적 계획 수립 역량, 프로그래밍 역량, 분석적 사고 역량, 빅데이터 수집 및 저장 역량, 빅데이터 시각화 역량, 문제해결방안 수립 역량, 논리적 표현 역량, 개인적 태도 역량)을 제시하고 있다. 해당 사례는 지구과학 I 교과의 대기와 해양의 상호작용 단원에서 기후 변화 문제를 중심으로 성취기준을 재구조화하여 탐구 주제를 도출하고,

빅데이터 활용 수업 문제해결 절차(장혜정, 2020; 최주영, 2019; Big Data Center, 2014; Davenport, 2013; Eisenberg, 2008; 윤한나, 김현진, 2022에서 재인용)를 고려, 탐구 수업 과정을 기준으로 작성된 〈표 10-8〉 빅데이터 활용 탐구 수업 과정표이다. AI・데이터 융합교육 수업의 성취기준 재구성 및 빅데이터 수업 단계, 단계별 학습자 교사 활동, 자원 도구 등을 참고할 수 있다.

〈표 10-8〉 빅데이터 활용 탐구 수업의 과정

단계(차시)	학습 활동	교사의 안내 및 지원	학습자원 및 도구
학습 안내 및 빅데이터 이해 (1-2차시)	• 기후 변화 문제의 해결 필요성 인식하여 학습 동기 갖기 • 빅데이터 활용 목적을 파악하여 수업의 학습 목표와 과정을 이해하기 • Google Colab 환경에서 Python 프로그래밍 언어(코딩) 실습을 통해 빅데이터 처리 연습하기 • 팀원과 상호작용하기	• 기후 위기의 심각성에 관한 학습 자료 및 영상 제시하기 • 기후 위기 문제를 해결하기 위한 빅데이터의 개념 및 활용 필요성 안내하기 • 빅데이터 활용 탐구 수업의 학습 목표 안내하기(기후변화 탐구 주제 포함) • 빅데이터 활용 탐구 수업의 과정 안내하기 • 빅데이터 분석을 위한 프로그래밍 언어(코딩)의 기본적 내용 안내하기 • 팀 편성하기(2인 1팀)	• PPT 학습 자료 • 프로그래밍 언어(코딩) 학습 자료 • 프로그래밍 언어사용이 가능한 Google Colab 환경
문제 인식 (3차시)	• 현황 빅데이터 분석 자료(기온 상승률 변화, 빙하 감소, 해수면 상승, 강수량 변화 등)에서 기후변화로 나타나는 지구환경 변화에 대해 파악하기 • 지구환경 변화 관련 뉴스 등 조사하기 • 기후변화 문제를 인식 및 선정하여 구체적으로 정의하기	• 기후변화 및 지구환경 변화에 대한 현황 빅데이터 분석 자료 제공하기 • 지구환경 변화 사례 조사 활동 안내하기 • 팀별로 정의한 문제에 대한 피드백 제공하기	• 인터넷으로 뉴스 검색 등의 조사 활동이 가능한 환경 • 현황 빅데이터 분석 학습 자료 • 문제 정의 작성 활동지
빅데이터 활용 전략 수립	• 문제 현상 확인 및 예측(월별 자료를 통한 시계열 분석 등)을 위한 빅데이터 활용	• 팀별로 정의한 문제의 해결을 위한 빅데이터 활용 전략을 단계별로 수립할 수 있도록	• 빅데이터 활용과정 전략 수립이 표현된 단계별

단계(차시)	학습 활동	교사의 안내 및 지원	학습자원 및 도구
(4차시)	전략 수립하기	안내하기 • 빅데이터 활용 전략 수립 과정에서 도움 및 피드백 제공하기	활동지
빅데이터 수집 (4차시)	• 기후 모델 CMIP6의 실황 빅데이터 자료 및 미래 예측 빅데이터 자료의 변수 선정하기 • 빅데이터 파일 형식(nc 형식) 및 저장 방법 파악하기 • Google Colab 환경에서 Python 프로그래밍 언어를 이용한 빅데이터 수집 및 저장하기	• 대기과학, 해양학, 환경 관련 빅데이터 제공처 및 자료 안내하기(기후 모델 CMIP6의 기온, 강수량, 기압, 빙하 면적, 해수면 고도 등의 자료) • 빅데이터 파일 형식(nc 형식)과 빅데이터 수집 및 저장 방법 안내하기 • 빅데이터 수집 및 저장에 필요한 Python 프로그래밍 언어(코딩) 사례 제공하기	• 빅데이터 제공처 및 수집, 저장 안내 자료 • Python 프로그래밍 언어(코딩) 사례 학습 자료 • 컴퓨터, 인터넷 사용 가능 환경 • 프로그래밍 언어(코딩) 사용 가능 Google Colab
빅데이터 분석 및 시각화 (5-6차시)	• 빅데이터 이상값, 결측값 전처리하기 • 빅데이터 분석 기법을 선택하여 변인 간의 관계 분석하기(Google Colab 환경에서 Python 프로그래밍 언어를 이용하기) • 빅데이터 분석 결과를 효과적으로 표현하기 위한 시각화 방법 및 그래프 종류 선택하기 • 그래프 작성을 위한 데이터 처리 및 시각화 표현하기(Google Colab 환경에서 Python 프로그래밍 언어를 이용하기)	• 빅데이터 이상값, 결측값을 처리하는 전처리 방법 안내하기 • 빅데이터 분석 기법(데이터 마이닝 기법) 안내하기 • 각 빅데이터 분석 방법에 대한 Python 코딩 사례 제공하기 • 빅데이터 시각화 목적에 따른 시각화 방법 및 그래프 유형 안내하기 • 시각화 그래프 유형에 따른 Matplotlib 코딩 예시 제공하기 • 빅데이터 분석 및 시각화 과정에서 도움 및 피드백 제공하기	• 컴퓨터, 인터넷 사용 가능 환경 • 프로그래밍 언어(코딩) 사용 가능 Google Colab • 빅데이터 분석 기법(데이터 마이닝 기법) 안내 • 빅데이터 분석 방법 및 Python 코딩 사례자료 • 시각화 그래프 종류별 Python 코딩 사례자료
문제해결 방안 도출 (7차시)	• 빅데이터 분석 결과를 활용하여 구체적 미래를 예측하여 문제해결 및 대응 방안 시사점 찾기 • 자신이 정의한 문제의 해결 및 대응을 위한 방안 탐색하기	• 빅데이터 분석 결과를 활용하여 여러 관점에서 자신이 정의한 기후변화 관련 문제해결 및 대응 방안을 제시하도록 안내하기 • 구체적 문제해결 및 대응 방안 제시를 위한 도움 및 피드백 제공하기	• 문제해결 및 대응 방안 작성지 • 한글, Word, PPT 등 사용 가능 환경

단계(차시)	학습 활동	교사의 안내 및 지원	학습자원 및 도구
결과 발표 및 피드백 (8-9차시)	• 결과 정리 및 발표에 적합한 매체를 선정하여 발표 자료 작성하기 • 빅데이터 활용 과정 및 의사 결정 결과에 대해 논리적으로 발표하기	• 빅데이터 활용과정과 의사결정 결과에 대해 논리적으로 정리하도록 안내하기 • 결과 정리에 어려움이 있는 경우는 도움을 제공하고, 발표 내용에 대해 피드백하기	• 한글, Word, PPT 등 사용 가능 환경

출처: 윤한나, 김현진(2022). 빅데이터 활용 탐구 수업의 설계와 적용 효과: 고등학교 지구과학 교과를 중심으로. 〈표 4〉 빅데이터 활용 탐구 수업의 과정, p. 503.

3) AI · 데이터 융합교육 수업 아이디어 탐색

지금까지 학습자 입장이 되어 AI · 데이터 기초부터 문제해결까지를 실습하고, 선생님의 입장이 되어, AI · 데이터 융합교육의 필요성과 현황, 수업설계의 방법 등을 살펴보았다. 앞서 AI · 데이터 융합교육은 AI · 데이터의 개념 및 원리(교육목표)와 (일반) 교과 수업의 교육목표가 명시되고 학습주제와 수업활동, 평가와 통합(융합)되어, 학습자가 실생활 문제를 해결함으로써 교과 목표 역량 및 AI · 데이터 역량을 함양하는 것을 목적으로 한다고 하였다. 9장과 10장에 제시된 참고자료를 활용하여 전공 교과에서의 AI · 데이터 융합교육 아이디어를 자유롭게 탐색해 보자.

새로운 수업설계 아이디어를 브레인스토밍하고 논의해보세요.

아이디어를 아래의 항목을 중심으로 정리해보세요.

항목		내용
교과명		국어 수학 영어 사회 과학 기타( )
AI · 데이터 개념 및 원리		인공지능 기초, 초·중등 인공지능 교육 교재 성취기준 참조 (데이터, 머신러닝, 사회적 영향 등)
교과 성취기준		2022 개정 교육과정 교과 성취기준 참조
수업 주제		AI · 데이터 활용 사례 및 AI · 데이터 융합교육 수업 지도안 참조
학습자 개요		AI · 데이터 활용 사례 및 AI · 데이터 융합교육 수업 지도안 참조
AI · 데이터 도구		공공데이터 플랫폼 사례 목록 Entry Docs: 사용자 위키 이미지 분류 모델링 플랫폼 목록 참조
주요 활동 (예시)	문제정의	
	수집 및 전처리	
	모델링 및 평가	
	모델 활용	
고려사항		

▶ 학습자원	2023 AIEDAP AI 융합수업 우수 사례집

2. AI · 데이터 융합교육 아이디어 성찰

여러분의 수업 아이디어를 아래의 체크리스트를 사용해 검토해보자. AI · 데이터 융합교육 아이디어 성찰을 위한 체크리스트는 데이터 기반 의사결정 및 문제해결, 사회적 책임과 윤리적 고려, 실제 사례와의 연계, 다양한 학습 도구와 기술 활용 등 다섯 가지 핵심 요소를 포함하고 있다. 각 항목에 대해 '예' 또는 '아니오'로 응답하면서, 개선이 필요한 부분에 대해 생각해보자.

〈표 10-9〉 AI · 데이터 융합교육 아이디어 성찰을 위한 체크리스트

항목	내용	
융합 목표 설정	교과 주제와 AI · 데이터 내용 요소를 적절하게 연결하였는가?	☐
실제적 문제해결	교과 및 AI · 데이터의 이론적 지식뿐만 아니라 사회적 영향을 고려하고 실제적 문제를 해결하는 학습경험으로 구성되었나?	☐
데이터 기반 의사결정	학생들이 데이터 수집, 처리, 분석(해석)을 통해 의사결정 과정을 직접 경험할 수 있도록 하였나?	☐
창의적 도구 활용	데이터 분석 도구를 활용하여 창의적으로 아이디어를 탐색하고 적용할 수 있는 환경이 조성되었나?	☐
사회적 책임과 윤리적 고려	AI · 데이터 기반 프로젝트 과정 및 결과에 대한 윤리적 고려사항을 점검 및 성찰하고 토론하는 기회가 제공되었나?	☐

개인 성찰과 기타 논의 사항을 작성해보세요.

참고문헌

대한민국 정책브리핑 (2021.11.8.). **2050 탄소중립**. Retrieved from https://www.korea.kr/special/policyCurationView.do?newsId=148881562

대한민국 정책브리핑 (2021.11.16.). **데이터 3법**. Retrieved from https://www.korea.kr/special/policyCurationView.do?newsId=148867915

신승기 (2023). 공공데이터 활용 데이터사이언스 교육을 위한 초등학교 교수학습모형 개발 연구. **정보교육학회논문지, 27**(1), 57-69.

신원섭 (2020). 운동과 에너지에서 인공지능 융합 과학교육의 가능성 탐색 연구. **에너지기후변화교육, 10**(1), 73-86.

윤한나, 김현진 (2022). 빅데이터 활용 탐구 수업의 설계와 적용 효과: 고등학교 지구과학 교과를 중심으로. **학습자중심교과교육연구, 22**(4), 497-513.

이영주, 백현규, 정우성, 조성만, 강신옥, 이현주, 김원일 (2021). **학교에서 만나는 인공지능 수업: 초등학교 1-4학년**. 교육부, 한국과학창의재단. Retrieved from https://www.software.kr/attach/20210912015027095l.pdf

이영준, 장병철, 임진숙, 박지훈, 서미란, 이도영, 김희원 (2021). **고등학교 인공지능 기초**. 서울특별시: 씨마스.

홍선주, 권점례, 김미지, 김재홍, 유은정, 김현진, 문선영, 민재원, 이상민, 임지영, 최종근 (2023). **AI · 디지털 기반 교수 · 학습 및 평가 체제 개발**. 연구보고 CRI 2023-8. 한국교육과정평가원.

환경부 (2021). **탄소중립 생활 실천 안내서 - 가정편. 환경부 신기후체제대응팀**. Retrieved from https://www.korea.kr/archive/expDocView.do?docId=39631

Actua (2022). *AI Handbook.* Actua. Retrieved from https://actua.ca/wp-content/uploads/2022/02/Actua-AI_Handbook.pdf

AI4K12 (2020). *The Artificial Intelligence (AI) for K-12 initiative (AI4K12) is jointly sponsored by AAAI and CSTA*. Retrieved from https://ai4k12.org/

Amazon Web Services (n.d.). *Amazon Rekognition*. https://aws.amazon.com/ko/rekognition/

Malmodin, J., & Lunden, D. (2018). The energy and carbon footprint of the global ICT and E&M sectors 2010-2015. *Sustainability, 10*(9), 3027. https://doi.org/10.3390/su1009302

Mug shot (2024.05.04.). *In Wikipedia*, Retrieved from https://en.wikipedia.org/wiki/Mug_shot

SUPERB AI (2023.05.26.). **AI인사이트: 안면 인식 AI 기술 알아보기: 편리함과 인권 침해 사이**. Retrieved from https://blog-ko.superb-ai.com/learn-about-ai-based-facial-recognition-technology

제 11 장 디지털 · AI 기술의 융합을 통한 창의적 문제해결 1

주요 내용

- 창의적 문제해결
- 창의적 문제해결 방법론으로서 디자인씽킹
- 디지털 · AI 기술의 융합을 위한 피지컬 컴퓨팅의 가치
- 피지컬 컴퓨팅의 기초
- micro:bit 제어

학습 목표

1. 창의성과 창의적 문제해결의 의미를 이해한다.
2. 디자인씽킹의 의미와 절차를 이해한다.
3. 융합교육에서 피지컬 컴퓨팅이 지니는 가치를 설명한다.
4. 피지컬 컴퓨팅의 개념과 기초 지식을 이해하고, micro:bit를 제어한다.

기초지식

11.1 창의적 문제해결

인류는 역사적으로 많은 발전의 과정을 거듭했다. 그 과정에서 창의성은 인간이 직면한 문제를 해결하고 인류의 문화와 기술을 발전시키는 데 큰 공헌을 하였다. '**창의성은 무엇인가?**'라는 질문에 명확한 정의로 설명하기에는 어렵겠지만 그래도 대다수의 사람들은 '남들이 생각하지 못하는 것을 생각해 내는 능력' 정도로 대답할 수 있을 것이다. 창의성이라는 표현은 '무(無)에서 새로운 것을 만들어 내는 것'을 의미하는 라틴어 Creatio에서 유래되었다. 창의성에 대한 연구는 많은 학자들에 의해 진행되었는데, Guilford(1956)는 인간의 창의성과 관련하여 확산적 사고(divergent thinking)를 언급하며, 확산적 사고가 가지는 주요 특징으로 민감성(sensitivity), 유창성(fluency), 융통성(flexibility), 독창성(originality) 등을 제시하였다. 창의성 연구의 대가로 평가받는 Torrance(1988) 역시 창의성은 발산적 사고와 관련이 깊다고 보고, 창의성의 구성요인으로 유창성(fluency), 융통성(flexibility), 독창성(originality), 정교성(elaboration)을 강조하였다. 이에 따르면, 인지적으로 새롭고 독특한 아이디어를 많이 도출하는 사람일수록 창의적인 사람이라고 평가할 수 있다.

〈표 11-1〉 확산적 사고의 구성요인(Guilford, 1956)

구성요인	정의
민감성(sensitivity)	주변 환경에서 어떤 문제를 지각하는 능력
유창성(fluency)	가능한 한 많은 양의 아이디어를 산출하는 능력
융통성(flexibility)	특정 문제에 대해 가능한 한 다양한 접근 방식을 제안하는 능력
독창성(originality)	참신하고 독특한 아이디어를 산출하는 능력
정교성(elaboration)	다듬어지지 않은 기존 아이디어를 보다 세밀하게 발전시키는 능력
재구성력(reorganization)	기존의 생각이나 산출물을 다른 목적이나 관점에서 재구성하는 능력

앞서 언급했던 바와 같이 창의성에 관한 초기의 연구들에서는 창의성을 주로 인지적으로 보는 관점이 우세하였으나 최근에는 인간이 가지고 있는 심리적 경향성과도 결부시켜 보는 관점으로 확장되고 있다. 즉, 인간의 창의성을 인지적인 요소보다는 개인의 성격, 상상력, 끈기 등과 같은 정의적인 요소로 보는 것이다(Martindale, 1989; Piirto, 1992). 실제로 확산적 사고 기법인 브레인스토밍(brainstorming)을 통해 새로운 아이디어를 양적으로 많이 도출하는 것은 생각보다 수월하지만, 그러한 아이디어를 실제적으로 구현하는 수렴적 사고의 과정에서는 많은 어려움에 직면하게 된다. 이러한 난관을 극복하지 못하게 되면 새로운 아이디어는 혁신으로 이어지지 못하고 인간의 삶을 변화시킬 수 없다. 따라서 창의적인 사람은 높은 도전의식을 가지고 있거나 실패에도 굴하지 않고 꾸준히 노력하는 끈기, 자기 확신 등과 같은 정의적 특성을 가지는 것이 매우 중요하다고 볼 수 있다.

이러한 창의성은 개인의 인지적, 정의적 특성으로만 발현되는 것이 아니라 다양한 개인과 집단 간의 상호작용을 통해 통합적으로 발현된다고 보며(Amabile, 1983), 개인의 창의성 관련 기능과 더불어 집단의 과업동기, 환경, 과정적 요소 등을 고루 고려해야 함을 강조하고 있다.

이상의 내용을 종합해보면, 창의성은 문제해결이나 통찰과 같은 개인의 인지적 능력과 함께 도전의식, 끈기 등과 같은 정의적 특성, 개인을 넘어서 집단 내 구성원 및 환경과의 상호작용 속에서 통합적으로 발현되는 것임을 확인할 수 있다.

창의적 문제해결은 창의성의 행동적 특성으로, 인간이 일상생활에서 직면한 문제를 해결하기 위해 문제의 본질에 기반한 가설을 세우고, 해결을 위한 아이디어를 도출, 검증하며 최선의 문제해결 방안을 마련하는 일련의 과정이다. 변동성, 불확실성, 복잡성, 모호성이 높아진 미래사회의 글로벌 트렌드 속에서는 창의성(Creativity), 비판적 사고(Critical thinking), 의사소통(Communication), 협업(Collaboration) 역량의 중요성이 더욱 강조되고 있다. 이 중 창의성은 미래사회에서 요구되는 학습자의 대표적인 역량 중의 하나로, 창의적 문제해결 과정의 연습을 통해 이를 길러주기 위한 노력들이 오랫동안 시도되고 있다.

창의적 문제해결을 통해 창의성을 계발하기 위한 대표적인 모형으로 창의적 문제해결(Creative Problem Solving) 모형이 있다(Treffinger et al., 2000). 이 모형은 학습자가 자신이 직면한 문제를 해결하기 위한 과정의 계획을 돕는 것으로, 학습자가 어떠한 방법으로 문제에 접근할 것인지 설계를 돕는 '관리 요소'와 실제 문제해결의 과정인 '과정 요소'로 구분되어 있다.

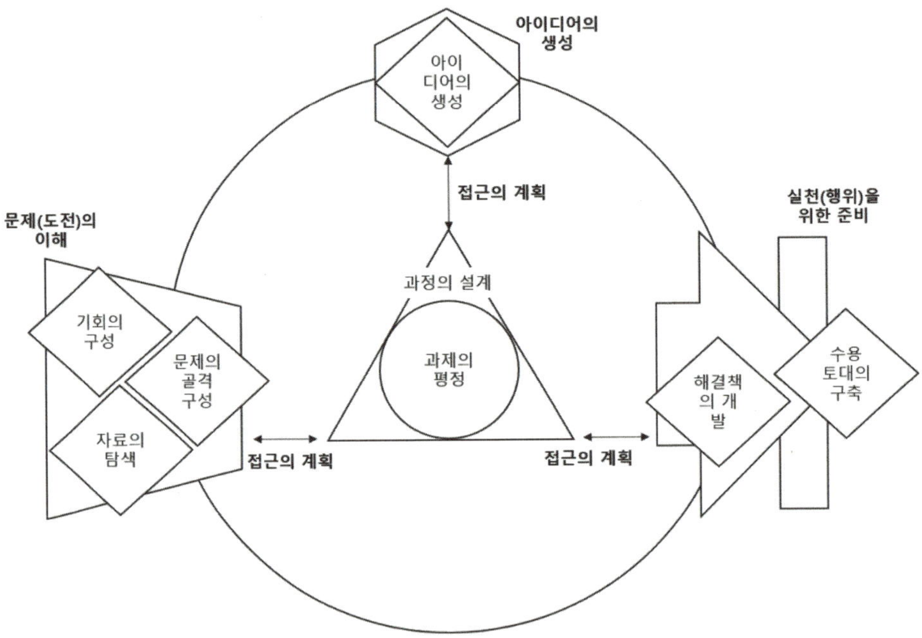

[그림 11-1] 창의적 문제해결 모형(지현경, 임철일, 2022, p. 374)

특히, 이 모형은 비구조화된 문제를 이해하고 이를 해결하는 과정에서 창의성의 주요 요소인 확산적 사고와 수렴적 사고가 수없이 반복된다(Treffinger et al., 2000). 확산적 사고와 수렴적 사고의 반복은 그 과정에서 경험하는 인간 내적 역량의 성장 과정이기도 하다. 그래서 오랫동안 많은 교육학자들은 창의성은 문제를 개선하려는 의지라고 보고 있으며, 그렇기 때문에 학생들이 실패를 긍정적인 마음으로 경험하며 지속적으로 도전하고자 하는 노력이 필요함을 강조한다.

11.2 창의적 문제해결 방법론으로서의 디자인씽킹

디자인은 현재의 상태를 좀 더 나은 상태로 변화시키기 위한 모든 행위를 포함한다(Simon, 2019). 디자인은 단순한 미적 활동이나 감성적 작용을 넘어서는 지적인 활동으로서 회사를 위해 새로운 판매 계획을 궁리하거나 보다 효과적인 사회복지정책을 제안하는 것과 근본적으로 다르지 않다.

Newman(2024)은 '디자인이 무엇인가?'라는 질문에 30초 동안 아래와 같은 그림을 그려 대답하였다. 이리저리 뒤엉킨 온갖 자료와 모호함 속에서 우리가 찾고자 하는 해답을 찾기 위해 가설을 설정하고 수없이 시도하다가 어떤 방향성을 잡아가고, 그것을 시제품으로 만들어가며 명확한 초점을 맞추어가는 혁신의 과정으로 표현한다. 이 그림 하나로 디자인이 어떠한 것인지, 디자이너가 어떠한 마음가짐을 가져야 하는지를 잘 표현해준다.

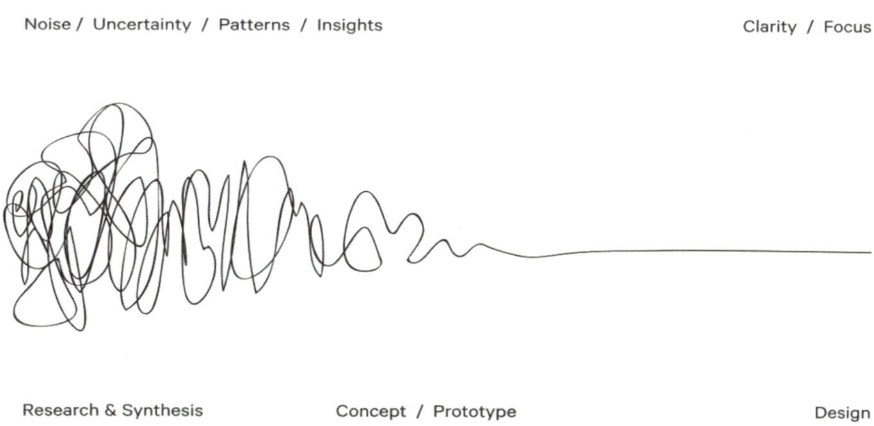

[그림 11-2] the design squiggle(Newman, 2024)

디자인씽킹(design thinking)은 전술한 바와 같이 디자이너가 직면한 문제를 해결하는 사고방식이나, 문제해결과정, 마음가짐을 의미한다. 디자인씽킹은 분석적 사고와 직관적 사고가 역동적으로 상호작용하며 균형을 이뤄야 한다. 즉, 문제해결을 위한 직관적 가설을 세우고, 분석적 사고를 통해 가설을 검증하는 사고의 조화를 강조한다.

또한 디자인씽킹은 문제해결의 과정에서 확산적 사고(divergent thinking)와 수렴적 사고(convergent thinking)가 수없이 반복된다. 이는 앞서 다룬 창의적 문제해결과 맥을 같이한다. 마지막으로 디자인씽킹은 창의적 문제해결의 과정에 있어 사람 중심의 공감을 강조하고, 빠른 실패와 협업을 통한 창의적인 혁신의 마음가짐을 강조한다(Kelley & Kelley, 2013).

디자인씽킹이 기존의 창의적 문제해결방법과 차별화되는 점으로 '공감(empathy)'이 언급된다. 역사적으로 인류는 체계적이고 과학적인 시스템적 사고로 많은 혁신을 이뤄왔다. 그러나 1960년대 이후 사회경제적, 철학적 변화들로 사회 현상과 문제들이 복잡해지면서 시스템적 사고로는 해결이 어려운 난해한 문제(wicked problem)들이 등장하게 된다. 이처럼 완벽하게 해결할 수 없고 직면한 문제의 정의 자체도 어려워지다 보니, 완벽한 답을 찾아주는 문제해결 접근이 아닌 문제를 소유하고 있는 고객에게 만족할만한 해결책을 제시하는 것으로 시각의 전환을 가져왔다. 따라서 디자인씽킹은 문제를 소유하고 있는 고객에 대해 깊이 공감하고, 문제해결의 가치를 인간 중심적인 공감에 두면서 고객이 만족할 만한 혁신을 도출하는 것을 중요하게 여긴다.

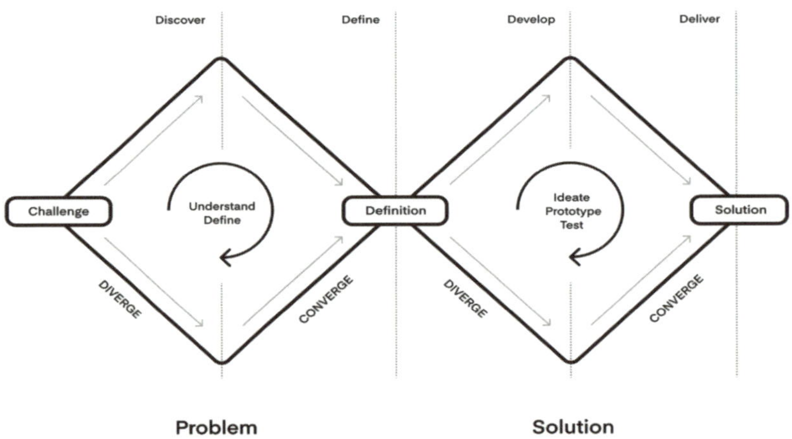

[그림 11-3] Double Diamond Process(Productboard, 2022)

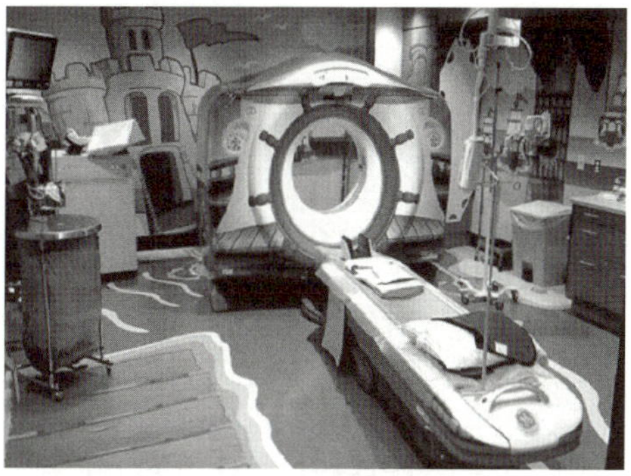

[그림 11-4] MRI adventure(n.d.)

디자인씽킹을 통해 창의적 문제해결을 이룬 대표적인 예로 GE사의 MRI adventure 개발 사례가 있다. GE사의 헬스케어 팀에 근무하고 있던 더그 디츠는 MRI의 개발에 있어 소아과 환자들에 대한 공감으로부터 문제에 접근했다. 더그 디츠는 MRI와 CT 촬영 기기에서 주는 심리적 두려움과 불안감 때문에 많은 소아과 환자들은 정상적인 검진이 어렵고, 이를 위해 마취나 수면제 등을 복용해야 한다는 문제점에 깊이 공감했다. 프로젝트의 과정에서 여러 아이디어를 도출하고 고민하다 MRI 기기를 마치 해적선과 같이 시각적 변형을 줌으로써 소아과 환자들은 더 이상 불안감에 시달리지 않고 검사를 받을 수 있었고 부모들의 걱정도 덜어 줄 수 있었다.

디자인씽킹의 절차는 [그림 11－5]와 같다. 디자인씽킹의 모델로는 여러 가지가 있지만, 스탠퍼드 대학 d.school의 5단계 모델은 교육 영역에서 대표적으로 사용되는 모델이다.

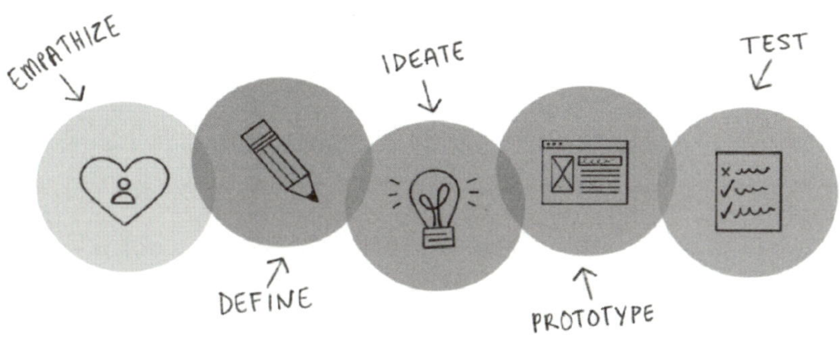

[그림 11-5] design thinking process(Misra, 2021)

5단계 모델의 첫 번째 단계는 **공감(empathize)**이다. 문제를 소유하고 있는 고객에 대한 관찰, 인터뷰, 체험 등의 방법을 통해 고객을 깊이 있게 이해하게 된다. 고객을 가까이에서 지켜보면서 주로 무엇을 하는지, 어떠한 행동양식을 가지고 있는지, 어떠한 감정들을 느끼는지 등을 살펴보아야 한다. 그리고 이러한 관찰과 인터뷰의 결과, 그 과정에서 돌연 떠오르는 아이디어들을 기록한다.

두 번째, **문제 정의**(define) 단계는 공감 단계에서 발견한 것과 디자인씽커[1])가 통찰을 통해서 얻은 것을 종합하여 고객이 가진 진짜 문제를 도출해내는 과정이다. '공감지도', '5whys'와 같은 도구를 활용하여 깊이 있게 분석하고, 고객이 가지고 있는 문제를 '고객의 특성', '요구', '통찰(가설)'로 구성된 문제 정의문으로 진술한다.

세 번째, **아이디어 창출**(ideate) 단계는 발산적 사고 기법과 수렴적 사고 기법을 통해 문제 정의문에서 진술한 가설을 해결할 수 있는 방안을 마련한다. 브레인스토밍, 브레인라이팅, 강제결합법, SCAMPER 등과 같은 발산적 사고 기법을 이용하여 창의적인 아이디어를 도출하고, PMI, 의사결정 그리드와 같은 수렴적 사고 기법으로 실현 가능한 아이디어를 선정한다.

네 번째, **시제품**(prototype) **개발** 단계로, 가설 해결을 위해 선정된 아이디어를 스케치, 3D 모델, 스토리텔링 등의 형태로 구체화하는 과정이다. 이 과정은 앞 단계에서 도출된 아이디어를 구현하는 단계로 많은 어려움, 실패를 직면하게 되고, 이를 해결하기 위해 수없이 반복적인 도전을 하게 됨으로써 혁신을 위한 개선 의지를 높일 수 있는 매우 중요한 단계이다.

마지막으로, **평가**(test) 단계에서는 문제를 소유하고 있는 고객의 만족을 확인할 수 있는 단계로, 디자인씽커가 고객의 니즈를 올바르게 파악했는지, 문제의 해결 방안에 대해 고객이 만족하는지를 확인한다. 만약, 만족스럽지 못한 평가일 경우 디자인씽킹의 과정을 반복적으로 순환하게 된다. 따라서 디자인씽킹의 과정은 단순히 5단계로 이루어진 선형적 과정이 아니라 문제해결을 위해 반복적으로 도전하는 그 과정이 매우 중요하다고 볼 수 있다.

디자인씽커가 디자인씽킹의 프로세스를 경험하며 공통적으로 많은 어려움을 겪는 단계는 수렴적 사고가 요구되는 문제정의 단계와 시제품 개발 단계이다. 시제품 개발 단계는 가설의 검증 단계로서 사용자의 평가를 빠르게 확인하는 것이 중요하기 때문에 스케치와 같은 저수준 프로토타이핑(low-fidelity prototyping)을 사용하게 된다.

---

1) 현장에서 디자인씽킹을 실천하는 사람들을 지칭하는 말

그러나 시제품의 개발 단계에서는 실현 가능성을 가지는 것 역시 중요하기 때문에 보다 높은 수준의 구체물로 프로토타이핑을 시도하면 자연스럽게 문제해결과 관련된 많은 시행착오를 경험하게 되고, 이 과정에서 보다 높은 수준의 창의적 학습이 이루어진다.

이와 같은 창의적 문제해결의 가치는 인간의 삶을 기술적으로 편리하게 만들어 준 터치스크린, GPS, 로봇을 비롯하여 매우 다양한 창의적 아이디어가 넘쳐나는 MIT 미디어랩[2)]에서 찾아볼 수 있다. MIT 미디어랩에서 평생 유치원(lifelong kindergarten)이라는 개념으로 창의적 학습을 연구 · 실천하고 있는 Resnick(2017)은 창의성을 높이기 위한 학습의 과정에서는 마치 유치원과 같이 상상한 것을 자유롭게 만들어내고, 그것으로 놀고 공유하며, 이 과정에서 성찰하고 새로운 아이디어를 떠올리는 선순환의 과정을 강조한다. 즉, 디자인씽킹의 과정과 같이 인간 생활에 필요하다고 생각하는 새로운 아이디어를 떠올리고, 시제품을 창작해가는 반복적인 과정을 강조한다. 특히 MIT 미디어랩에서는 창의적인 아이디어의 구현과정에서 디지털 · AI 기술의 활용을 강조한다. 창의적인 아이디어 도출은 종이와 크레용만으로도 가능하지만 아이디어의 구현 과정에서 스크래치와 같은 코딩 프로그램, 마이크로컨트롤러와 같은 디지털 기술을 활용하는 것은 보다 높은 차원의 혁신을 이끌어 낼 수 있다고 밝히고 있다.

11.3 디지털 · AI 기술의 융합을 위한 피지컬 컴퓨팅의 가치

AI 융합교육은 AI의 교육내용이나 요소를 타 교과와 내용적으로 융합하기도 하며, 일상생활의 복합적 문제를 해결하는 창의적 문제해결의 과정에서 방법적으로 융합하기도 한다. 2022 개정 정보 교과 교육과정은 정보 교과의 내용 영역을 '컴퓨팅 시스템', '데이터', '알고리즘과 프로그래밍', '인공지능', '디지털 문화'로 구성하고 있는데, 내용적 융합의 경우 이러한 정보 교과 영역의 내용 요소를 타 교과와 융합하는 것으로, 예를 들어 정보 교과의 성취기준 '[9정02-03] 실생활의 데이터를 표, 다이어그램 등

2) Seymour Papert와 Marivn Minsky가 1985년에 설립한 미디어융합기술연구소

다양한 형태로 구조화한다.'와 사회 교과의 성취기준 '[9사(지리)12-01] 우리나라 주요 식량 자원 및 에너지 자원의 소비 현황과 수입국 현황을 분석하여 이와 관련된 문제를 파악하고, 자원의 지속가능한 확보 방안을 모색한다.'를 융합하여 과제로 제시함으로써 두 교과의 성취기준을 동시에 달성할 수 있다. 반면, 방법적 융합의 경우 융합인재교육(Science, Technology, Engineering and Mathematics; 이하 STEM)과 같이 과학, 기술, 공학, 수학 등의 교과를 의도적으로 통합하되, 과학, 수학의 기술적이고 실천적인 활용을 위해 공학적인 설계 중심 학습의 접근에 방점을 두고 있다. 즉, 방법적 융합의 경우, 일상생활에서 직면하는 복잡한 문제에 대해 기술을 활용하여 창의적으로 문제를 해결하는 설계와 과정에 보다 주안점을 두고 있다고 볼 수 있다.

디지털 · AI 기술의 활용은 보편화되어 실생활의 문제해결에 큰 역할을 하고 있다. 디지털 신기술에 해당하는 AI, Big Data, 5G/6G, Cloud, IoT 등은 일상생활의 모습을 상당히 변화시켰다. 예를 들어 디지털 · AI 기술의 대표적인 한 종류로 사물들이 인터넷으로 연결되어 상시 정보를 주고받을 수 있는 사물인터넷(IoT, Internet of Things)은 사용자의 음성 명령을 인식하거나 원격지에서 스마트폰을 사용한 조작을 통해 집 안의 가전이나 기기를 제어함으로써 인간의 삶을 편리하게 만들어주고 있다. 스마트 홈의 역할을 담당했던 IoT는 스마트 홈을 넘어 자율주행, 안전, 헬스케어, 스마트 시티로 그 역할이 확대되고 있다.

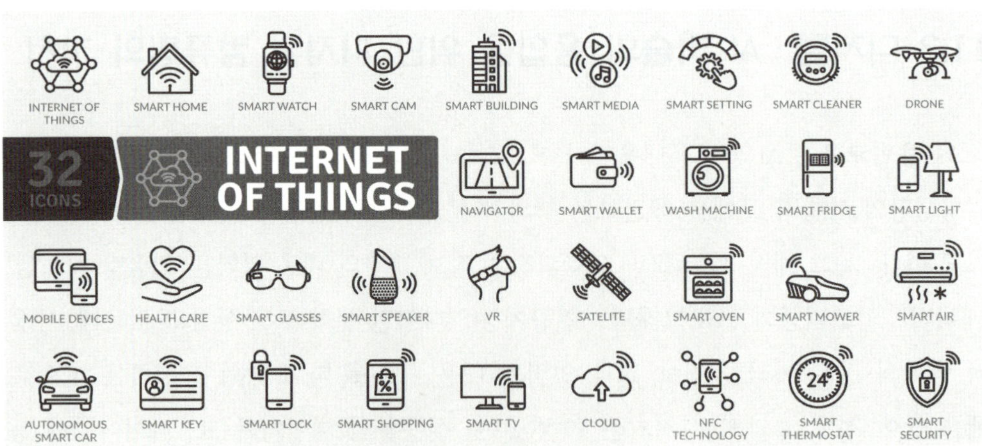

[그림 11-6] 사물인터넷(IoT)의 활용 영역(culombio, n.d.)

IoT의 핵심 요소에는 네트워크를 통한 연결과 더불어 물리적으로 데이터를 수집할 수 있는 센서와 물리적인 반응을 일으키는 액추에이터가 있다. 즉, IoT는 기술적으로 컴퓨터의 논리적 공간인 디지털 세계와 실생활의 영역인 아날로그 세계가 연결되어야 한다.

이처럼 아날로그의 세계와 디지털 세계를 연결 지을 수 있는 시스템으로 **피지컬 컴퓨팅**(physical computing)이 있다. 피지컬 컴퓨팅은 컴퓨터와 인간의 상호작용에 대한 하나의 접근 방식으로, 버튼, 키보드 등의 입력 장치 외에 각종 센서를 통해 아날로그 세계의 정보를 컴퓨터가 인식하고, 디스플레이, 액추에이터와 같은 출력 장치를 통해 아날로그 세계에 반응함으로써 인간과 컴퓨터가 물리적으로 상호작용할 수 있도록 도와준다.

2022 **개정 정보 교과 교육과정**의 영역 중 컴퓨팅 시스템 영역에서는 피지컬 컴퓨팅을 다루면서 컴퓨팅 시스템이 사회에서 담당하는 역할을 탐색함과 동시에 프로젝트 형태의 수업을 통해 컴퓨팅 시스템을 구현하는 종합적인 경험 제공을 장려하고 있다. 미국의 AI 융합교육인 AI4K12에서는 AI 교육의 핵심 개념과 원리를 인식(perception), 표현 및 추론(representation & reasoning), 학습(learning), 자연스러운 상호작용(natural interaction), 사회적 영향(social impact)으로 구분하는데, 피지컬 컴퓨팅은 컴퓨터가 센서를 통해 세상을 인식하고 수집된 정보를 처리하는 인식(perception) 영역과 디지털 · AI 기술이 인간의 삶에 미치는 영향을 고려하는 사회적 영향(social impact) 영역의 학습에 효과적이다.

특히, MIT 미디어랩에서 스크래치와 마이크로컨트롤러를 사용하는 것과 같이 창의적 문제해결의 과정에서 피지컬 컴퓨팅 도구를 활용하게 되면, 학생들은 자신의 창의적인 아이디어를 실현 가능성이 높은 아이디어로 발전시킬 수 있고, 여러 감각기관을 활용하는 흥미로운 학습환경을 만들 수 있다. 또한 실세계 환경과 상호작용이 가능한 창작물을 만들어 내는 과정에서 학습자는 인지적, 정의적으로 보다 높은 학습을 경험할 수 있다. 실제로 많은 연구에서 피지컬 컴퓨팅 도구를 활용한 소프트웨어 교육은 컴퓨팅 사고력의 추상화, 문제분해, 알고리즘, 자동화, 데이터 처리 영역에서 성과가 있음이 확인되었다(김찬웅, 허경, 2017; 이재호, 김선향, 2021).

디지털 · AI 기술이 접목된 피지컬 컴퓨팅을 통한 창의적 문제해결이 학교 교육에서 시도되고 있다. 학교나 가정 등 일상생활에서 발생하는 문제에 대해 관심을 가지고 문제를 해결하거나 보다 편리한 방향으로 개선하는 아이디어를 창출하고 피지컬 컴퓨팅을 통해 구현해가는 과정을 경험하게 하는 것이다. 예를 들어 학생들이 피지컬 컴퓨팅의 움직임 센서를 활용해 교실에 일정 시간 움직임이 없으면 전등이나 에어컨을 끄는 전기 절약 시스템을 시제품으로 개발할 수 있다. 또 다른 예로 집에서 키우는 화분을 잘못된 물 주기 습관으로 인해 죽이는 사례가 있을 때, 토양 습도 센서를 통해 화분에 물을 주기 위한 적절한 시간을 알려주거나 워터펌프를 사용해 자동으로 물을 주는 장치를 개발할 수도 있다. 이러한 방법적 융합의 접근을 통해 학습자들은 실생활의 문제를 창의적으로 해결하는 능력을 향상시킬 수 있다. 한편, 내용적 융합의 접근으로 피지컬 컴퓨팅을 과학교과와 접목하는 사례도 있다. 최근 지능형 과학실 사업 등을 통해 과학 교과의 수업에서 학생들이 실증 데이터를 수집하고 분석, 추론하는 경험을 강조하고 있다. 피지컬 컴퓨팅의 다양한 센서들은 이러한 실증 데이터를 수집하는 유용한 도구이기 때문에 피지컬 컴퓨팅을 활용하여 과학 교과의 개념을 익히거나 해결하기도 한다.

11.4 피지컬 컴퓨팅의 기초

피지컬 컴퓨팅은 미국 NYU의 교수인 O'Sulivan과 Igoe가 상호작용하는 물리계(interactive physical systems)를 가르치는 데서 시작된 개념으로, 물리적인 실세계의 인간과 가상 세계의 컴퓨팅 시스템이 센서와 액추에이터를 통해 상호작용하는 인터페이스 설계에 중점을 둔다.

피지컬 컴퓨팅 도구에는 LEGO 사의 마인드스톰 시리즈와 같이 블록을 조립하여 구동할 수 있는 모듈형 도구가 있으며, 아두이노와 같이 전자보드 형태로 되어 있는 보드형 도구, 센서와 액추에이터가 내장되어 완성된 형태인 로봇형 피지컬 컴퓨팅 도구가 있다. 모듈형 도구의 경우에는 센서 및 액추에이터를 손쉽게 조립할 수 있다는 장점이 있지만, 가격이 비싼 편이고 제품 간 호환이 어려워 사용자의 필요에 따라 맞춤 제작(customizing)하기 어려운 단점이 있다. 반면, 아두이노와 같은 보드형 도구의 경우 확장성이 뛰어나지만 전자회로를 직접적으로 다루어야 하는 등 어느 정도 수준의 전자공학에 대한 이해가 요구된다. 마지막으로 로봇형 피지컬 컴퓨팅 도구는 완제품의 형태이기 때문에 모듈형보다도 손쉽게 사용할 수 있다는 장점이 있지만, 모듈형과 마찬가지로 확장성이 제한되는 단점이 있다.

모듈형 도구
(LEGO 마인드스톰 EV3)
(출처: https://mindwatching.kr/239)

보드형 도구
(아두이노)
(출처: https://ko.wikipedia.org/wiki/아두이노)

로봇형 도구
(햄스터 봇)
(출처: https://www.11st.co.kr/products/2491489963)

[그림 11-7] 피지컬 컴퓨팅 도구

보드형 도구의 경우, 가격이 저렴하지만 호환성과 확장성이 높은 제품으로, 대표적인 도구로 아두이노(Arduino)가 있다. 아두이노는 이탈리아의 이브레아라는 도시의 한 대학에서 예술을 하는 사람들이 쉽게 배워 사용할 수 있는 값싼 교육용 전자제품으로 만들어졌다. 쉽게 배워 사용할 수 있다고는 하지만, 아두이노는 센서와 액추에이터를 케이블로 연결해야 하는 연결형 보드로, 전자회로를 다룰 수 있는 지식이 어느 정도 있어야 사용이 가능하기 때문에 초심자가 활용하기에 어려움이 있다. 따라서 시중에는 기본적인 센서와 액추에이터가 보드에 내장되어 있는 일체형 보드나 두 보드의 장점을 고루 반영한 혼합형 보드가 생산되고 있다. 이러한 일체형 보드나 혼합형 보드는 기존 보드형 도구에 비해서는 가격이 다소 비싸나 초등학생들도 충분히 접근이 가능한 도구이기에 선호도가 높다.

본 교재에서 다루고자 하는 피지컬 컴퓨팅 도구는 micro:bit이다.

micro:bit(https://microbit.org)는 2016년 영국의 방송협회인 BBC가 영국의 11~12세의 모든 학생들에게 무료로 배포한 피지컬 컴퓨팅 도구로 높은 성능을 가지고 있으면서도 상당히 저렴한 장점을 가지고 있다. 아두이노와 같은 보드형 교구의 특징을 가지고 있으면서도 LED, 버튼, 각종 센서가 일체형으로 내장되어 있어 활용이 용이하며, 추가적인 키트를 통한 확장성까지 갖추고 있어 활용에 있어 효과적이다.

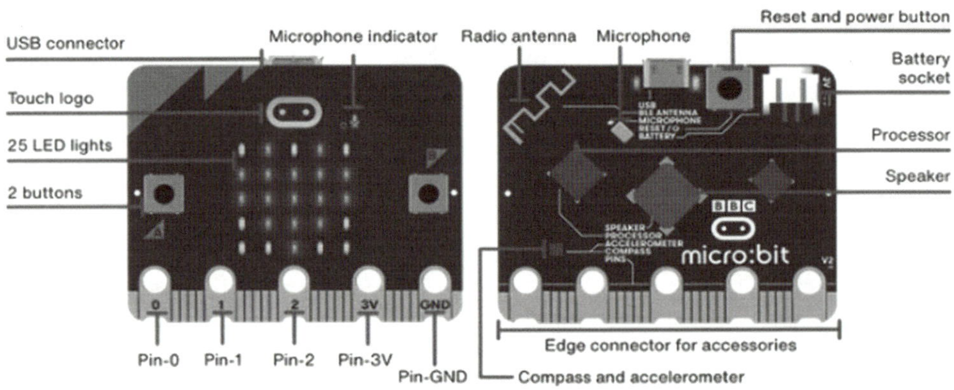

[그림 11-8] micro:bit ver 2.2의 구조(출처: microbit.org)

micro:bit는 가로 5cm, 세로 4cm의 작은 보드로 구성되어 있으며, 전면부에 5×5의 LED와 2개의 푸시 버튼이 있고, 하단에 여러 전자 부품을 접속할 수 있는 확장 단자를 갖추고 있다. 후면부에는 micro:bit의 CPU와 통신 장치, 가속도센서, 자기센서(나침반)가 있으며, PC와 연결할 수 있는 USB포트, 전원커넥터가 있다. LED와 CPU 부분에 숨겨져 있는 센서들도 있기 때문에 micro:bit 기본 보드에서 활용할 수 있는 입출력 장치는 1) LED, 2) 조도센서, 3) 터치센서, 4) 가속도센서, 5) 자기센서, 6) 온도센서, 7) 마이크, 8) 스피커가 있으며, 하단의 0, 1, 2로 표현된 부분과 GND를 통해 3개의 아날로그 신호로 입출력이 가능하다. 이 외에 micro:bit 확장 세트를 이용하면, 서보모터, 광센서 등 용도에 맞게 다양한 입출력 장치를 추가할 수 있다.

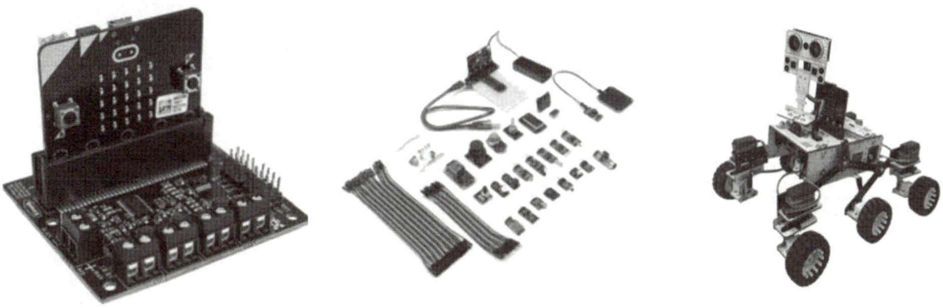

[그림 11-9] micro:bit의 확장 입출력 장치(출처: https://microbit.org/buy/accessories/)

실습과 성찰

1. micro:bit 제어

1) micro:bit 연결하기

micro:bit는 PC와 연결하거나 태블릿과 연결하여 활용이 가능하다. 연결을 위해서는 micro USB 케이블을 활용하거나 micro:bit에 내장된 블루투스를 통해서 연결할 수 있다. micro:bit의 전원은 USB 케이블로 연결되었을 경우에는 USB 포트의 전원으로 입력받게 되고, 블루투스로 연결하기 위해서는 별도의 배터리 팩을 연결하여야 한다.

먼저, micro:bit 뒷면의 5핀 커넥터를 USB 케이블로 연결하고, 반대쪽 USB 커넥터를 PC에 연결한다. 연결 이후 micro:bit를 사용하기 위해서는 다음과 같은 동작 체크 과정이 완료되어야 한다.

[그림 11-10] micro:bit 연결

1) micro:bit를 컴퓨터와 연결하면, LED가 반짝이고 소리와 함께 **'HELLO'**라는 문구가 순차적으로 표시된다.
2) **'←A'** 문구가 나타나면, 왼쪽의 A 버튼을 누른다. **'B→'** 문구가 나타나면 오른쪽의 B 버튼을 누른다.
3) **'SHAKE!'** 문구가 나타나면, 문구가 사라질 때까지 micro:bit를 상하, 전후, 좌우로 흔든다.
4) **'TILT'** 문구가 나타나면 깜빡이지 않는 점과 깜빡이는 점이 LED에 표시되는데, 이때 micro:bit를 전후, 좌우로 기울여 깜빡이는 점을 깜빡이지 않는 점으로 이동시킨다.

5) **'CLAP'** 문구가 나타나면 박수를 5번 친다.

6) 동작 체크 과정이 정상적으로 완료되면, 움직이는 도형과 하트 모양이 LED에 표시된다.

▶ 학습자원	BBC 마이크로비트 소개

2) micro:bit 기본 입출력 기능 활용하기

micro:bit는 확장 보드와 전자 공학적 지식을 활용하면 높은 수준의 피지컬 컴퓨팅이 가능한 도구로 실생활의 문제해결에 활용될 수 있다. 본 교재에서는 기본 보드에 탑재되어 있는 입출력 도구를 중심으로 사용방법을 간단히 설명하고자 한다. micro:bit는 스크래치나 엔트리와 같은 기존의 블록 코딩 소프트웨어나 python과도 연결하여 사용이 가능하며, microsoft에서 개발한 makecode라는 전용 프로그램을 활용하여 블록 코딩도 가능하다.

https://makecode.microbit.org

위의 주소로 접속하여 새로운 프로젝트 만들기를 실행하면, 다음과 같은 화면이 나온다. makecode는 왼쪽 상단에 프로그램의 작동상황을 미리 확인할 수 있는 시뮬레이터(simulator)가 있으며 중간 부분에 카테고리별로 블록(toolbox)이 제공되어 있다. 오른쪽 부분에는 작업공간(workspace)이 있어 블록으로 프로그램을 코딩할 수 있는 공간이 제공되어 있다. 코딩 작업을 완료하면 오른쪽 상단에 있는 공유 버튼을 사용하여 프로젝트를 공유할 수 있으며, 왼쪽 하단의 다운로드를 눌러 파일로 다운로드할 수도 있다. 다운로드된 파일은 '*.hex'의 확장자를 가지게 된다.

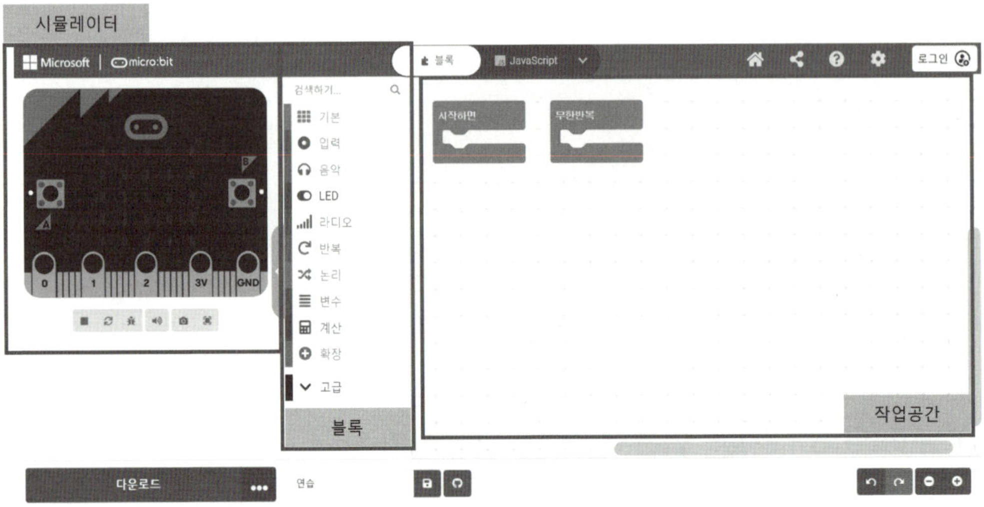

[그림 11-11] 웹 코딩 도구 makecode

makecode 프로그램에 micro:bit를 연동하기 위해서 오른쪽 상단의 설정 아이콘을 클릭하고 **'장치 연결'**을 클릭한다. micro:bit를 컴퓨터에 연결하고 연결이 되어 있으면 **'다음'** 버튼, **'페어링'** 버튼을 클릭한다. micro:bit가 잘 연동되면 makecode 좌측 하단의 다운로드를 눌렀을 경우, micro:bit에 자동으로 정보가 전송되어 편리하다.

[그림 11-12] makecode 설정

■ 버튼 및 터치 센서 입력에 따라 LED에 문구 표현하기

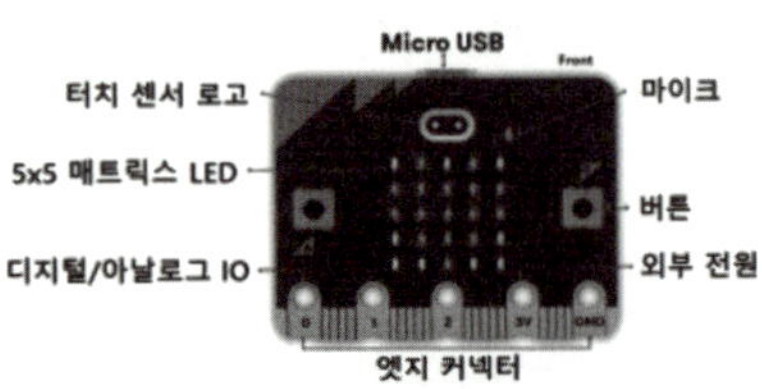

[그림 11-13] 입출력 장치

micro:bit의 전면에는 좌우 2개의 푸시 버튼(A, B)과 중앙 부분에 1개의 터치 센서, LED가 있다. 버튼을 누르거나 터치 센서를 접촉했을 때, LED에 문구를 출력하는 과정을 다음과 같이 코딩할 수 있다.

[그림 11-14] 입력 영역 블록

[입력] 영역 블록을 클릭하면 **[A 버튼 눌릴 때]**라는 블록을 확인할 수 있다. 해당 블록을 작업공간으로 2개 옮겨 놓는다.

이후 **[기본]** 블록의 **[문자열 출력]** 블록을 **[A 버튼 눌릴 때]** 블록 안에 삽입하고, 문자열 출력의 흰 부분에 원하는 문자를 적는다.

※ micro:bit는 알파벳, 숫자를 LED에 표현하는데 알파벳 1개, 일의 자리 숫자는 LED에 계속 켜진 상태로 표시되며, 'hello'와 같은 문자열의 경우 h부터 o까지 한 글자씩 흘러서 제시된 후 사라진다.

[그림 11-15] 버튼 입력 및 문자열 출력 블록 코딩

따라서 위와 같이 블록을 만들게 되면, A버튼을 누르면 LED에 알파벳 A가 계속 켜진 상태로 표시되고, B버튼을 누르면 문자열 bye가 한 글자씩 흘러서 제시된 후 사라진다. 그리고 A와 B버튼을 동시에 누르면 LED에 숫자 5가 계속 켜진 상태로 표시된다. 그렇다면, 버튼을 눌러 문자나 숫자가 표시된 후 사라지게 하려면 어떻게 해야 할까?

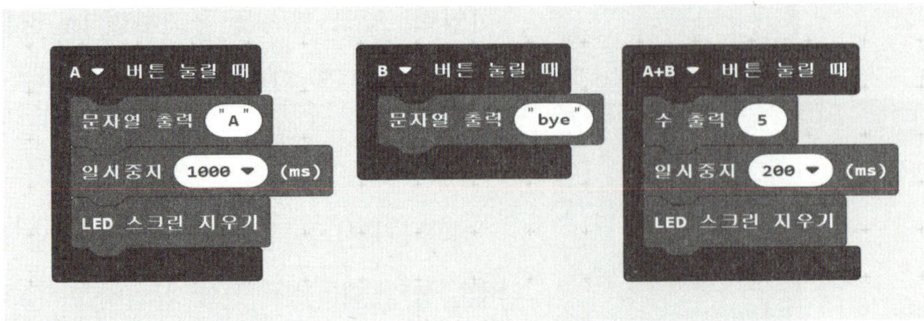

[그림 11-16] 버튼을 눌렀을 때만 활성화되는 블록 코딩

위와 같이 문자열 출력이 된 후 일정 시간만큼 일시중지 후 LED 스크린을 지울 수 있도록 **[일시중지]** 블록과 **[LED 스크린 지우기]** 블록을 조합하면 된다. 이처럼 코딩했을 때는 A버튼을 클릭하면 알파벳 A가 출력되고 1000ms 이후에 사라지게 되며, A버튼과 B버튼을 동시에 눌렀을 경우에는 숫자 5가 출력되고 200ms 이후에 사라지게 된다.

여기서 한번 더 고민해볼 필요가 있는 상황으로, A버튼과 B버튼을 누르고 있을 때만 숫자 1과 숫자 2가 표시되게 하려면 어떻게 해야 할까? 이때는 아래와 같이 **[무한반복]** 블록 안에 **[논리]** 블록, **[입력]** 블록을 조합하여 구현할 수 있다.

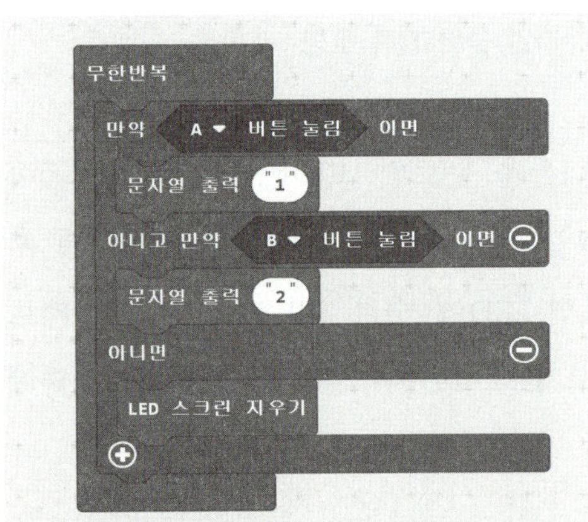

[그림 11-17] 버튼을 누르고 있을 때만 활성화시키기 위한 블록 코딩

왼쪽과 같이 **[무한반복]** 블록 안에 **[논리]** 블록의 **[만약~아니면]** 블록을 삽입한다. **[만약~아니면]** 블록은 왼쪽 하단의 '+' 버튼을 클릭하여 조건 상황을 추가할 수 있다. **[입력]** 블록에서 **[버튼 눌림]** 블록을 찾아 왼쪽과 같이 삽입해주고, **[문자열 출력]** 블록에 숫자를 적어 삽입한다.

조건 상황의 '아니면' 하단에는 **[LED 스크린 지우기]** 블록을 삽입하고 micro:bit

로 다운받게 되면, A 버튼과 B 버튼을 누르고 있을 때만 숫자가 표현되는 상황을 구현할 수 있다.

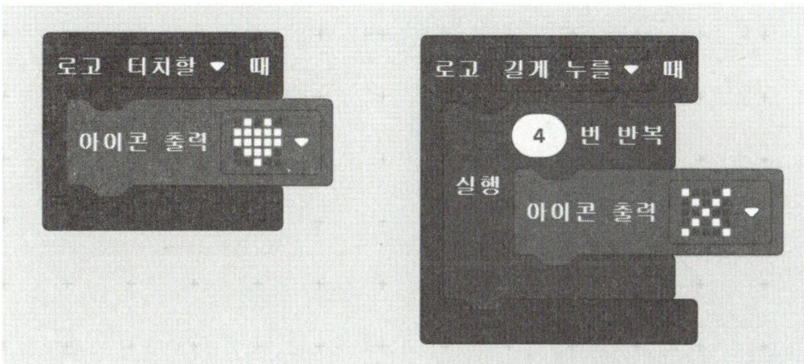

[그림 11-18] 로고 터치 활용 블록 코딩

같은 방식으로 micro:bit의 두 버튼이 아니라 중간의 터치 센서를 활용할 수 있다. 또한 LED에 문자나 숫자가 아닌 아이콘을 출력할 수도 있다. 중간의 터치 센서를 활용하려면 **[입력]**의 **[로고]** 블록을 사용할 수 있다. **[로고]** 블록은 '누를 때', '터치할 때', '놓을 때', '길게 누를 때'의 4가지 상황으로 활용할 수 있다. 아이콘 출력의 경우, LED에 계속 출력되는 것이 아니라 잠시 나타나고 사라지기 때문에 **[반복]** 블록을 사용하여 여러 번 나타나도록 표현할 수도 있다.

▶ 학습자원	마이크로비트 버튼

▶ 학습자원	마이크로비트 LED

■ 조도센서 제어하기

micro:bit의 전면 LED는 주변 빛의 밝기를 측정하여 빛의 강도를 수로 표현할 수 있다. micro:bit는 빛의 강도를 0부터 255까지의 단계로 나타낼 수 있는데, 이를 이용하면 빛의 강도에 따라 주변기기를 제어할 수 있는 기기를 만들 수 있다. 예를 들어 조도에 따라 거실 전등의 밝기를 조정한다거나 조도에 따라 자동차의 전조등을 자동으로 켜고 끌 수 있다.

매우 손쉬운 방법으로 이를 테스트할 수 있는데, makecode의 **[LED]** 블록 중 **[그래프 그리기]** 블록을 활용할 수 있다. **[그래프 그리기]** 블록은 주어진 값을 LED 하단부터 쌓아가며 주어진 값을 표현할 수 있는데, 주어진 값이 적으면 LED 하단의 중간 부분만 켜지고 주어진 값이 많아질수록 상단의 LED를 채워가는 방식이다.

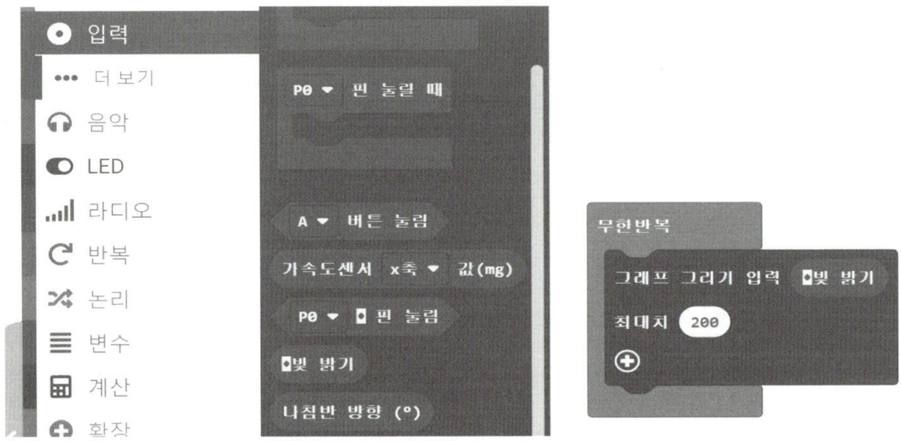

[그림 11-19] 조도센서 제어 블록 코딩

작업공간에 **[무한반복]** 블록을 추가한다. 빛의 강도가 수시로 바뀌는 정보를 계속 입력받고 최신화하여 그래프로 표현하기 위해서 **[무한반복]** 블록을 사용한다. **[무한반복]** 블록 안에 **[LED]** 블록의 **[그래프 그리기]** 블록을 삽입하고, 입력값으로 **[입력]** 블록의 **[빛 밝기]** 블록을 추가한다. LED 그래프에 표현될 최댓값으로, 조도 센서의 최댓값 255를 고려하여 입력한다.

코딩이 완료된 후 micro:bit로 다운로드 받게 되면 바로 작동하게 되는데, 어두울 때는 LED가 한 칸으로 표시되고, 손전등을 사용하여 LED에 빛을 가하면 LED 그래프가 점차 쌓여가는 것을 확인할 수 있다.

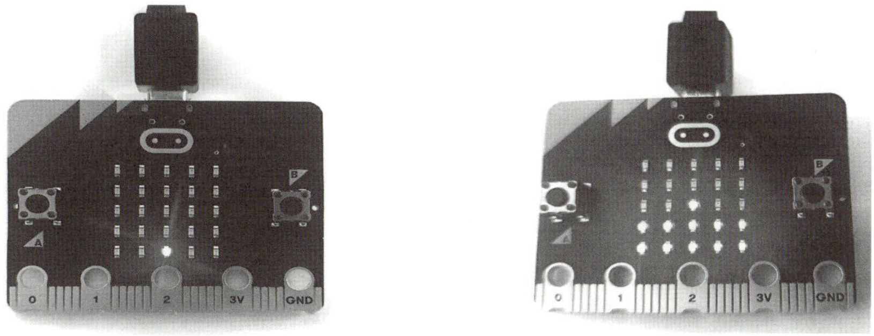

어두울 때　　　　밝을 때

[그림 11-20] 조도센서 코딩 테스트

▶ 학습자원	마이크로비트 조도센서

■ 온도센서 제어하기

micro:bit의 후면부 processor 칩셋에는 온도센서가 내장되어 있다. 칩셋 내부의 온도센서라 주변의 온도를 정확하게 측정하는 것은 아니지만 대강의 온도를 입력받아 주변기기 활용 및 데이터 보고에 활용할 수 있다. 물론, 확장 키트의 온도센서를 활용하여 정확한 온도를 입력받을 수도 있다. micro:bit에 내장된 온도센서가 측정할 수 있는 온도의 범위는 섭씨 −5에서 50도까지이다.

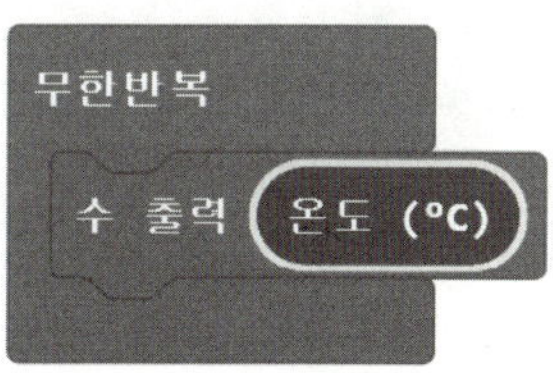

[그림 11-21] 온도센서 활용 블록 코딩

조도센서와 마찬가지로 온도 역시 수시로 측정해야 하는 부분이므로 **[무한반복]** 블록을 사용한다. **[무한반복]** 블록 안에 **[수 출력]** 블록을 삽입하고, **[입력]** 블록의 **[온도]** 블록을 표시할 내용으로 지정하면 온도가 표시된다.

※ 내장 온도센서는 칩셋 내부의 온도를 측정하므로 대체로 주변 온도보다 높다.

▶ 학습자원	마이크로비트 온도센서

■ 가속도센서 및 자기센서 제어하기

micro:bit에는 가속도를 측정하는 센서가 내장되어 있다. micro:bit의 동작 체크 과정에서 흔들기와 기울이기를 했던 것에서 짐작할 수 있듯이 micro:bit는 움직임이 급격히 바뀌는 부분을 감지하거나 기울기를 측정할 수 있다. 지구상에서의 중력 가속도를 1G로 표현하는데, micro:bit는 기본적으로 지구 중력의 2배인 2G까지 측정할 수 있다. 가속도센서는 스마트폰에서도 많이 활용되고 있는데, 스마트폰의 기울기에 따라 가로화면, 세로화면으로 바꿔주는 것도 가속도센서를 활용하는 것이다. 가속도센서를 활용하면 흔들림, 자유낙하, 방향 등을 알아낼 수 있기 때문에 만보계를 만들거나 지진과 같은 움직임을 측정하여 경보하는 물건을 만들어 낼 수 있다. 이처럼 micro:bit의 가속도센서도 x, y, z 3개의 축에 걸리는 가속도를 측정하게 되고 그 값은 0부터 2046(2G)의 값으로 표현한다.

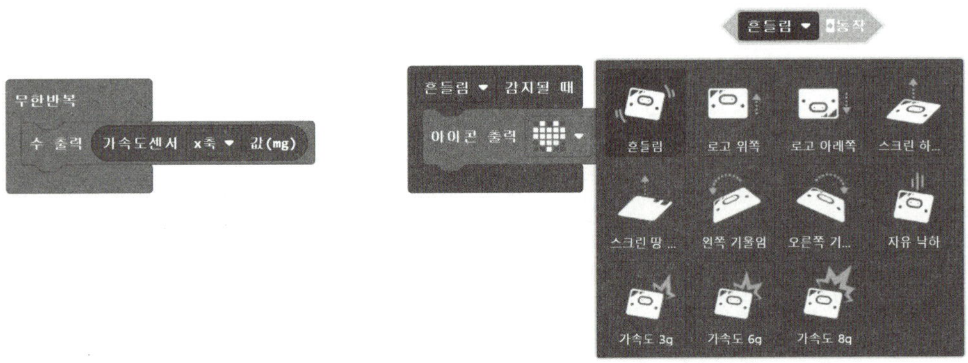

[그림 11-22] 가속도센서 활용 블록 코딩

가속도센서는 micro:bit의 움직임을 측정하여 수로 표현할 수 있는데, **[무한반복]** 블록 안에 **[수 출력]** 블록을 삽입하고 그 값으로 **[가속도 센서]** 블록의 x, y, z축 값을 입력받게 할 수 있다.

micro:bit에는 가속도센서의 값을 3차원으로 세분화하는 데 어려움을 느낄 사용자를 위해 **[흔들림]** 블록이나 micro:bit의 방향을 나타내는 블록이 별도로 존재하는데, 이를 활용하면 micro:bit의 특정 움직임에 따라 반응을 달리하는 프로그램을 개발할 수 있다.

▶ 학습자원	마이크로비트 가속도센서

또한 micro:bit에는 자기센서도 내장되어 있다. 주변의 자기장을 측정하여 수(uT, 마이크로테슬라)로 표현할 수 있는데, 이를 활용하면 자석이 micro:bit 쪽으로 가까이 와서 자기장이 일정 이상의 수가 넘어서게 되면 주변 기기를 반응하게 하는 제품을 구상할 수도 있다. 자기센서는 가속도센서와 마찬가지로 x, y, z축으로 구분하여 입력받을 수 있고, 전체적인 크기를 값으로 받을 수도 있다.

특히 micro:bit에는 **[나침반]** 블록이 별도로 존재하여 나침반 방향을 각도로 표시할 수 있다. 다만, 나침반 블록을 사용하려면 보정작업이 필요하여 micro:bit 실행 시 LED의 화면에 모든 불이 들어올 때까지 micro:bit를 원을 그리듯 회전시켜주어야 한다.

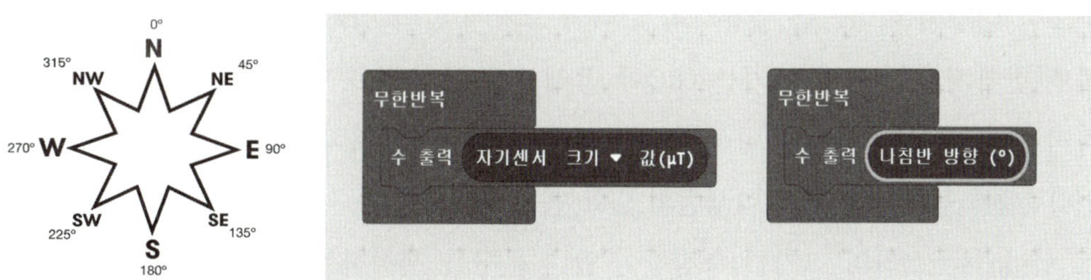

[그림 11-23] 자기센서 활용 블록 코딩

▶ 학습자원	마이크로비트 나침반

■ 마이크 및 스피커 활용하기

micro:bit의 초기 모델에는 마이크와 스피커가 내장되어 있지 않았으나, 최근 버전인 V2에는 마이크와 스피커가 내장되어 있어 보다 유용하다. micro:bit의 스피커는 버저 방식의 스피커여서 음질이 좋지는 않지만 단순한 멜로디를 들려줄 수 있으며, 음량의 크기 조정도 가능하다. 또한 micro:bit 하단의 0번 핀과 GND 핀을 활용하여 헤드셋이나 스피커를 연결할 수 있다.

[음악] 블록 안에 다양한 기능의 블록을 포함하고 있는데, 버튼을 눌렀을 때 특정 소리를 내게 한다거나, 버튼을 눌렀을 때 이미 저장되어 있는 음악을 재생하게 할 수 있다. 또한 재생되는 음악의 음량이나 박자를 조정할 수도 있다.

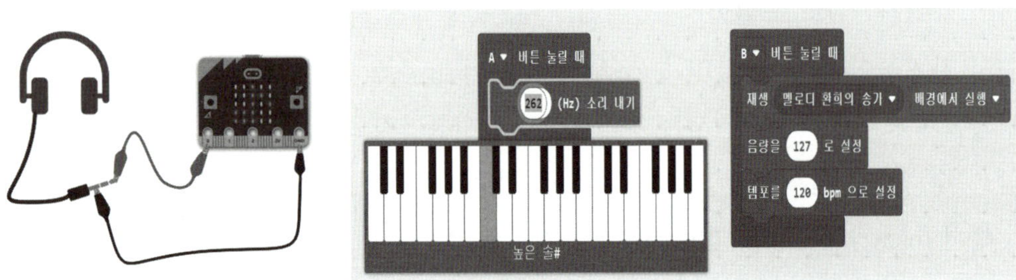

[그림 11-24] 스피커 제어 블록 코딩

또한 내장된 마이크를 활용하여 소리의 크기에 따라 아이콘의 크기를 다르게 표현하게 한다거나 소리의 크기를 LED에 그래프로 표시할 수도 있다. 마찬가지로 특정 소리 크기 이상의 신호가 입력되었을 때 주변기기를 제어하는 프로그래밍을 할 수도 있다. 예를 들어 교실에서 학생들의 발표 목소리가 작거나 너무 소란스러울 때 마이크로 입력되는 소리의 크기를 측정하여 안내 문구를 제시하는 프로그래밍을 제작하여 활용할 수 있을 것이다.

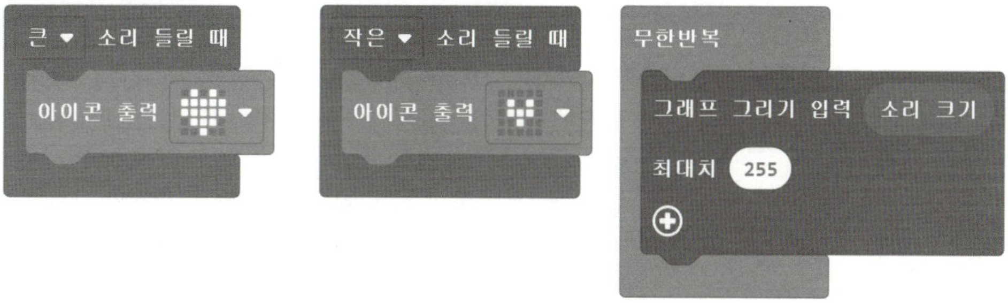

[그림 11-25] 마이크 제어 블록 코딩

▶ 학습자원	마이크로비트 사운드 출력

▶ 학습자원	마이크로비트 사운드 입력

3) micro:bit 프로젝트를 통해 연습하기

micro:bit 공식 홈페이지(https://microbit.org/ko/projects/make-it-code-it)는 학생들이 micro:bit의 활용 방법을 빠르고 쉽게 익히고, 피지컬 컴퓨팅의 가치를 느낄 수 있도록 프로젝트별로 상세히 안내하고 있다. 자신의 관심사 및 수준에 따라 프로젝트를 따라 하다 보면 프로그래밍과 피지컬 컴퓨팅의 원리를 쉽게 익힐 수 있으며, 특히 python 명령어도 제시하고 있어 블록 코딩과 명령어 코딩의 전환기에 좋은 학습자료가 된다.

[그림 11-26] micro:bit 프로젝트

참고문헌

김찬웅, 허경 (2017). 초등 교과에 아두이노 장치를 이용한 피지컬 컴퓨팅 교육 적용방안 연구. **경인교육대학교 교육연구원 교육논총, 37**(1), 183-197.

이재호, 김선향 (2021). 피지컬 컴퓨팅 기반 소프트웨어 교육이 초등학생의 컴퓨팅 사고력에 미치는 영향. **창의정보문화연구, 7**(4), 243-255.

지현경, 임철일 (2022). 창의적 문제해결을 위한 교과-소프트웨어융합수업설계 원리 개발 연구. **교육공학연구, 38**(2), 369-407.

Amabile, T. M. (1983). The social psychology of creativity: A componential conceptualization. *Journal of Personality and Social Psychology, 45*(2), 357–376.

Culombio (n.d.). Internet Of Things icons Pack. Thin line Collection Smart Technology icons [Image].
https://stock.adobe.com/kr/search?k=iot&search_type=usertyped&asset_id=354586360

Guilford, J. P. (1956). The structure of intellect. *Psychological bulletin, 53*(4), 267.

Kelley, T., & Kelley, D. (2013). *Creative confidence*. NY: Crown Business.

Martindale, C. (1989). Personality, situation, and creativity. *In Handbook of creativity (pp. 211-232)*. Springer US.

Micro:bit Educational Foundation (2020.2.29.)a. *마이크로비트 가속도 센서*.
https://www.youtube.com/watch?v=UT35ODxvmS0

Micro:bit Educational Foundation (2020.2.29.)b. *마이크로비트 버튼*.
https://www.youtube.com/watch?v=hnT0qHM3_hQ

Micro:bit Educational Foundation (2020.2.29.)c. *마이크로비트 사운드*.
https://www.youtube.com/watch?v=r53PjFwyAhw

Micro:bit Educational Foundation (2020.2.29.)d. *마이크로비트 LED*.
https://www.youtube.com/watch?v=eRhlaXqT-0w

Micro:bit Educational Foundation (2020.2.29.)e. *micro:bit compass*.
https://www.youtube.com/watch?v=a3P6LWwPBqM

Micro:bit Educational Foundation (2020.2.29.)f. *micro:bit light sensing*.
https://www.youtube.com/watch?v=ii0U_FMr-Z4

Micro:bit Educational Foundation (2020.2.29.)g. *micro:bit temperature sensing*.
https://www.youtube.com/watch?v=mrHn8eZ9eqg

Micro:bit Educational Foundation (2020.10.13.). *Sensing and making sound on the BBC micro:bit*.
https://www.youtube.com/watch?v=waIdGCitbH4

Micro:bit Educational Foundation (2021.1.19.). *BBC 마이크로비트 소개*.

https://www.youtube.com/watch?v=u2u7UJSRuko

Misra, K. (2021.10.15.). Me before 'Design Thinking' [Image]. https://www.linkedin.com/pulse/me-before-design-thinking-krittika-misra

MRI adventure (n.d.). Empathy, Creativity and Rationality in Motion MRI Adventure Series [Image]. https://designthinkingprocess.weebly.com/mri-adventure-series.html

Newman, D. (2024). The-Design Squiggle. https://thedesignsquiggle.com/about

Piirto, J. (1992). *Understanding those who create.* Dayton, OH: Ohio Psychology Press.

Productboard (2022.6.21.). A guide to using the "Double Diamond" framework to score product home runs [Image]. https://www.productboard.com/blog/double-diamond-framework-product-management/

Resnick, M. (2017). *Lifelong kindergarten: Cultivating creativity through projects, passion, peers, and play*. MIT press.

Simon, H. A. (2019). *The Sciences of the Artificial, reissue of the third edition with a new introduction by John Laird*. MIT press.

Torrance, E. P. (1988). The nature of creativity as manifest in its testing. *The nature of creativity*, 43-75.

Treffinger, D. J., Isaksen, S. G., & Dorval, K. B. (2000). *Creative problem solving: An introduction (3rd ed.)*. Waco, TX: Prufrock Press.

제 12 장 디지털 · AI 기술의 융합을 통한 창의적 문제해결 2

주요 내용

- 피지컬 컴퓨팅의 다양한 입출력 장치 이해
- 피지컬 컴퓨팅 센서를 활용한 데이터 로깅
- 피지컬 컴퓨팅의 교육 방법
- 디지털 · AI 기술 융합을 통한 창의적 문제해결 아이디어 도출

학습 목표

1. 피지컬 컴퓨팅에서 활용 가능한 센서와 액추에이터에 대해 이해한다.
2. 피지컬 컴퓨팅의 센서를 활용하여 데이터를 수집하는 방법을 이해한다.
3. 창의적 문제해결력 신장을 위한 피지컬 컴퓨팅의 교육 방법을 이해한다.
4. 디지털 · AI 기술을 융합하여 창의적으로 문제를 해결하고, 창의적 문제해결의 교육적 가치를 설명한다.

기초지식

12.1 피지컬 컴퓨팅의 다양한 입출력 장치 이해

피지컬 컴퓨팅의 기초에서 알아본 것처럼 인간은 디지털 세계와 아날로그 세계를 연결하여 인간 생활의 편리함을 위한 창의적인 제품들을 만들어 활용하고 있다. 사람들이 평소 스마트폰을 많이 사용하다 보니 횡단보도에서 전방 부주의로 인한 사고 사례가 많다. 이를 해결하기 위해 횡단보도 바닥에 LED를 설치하여 보행 신호를 안내하며, 야간에는 횡단보도 주변의 사람을 감지해서 LED로 불을 밝혀주는 LED 횡단보도를 개발하였다. LED 횡단보도는 도로를 횡단하는 사람의 안전을 지켜줄 뿐만 아니라 에너지 자원을 절약할 수 있는 좋은 아이디어이다. 또한 여러 국가에서 도입하여 사용하고 있는 스마트 쓰레기통 역시 IoT 기술을 이용하여 관리부서의 업무 효율을 높인 창의적 문제해결 사례이다. 스마트 쓰레기통은 스스로 쓰레기의 부피를 줄여주기도 하고, 스스로 분리수거를 하기도 한다. 무엇보다도 쓰레기의 양을 분석하여 IoT cloud로 관리 부서에 보고함으로써 쓰레기통을 비우기 위해 출동하는 차량의 운행이 1/4 수준으로 줄어들어 업무 효율을 대폭 높이기도 하였다. 이외에도 농업 분야에서 각종 센서를 통해 농작물의 생산성을 높일 수 있는 최적의 조건을 확보하고, 자동적으로 관리해주는 스마트팜도 피지컬 컴퓨팅을 활용한 대표적 문제해결 사례라 볼 수 있다.

LED 횡단보도[1)]

스마트 쓰레기통[2)]

[그림 12-1] 피지컬 컴퓨팅을 이용한 문제해결 사례

1) https://www.newspenguin.com/news/articleView.html?idxno=13070
2) https://it.chosun.com/news/articleView.html?idxno=2014070685014

▶ 학습자원	LED 횡단보도 운영 사례

▶ 학습자원	스스로 분리수거하는 쓰레기통

피지컬 컴퓨팅에 활용 가능한 다양한 센서와 액추에이터는 실생활에 유용한 제품을 디자인하는 데 큰 역할을 한다. micro:bit 기본 버전은 내장된 센서에 한계가 있지만 확장 보드를 활용하면 상당한 종류의 입출력 장치를 활용할 수 있다. 예를 들어 토양 습도 센서, 미세먼지 측정 센서, 노이즈 센서와 같이 환경과 관련되어 활용될 수 있는 장치들이 있으며, 인체를 감지하는 적외선 센서, 물체와의 거리를 측정하는 초음파 센서, 아날로그 전력을 개폐, 차단할 수 있는 릴레이도 있다. 이들을 활용하면 보다 높은 수준의 창의적 아이디어를 구현할 수 있다. 확장 보드를 통해 어떠한 센서와 액추에이터를 활용할 수 있는지 파악하면, 창의적 문제해결의 과정에서 실현 가능성을 담보할 수 있다.

피지컬 컴퓨팅에서 다양한 센서와 액추에이터를 활용하는 목적은 디지털 세계로 구성된 컴퓨터의 정보처리과정을 아날로그 세계와 연결하기 위함이다. 따라서 피지컬 컴퓨팅의 센서와 액추에이터를 이해하기 위해서는 기본적으로 디지털 신호와 아날로그 신호의 특징에 대해 이해할 필요가 있다.

디지털 신호와 아날로그 신호는 일정한 부호를 사용해 떨어진 두 지점 간에 의미를 전달한다는 공통점이 있으나 두 신호는 어떠한 방식으로 부호화하는가에서 다소 차이가 있다. 손가락을 뜻하는 라틴어 digit에서 유래된 **디지털**은 '수를 분명하게 셀 수 있다'라는 의미를 가지고 있으며, **아날로그**는 '뒤떨어졌다'라는 것을 의미하는 ana에 통나무를 말하는 log가 합쳐진 말로, 무엇인가 시대에 뒤떨어졌다는 느낌을 주기도 한다. 디지털 신호와 아날로그 신호의 가장 큰 차이는 물리량의 표현방식인데, 아날로그 신호는 수치를 연속적으로 변화시키는 물리량으로 전압에 따라 밝기가 자연스럽게 달라지는 전구나 LP, 카세트테이프와 같은 매체에서 신호의 연속적인 변화를 경험할 수 있다. 반면, 디지털 신호는 연속적인 수가 아니라 단계적으로 구분되는 이산적인 수치를 사용하기 때문에 정보의 처리과정이 명료하고 데이터 신호가 분명하게 구분되는 특징이 있다. MP3와 같은 디지털 신호를 활용한 음원의 초창기에는 아날로그에 비해 음질이 좋지 않은 경우가 있었는데, 소리를 이산적인 수치로 구분하다 보니 계단과 같이 분절되는 구간이 발생했기 때문이다. 최근에는 기술적으로 주파수를 높여 계단현상을 줄여 품질이 높아졌지만, 이러한 계단현상은 디지털 신호의 대표적인 특징이라 볼 수 있다.

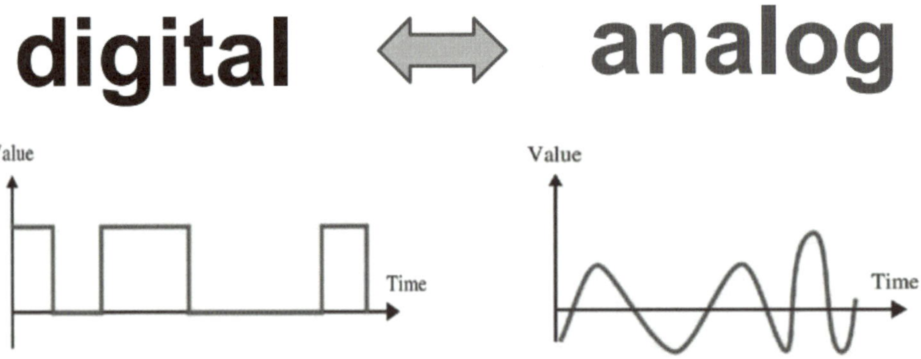

[그림 12-2] 디지털 신호와 아날로그 신호

micro:bit에서 다루어지는 대부분의 신호는 디지털 신호이기에 아날로그 신호로 입출력을 하기 위해서는 micro:bit 하단의 확장 단자를 이용한다. 확장 단자는 디지털 신호와 아날로그 신호를 입출력할 수 있는 곳으로 다소 폭이 넓은 부분인 P0, P1, P2, P3V, GND가 있고, 폭이 좁은 P3, P4, P5 등 P20까지의 단자가 있다. 이 단자 중 P3V는 전압이 출력되는 +극이고, GND는 −극이다. 그 외 단자들은 디지털 신호의 입출력과 아날로그 신호의 출력이 가능한 단자이며, 그중 P0, P1, P2, P3, P4, P10 단자는 아날로그 입력이 추가적으로 가능한 단자이다. 아날로그 신호를 사용하는 장비와 연결하기 위해서는 확장 단자에 직접 부품을 연결하거나 전자 공작을 위한 브레드보드를 사용하여 연결할 수 있다. 특히 에지 커넥터를 이용하여 연결하면 micro:bit의 확장 단자를 브레드보드와 쉽게 연결할 수 있다.

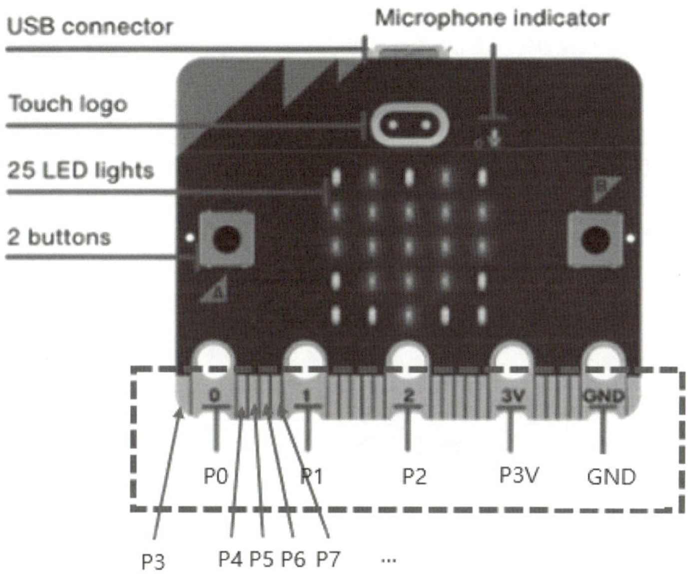

micro:bit의 확장 단자

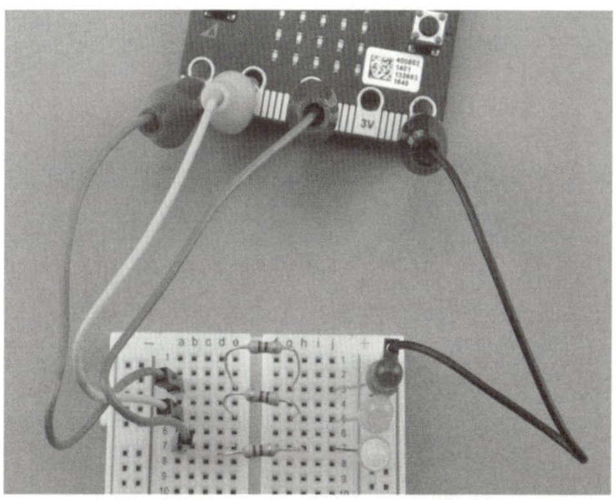

확장 단자와 브레드보드의 연결[3)]

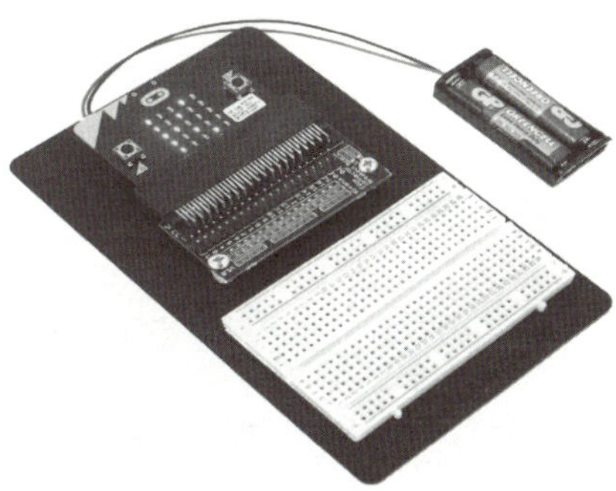

에지 커넥터를 통한 브레드보드 연결[4)]

[그림 12-3] 확장 단자를 사용한 아날로그 장비 연결

---

3) https://learn.adafruit.com/micro-bit-lesson-2-controlling-leds-on-breadboard/parts
4) https://mexico.newark.com/en-MX/kitronik/5609/prototyping-system-micro-bit/dp/29AC0393

micro:bit에 브레드보드를 연결하여 아날로그 세계의 장비와 연동할 수 있지만, 이를 활용하기 위해서는 저항, IC 등을 활용한 전자 공작이 가능한 일정 수준의 지식과 기술이 있어야 한다. 이러한 점은 기술 활용에 대한 초보 학습자의 접근성을 낮추는 문제가 있어 최근에는 다양한 입출력 장치를 확장 단자에 쉽게 연결해 사용할 수 있는 확장 보드들이 많다. micro:bit 공식 사이트의 액세서리 페이지나 국내 쇼핑몰에서 다양한 확장 보드를 구매할 수 있다.

▶ 학습자원	micro:bit 공식 사이트 액세서리 페이지

본 교재에서는 실생활 맥락에서 디지털·AI 기술의 융합을 통해 창의적 문제해결이 이루어질 수 있도록 IoT를 위한 센서와 액추에이터에 대해 보다 초점을 두고자 한다. 확장 보드는 목적에 따라 세부 기능이 분류되어 있는데, IoT 확장 보드의 경우 센서와 액추에이터의 연결 외에 와이파이를 이용한 네트워크 연결이 핵심이라고 볼 수 있다. [그림 12-4]와 같이 목적에 따라 선정한 확장 보드에 micro:bit를 연결할 수 있다.

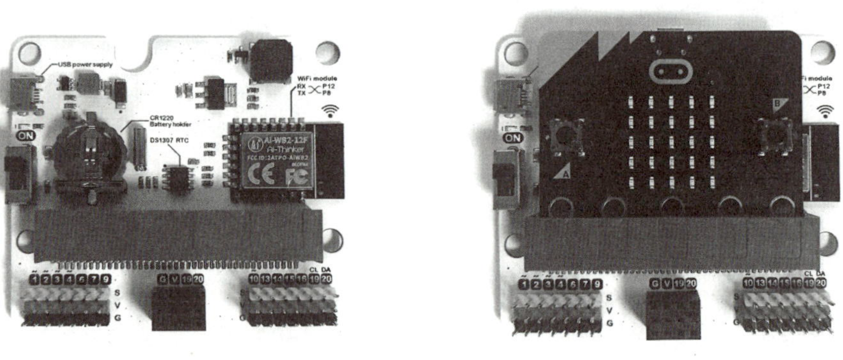

IoT 확장 보드　　　　IoT 확장 보드와 micro:bit 연결

[그림 12-4] IoT 확장 보드의 연결

1) 피지컬 컴퓨팅에 활용 가능한 센서류

실생활 문제해결을 위해 주변 환경을 감지할 수 있는 대표적인 센서들을 소개하고자 한다.

■ 초음파 센서

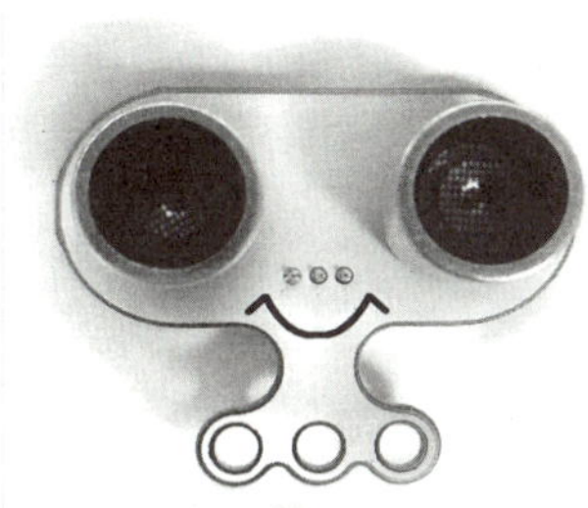

초음파 센서는 초음파를 내보내고 초음파가 물체와 부딪혀서 되돌아오는 시간을 바탕으로 물체와의 거리를 감지할 수 있는 센서이다. **[무한반복]** 블록을 사용하여 지속적으로 거리를 감지할 수 있도록 코딩해야 하며, ㎝나 ㎜로 입력되는 물체와의 거리에 따라 액추에이터의 반응을 조절하는 코딩에 유용하게 활용된다. 예를 들어 사람이 가까이 오면 특정 메시지를 안내하는 데 활용하거나 모터를 움직이는 과정에서 전방의 물체와 거리가 가까워지면 멈추게 하는 데 활용할 수 있다.

■ PIR 모션인식 센서

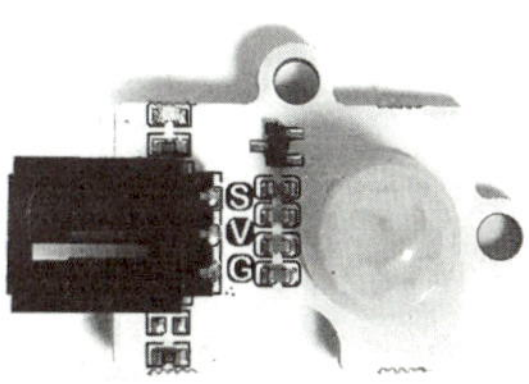

PIR 센서(passive infrared sensor)는 인체나 물체가 방출하는 적외선을 탐지하여 움직임을 감지하는 센서이다. 일반적으로 사람들은 8㎛에서 14㎛까지의 적외선을 방출하는데 이 센서는 4~5m 이내의 인체나 동물의 운동을 감지하여 그 여부를 "0" 또는 "1"의 디지털 신호로 제공한다. **[만약~아니면]** 블록에서 센서의 입력값에 따라 액추에이터의 반응을 조절할 때 유용하다. 예를 들어 인체나 동물의 움직임에 따라 방의 불을 껐다 켰다 할 때 적용할 수 있다.

■ 노이즈 센서

노이즈 센서는 주변의 소리의 강도를 측정하여 데시벨(dB) 값으로 제공할 수 있는 센서이다. micro:bit에 내장된 마이크나 외부 마이크를 연결하여 노이즈 센서로 대신 사용할 수 있으나, 노이즈 센서는 주변 환경에서 발생되는 소음의 크기를 민감하게 측정할 수 있는 장점이 있다.

■ 아날로그 광센서

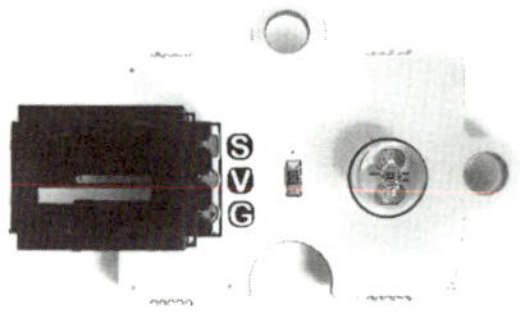

아날로그 광센서는 주변의 빛을 검출하여 수치로 제공할 수 있는 센서이다. micro:bit의 LED에는 조도센서가 내장되어 있으나, 아날로그 광센서는 사용자가 원하는 특정 부분에 외부 장착할 수 있다.

■ 토양 습도 센서

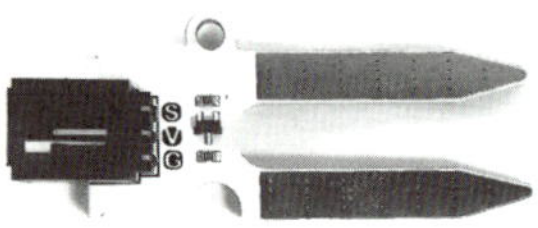

토양 습도 센서는 토양의 수분 함량을 측정하여 "0-100"의 수치로 제시할 수 있는 센서이다. **[무한반복]** 블록을 통해 실시간으로 토양의 습도를 분석할 수 있으며, 특정 수치에 따라 액추에이터가 작동하도록 조절할 수 있다.

■ BME280 기압 센서

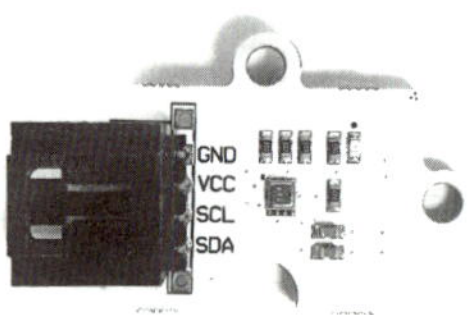

BME280 기압 센서는 온도, 습도 등을 측정할 수 있는 센서이다. 이미 micro:bit의 내부에 온도센서가 내장되어 있으나 이는 칩셋 내부에 위치하여 정확한 온도를 측정하기에는 제한이 있다. BME280 기압 센서는 온도뿐만 아니라 습도, 기압, 해발 고도를 정확하게 측정할 수 있다.

■ 수위 센서

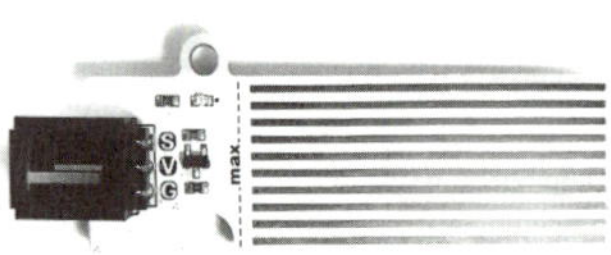

수위 센서는 평행 도체를 통해 물의 양을 측정하고 수위를 판단할 수 있는 센서이다. **[무한반복]** 블록을 활용하여 물의 수위 범위를 실시간으로 측정하고 "0-100"의 수치로 제시할 수 있다.

■ 미세먼지 센서

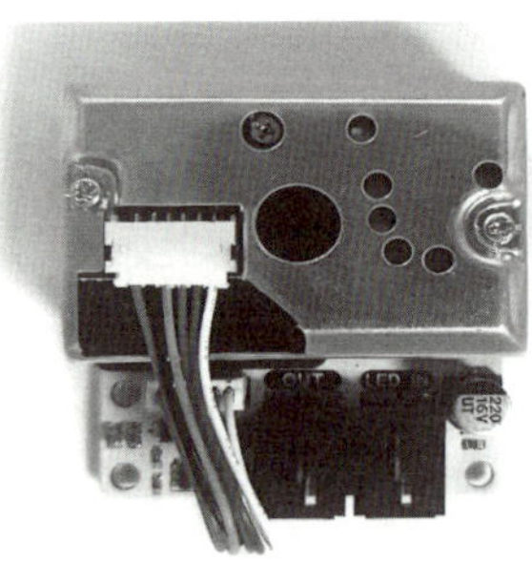

미세먼지 센서는 주변 환경에서 발생되는 미세먼지양을 측정할 수 있는 센서이다. 주변 환경의 미세먼지양을 측정하여 데이터 로깅으로 누적하여 보고하거나, 미세먼지양이 특정 수치 이상으로 측정될 때 액추에이터의 반응을 조절할 수 있다.

이 외에도 이산화탄소 감지 센서, 유해가스(TVOC) 감지 센서, 자외선 감지 센서 등 다양한 센서들이 있어 필요에 따라 구입하여 적용할 수 있다.

2) 피지컬 컴퓨팅에 활용 가능한 액추에이터

센서가 아날로그 신호의 입력 부분에 해당된다면, 액추에이터는 아날로그 신호의 출력 부분에 해당한다고 볼 수 있다. LED를 통해 아날로그 환경에 시각적으로 반응을 한다거나 모터를 통해 아날로그 환경에 움직임을 제공할 수 있다.

■ RGB LED

RGB LED는 색상의 조합을 통해 원하는 색상을 만들어 낼 수 있는 대표적인 액추에이터이다. 빨간색, 녹색, 파란색의 레벨을 조정하여 색을 조합할 수 있으며, 밝기도 조정이 가능하다.

■ DC 모터

DC 모터는 DC 전원에 따라 회전력을 가진 동력을 제공할 수 있는 액추에이터이다. 회전력이 크지 않은 작은 모터이지만, 프로펠러를 연결하여 바람을 일으키거나 바퀴를 구동시킬 수 있다. 출력되는 값을 조정하여 모터의 회전 속도를 조절할 수 있다.

■ 서보 모터

서보 모터는 회전 위치, 회전 각도, 회전 속도를 제어할 수 있는 모터이다. Servo는 '따라 한다'라는 뜻으로 정해진 값으로 움직일 수 있고, 특히 원하는 각도만큼만 움직일 수 있어서 공장에서 로봇에 쓰이거나 반복적인 작업에서 주로 활용된다.

■ 릴레이

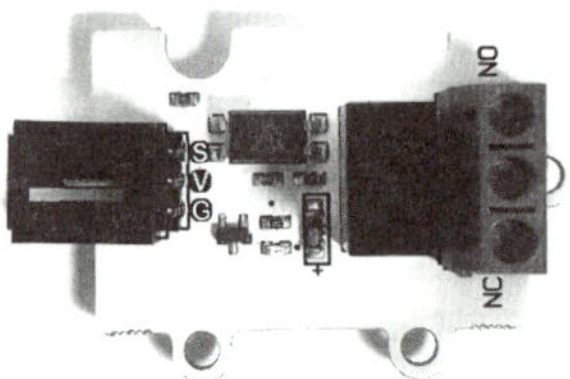

릴레이는 전기회로를 열거나 닫는 역할을 하는 개폐장치이다. 대표적인 개폐장치인 스위치가 사람의 조작에 따라 동작하는 것이라면, 릴레이는 디지털 명령에 따라 모듈이 활성화되냐 아니냐에 따라 아날로그 신호(전력)를 개폐한다. 특히 릴레이는 DC 전기 신호를 활용하여 DC 모터 및 전류 부하가 많은 가정용 전기를 제어할 수 있는 중요한 부품이다.

■ 워터 펌프

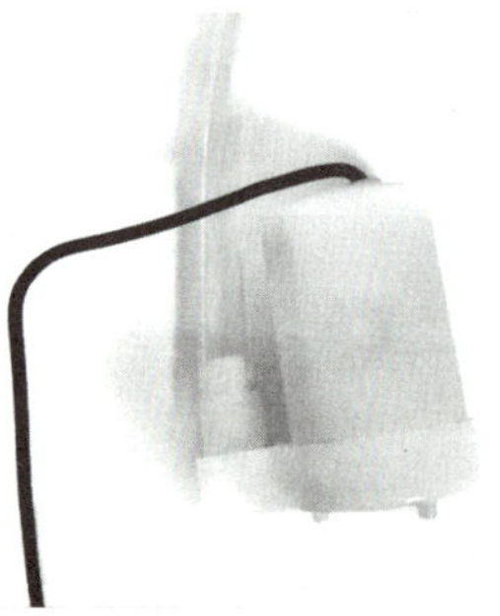

워터 펌프는 DC 모터를 활용하여 물을 이동시킬 수 있는 수중 펌프이다. DC 모터와 같이 연결하여 작동시킬 수도 있으며, 릴레이와 연결하여 작동시킬 수도 있다.

■ OLED

OLED는 디스플레이 장치로서 문자 등 데이터 정보를 출력할 수 있는 액추에이터이다. micro:bit의 내장된 LED를 통해 제시할 수 있는 데이터 정보가 제한되지만, OLED는 보다 많은 데이터를 보다 명확하게 표현할 수 있다.

12.2 센서를 활용한 데이터 로깅

데이터 로깅은 센서나 외부 기구를 통해 측정되는 실시간 자료를 시간이나 장소가 달라짐에 따라 누적하여 기록하는 것을 의미한다. 예를 들어 기상과 관련된 정보에 대해 사람이 직접 관여하여 자료를 수집하는 것이 아니라 프로그래밍된 소프트웨어에 따라 풍속, 온도 등의 정보를 자동으로 수집, 누적하여 저장하는 것이다. 이는 앞서 다룬 AI · 데이터 기반 교육과도 관련이 깊다.

센서를 활용한 데이터 로깅은 아날로그 세계의 실제 데이터를 기술적으로 수집하고, 수집된 데이터를 바탕으로 경향성을 파악하고 모델을 통해 예측 및 추리가 가능하다는 점에서 학습자의 논리적 사고력을 향상시킬 수 있는 효과적인 교육 방법이 될 수 있다(이재인, 유승한, 2014).

특히 과학 분야에서 데이터 기반의 탐구 역량이 강조되면서 국내에서는 지능형 과학실 사업을 새로운 과학실험실 모델로 제안하며 지능정보기술을 적용한 탐구 중심의 과학 수업을 구현하고자 노력하고 있다(정용욱, 2023; 홍옥수 외, 2022). 여기에서는 소리 센서, 전압 및 전류 센서, 온도 센서, pH 센서 등을 활용하여 탐구활동에 필요한 데이터를 직접 생성하여 분석하는 활동을 주요 학습 방법으로 활용하고 있다. 이는 마이크로컴퓨터 기반 실험실(microcomputer based laboratory; 이하 MBL)에서 강조해오고 있던 부분과 맥을 같이한다. 그러나 MBL을 운영하기 위해서는 장비 구입을 위해 고가의 비용이 필요하였는데, 피지컬 컴퓨팅 도구의 센서와 데이터 로깅을 접목하면 좋은 대안이 될 수 있다.

지능형 과학실[5]

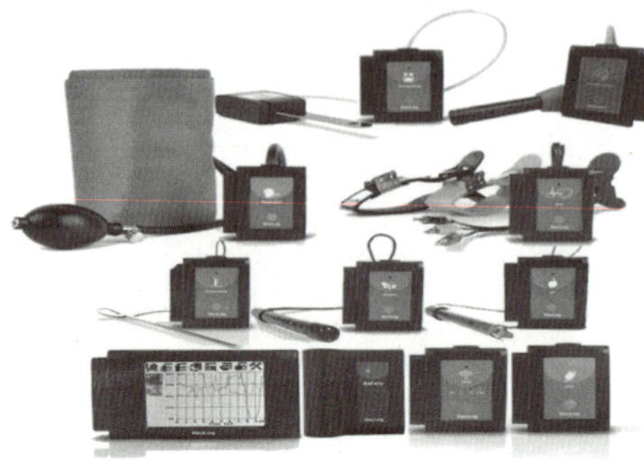

MBL 실험 패키지[6]

[그림 12-5] 센서를 이용한 데이터 수집

micro:bit에는 빛, 온도, 자기, 가속도 및 소리 센서가 기본 내장되어 있으며, 확장 보드를 이용한 추가적인 센서를 통해 더 많은 종류의 정보를 수집할 수 있다. 무엇보다도 micro:bit는 독립된 마이크로프로세서를 내장하고 있어 MBL과 달리 PC와 연결하지 않고도 작동이 가능하기 때문에 원격지에서 정보를 수집할 수 있다. 또한 라디오 통신이 가능하기 때문에 네트워크를 통한 통신 구축이 가능하다. 과학 실험 외에도 실생활에서 발생하는 창의적 문제해결을 위해 데이터 로깅을 활용하면 좋은 문제해결안을 마련할 수 있을 것이다.

▶ 학습자원	데이터 로깅

데이터 로깅을 위해 다음과 같이 진행한다.

먼저, makecode에 'datalogger' 확장 프로그램을 설치한다.

5) https://blog.naver.com/us_edu/223017377319

6) https://firstsci.co.kr/product/생명과학-mbl-패키지와이파이-센서-실험세트-n006/42442/

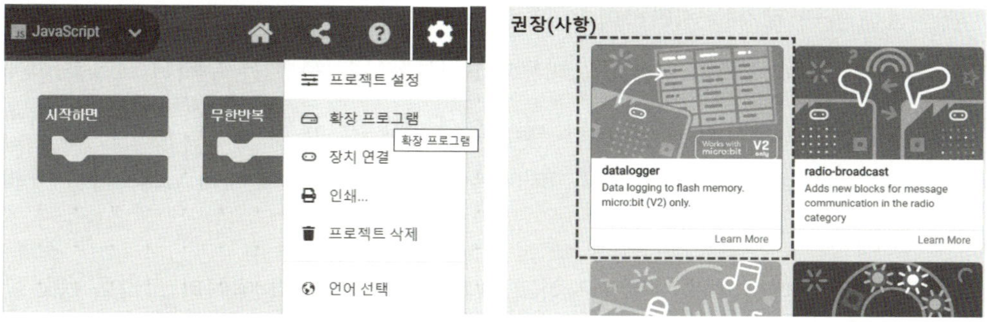

확장 프로그램 선택 datalogger 설치

[그림 12-6] datalogger 설치

자동으로 데이터 로깅을 하기 위해서는 [그림 12-7]과 같이 블록을 추가하여 코딩해야 한다. 어떠한 정보를 수집할 것인지, column을 설정하고, 어떠한 간격으로 정보를 수집할 것인지 설정한다.

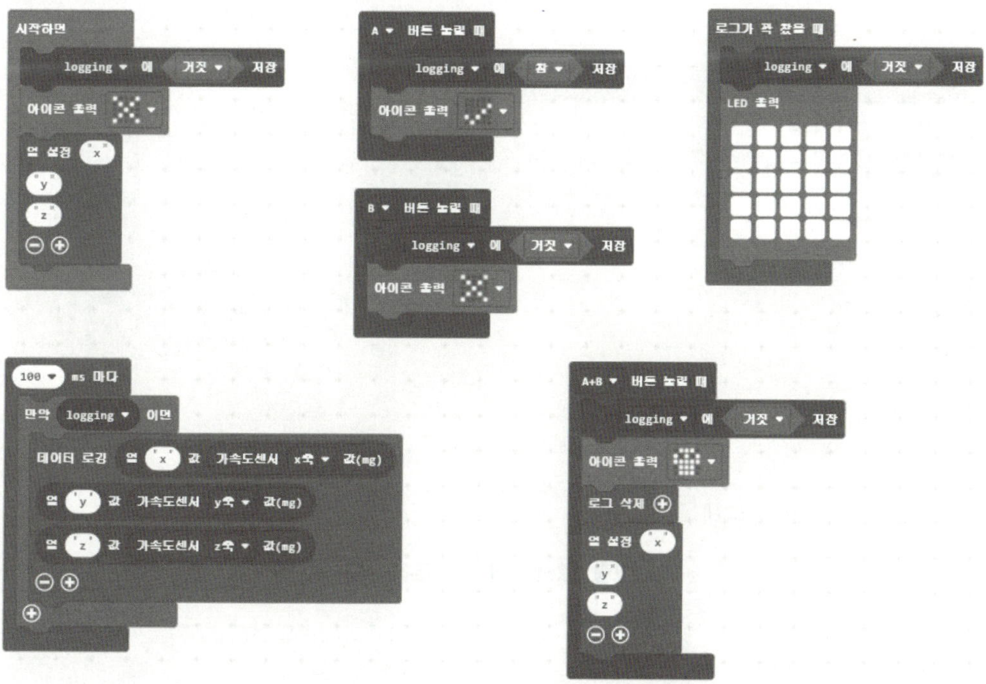

[그림 12-7] 데이터 로깅을 위한 코딩

버튼 A를 눌러 로깅을 시작하며, 이때 LED에 하트 아이콘이 제시되어 로깅이 진행되고 있음을 안내하도록 코딩한다. A버튼과 B버튼을 눌렀을 때는 누적된 로그를 삭제할 수 있으며, 로그가 가득 차면 디스플레이에 경고를 표시하도록 코딩한다. 위의 블록은 필수적으로 제시하고, 수집하고자 하는 데이터의 종류에 따라 value 값을 바꿔주면 된다.

A버튼을 눌러 데이터 로깅을 시작하고, A버튼을 다시 눌러 데이터 로깅을 종료할 수 있다. 데이터 로깅을 종료하고 micro:bit를 PC와 연결하면 USB 드라이브에서 "MY_DATA"라는 파일을 찾을 수 있다. 해당 파일을 더블 클릭하면 웹 브라우저에서 데이터가 포함된 테이블을 볼 수 있다. 해당 페이지에서 시각화된 미리보기를 볼 수 있고, *.CSV 파일로 다운 받아 Excel이나 Google 스프레드시트에서 시각화할 수도 있다. 또한 수집된 데이터를 AI · 데이터 기반 교육에서 다룬 방법으로 인공지능 모델을 만들어 예측하는 데 활용할 수도 있다.

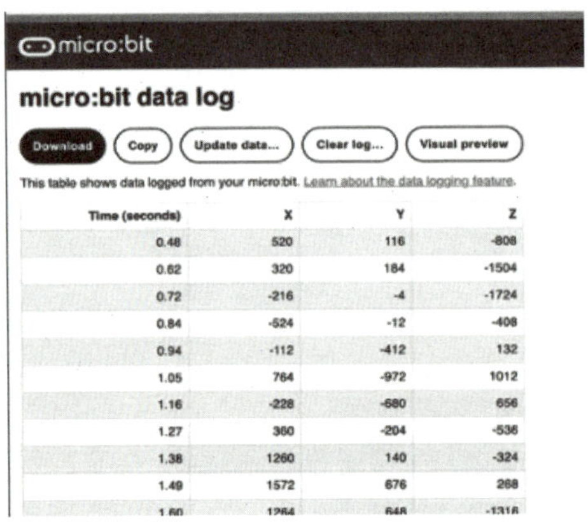

데이터 로깅 결과

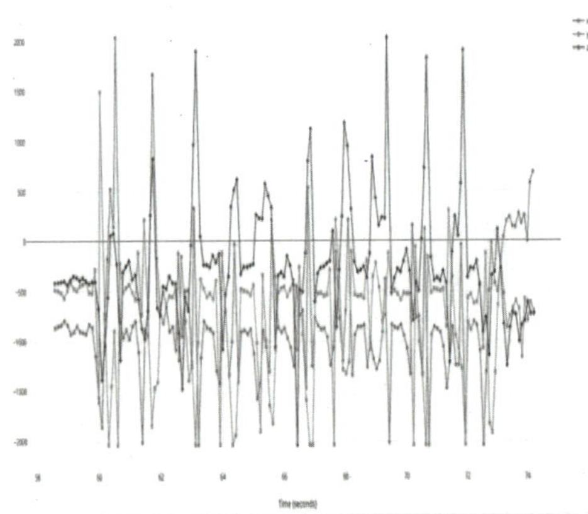

시각화

[그림 12-8] 데이터 로깅 결과

12.3 피지컬 컴퓨팅의 교육 방법

학교 교육에서 피지컬 컴퓨팅은 중 · 고등학교의 정보 교과에서 다루어지고 있다. 2015 개정 교육과정의 초등학교 실과 교과에서 센서를 장착한 로봇을 제작 및 활용하는 성취기준이 적용되어 있으나 주로 활용 차원에서 블록코딩을 통해 로봇을 제어하는 것에 초점이 있다. 따라서 교육과정에서 피지컬 컴퓨팅이라는 용어를 사용하여 학교 교육에서 다루는 것은 주로 중 · 고등학교에서 다루어지는 부분이라 볼 수 있다.

정보 교과 교육과정의 내용체계와 성취기준은 2015 개정 정보 교과 교육과정과 2022 개정 정보 교과 교육과정에서 다소 차이가 있다. 2015 개정 정보 교과 교육과정에서 내용체계의 영역은 정보사회의 특징과 사이버 윤리를 다루는 '정보문화', 디지털 자료의 유형과 수집을 다루는 '자료와 정보', 컴퓨팅사고력을 기반으로 한 문제해결을 다루는 '문제해결과 프로그래밍', 컴퓨팅 기기의 구성과 피지컬 컴퓨팅을 다루는 '컴퓨팅 시스템'의 순으로 구성되어 있다. 반면, 2022 개정 정보 교과 교육과정에서는 초등학교 실과 교과의 '디지털 사회와 인공지능' 영역과의 연계성을 높이고 교과 목표 달성에 보다 효과적이기 위해 내용체계를 다음과 같이 변경하였다. 컴퓨팅 시스템의 동작 원리와 피지컬 컴퓨팅을 다루는 '컴퓨팅 시스템', 인공지능의 기초가 되는 자료의 수집과 분석을 다루는 '데이터', 컴퓨팅사고력을 기반으로 한 문제해결을 다루는 '알고리즘과 프로그래밍', 인공지능 시스템을 활용한 문제해결을 다루는 '인공지능', 디지털 사회의 윤리를 다루는 '디지털 문화' 영역으로 구성되어 있다.

특히 컴퓨팅 시스템 영역의 성취기준을 자세히 살펴보면, 각 교육과정에서 피지컬 컴퓨팅 학습에 대해 지향하는 목표의 차이가 다소 명확하다. 2015 개정 정보 교과 교육과정에서는 피지컬 컴퓨팅을 통한 하드웨어와 소프트웨어와의 연결, 센서 및 액추에이터의 제어에 초점이 있는 것을 확인할 수 있다. 반면, 2022 개정 정보 교과 교육과정에서는 피지컬 컴퓨팅의 기본적인 이해와 더불어 피지컬 컴퓨팅이 생활 속에서 얼마나 유용하게 사용될 수 있는지를 탐색하도록 강조한다. 또한 단순히 센서 및 액추에이터를 제어하는 것이 아닌 프로젝트 형태의 수업으로 주어진 문제를 해결하기 위해 피지컬 컴퓨팅을 종합적으로 다룰 수 있는 역량 향상에 초점을 두고 있다. 이처럼 2022 개정 정보 교과 교육과정에서는 학생들이 피지컬 컴퓨팅을 활용하여 어떻게 생활 속 문제를 해결할 수 있는지 직접 도전해보고, 그 가치를 느끼게 하는 것에 중점을 두고 있다.

〈표 12-1〉 정보 교과 '컴퓨팅 시스템'의 성취기준(공통 교육과정)

2015 개정 정보 교과 교육과정(교육부, 2015)	2022 개정 정보 교과 교육과정(교육부, 2022)
[9정05-01] 컴퓨팅 시스템을 구성하는 하드웨어와 소프트웨어의 역할을 이해하고 유기적인 상호 관계를 분석한다. [9정05-02] 센서를 이용한 자료 처리 및 동작 제어 프로그램을 구현한다.	[9정01-01] 컴퓨팅 시스템의 구성요소와 동작 원리를 이해하고, 운영 체제의 기능을 분석한다. [9정01-02] 피지컬 컴퓨팅의 개념을 이해하고, 생활 속에서 적용된 사례 조사를 통해 컴퓨팅 시스템의 필요성과 가치를 판단한다. [9정01-03] 문제해결 목적에 맞는 피지컬 컴퓨팅 구성요소를 선택하여 시스템을 구상한다.

또한 선택 중심 교육과정에서 정보 교과의 컴퓨팅 시스템 성취기준을 살펴보면, 피지컬 컴퓨팅이 센서 및 액추에이터의 제어를 넘어서 유·무선 네트워크로 연결되어 시스템 간 공유 및 협력적인 환경으로 활용될 수 있음을 강조하고 있으며, 사물인터넷(IoT) 기술을 통해 인간의 삶에 어떠한 긍정적인 영향을 줄 수 있는지 이해할 수 있어야 함을 강조하고 있다. 특히 교육과정 문서에서는 교수·학습 방법적 차원에서 네트워크 이론이나 유·무선 통신의 개념적인 이해보다는 네트워크를 통한 데이터의 이동과 이를 활용한 창의적 문제해결에 초점을 두어야 함을 강조하고 있다.

〈표 12-2〉 정보 교과 '컴퓨팅 시스템'의 성취기준(선택 중심 교육과정)

[12정01-01] 유무선 네트워크의 특성을 이해하고, 컴퓨팅 시스템 간 공유, 협력, 소통을 위한 네트워크 환경을 구성한다. [12정01-02] 사물인터넷의 구성과 동작 원리를 분석하고, 사물인터넷 기술로 인한 개인의 삶과 사회의 변화를 예측한다. [12정01-03] 문제해결에 적합한 피지컬 컴퓨팅 시스템 장치를 선택하여 사물인터넷 시스템을 설계한다.

교사로서 학생들에게 피지컬 컴퓨팅을 가르치기 위해서는 주요 개념에 대한 지식을 가르치는 것도 중요하지만 무엇보다도 문제 기반 학습, 프로젝트 기반 학습, 디자인 기반 학습 등 적절한 교수·학습 방법을 적용하여 학생들이 직면하고 있는 생활 속의 문제를 해결하기 위한 창의적 아이디어를 도출할 수 있도록 설계하고 구현함으로써 디지털·AI 기술의 가치를 가르치는 것이 중요하다.

피지컬 컴퓨팅을 이용한 창의적 문제해결의 교육적 유용성에 대해 공감하나, 학교 교육에서 이러한 경험을 제공하는 것은 쉽지는 않다. 중등 교육과정의 경우 국가에서 주어진 교육과정 운영 시수 내에서 융합적 관점의 실생활 문제를 해결하기 위해서는 교과 간 융합이 필요한데, 이러한 교과 융합의 실천이 쉽지만은 않다. 특히 초등 교육과정의 경우 5, 6학년(군) 실과 교과에서 소프트웨어 교육에 배정된 시간이 17시간(2015 개정 교육과정 기준), 34시간(2022 개정 교육과정 기준)으로 기초 프로그래밍 교육을 실천하기에도 부족한 현실이다.

최근 **해커톤(hackathon)**이 이러한 문제를 보완하기 위한 대안으로 부각되고 있다. 해커톤(hackathon)은 해킹(hacking)과 마라톤(marathon)의 합성어로, 개발자, 기획자, 디자이너 등이 모여서 짧은 시간 내에 문제해결을 위한 아이디어를 도출하고 프로토타입을 개발하는 대회나 행사를 의미한다(Briscoe & Mulligan, 2014). 해커톤은 실제 국내·외 많은 IT 기업에서 창의적인 아이디어 개발을 위한 방법으로 활용되고 있는데, 이를 진행하는 목적은 새로운 제품의 개발 외에 학습공동체 구성과 협력에 기반한 혁신과 도전에 있다고 할 수 있다. 해커톤은 1일부터 1주일까지 정해진 기간 내에 학습팀을 꾸려 문제해결을 위한 프로토타입을 개발하는 것으로, 학생들은 교육과정 내, 교육과정 외 시간을 활용하여 문제해결에 협력적으로 도전할 수 있는 경험에 몰입하여야 한다. 박주연 외(2020)는 디자인씽킹에 기반한 초등 해커톤 프로그램을 적용하였는데, 피지컬 컴퓨팅을 활용한 창의적 문제해결 과정에서 협력, 의사소통, 확산적 사고력, 성취지향의 요소가 확인되었음을 밝히기도 하였다. 비이공계열 대학 신입생을 대상으로 해커톤을 실시한 정윤숙과 유지원(2020)의 연구에서는 해커톤이 문제해결력 향상에 도움이 되었으며, 특히 도전 지향적인 동기가 있는 학습 집단에서 높은 향상이 있었음을 밝혔다.

학생들을 대상으로 피지컬 컴퓨팅 해커톤을 운영한 사례를 보면, 모둠으로 팀을 구성한 후 정해진 시간 내에 학교생활이나 지역사회의 교통, 환경 문제 등 매년 주목받는 이슈를 중심으로 만들어진 해커톤 주제를 해결해야 한다. 해커톤에서는 학생들이 '시각장애인 신호등 인지 시스템', '전기 절약 시스템' 등을 제안하며, 이를 위해 피지컬 컴퓨팅의 센서 및 액추에이터, 문제해결을 위한 알고리즘을 구현하는 것을 확인할 수 있다. 행사에 참여한 학생들은 디지털 기술을 활용하여 세상에 변화를 가져올 수 있음을 몸소 느끼고 주변의 문제 상황들에 깊은 관심을 가지게 되었다고 밝히기도 하였다. 이처럼 해커톤은 디지털·AI 기술의 융합을 통해 학생들이 직면한 문제를 창의적으로 해결할 수 있는 좋은 경험의 장이라 볼 수 있다.

▶ 학습자원	피지컬 컴퓨팅 해커톤 행사 관련 기사

▶ 학습자원	지역사회 문제해결을 위한 해커톤 챌린지 기사

실습과 성찰

1. 디지털 · AI 기술 융합을 통한 창의적 문제해결 아이디어 도출

학생들이 디지털 · AI 기술의 융합을 통한 창의적 문제해결을 경험해볼 수 있는 방안으로 피지컬 컴퓨팅에 대해 다루어보았다. 지금부터는 교사가 학생의 입장이 되어 창의적 문제해결 과정을 수행해봄으로써 디지털 · AI 기술 융합을 통한 창의적 문제해결의 가치를 간접적으로 경험해 보고자 한다. 디자인씽킹에 기반한 문제해결 과정과 피지컬 컴퓨팅을 이용한 프로토타입 제작에는 많은 시간이 소요되고, 피지컬 컴퓨팅으로 구현하기 위해 추가적으로 센서 및 액추에이터의 구입이 필요한바, 여기에서는 d.school의 5단계 모델에 따라 진행하되, 프로토타입을 아이디어스케치 수준으로 제한하여 진행하고자 한다.

1) 팀 구성하기

디자인씽킹에 참여할 팀을 구성한다. 팀은 다양성을 중시하여 성별, 성격, 관심사, 학업성취수준 등을 이질적으로 편성한다. 팀원들이 새롭게 구성된 팀에 적응하고 소속감을 가질 수 있도록 팀빌딩 활동을 한다. 예를 들어 마시멜로 챌린지나 패밀리 파이프, 팀 이름 짓기 등을 통해 팀 구성원을 이해하고 소속감을 가지게 할 수 있다.

〈표 12-3〉 팀 빌딩 활동 예시(류기혁, 2021)

1. Warm ups 게임
   - 마시멜로 챌린지: 스파게티 면을 이용하여 가장 높은 구조물을 만드는 게임
   - 투게더 글자 쓰기: 펜에 여러 줄을 연결하고 여러 명이 힘을 모아 글씨를 쓰는 게임
   - 투게더 홀인: 여러 명이 천을 함께 움직여 천에 있는 색깔 공을 같은 색깔 구멍에 넣는 게임
   - 패밀리 파이프: 여러 파이프를 나눠 가지고 탁구공을 목표지점으로 이동시키는 게임

2. 팀 구성원의 이해를 촉진하는 활동
   - 친구 표정 관찰하여 그리기: 하루 동안 친구의 표정 관찰한 것을 그리기
   - 몬스터 그리기: 정보전달 소통 릴레이로 맨 앞 친구가 본 그림을 몸으로 전달하여 마지막 친구가 그림으로 표현하기
   - 네임텐트 만들기: 자신의 장단점을 확인하고 나를 소개하는 이름표 만들기
   - 팀 이름 짓기, 팀 구호 정하기, 팀 손가락 그리기 등

2) 공감하기

공감하기 단계는 문제를 소유하고 있는 고객(사용자, 의뢰인)에 대해 1) 관찰, 2) 인터뷰, 3) 체험 등의 방법으로 고객을 알아가는 과정이다. 어떤 가정이나 전제 조건을 두지 않고 고객이 가지고 있는 문제가 무엇인지 살펴볼 수 있어야 한다. 첫째, '관찰하기'는 관찰 대상인 고객이 무엇을 하는지, 일을 어떻게 하는지, 그 일에 어떤 마음으로 참여하는지, 왜 그러한 일들을 하는지 관찰하여 기록을 남기는 활동이다. 관찰을 하는 동안 문제해결과 관련된 아이디어가 떠오른다면 그것도 기록을 해놓을 필요가 있다. 둘째, '인터뷰'는 질문과 응답을 통해 고객이 가지고 있는 근본적인 어려움을 도출해내는 것이다. 질문을 할 때는 '네', '아니오'의 답변을 유도하는 질문보다는 '마지막으로 ~~했던 경험을 이야기해주세요'와 같이 열린 질문을 사용하고, 고객의 응답에 대해 '왜'라고 다시 물으며 추가적인 대화를 이끌어내야 한다. 특히 고객의 말과 행동이 일치하지 않는 언행불일치의 장면에 주목할 필요가 있는데, 예를 들어 말로는 기쁘다고 하면서도 얼굴 표정이 어둡다면 이런 경우는 잠재적인 문제를 찾아

낼 수 있는 좋은 기회이기 때문이다. 마지막으로, '체험하기'는 고객에게 공감할 수 있는 가장 의미 있는 방법으로, 고객의 입장이 되어 직접 체험해보며 고객이 가지고 있는 어려움을 발견할 수 있다.

디자인씽킹에서는 실제 고객에 대해 관찰, 인터뷰, 체험을 하고 그 과정에서 발견한 고객의 특성을 페르소나(persona)로 모델링하여 표현하거나 여정지도(journey map)로 만들어낸다. 그러나 본 실습에서는 실제 고객을 대상으로 진행하기 어렵기 때문에 팀원 중 한 명을 선정하여 고객의 역할을 하게 하고, 다른 팀원들이 고객을 인터뷰하는 방식으로 진행할 수 있다.

고객(예시): 최근 집에서 생활하면서 해야 할 일을 종종 잊어버리는 70대 중반의 남자 노인

해당 고객을 인터뷰하며 의미 있는 대답이나 관찰되는 모습, 인터뷰 과정에서 떠오른 아이디어 등을 아래에 자유롭게 메모하시오.

관찰하여 발견한 것이나 인터뷰하여 알게 된 내용 등을 메모한다. 공감 단계는 확산적 사고의 단계이므로 가급적 많은 내용을 적는 것이 좋다.

3) 문제 정의하기

문제 정의 단계는 공감 단계에서 관찰된 고객의 요구와 주요한 단서를 기반으로 고객이 처한 진짜 문제는 무엇인지, 고객은 근본적으로 무엇을 원하고 있는지, 그것이 왜 필요한지 근본적인 원인을 찾아 문제해결을 위한 방향성을 잡는 단계이다. 문제 정의는 아이디어 도출을 위한 가설로서의 역할을 할 뿐만 아니라 다양한 견해를 가지고 있는 팀 구성원들과 문제해결의 방향성을 합의하는 단계이기도 하다.

문제 정의 단계에서는 공감 지도(empathy map)를 주로 사용하는데, 공감 지도는 인터뷰, 관찰, 체험을 통해 발견한 사실과 디자인씽커가 통찰을 통해서 얻은 직관을 종합, 분류, 통합하는 기법이다. [그림 12−9]와 같이 크게 4개의 영역으로 구분되어 있다. 말(say) 영역에는 고객이 인터뷰할 때 말한 내용 중 중요한 것들을 기록하는데, 고객이 주로 한 말, 주로 사용하는 어휘, 중요한 단서가 될만한 글귀 등을 적는다. 행동(do) 영역에는 고객을 관찰하면서 주목했던 내용을 기록하는데, 고객의 행동이나 표정, 신체언어 등에서 주목할 부분을 적는다. 말(say)과 행동(do) 영역은 고객의 말과 행동을 그대로 적는 것이라면, 오른쪽의 생각(think), 느낌(feel) 영역은 디자인씽커가 공감 단계에서 생각하고 느낀 직관을 적는 부분이다. 생각(think)은 직접 관찰할 수 없지만 고객의 생각이나 신념을 추측할 수 있는 부분을 적고, 느낌(feel)에는 직접 관찰할 수 없지만 고객의 느낌이나 감정을 추측해서 적는다.

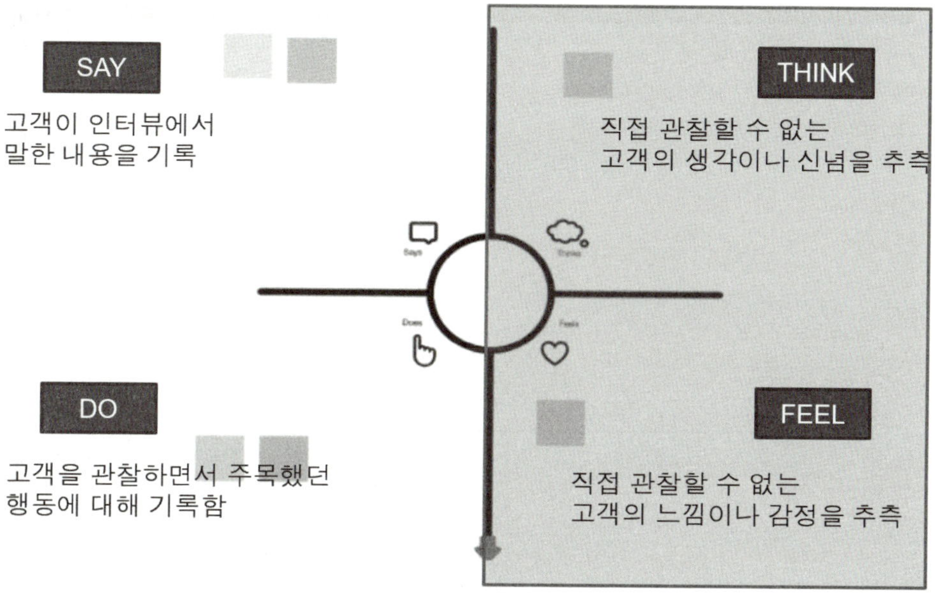

[그림 12-9] 공감 지도

공감 지도에 기록을 할 때는 포스트잇과 같은 메모지를 활용하되, 인터뷰하거나 관찰한 것을 의미 단위로만 정리하여 적어주면 좋은데 이는 공감 지도 내에서 시각적 통찰을 얻기 위함이다. 특히 포스트잇을 붙일 때 긍정적인 요소는 초록색, 부정적인 요소는 빨간색, 중립적인 요소는 노란색 정도로 구분하여 적어주면 시각적 통찰에 훨씬 유리하다.

인터뷰하고 관찰한 결과를 바탕으로 팀원들과 함께 공감 지도를 작성하시오.

SAY	THINK
DO	**FEEL**

공감 지도		
문제 정의문	고객	고객 ~씨는
	요구	~하는 것이 필요하다.
	통찰	왜냐하면, ~하기 때문이다.

공감 지도를 통해 도출해야 하는 것은 고객이 진짜로 원하는 것은 무엇인가? 고객이 말로 표현하지 못하는 것은 무엇인가? 어떤 부분들이 고객을 감동시키고 있는가? 고객

이 중요하게 여기는 가치는 무엇인가? 등이다. 이런 고객의 요구들을 팀원들과 논의하여 문제 정의문을 진술한다.

문제 정의문은 고객, 요구, 통찰의 3단계로 어떠한 특성을 가진 고객인지(고객), 그 고객이 근본적으로 원하는 것은 무엇인지(요구), 왜 그렇다고 생각하는지(통찰)를 종합하여 기록한다. 여기에서 통찰은 문제해결을 위한 가설에 해당하기 때문에 한 가지가 아니라 여러 가지일 수 있다. 특히 고객의 근원적인 요구를 찾아야 하므로 5whys 기법을 사용하여 이것이 정말 고객이 원하는 것인지 팀원들과 깊이 공감해야 할 필요가 있다.

4) 아이디어 창출하기

아이디어 창출하기 단계는 문제해결책을 모색하기 위해 아이디어를 도출하는 단계이다. 앞서 설정한 문제 정의문에서 가설에 해당하는 부분을 어떻게 해결할 수 있을지 여러 가지 방법을 모색하고 생성된 여러 가지 아이디어 중에서 적합한 방법을 선택하는 단계이다. 아이디어를 생성하기 위해서는 많은 아이디어가 생성될 수 있는 자유롭고 편안한 분위기를 만들어줘야 하며, 의사소통이 한 사람에게 집중되지 않도록 의사소통 규칙을 만드는 것도 필요하다.

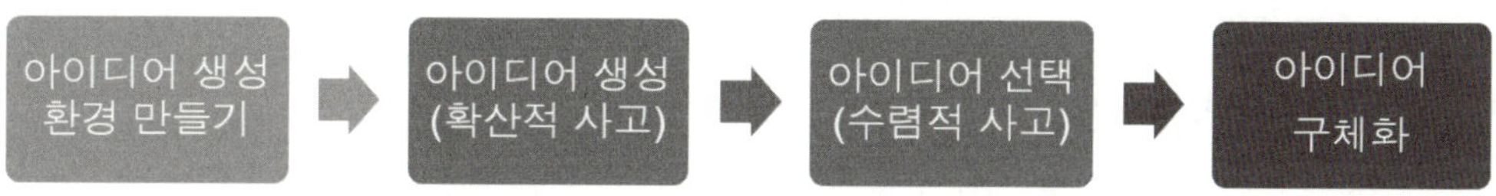

[그림 12-10] 아이디어 창출의 기본 구조

창의적인 아이디어를 생성하기 위해서는 확산적 사고로 많은 아이디어를 도출하는 것이 중요하다. 아이디어 확산의 기본 기법으로는 주제에 대해 생각나는 대로 자유롭게 발상하는 '자유법', 주제 발상의 힌트를 찾아 의식적으로 연관시켜 발상하는 '강제법', 주제의 본질과 비슷한 것의 특징을 찾아내 발상하는 '유추법'이 있다. 이 중 '자유법'의 대표적인 기법으로는 브레인스토밍, 브레인라이팅, 브레인드로잉, 바디스토밍 등이 있다. 이들 방식의 공통점은 기본적으로 질보다는 양을 중요하게 여긴다는 것이다. 많은 수의 아이디어가 나와야 좋은 아이디어가 생성될 확률이 높기 때문에 브레인스토밍에서는 최대한 판단을 보류하고, '그러나'라는 표현보다는 '그래서'라는 표현을 사용하며 다른 사람의 아이디어를 추가 발전시킬 필요가 있다.

도출된 많은 아이디어 중에서 독창성, 실현 가능성 등을 고려하여 아이디어를 선택해야 한다. 아이디어 수렴의 기법으로는 PMI기법, 하이라이팅 기법, 의사결정 그리드 등이 있다. 이 중 하이라이팅 기법은 도출된 많은 아이디어 중에서 가장 유망한 대안이라 생각되는 hit를 찾아내고, 서로 연관되어 보이는 hit끼리 모아 적중 영역으로 유목화하고, 적중 영역을 재진술하는 방식으로 가장 보편적으로 사용되는 방법이다. 의사결정 그리드는 의사결정의 기준을 미리 정하고 최적 의견을 결정하는 방식인데, 예를 들어 실현 가능성, 소요 비용 등 2가지 기준을 미리 정하여 X축과 Y축에 표시한 후 팀에서 도출된 여러 아이디어를 2차원으로 된 그리드에 위치시킨 후 두 의사결정 기준을 충족시키는 아이디어를 선택하는 방법이다.

팀원들과 가설을 해결할 다양한 아이디어를 도출하고, 최적의 방법을 선택하시오. 단, 아이디어 수렴 과정에서는 피지컬 컴퓨팅의 센서 및 액추에이터 등의 활용 가능성을 고려하여 실제 구현이 가능한 방안으로 제시하시오.

5) 시제품 개발하기

시제품 개발은 문제 정의 단계에서 설정한 가설과 그에 따라 도출한 아이디어가 실제 해결책이 될 수 있는지를 확인하기 위한 하나의 시각화이며 증명의 과정이다. 아이디어 창출 단계에서는 실제 제품을 제작하지 않기 때문에 여러 가능성이 열려 있으나, 시제품으로 구현하는 과정에서는 여러 제약과 방해물을 접하게 된다.

프로토타입을 제작하는 방법에는 스케치, 3D 모델링, 와이어 프레임, 스토리텔링 등의 기법이 있다. 이 중 스케치는 제품의 완성적 측면에 있어 세밀도는 낮지만 모든 경우에 활용이 가능하고, 무엇보다도 시제품 제작에 드는 노력이 적어 추후 수정을 하기에 용이하다.

앞서 선정된 아이디어를 스케치로 구체화하시오. 전체적인 디자인을 제시하되, 제품의 구동을 위해 어떤 센서와 액추에이터를 어떻게 활용할 수 있을지 구체적으로 제시하시오.

프로토타입 스케치

6) 평가하기

평가 단계는 디자인씽킹 프로세스를 통해 찾아낸 문제해결 방안에 대해 고객이 만족하는가를 점검하는 단계이다. 프로토타입을 개선하는 데 필요한 정보나 아이디어를 얻을 수 있는 과정이며, 또한 고객이 만족하지 못할 경우 문제해결을 위한 새로운 요구와 통찰을 확인해야 하는 과정이다. 고객이 제품을 사용하게 한 후, 고객이 사용해 본 경험을 이야기하도록 유도하며 고객의 사용 양상을 주의 깊게 관찰해야 한다. 이를 통해 고객이 어떠한 부분에서 만족하는지, 어떠한 부분에서 마음에 들지 않는지 발견해야 하며, 어떻게 개선하면 좋을지에 대한 정보도 얻어야 한다. 고객이 테스트를 하는 동안 사진이나 동영상 촬영을 하는 것이 좋으며, 관찰된 결과를 피드백 캡처 그리드에 표시하면서 제품 개선을 위한 시각적 통찰을 얻는다.

좋은 점 좋아했던 점이나 언급할 만한 것	**바라는 점** 건설적 비평
질문 경험에서 나온 질문	**아이디어** 경험하거나 발표하는 과정에서 떠오른 아이디어

[그림 12-11] 피드백 캡처 그리드

개발한 제품의 스케치에 대해 고객에게 설명하고, 인터뷰 및 관찰을 통해 얻은 정보를 피드백 캡처 그리드에 기록하시오.

좋은 점	바라는 점
질문	아이디어

2. 디지털 · AI 기술 융합교육의 교육적 가치

피지컬 컴퓨팅을 활용한 창의적 문제해결의 경험을 학생들에게 제공하는 것은 교육적으로 어떠한 의미가 있는지 알아보고자 한다. 11장에서도 일부 다룬 바와 같이 피지컬 컴퓨팅을 활용한 창의적 문제해결은 학생들의 컴퓨팅 사고력을 증진할 수 있으며, 소프트웨어적인 시뮬레이션보다 구체성이 높은 도구를 활용함으로써 학습에 대한 흥미를 높일 수 있다.

박태정(2018)은 창의적 문제해결 기반의 피지컬 컴퓨팅 교육 프로그램을 개발 및 적용하며 연구에 참여한 학생들의 창의적 자아효능감 증진에 효과가 있었다고 밝혔으며, 특히 학생이 스스로 창의적인 문제를 해결할 수 있다는 믿음인 창의적 잠재성과 학생 자신이 창의적인 능력과 기술을 잘 사용할 수 있다는 믿음인 실행적 창의성에서 효과가 있었다고 주장하였다. 이은경(2019)의 연구에서도 국내 피지컬 컴퓨팅 관련 연구들은 컴퓨팅 사고력, 창의성, 태도 및 흥미 측면에서 긍정적 영향을 보고하고 있다고 밝혔다.

반면, 박이서로와 김영식(2022)은 피지컬 컴퓨팅이 학습 초반부에 신기 효과를 유발하여 학생들이 학습에 대한 흥미를 가지는 데 도움을 주기는 하지만 학습이 진행될수록 내적 동기와 성취도가 낮아질 수 있기 때문에 논리적 사고력을 키우기 위해서는 피지컬 컴퓨팅의 조립 및 회로 구성에 초점을 두기보다는 프로그래밍의 과정에서 귀납적 추론이 가능하도록 해야 함을 주장하기도 하였다. 김근재와 임철일(2019)은 피지컬 컴퓨팅 도구를 활용한 메이커 교육이 컴퓨팅 사고력과 메이커 정신을 함양하는 데 긍정적인 영향을 주었다고 보았으나, 실제 수업의 운영 간 학생들이 프로그래밍을 위한 코딩 과정을 가장 어려워했음을 확인할 수 있었다.

이상의 내용과 실제 학생의 입장에서 피지컬 컴퓨팅을 활용한 창의적 문제해결의 경험을 바탕으로 디지털·AI 기술 융합교육이 지니고 있는 교육적 가치에 대해 자신의 생각을 정립해볼 필요가 있다.

디지털 · AI 기술의 융합을 통한 창의적 문제해결의 과정은 어떠한 교육적 가치가 있는가?	
보다 높은 교육적 가치를 구현하기 위해 교수자 및 학습자에게 요구되는 점은 무엇인가?	

참고문헌

교육부 (2015). **실과(기술 · 가정)/정보과 교육과정**. 교육부 고시 제2015-74호 [별책 10].

교육부 (2022). **실과(기술 · 가정)/정보과 교육과정**. 교육부 고시 제2022-33호 [별책 10].

김근재, 임철일 (2019). 초등학교에서의 피지컬 컴퓨팅 도구를 활용한 메이커 교육 수업 모형 개발 연구. **교육공학연구, 35**(3), 687-728.

류기혁 (2021). **디자인 사고 마인드셋 촉진을 위한 수업설계원리 개발 연구: 초 · 중등학교 교육을 중심으로**. 한국교원대학교 일반대학원 박사학위논문.

박이서로, 김영식 (2022). 논리적 사고력 향상을 위하여 귀납적 추론을 적용한 피지컬 컴퓨팅 프로그래밍 교수·학습 전략 개발 및 적용. **컴퓨터교육학회 논문지, 25**(2), 23-33.

박주연, 정혜영, 김성희, 이영미, 이유경, 윤혜선, 표지은, 이재호, 조수빈, 이원경, 이정아, 김은비 (2020). 디자인 사고 과정에 기반한 초등 해커톤의 개발 및 적용. **교육과학연구, 51**(1), 159-185.

박태정 (2018). 창의적 문제해결 기반 피지컬컴퓨팅 교육프로그램 설계원리 개발 및 적용. **교육공학연구, 34**(3), 817-847.

박태환 (2023. 10. 26.). 대현고 "피지컬 컴퓨팅 기술로 학교 생활 개선해요". *시사인투데이*. http://sisain.net/View.aspx?No=2987422

손민우, 주영태, 김종실, 유승혁, 김응곤 (2020). MBL기반 소프트웨어 융합형 과학실험교구 설계. **한국전자통신학회 논문지, 15**(4), 765-771.

오도연 (2021. 3. 17.). 야간 보행자 안전 지켜요···'활주로형 LED 횡단보도'. *KTV 국민방송*. https://m.ktv.go.kr/program/again/view?program_id=PG2150012D&content_id=621298

울산광역시교육청 (2023년2월16일). 2024년까지 1학교 1지능형 과학실 구축 [사진]. https://blog.naver.com/us_edu/223017377319

이상훈 (2014. 7. 6.). "쓰레기통이라고 무시하지 마!" 스마트 쓰레기통 러시. *IT조선*. https://it.chosun.com/news/articleView.html?idxno=2014070685014

이수연 (2022. 12. 21.). "상 줘야 한다"는 횡단보도 조명, 친환경은 덤. *뉴스펭귄*. https://www.newspenguin.com/news/articleView.html?idxno=13070

이은경 (2019). 초·중등학교 피지컬 컴퓨팅 교육 연구의 메타 종합 분석. **컴퓨터교육학회 논문지, 22**(5), 1-9.

이재인, 유승한 (2014). 데이터 로깅 활용 Smart r-Learning이 학생들의 논리적 사고력에 미치는 효과. **정보교육학회 논문지, 18**(1), 25-33.

정용욱 (2023). 마이크로비트를 이용한 무선 데이터 자동기록 시스템 개발 및 물리탐구에의 활용. **새물리, 73**(11), 961-969.

정윤숙, 유지원 (2020). 비이공계열 대학 신입생을 위한 해커톤 프로그램의 효과 분석: 도전성향

동기에 따른 문제해결능력과 자기효능감을 중심으로. **교양교육연구, 14**(6), 267-281.

퍼스트과학 (n.d.). 생명과학 MBL 패키지 [사진]. https://firstsci.co.kr/product/생명과학-mbl-패키지와이파이-센서-실험세트-n006/42442/

한만혁 (2023년10월31일). 디지털 기술로 지역사회 문제해결 '인천 학생 SW 해커톤 챌린지'. *IT동아*. https://post.naver.com/viewer/postView.naver?volumeNo=36808755&memberNo=11778559&vType=VERTICAL

홍옥수, 김경미, 이재영, 김율 (2022). 지능형 과학실의 개념과 특징. **한국과학교육학회지, 42**(2), 177-184.

Briscoe, G. & Mulligan, C. (2014). "Digital Innovation: The Hackathon Phenomenon". Creative works London Working Paper, 6: 1-13.

MBN News (2022.9.13.). *[굿모닝월드] 쓰레기통 스스로 분리수거 [굿모닝 MBN]*. https://www.youtube.com/watch?v=ofQoxCqhido

Micro:bit (n.d.). Accessories. https://microbit.org/buy/accessories/

Micro:bit Educational Foundation (2023.8.30.). *What is data logging?*. https://www.youtube.com/watch?v=v6_uzR_J-vg

Monk, S. (n.d.). micro:bit Lesson 2. Controlling LEDs on Breadboard [Image]. https://learn.adafruit.com/micro-bit-lesson-2-controlling-leds-on-breadboard/parts

Newark (n.d.). KITRONIK 5609 [Image]. https://mexico.newark.com/en-MX/kitronik/5609/prototyping-system-micro-bit/dp/29AC0393

찾아보기

『 ㄹ 』

『 ㅁ 』

『ㅇ』

『ㅈ』

『ㅊ』

『ㅋ』

『ㅌ』

저자 약력

김현진

한국교원대학교 교육학과 교수. 이화여자대학교 교육공학과에서 학부와 석사, Univ. of Georgia에서 Instructional Technology로 박사 학위를 받았다. 모토로라, 포스코경영연구소, 사이버카이스트 등에서 인적자원개발 업무와 이러닝 개발을 하였고, 한국교육학술정보원에서는 교육정보화정책 연구를 수행하였다. 연구 관심 분야는 테크놀로지 기반 학습자 중심 수업설계, 역량 기반 수업설계, 교사교육, 설계연구, 학습 과정 및 상호작용 분석과 질적연구이다.

이영주

한국교원대 교육학과 교수, 서울교육대학교 졸업 후, 미국 Univ. of Wisconsin에서 학습과학 석사, Univ. of Virginia에서 Instructional Technology 박사를 취득하였다. 현재, 한국교원대학교에서 교육공학 전공, AI 융합교육 전공 대학원생을 지도하고 있다. 학교에서 만나는 인공지능 수업(초등)과 뉴노멀 시대 이러닝과 원격교육을 집필하였다. 연구 관심 분야는 학습 분석(Learning Analytics), AI 교육, Classroom Orchestration, 교사 교육이다.

김현영

한국교원대학교 교육학과 소속 강사. 영남대학교에서 학부, 한국교원대학교 석사, 박사 과정을 거쳤으며, 교육공학으로 박사학위를 받았다. 한국어 교육 및 이러닝 콘텐츠 설계를 하였고, 현재 한국교원대학교 교육과학연구소 객원연구원, 교육학과 소속 강사로 교육공학, 테크놀로지, 미래교육 관련 강의를 하고 있다. 연구 관심 분야는 모바일 학습환경설계, 학습자 경험, 질적연구, 디지털 문화기술지, 디지털 리터러시 등이다.

김성종

경기도 오산 광성초등학교 교사. 전주교육대학교에서 학부, 한국교원대학교에서 석사, 박사 과정을 거쳤으며 교육공학으로 박사학위를 받았다. 인공지능 활용 교육(공저), 스크래치 미디어아트(공저), 스크래치 인터랙티브 아트(공저) 등의 도서를 집필하였다. 현재 한국교원대학교에서 미래교육, AI · 디지털 교육 관련 강의를 하고 있다. 연구 관심 분야는 생성형 AI, 수업설계 연구, 교육공학 이론의 실천 방안 등이다.

류기혁

강원특별자치도 호반초등학교 교사. 춘천교육대학교에서 학부, 한국교원대학교에서 석사, 박사 과정을 거쳤으며 교육공학으로 박사학위를 받았다. 한국교원대학교 교육과학연구소 객원연구원을 겸하고 있으며, 한국교원대학교와 춘천교육대학교에서 미래교육, 에듀테크 관련 강의를 하고 있다. 연구 관심 분야는 디자인 사고, 교사 교육, 수업설계, 수업 컨설팅 등이다.

이동국

충북 대금고등학교 교사. 한국교원대학교에서 학부, 석사, 박사 과정을 거쳤으며 교육공학으로 박사 학위를 받았다. 인공지능 활용 교육(공저), 디지털 교육 트렌드 리포트 2024(공저), 핀란드교육에서 미래교육의 답을 찾다(공역), 교과 융합 프로젝트 수업과 학습공동체 이야기(공저) 등 다수의 도서를 집필하였다. 연구 관심 분야는 학생 참여형 수업 설계, 테크놀로지 기반 학습 환경 설계, 교사 전문성 개발, 교사 학습공동체 등이다.

이은상

서울시교육청 장학사. 고려대학교에서 학부, 한국교원대학교에서 석사, 박사 과정을 거쳤으며 교육공학으로 박사 학위를 받았다. 인공지능 활용 교육(공저), 디지털 교육 트렌드 리포트 2024(공저), 핀란드교육에서 미래교육의 답을 찾다(공역), 협력적 수업 설계, 세상을 바꾸는 수업: 체인지 메이커교육, 교사 평가에 질문하다(공저) 등 다수의 도서를 집필하였다. 연구 관심 분야는 테크놀로지 기반 학습 환경 설계, 학습자 중심 학습환경설계, 교사 간 협력적 수업 설계 등이다.

현장 교사가 함께 집필한

디지털교육

2024년 8월 30일 1판 1쇄 발행
2025년 2월 28일 1판 2쇄 발행

저 자 : 김현진, 이영주, 김현영
김성종, 류기혁, 이동국
이은상
발행자 : 한 정 주
발행처 : 교 육 과 학 사

저자와의 협의하에 인지생략

경기도 파주시 광인사길 71
전화(031)955-6956~8/팩스(031)955-6037
Home-page : www.kyoyookbook.co.kr
E-mail : kyoyookbook@daum.net
등록 : 1970년 5월 18일 제2-73호

낙장 · 파본은 교환해 드립니다.
Printed in Korea.

정가 **28,000** 원
ISBN 978-89-254-1974-9